20 PROBLEME AUS DEM BGB → BEREICHERUNGS- RECHT

Dr. iur. Karl-Heinz-Gursky

Professor an der Universität Osnabrück

Fünfte,
überarbeitete Auflage

Luchterhand

Bibliografische Information Der Deutschen Bibliothek
Die Deutsche Bibliothek verzeichnet diese Publikation in der Deutschen
Nationalbibliografie; detaillierte bibliografische Daten sind im Internet
über **http://dnb.ddb.de** abrufbar.

www.luchterhand-fachverlag.de

Umschlag: Andreas Ruers, futurweiss kommunikationen, Wiesbaden
Satz: Satzoffizin Hümmer, Waldbüttelbrunn
Druck und Verarbeitung: Wilhelm & Adam, Heusenstamm
Printed in Germany, März 2004

♾ Gedruckt auf säurefreiem, alterungsbeständigem
   und chlorfreiem Papier.

Gursky | 20 Probleme aus dem BGB

→ Bereicherungsrecht

Vorwort

Wie alle Bände der Reihe »Examenswichtige Klausurprobleme« ist auch das vorliegende Buch als Lernhilfe konzipiert. Es will über die wohl wichtigsten und deshalb in Hausarbeiten und Klausuren immer wieder vorkommenden Streitfragen aus dem Bereicherungsrecht intensiv informieren. Die zu diesen Problemen vertretenen Auffassungen werden jeweils mit ihren wesentlichen Argumenten vorgestellt; verschiedentlich werden darüber hinaus weitere Argumente geliefert, die in der bisherigen Diskussion nicht auftauchen, aber zur Unterstützung der jeweiligen dogmatischen Position geeignet erscheinen. Die Aufgabe, die Fülle der Gesichtspunkte gegeneinander abzuwägen und eine eigene Stellungnahme zu entwickeln, wird dem studentischen Leser dagegen bewußt nicht abgenommen.

Osnabrück, im Januar 2004   Karl-Heinz Gursky

Inhalt

Abkürzungsverzeichnis IX

Literaturverzeichnis XIII

A. Die Leistungsbereicherung im Dreiecksverhältnis 1

1. Problem (§ 812 I 1 Fall 1 BGB)
Wessen Sicht ist bei Mißverständnissen in Mehrpersonenbeziehungen für
die Bestimmung des Leistenden maßgeblich? 1

2. Problem (§ 812 I 1 Fall 1 BGB)
Wie vollzieht sich der Bereicherungsausgleich nach Ausführung einer
vermeintlichen Anweisung? 9

3. Problem (§ 812 I 1 Fall 1 BGB)
Wie vollzieht sich der Bereicherungsausgleich bei versehentlicher
Ausführung einer rechtzeitig widerrufenen Anweisung? 18

4. Problem (§ 812 I 1 Fall 1 BGB)
Wie erfolgt die bereicherungsrechtliche Abwicklung bei Zahlung auf eine
nicht (mehr) bestehende fremde Schuld? 26

5. Problem (§ 812 I 1 Fall 1 BGB)
Kann der Putativschuldner bei irrtümlicher Zahlung einer fremden Schuld
seine Tilgungsbestimmung nachträglich ändern und die irrtümliche
Eigenleistung in eine Drittleistung für den Echtschuldner umwandeln? 33

6. Problem (§ 812 I 1 Fall 1 BGB)
Wie erfolgt der Bereicherungsausgleich in Zessionsfällen? 42

7. Problem (§ 812 I 1 Fall 1 BGB)
Gegen wen kann bei Nichtigkeit eines berechtigenden Vertrages zugunsten
Dritter der Versprechende einen Bereicherungsanspruch geltend machen? 49

B. Besondere Leistungskondiktionen 61

8. Problem (§ 812 I 2 Fall 2 BGB)
Ist § 812 I 2 Fall 2 BGB auch bei gegenseitigen Verträgen anwendbar, wenn
die Parteien einen über den Leistungsaustausch hinausgehenden Zweck
verfolgt haben? 61

9. Problem (§ 817 S. 2 BGB)
Zu welchen Konsequenzen führt § 817 S. 2 BGB im Falle des Wucherdarlehens? 67

C. Eingriffskondiktionen 77

10. Problem (§§ 951 I, 812 I 1 Fall 2 BGB)
Steht beim unbefugten Einbau fremden Materials durch einen Bauunternehmer oder Bauhandwerker dem betroffenen bisherigen Materialeigentümer eine Eingriffskondiktion gegen den Bauherrn zu? 77

11. Problem (§§ 812 I 1 Fall 2, 816 I 1 BGB)
Fällt die unberechtigte Vermietung oder Verpachtung fremder Sachen unter § 812 I 1 Fall 2 BGB oder unter § 816 I 1 BGB? 84

12. Problem (§ 816 I 1 BGB)
Worauf richtet sich der Anspruch aus § 816 I 1 BGB bei Vereinbarung eines den objektiven Wert des Verfügungsobjektes übersteigenden Verfügungserlöses? 92

13. Problem (§ 816 I 1 BGB)
Kann sich der Eigentümer auch bei einer unwirksamen Verfügung eines Nichtberechtigten den Anspruch auf Erlösherausgabe aus § 816 I 1 BGB verschaffen, indem er die Verfügung genehmigt? 98

14. Problem (§ 816 I 1 BGB)
Welchen Inhalt hat der Anspruch aus § 816 I 1 BGB bei der Verpfändung fremder Sachen? 105

D. Inhalt des Bereicherungsanspruchs 115

15. Problem (§ 818 I, II BGB)
Muß der Kondiktionsschuldner, der die rechtsgrundlos erlangte Sache mit Gewinn weiterveräußert, dem Kondizienten den gesamten Veräußerungserlös herausgeben oder nur den objektiven Wert der Sache erstatten? 115

16. Problem (§ 818 II BGB)
Auf welchen Zeitpunkt kommt es für die Wertermittlung nach § 818 II BGB an? 121

17. Problem (§§ 812 I 1, 818 II, III, IV, 819 BGB)
Was ist das »Erlangte« beim Ge- und Verbrauch fremder Sachen und welchen Inhalt hat der daran anknüpfende Bereicherungsanspruch? 130

18. Problem
Welchen Beschränkungen unterliegt der Bereicherungsausgleich für dem Empfänger aufgedrängte Verwendungen? 143

19. Problem (§ 818 III BGB)
Wie gestaltet sich der Bereicherungsausgleich bei einem unwirksamen gegenseitigen Vertrag? 155

20. Problem (§ 819 I BGB)
Genügt die Kenntnis des Minderjährigen selbst für die Haftungsverschärfung nach § 819 I BGB? 176

Abkürzungsverzeichnis

a. a. O.	am angegebenen Ort
Abs.	Absatz
AcP	Archiv für die civilistische Praxis
a. E.	am Ende
AK	Alternativkommentar
Allg. SchR	Allgemeines Schuldrecht
ALR	Allgemeines Landrecht für die Preußischen Staaten
Alt.	Alternative
Anm.	Anmerkung
AP	Nachschlagewerk des Bundesarbeitsgerichts; bis 1954: »Arbeitsrechtliche Praxis«
ArchBürgR	Archiv für Bürgerliches Recht
Arg.	Argument
AT	Allgemeiner Teil
Aufl.	Auflage
BAG	Bundesarbeitsgericht
BayObLG	Bayerisches Oberlandesgericht
BayObLGZ	Entscheidungen des Bayerischen Oberlandesgerichtes in Zivilsachen
BB	Der Betriebsberater
Bd.	Band
Bearb.	Bearbeiter
BGB	Bürgerliches Gesetzbuch
BGH	Bundesgerichtshof
BGHZ	Entscheidungen des BGH in Zivilsachen
Bl.	Blatt
BR	Bereicherungsrecht
BT	Besonderer Teil
DB	Der Betrieb
ders.	derselbe
Diss.	Dissertation
DNotZ	Deutsche Notarzeitschrift
EWiR	Entscheidungen zum Wirtschaftsrecht
f., ff.	folgende Seite(n)
FamRZ	Zeitschrift für das gesamte Familienrecht
FG	Festgabe
Fn.	Fußnote
FS	Festschrift
GedSchr	Gedächtnisschrift
gem.	gemäß
GoA	Geschäftsführung ohne Auftrag
Großkomm.	Großkommentar
GS	Großer Senat

HGB	Handelsgesetzbuch
h. L.	herrschende Lehre
h. M.	herrschende Meinung
HRR	Höchstrichterliche Rechtsprechung
HS	Halbsatz
i. E.	im Ergebnis
i. S.	in Sachen
i. S. v.	im Sinne von
i. V. m.	in Verbindung mit
JA	Juristische Arbeitsblätter
JherJb	Jherings Jahrbücher für die Dogmatik des bürgerlichen Rechts
JMinBl	Justizministerialblatt
JR	Juristische Rundschau
JurA	Juristische Analysen
JuS	Juristische Schulung
JW	Juristische Wochenschrift
JZ	Juristenzeitung
KG	Kammergericht
KGR	OLG-Report Berlin (Kammergericht)
KO	Konkursordnung
LAG	Landesarbeitsgericht
LG	Landgericht
LM	Lindenmaier-Möhring, Nachschlagewerk des BGH
LZ	Leipziger Zeitschrift für Deutsches Recht
MDR	Monatsschrift für Deutsches Recht
Mot.	Motive
m. w. N.	mit weiteren Nachweisen
NJW	Neue Juristische Wochenschrift
NJW-RR	NJW Rechtsprechungsreport
Nr.	Nummer
NRW	Nordrhein-Westfalen
OLG	Oberlandesgericht
OLGE	Entscheidungen der Oberlandesgerichte
OLGR	OLG-Report
OVG	Oberverwaltungsgericht
OVGE	Entscheidungen des (angegebenen) OVG
PdW	Prüfe dein Wissen
Prot.	Protokolle
RdA	Recht der Arbeit
RG	Reichsgericht
RGRK	Reichsgerichtsräte-Kommentar
RGZ	Entscheidungen des Reichgerichts in Zivilsachen
RIW	Recht in der internationalen Wirtschaft
Rn.	Randnummer
S.	Seite, Satz

SchR	Schuldrecht
sog.	sogenannt(e)
StGB	Strafgesetzbuch
StudK	Studienkommentar
VersR	Versicherungsrecht
vgl.	vergleiche
Vorbem.	Vorbemerkung
WarnR	Die Rechtsprechung des Reichsgerichts auf dem Gebiete des Zivilrechts, hrsg. v. Warneyer
WiStG	Wirtschaftsstrafgesetz
WM	Wertpapiermitteilungen
WuB	Entscheidungssammlung zum Wirtschafts- und Bankrecht
WürttJb	Württembergische Jahrbücher
WuM	Wohnungswirtschaft und Mietrecht
ZfZ	Zeitschrift für Zölle und Verbrauchsteuern
ZHR	Zentralblatt für Handelsrecht; Zeitschrift für das gesamte Handels- und Wirtschaftsrecht
ZIP	Zeitschrift für Wirtschaftsrecht und Insolvenzpraxis
zit.	zitiert
ZMR	Zeitschrift für Miet- und Raumrecht
ZPO	Zivilprozeßordnung

Literaturverzeichnis

Achilles/Greiff (/Bearbeiter), BGB, 21. Aufl. 1958

Bamberger/Roth (/Bearbeiter), Kommentar zum BGB, 3 Bände, 2003
AK (/Bearbeiter), Alternativkommentar zum BGB, Bd. III: Besonderes Schuldrecht, 1979
Barnstedt, Das Merkmal der Rechtsgrundlosigkeit bei der ungerechtfertigten Bereicherung, Diss. Göttingen 1940
Batsch, Vermögensverschiebung und Bereicherungsherausgabe in den Fällen unbefugten Gebrauchens bzw. Nutzens von Gegenständen, 1968
Baur/Stürner, Lehrbuch des Sachenrechts, 17. Aufl. 1999
Bernhardt, Der Bereicherungsanspruch wegen Mißerfolgs, Diss. Saarbrücken 1971
Beuthien u. a., Studienkommentar zum BGB, 1975 (zit. StudK)
Beuthien/Weber, Ungerechtfertigte Bereicherung und Geschäftsführung ohne Auftrag, 2. Aufl. 1987
Bremecker, Die Bereicherungsbeschränkung des § 818 Abs. 3 BGB bei nichtigen gegenseitigen Verträgen, 1982
Brox/Walker, Besonderes Schuldrecht, 208. Aufl. 2003
Büsching, Der Anwendungsbereich der Eingriffskondiktion im Wettbewerbsrecht, 1992

v. Caemmerer, Gesammelte Schriften I, 1969
Crome, System des deutschen Bürgerlichen Rechts, 2. Bd. 1902

Dernburg, Die Schuldverhältnisse nach dem Rechte des Deutschen Reichs und Preußens, 2. Abt. 3. Aufl. 1906
Dießelhorst, Die Natur der Sache als außergesetzliche Rechtsquelle, 1968
Dörner, Fälle und Lösungen, Schuldrecht 2, 5. Aufl. 2002

Ebert, Bereicherungsausgleich im Wettbewerbs- und Immaterialgüterrecht (2001)
Ellger, Bereicherung durch Eingriff: Das Konzept des Zuweisungsgehalts im Spannungsfeld von Ausschließlichkeitsrecht und Wettbewerbsfreiheit (2002)
Emmerich, Schwerpunkte Bd. 3, Schuldrecht Besonderer Teil, 10. Aufl. 2003
ders., Das Verhältnis der Nebenfolgen der Vindikation zu anderen Ansprüchen, Diss. Saarbrücken 1966 (zit. Diss.)
Enneccerus/Lehmann, Recht der Schuldverhältnisse, 15. Bearb. 1958
Enneccerus/Nipperdey, Allgemeiner Teil des Bürgerlichen Rechts, 15. Bearb. 1959/60
Erman (/Bearbeiter), Handkommentar zum Bürgerlichen Gesetzbuch in 2 Bänden, 10. Aufl. 2001
Esser, Schuldrecht II, 4. Aufl. 1971
ders., Fälle und Lösungen zum Schuldrecht, 2. Aufl. 1965 (zit. Fälle)
Esser/Schmidt/Köndgen, Fälle und Lösungen nach höchstrichterlichen Entscheidungen, BGB-Schuldrecht, 3. Aufl. 1971
Esser/Weyers, Schuldrecht Bd. II, Besonderer Teil, 8. Aufl. 2000

Feiler, Aufgedrängte Bereicherung bei Verwendungen des Mieters und Pächters, 1968
Fezer, Klausurenkurs zum Schuldrecht, Besonderer Teil, 5. Aufl. 2003

Fikentscher, Schuldrecht, 8. Aufl. 1991
Flessner, Wegfall der Bereicherung, 1970
Frieser, Der Bereicherungswegfall in Parallele zur hypothetischen Schadensentwicklung, 1987

Gernhuber, Bürgerliches Recht, 3. Aufl. 1991
O. v. Gierke, Deutsches Privatrecht, Bd. II 1905
Gursky, Schuldrecht, Besonderer Teil, 4. Aufl. 2002

Hadding, Der Bereicherungsausgleich beim Vertrag zu Rechten Dritter, 1972
Haines, Bereicherungsansprüche bei Warenzeichenverletzungen und unlauterem Wettbewerb, 1970
Heck, Grundriß des Schuldrechts, 1929
HK (Bearbeiter), Bürgerliches Gesetzbuch, Handkommentar, 3. Aufl. 2003
Höhn, Die Beeinträchtigung von Rechten durch Verfügungen, 1986
Honsell, Die Rückabwicklung sittenwidriger und verbotener Geschäfte, 1974
Honsell/Wieling, Fälle mit Lösungen zum Besonderen Schuldrecht, 3. Aufl. 1996
Hülsmann, Leistungskondiktion und Eingriffskondiktion in Dreiecksverhältnissen, Diss. Köln 1966

Jagmann, Wertersatz oder Gewinnhaftung, Diss. Freiburg 1979
Jakobs, Eingriffserwerb und Vermögensverschiebung in der Lehre von der ungerechtfertigten Bereicherung, 1964
ders., lucrum ex negotiatione, 1993
Jauernig/(Bearbeiter), Bürgerliches Gesetzbuch, Kommentar, 10. Aufl. 2003
jurisPK (/Bearbeiter), juris Praktikerkommentar (Online-Kommentar) zum BGB (Stand: Januar 2004)

Kaehler, Bereicherungsrecht und Vindikation – Allgemeine Prinzipien der Restitution, 1972
Kaiser, Die Nutzungsherausgabe im Bereicherungsrecht, Diss. Tübingen 1987
Kellmann, Grundsätze der Gewinnhaftung, 1969
Klauser, Bereicherung wider Willen, Diss. Freiburg 1955
Köbl, Das Eigentümer-Besitzer-Verhältnis im Anspruchssystem des BGB, 1971
Köhler, Prüfe dein Wissen, BGB – Schuldrecht II, 16. Aufl. 2001
König, Ungerechtfertigte Bereicherung, in: Gutachten und Vorschläge zur Überarbeitung des Schuldrechts, Bd. II, 1981, S. 1515 ff. (zit.: König, Gutachten)
ders., Ungerechtfertigte Bereicherung, 1985
Kohler, Die gestörte Rückabwicklung gescheiterter Austauschverträge, 1989
Koppensteiner/Kramer, Ungerechtfertigte Bereicherung, 2. Aufl. 1988
Krautwig, Ansprüche aus Eingriffskondiktion und unerlaubter Eigengeschäftsführung bei Verletzung des Persönlichkeitsrechts, Diss. Köln 1969
Krawielicki, Grundlagen des Bereicherungsanspruchs, in: Leonhards Studien zur Erläuterung des Bürgerlichen Rechts, Heft 56, Breslau 1936
Kunisch, Die Voraussetzungen für Bereicherungsansprüche in Dreiecksverhältnissen, 1968
Kupisch, Gesetzespositivismus im Bereicherungsrecht, 1978
Kurz, Der Besitz als möglicher Gegenstand der Eingriffskondiktion, 1969

Larenz, Lehrbuch des Schuldrechts, Bd. II, Besonderer Teil, 12. Aufl. 1981
Larenz/Canaris, Lehrbuch des Schuldrechts, Bd. II, Besonderer Teil, Hlbbd 2, 13. Aufl. 1994
Leonhard, Besonderes Schuldrecht des BGB, 1931

Loewenheim, Bereicherungsrecht, 2. Aufl. 1997
Lopau, Surrogationsansprüche und Bereicherungsrecht, 1971
v. Lübtow, Beiträge zur Lehre von der Condictio nach römischem und geltendem Recht, 1952

v. Mayr, Der Bereicherungsanspruch des deutschen Bürgerlichen Rechts, 1903
Medicus, Bürgerliches Recht, 19. Aufl. 2002
ders., Schuldrecht II: Besonderer Teil, 11. Aufl. 2003
Meyer, K., Der Bereicherungsausgleich in Dreiecksverhältnissen, 1979
Meyer-Cording, Das Recht der Banküberweisung, 1951
Molitor, Schuldrecht II, 7. Aufl. 1965
Motive zu dem Entwurfe eines BGB, Bd. 2, 1888
Müller, K., Schuldrecht, Besonderer Teil, 1989
MünchKomm (/Bearbeiter), Münchener Kommentar zum Bürgerlichen Gesetzbuch, 2. Aufl. 1984 ff.; Bd. I, 4. Aufl., 2001 ff., Bd. 5 (§§ 705 – 853), 4. Aufl. 2004
Mugdan, Die gesamten Materialien zum BGB für das Deutsche Reich, Bd. II 1889

Oertmann, Kommentar zum Bürgerlichen Gesetzbuch, 2. Buch 2. Abt., 5. Aufl. 1929
Ordemann, Die Haftungsbeschränkung des Bereicherungsschuldners (§ 818 Abs. 3 BGB), Diss. Marburg 1956
Ostendorf, Die Be- und Entreicherung beim ungerechtfertigten Verbrauch und Gebrauch von Gegenständen und Leistungen, Diss. Kiel 1972

Palandt (/Bearbeiter), Das Bürgerliche Gesetzbuch, Kurzkommentar, 63. Aufl. 2004
Pankow, Der Wertersatz im Bereicherungsrecht, Diss. München 1972
Pinger, Funktion und dogmatische Einordnung des Eigentümer-Besitzer-Verhältnisses, 1973
Planck (/Bearbeiter), Kommentar zum Bürgerlichen Gesetzbuch, II. Bd., 2. Hälfte, 4. Aufl. 1928

Reimer, Die aufgedrängte Bereicherung, 1990
Reuter/Martinek, Ungerechtfertigte Bereicherung, 1983 (= Handbuch des Schuldrechts in Einzeldarstellungen, hrsg. v. Gernhuber, Bd. IV)
RGRK (/Bearbeiter), Das Bürgerliche Gesetzbuch, Kommentar herausgegeben von Reichsgerichtsräten und Bundesrichtern, 11. Aufl. 1959–1970; 12. Aufl. 1974 ff.
v. Rittberg, Die aufgedrängte Bereicherung, Diss. München 1969
Rümker, Das Tatbestandsmerkmal »ohne rechtlichen Grund« im Bereich der Eingriffskondiktion, 1972

Schimansky/Bunte/Lwowski, Bankrechtshandbuch, Bd. I, 2. Aufl. 2001
Schlechtriem, Schuldrecht, Besonderer Teil, 6. Aufl. 2003
ders., Restitution und Bereicherungsausgleich in Europa: eine rechtsvergleichende Darstellung, Bd. I 2000, Bd. II 2001
Schwarz, Gesetzliche Schuldverhältnisse, 2003
Seiler, Der Bereicherungsanspruch im Überweisungsverkehr (1997)
Siber, Schuldrecht 1931
Soergel/Siebert (/Bearbeiter), Kommentar zum Bürgerlichen Gesetzbuch, 11. Aufl. 1985, Bd. 4, Schuldrecht III (§§ 705–853)
Staudinger (/Bearbeiter), BGB-Kommentar, 12. Aufl. 1978 ff.
Stierle, Der Bereicherungsausgleich bei fehlerhaften Banküberweisungen, 1980

Stieve, Der Gegenstand des Bereicherungsanspruchs nach dem BGB, Diss. Straßburg 1899

Stresemann, Bereicherungsrechtliche Rückabwicklung bei zu Unrecht vom Haftpflichtversicherer erbrachten Leistungen, 1993

Symposium König: Ungerechtfertigte Bereicherung – Grundlagen, Tendenzen, Perspektiven, 1984

Thiele, Schuldrecht, Besonderer Teil, 3. Aufl. 1982

Tückmantel, Die Problematik einer Ausgleichspflicht für unerwünschten Vermögenszuwachs, Diss. Münster 1971

von Tuhr, Der Allgemeine Teil des deutschen Bürgerlichen Rechts, II. Bd., 2. Hälfte, 1918

Wallmann, F., Die Geltung des Subsidiaritätsgrundsatzes im Bereicherungsrecht, 1996

Weber, A., Der Bereicherungsanspruch nach irrtümlicher Eigenleistung auf fremde Schuld, 1992

Welker, Bereicherungsausgleich wegen Zweckverfehlung? 1974

Wendehorst, Anspruch und Ausgleich: Theorie einer Vorteils- und Nachteilsausgleichung im Schuldrecht, 1999

Westermann, H., Sachenrecht, 5. Aufl. 1966

Westermann (Bearbeiter), Sachenrecht, 6. Aufl., Bd. I, 1990, Bd. II, 1988

Westermann, H. P., Die causa im französischen und deutschen Zivilrecht, 1967

Wieling, Sachenrecht, Bd. I, 1990

Wieling/Finkenauer, Fälle zum Besonderen Schuldrecht, 4. Aufl. 2002

Wilburg, Die Lehre von der ungerechtfertigten Bereicherung nach österreichischem und deutschem Recht, 1934

Wilhelm, Rechtsverletzung und Vermögensentscheidung als Grundlagen und Grenzen des Anspruchs aus ungerechtfertigter Bereicherung, 1973

Wolf, Chr., Drittleistung und Leistungsmittlung, 1995

Wolf E., Lehrbuch des Schuldrechts, Bd. II: Besonderer Teil, 1978

Wolf J., Der Stand der Bereicherungslehre und ihre Neubegründung, 1980

Wolff/Raiser, Sachenrecht, 10. Bearb., 1957

A. Die Leistungsbereicherung im Dreiecksverhältnis

1. Problem (§ 812 I 1 Fall 1 BGB)
Wessen Sicht ist bei Mißverständnissen in Mehrpersonenbeziehungen für die Bestimmung des Leistenden maßgeblich?

Beispiel:

Der Grundstückseigentümer E hat den Bauunternehmer U mit der Errichtung eines schlüsselfertigen Wohnhauses zum Festpreis von 300 000,– € beauftragt. U vergibt daraufhin die Dackdeckerarbeiten an den Dachdeckermeister D; den Werkvertrag mit D – in dem der angemessene Werklohn von 20 000,– € vereinbart wird – schließt U im Namen des Bauherren E, natürlich ohne eine entsprechende Vertretungsmacht zu haben. Das Ganze kommt heraus, als D dem E einige Wochen nach Abschluß der Arbeiten seine Rechnung übersendet. Zu diesem Zeitpunkt hat E bereits die vollen 300 000,– € an U bezahlt. Muß E hier dennoch dem D die Dachdeckerarbeiten vergüten? (Nach BGHZ 36, 30).

Ausgangspunkt:
Wenn etwas rechtsgrundlos geleistet worden ist, so kann grundsätzlich nur der Leistende selbst, nicht aber ein Dritter bei dem Leistungsempfänger kondizieren (Ausnahmen: § 816 I 2 und § 822 BGB). Dafür sorgt insbesondere das Dogma von der Subsidiarität der Nichtleistungskondiktionen gegenüber der Leistungskondiktion. Bei Mehrpersonenbeziehungen bestimmt damit primär der Leistungsbegriff den Weg der bereicherungsrechtlichen Rückabwicklung. Da als »Leistung« nur solche bewußten Vermögensmehrungen anerkannt werden, bei denen der Zuwendende dem Empfänger gegenüber einen eigenen Zweck verfolgt, und da als relevanter Leistungszweck in erster Linie naturgemäß die Erfüllung einer Verbindlichkeit in Betracht kommt, bewirkt der finale Leistungsbegriff des modernen Bereicherungsrechts, daß die bereicherungsrechtliche Abwicklung sachgerecht den zugrunde liegenden Schuldverhältnissen folgt. Komplikationen ergeben sich aber, wenn infolge von Mißverständnissen die Vorstellungen der Parteien über den Leistungszweck und die Person des Leistenden auseinandergehen. Diese Situation ist im Ausgangsfall gegeben. Hier hat der D dem E bewußt die Dachdeckerarbeiten verschafft, und er hat dies zur Erfüllung eines vermeintlich zwischen ihm und E bestehenden Werkvertrages getan. Aus Sicht des D erbrachte dieser selbst hier an E eine Leistung im technischen Sinne des Bereicherungsrechts. Dagegen glaubte E, daß D nur als Subunternehmer (und damit Erfüllungsgehilfe i. S. v. § 278 BGB) für seinen Vertragspartner U tätig werde. Aus seiner Sicht war hier also nur eine Leistung des D an den U und gleichzeitig eine Leistung des U an ihn (E) gegeben. Damit stellt sich hier die Frage, ob auf die Sicht des Zuwendenden abzustellen ist oder ob die Sicht des Empfängers maßgeblich ist.

I. (hier sog.) **Willenstheorie**

Maßgeblich ist die Sicht des Leistenden. Der innere Wille, eine vermeintliche Verpflichtung gegenüber dem Empfänger zu erfüllen, genügt für die Zweckrichtung der Zuwendung und macht diese damit zu einer Leistung an den Empfänger. Das gilt ganz unabhängig davon, ob dieser Wille dem Empfänger erkennbar war oder nicht.

Vertreten von:
RGZ 98, 64, 65 f.; Berg, NJW 1962, 101 f.; ders., NJW 1964, 720 f.; ders., JuS 1964, 137, 140; ders., JZ 1968, 549, 555; Brox, SchR II Rn. 395; von Caemmerer, FS Dölle I, 1963, S. 158 (= GS S. 360); Canaris, 1. FS Larenz, 1973, 799, 826 f.; Ehmann, NJW 1969, 398, 402; ders., NJW 1971, 612, 613; Esser/Schmidt/Köndgen, S. 83; Fezer, 218 f.; Flume, JZ 1962, 281, 282; ders., AT II § 47 Fn. 20 a; ders, AcP 199, 28 ff, 36; Gursky, 196; Kaehler, S. 98; Köndgen, S. 71; (i. E.) Kupisch, Rechtspositivismus, 68 f., 73; Medicus, BR Rn. 687 f.; Meyer, S. 69 ff., 73, 78; MünchKomm/Lieb, 2. Aufl., § 812 Rn. 90 ff.; von Olshausen, JZ 1975, 29; Picker, NJW 1974, 1790 ff.; RGRK/Scheffler, 11. Aufl., § 812 Anm. 88; Soergel/Mühl, § 812 Rn. 25, § 951 Rn. 3; Staudinger/Gursky, § 951 Rn. 11; Wilhelm, 148 ff.

Modifizierend: Larenz, § 68 III e 2, der auf den irgendwie (nicht notwendigerweise dem Empfänger) erkennbaren Willen des Leistenden abstellt; Weitnauer (DNotZ 1968, 706, 707; ders., NJW 1979, 2008, 2010 f.; FS von Caemmerer, 1978, S. 253, 278) hält den Sinn für maßgeblich, der sich für einen verständigen, über den Parteien stehenden Beobachter nach den Umständen ergibt. Schnauder (NJW 1999, 2841, 2844) will auf einen objektiven Beobachter abstellen, der aber keine Umstände berücksichtigen darf, die nur einer Partei bekannt sind.

1. Argument

Wenn derjenige, der die Vermögensverschiebung tatsächlich vollzieht, damit eine (vermeintliche) Verpflichtung gegenüber dem Empfänger erfüllen will, so erbringt er seine Zuwendung solvendi causa und damit als Leistung im technischen Sinne des Bereicherungsrechts an den Empfänger. Nur der Zuwendende (Entreicherte) selbst ist nach der Natur der Sache zur Entscheidung berufen, ob er an den Empfänger leisten, d. h. die geplante Vermögensverschiebung mit einem von ihm vorausgesetzten Schuldverhältnis zum Empfänger verknüpfen will oder ob er den betreffenden Vermögensvorteil einem Dritten zur Verfügung stellen, ihn nämlich als bloßer Leistungsmittler dieses Dritten auf den Empfänger übertragen will. Auch im Erfüllungsrecht bestimmt schließlich – wie sich aus §§ 366 I, 367 II und 267 BGB schließen läßt – der Wille des Zuwendenden den Zweck der Zuwendung. Das kann im Bereicherungsrecht nicht anders sein.

2. Argument

Daß der Zuwendungsempfänger die Willensrichtung des Zuwendenden verkennt und diesen nach den ihm erkennbaren Umständen für den bloßen Leistungsmittler eines Dritten halten muß, genügt nicht, um die Zuwendung zu einer Leistung dieses Dritten zu machen. Der Zuwendende, der selbst solvendi causa an den Empfänger leisten will, stellt das Objekt der Zuwendung gerade nicht wie bei einer befolgten Anweisung bewußt einem Dritten (hier: dem Vertragspartner des Empfängers) zur Verfügung; ohne eine solche Disposition des Zuwendenden fehlt aber jedwede Möglichkeit, die tatsächlich vom Zuwendenden vollzogene Vermögensverschiebung dem scheinbar leistenden Dritten zuzurechnen (von Caemmerer, Wilhelm, Lieb).

3. Argument (gegen Theorie II Arg. 2)

Auch Vertrauensschutzgesichtspunkte rechtfertigen es nicht, die Eigenleistung des Zuwendenden (D) in eine Drittleistung umzudeuten. Der Empfänger (im Ausgangsfall E) wird, wenn er wegen der vermeintlich von seinem Vertragspartner (U) bereits erhaltenen Leistung an letzteren die Gegenleistung erbringt und diese nun wegen der zwischenzeitlich eingetretenen Insolvenz seines Vertragspartners nicht mehr zurückerlangen kann, bereits durch § 818 III BGB ausreichend geschützt. Dieser »konkrete« Vertrauensschutz ist sachgerechter als der schematisierende »abstrakte« Vertrauensschutz, der sich ergibt, wenn man mit der Empfängerhorizonttheorie einen Kondiktionsanspruch des Zuwendenden wegen der fehlenden Erkennbarkeit seines Eigenleistungswillens von vornherein ausschließt. Denn die letztere Lösung gewährt dem Empfänger auch dort Schutz, wo dieser überhaupt keines Schutzes bedarf, etwa weil er die Gegenleistung an seinen Vertragspartner noch gar nicht erbracht hat.

4. Argument

Die Empfängerhorizonttheorie unterstellt dem Zuwendenden praktisch die konkludente Erklärung, er sei nur Leistungsmittler des Vertragspartners des Zuwendungsempfängers. Das ist aber mit einer entsprechenden Anwendung der Grundsätze über die Auslegung empfangsbedürftiger Willenserklärungen ohnehin nicht zu rechtfertigen. Eine objektive Auslegung aus der Sicht des Erklärungsempfängers ist nämlich anerkanntermaßen nur möglich, wenn der nach §§ 133, 157 BGB maßgebliche normative Erklärungswert dem Erklärenden auch als Sinn seiner Erklärung zurechenbar ist. An dieser Zurechenbarkeit fehlt es, wenn der Verständnishorizont des Erklärungsempfängers entscheidend durch Äußerungen oder Verhaltensweisen eines Dritten beeinflußt ist, von denen der Erklärende gar nichts wissen kann. Daß der ihm gegenüber als Vertreter des Zuwendungsempfängers aufgetretene Dritte dem Zuwendungsempfänger selbst die betreffende Leistung schuldet, ist für den Zuwendenden aber nicht erkennbar (Köndgen). Da die vom Zuwendenden gewollte Tilgungsbestimmung dem Adressaten nicht erkennbar wurde, andererseits aber der für den Adressaten entstandene Anschein dem Zuwendenden nicht als Erklärungsbedeutung zurechenbar ist, ist die Zuwendung überhaupt nicht mit einer wirksamen Tilgungsbestimmung verbunden. Das ändert aber nichts daran, daß sie vom Zuwendenden willentlich und subjektiv zum Zwecke der Schuldtilgung gegenüber dem Empfänger herbeigeführt wurde und deshalb als Leistung zu qualifizieren ist. Der Zuwendende muß hier deshalb auch eine Leistungskondiktion haben; ob man diese als condictio indebiti qualifiziert oder unter den Auffangtatbestand der condictio sine causa bringt, ist ohne Belang.

5. Argument

Die Grundannahme der Empfängerhorizonttheorie wäre allenfalls im Ergebnis akzeptabel, wenn man sie wirklich mit einer Anfechtungsmöglichkeit des Zuwendenden, die diesem dann um den Preis einer Schadensersatzpflicht aus § 122 BGB eine Nichtleistungskondiktion gegen den Empfänger verschaffen würde, verbinden könnte. Diese Möglichkeit besteht jedoch (entgegen Theorie III) nicht. Bei einer Auslegung nach dem objektiven Empfängerhorizont gibt der Zuwendende nämlich gar keine eigene Tilgungsbestimmung ab; er tritt vielmehr objektiv als Erklärungsbote eines Dritten auf und überbringt dessen Tilgungsbestimmung. Der Bote kann aber nicht die überbrachte fremde Willenserklärung anfechten.

6. Argument

Selbst wenn man das anders sehen wollte, bliebe die Zulassung einer Anfechtung der Tilgungsbestimmung durch den Zuwendenden eine sinnlose Komplikation. Die Anfechtung müßte ja nach § 121 BGB unverzüglich erfolgen, was aber regelmäßig gar nicht möglich wäre. Sie müßte schon daran scheitern, daß der vermeintlich Leistende sich gar nicht rechtzeitig Klarheit über die gegebene Rechtslage verschaffen kann.

7. Argument

Der konkrete Vertrauensschutz für den Zuwendungsempfänger scheitert nicht etwa daran, daß ein vom Kondiktionsschuldner für den Erwerb einer Sache an einen Nichtberechtigten gezahlter Gegenwert grundsätzlich nicht als Bereicherungsminderung geltend gemacht werden kann. Dieser Grundsatz gilt nämlich gar nicht für den Bereich der Leistungskondiktion, sondern nur für Eingriffskondiktionen, die an die Stelle eines untergegangenen Vindikationsanspruchs treten: Der Ausschluß der Abzugsfähigkeit der Erwerbskosten beruht ja entscheidend auf dem Gesichtspunkt, daß diese auch gegenüber dem zunächst gegebenen Vindikationsanspruch nicht geltend gemacht werden können. Außerdem handelt es sich in diesen Fällen um Ausgaben, die zeitlich vor dem späteren Kondiktionstatbestand liegen, während es hier nur um solche Zahlungen gehen kann, die der Zuwendungsempfänger nach dem Empfang der Zuwendung an seinen Vertragspartner erbringt.

II. (hier sog.) **Empfängerhorizonttheorie**

Maßgeblich ist die Vorstellung des Leistungsempfängers vom Standpunkt eines durchschnittlichen Beobachters. In Zweifelsfällen entscheidet mithin nicht der intern gebliebene Wille des Zuwendenden, sondern eine objektive Betrachtungsweise aus der Sicht des Zuwendungsempfängers darüber, wer eigentlich geleistet hat. Stellt sich die Zuwendung für ihren Empfänger angesichts der ihm erkennbaren Umstände als eine Leistung seines Vertragspartners dar, die von dem Zuwendenden als einem bloßen Erfüllungsgehilfen des letzteren vollzogen wird, scheidet ein Kondiktionsanspruch des Zuwendenden gegen den Zuwendungsempfänger damit von vornherein aus.

Vertreten von:
BGHZ 36, 30, 33 = NJW 1961, 2251; BGHZ 40, 272, 277 f. = NJW 1964, 399; BGHZ 58, 184, 188 = NJW 1972, 864; BGH NJW 1974, 1132; WM 1978, 1053, 1054; BGHZ 72, 246, 248 f. = NJW 1979, 157; BGH NJW 1984, 1456; 1986, 251; 1989, 900, 901; 1993, 1578, 1579; 1999, 1393, 1394; NJW-RR 2002, 1176, 1177; OLG Köln NJW 1990, 1537, 1538; OLG Nürnberg MDR 1964, 55; OLG Hamm NJW 1971, 1810, 1811; LG Bonn NJW 1991, 1360, 1361; Bamberger / Roth / Wendehorst, § 812 Rn. 20; Baur / Stürner, SR § 53 II 2 c; Beuthien, JZ 1968, 323, 326; Beuthien / Weber, 22 ff.; Brox / Walker, § 37 Rn. 21 f.; Diederichsen, JurA 1970, 378, 379; Eckl, FS Hanisch, 1994, S. 83 f.; Emmerich, SchR BT, § 18 Rn. 16; Erman / H. P. Westermann, § 812 Rn. 14 f.; (i. E.) Esser / Weyers, SchR BT § 48 III 6; Fikentscher, Rn. 1076; Giesen, Jura 1995, 234, 236; Hadding, S. 99 f.; ders., JA 1981, 491; HK-Schulze, § 812 Rn. 22 (m. Einschr.); Huber, NJW 1968, 1905, 1910; ders., JuS 1970, 515, 516; ju-

risPK/Martinek, § 812 Rn. 100; (i. E.) Kellmann, S. 121; ders., JR 1988, 97, 102; König, Ungerechtfertigte Bereicherung, S. 235; Koppensteiner/Kramer, S. 36 ff.; Loewenheim, S. 45 f.; Möschel, JuS 1972, 297, 300 Fn. 29; Müller, Rn. 2123; Palandt/Thomas, § 812 Rn. 42; Palandt/Bassenge, § 951 Rn. 4; Pfister, JR 1969, 47, 48; Reuter/Martinek, 454 ff.; RGRK/Heimann-Trosien, § 812 Rn. 17–19; RGRK/Pikart, § 951 Rn. 13; Schwarz, § 10 Rn. 13; Serick, FS Möhring, 1975, S. 115, 122 f.; ders., Eigentumsvorbehalt und Sicherungsübereignung IV, 658; Stierle, S. 34 ff.; Stolte, JZ 1990, 221, 223; Strutz, NJW 1968, 141, 143 Fn. 23; Thiele, S. 160 f.; Weissen, JA 1980, 49; H. Westermann, SR, 5. Aufl., § 54, 3; Zeiss, JZ 1963, 7, 9; ders., AcP 165, 332, 334 f., 340.

1. Argument

Bei der Zweckbestimmung, die eine Zuwendung zur Leistung im technischen Sinne des Bereicherungsrechts macht, handelt es sich um eine empfangsbedürftige Willenserklärung bzw. eine geschäftsähnliche Handlung. Diese ist nach den allgemeinen Regeln über die Auslegung von Willenserklärungen (§§ 133, 157 BGB) mit Rücksicht auf den Verständnishorizont des Empfängers auszulegen. Der Zuwendende hat zwar die Wahl, ob er einen eigenen Leistungszweck setzt oder als bloßer Leistungsmittler eines Dritten auftritt. Sein diesbezüglicher Wille ist jedoch nur beachtlich, wenn er dem Empfänger erkennbar geworden ist. Nur so werden objektiv nachprüfbare Kriterien verwendet.

2. Argument

Im Vordergrund muß der Schutz des Leistungsempfängers stehen. Dieser muß sich darauf verlassen können, daß er über die Leistung nur mit seinem Vertragspartner abzurechnen braucht, selbst wenn die Leistung ganz oder teilweise von einem Dritten auf Weisung seines Vertragspartners erbracht wird. Denn der Empfänger wird aus dem Vertragsverhältnis mit seinem Schuldner nicht entlassen, so daß er möglicherweise auch dessen Leistung annehmen und vergüten muß. Insoweit schützt ihn dann auch § 818 III BGB nicht. Die Bindung an den Vertrag kann im Rahmen des § 818 III BGB nicht berücksichtigt werden (Baur/Wolf).

3. Argument

Der Zuwendende seinerseits ist nicht wirklich schutzwürdig. Er hat es ja in der Hand, den Zweck seiner Zuwendung dem Empfänger mitzuteilen und damit einen aufgrund der Umstände sich aufdrängenden gegenteiligen Schein wirkungslos zu machen. Außerdem hat der Zuwendende regelmäßig einen Ausgleichsanspruch (beispielsweise aus § 179 BGB) gegen den Vertragspartner des Zuwendungsempfängers.

4. Argument

Der von der Willenstheorie angestrebte »konkrete« Vertrauensschutz für den Zuwendungsempfänger versagt: Der Zuwendungsempfänger dürfte die an den Vertragspartner gezahlte Vergütung auch bei Insolvenz des letzteren nicht absetzen. Es gilt nämlich auch insoweit der allgemeine Grundsatz, daß der Kondiktionsschuldner eine Gegenleistung, die er für den Erwerb des Kondiktionsobjektes an einen Dritten erbracht hat, nicht als Bereicherungsminderung geltend machen kann.

5. Argument

Wenn die Zuwendung vom Vertragspartner des Zuwendungsempfängers durch dessen Auftreten als angeblich bevollmächtigter Vertreter des Zuwendungsempfängers erschlichen worden ist, spricht die Wertung des § 179 BGB dafür, den Zuwendungsempfänger vor einem Bereicherungsanspruch des Zuwendenden zu bewahren. Nach dieser Vorschrift kann sich ja jemand, der auf eine nicht bestehende Vollmacht vertraut hat, nur an den falsus procurator, nicht an den unwirksam Vertretenen halten. Diese Entscheidung schließt nicht nur die Entstehung der rechtsgeschäftlichen Gegenleistungspflicht des Vertretenen, sondern auch dessen Kondiktionshaftung aus (Koppensteiner / Kramer; Esser / Weyers).

6. Argument

Selbst wenn man sich aber hierüber hinwegsetzen wollte, wäre doch der mit Hilfe des § 818 III BGB erreichbare Vertrauensschutz nicht ausreichend. Die Zahlung des Zuwendungsempfängers an seinen Vertragspartner könnte jedenfalls dann nicht bereicherungsmindernd wirken, wenn der Zuwendungsempfänger noch vor dieser Zahlung die wirklichen Zusammenhänge erfahren hat. Der Zuwendungsempfänger kann ein legitimes Interesse daran haben, auch dann noch die Vergütung für die erhaltene Leistung gerade an seinen Vertragspartner zu erbringen: etwa um diesem die erforderlichen Geldmittel für die restliche Vertragserfüllung zu verschaffen oder aber auch, um die Leistung im Wege der Aufrechnung (etwa mit Gewährleistungsansprüchen) bewirken zu können. Vorzuziehen ist deshalb der abstrakte Vertrauensschutz, den die Versagung der Kondiktionsmöglichkeit gegenüber dem Zuwendungsempfänger gewährt (Canaris).

III. (hier sog.) Anfechtungslösung

Stellt sich die Zuwendung für ihren Empfänger angesichts der diesem erkennbaren Umstände als eine Leistung seines Vertragspartners dar, die von dem Zuwendenden als einem bloßen Erfüllungsgehilfen des letzteren vollzogen wird, so ist von einer Leistung des Vertragspartners des Zuwendungsempfängers an diesen auszugehen. Der Zuwendende kann allerdings die von ihm objektiv erklärte Tilgungsbestimmung (nämlich bloßer Leistungsmittler des Vertragspartners des Zuwendungsempfängers zu sein) nach § 119 I BGB wegen Inhaltsirrtums anfechten. Wenn er dies unverzüglich gegenüber dem Zuwendungsempfänger tut, beseitigt er damit eine Voraussetzung, die für die Qualifikation der Zuwendung als Leistung eines Dritten (des Vertragspartners des Zuwendungempfängers) unabdingbar ist. Nach erfolgreicher Anfechtung ist rückwirkend nur noch eine Zuwendung ohne relevante Zweckbestimmung und damit ohne Leistungscharakter gegeben. Dann und nur dann steht dem Zuwendenden eine Nichtleistungskondiktion unmittelbar gegen den Zuwendungsempfänger zu. Erkauft ist diese Direktkondiktion allerdings mit dem Preis einer Schadensersatzpflicht aus § 122 BGB gegenüber dem Anfechtungsgegner, also dem Vertragspartner des Zuwendungsempfängers.

Vertreten von:
Larenz / Canaris, § 70 III 3 b – d; St. Lorenz, JuS 2003, 839, 843 f.; W. Lorenz, JuS 1968, 441; Staudinger / W. Lorenz, § 812 Rn. 61 vorletzter Absatz; Thomä, JZ 1962, 623, 626 f.; Weitnauer, NJW 1974, 1729, 1731 (m. Einschr.); Wieling, JZ 1977, 291, 293; ders., JuS 1978, 801, 802; ders., BR S. 19 ff.; ders., in Honsell / Wieling, 3. Aufl., S. 130 ff.; Wieling / Finkenauer, 174 ff.

Die Rechtsprechung hat die Frage, ob der Zuwendende seine objektiv zum Ausdruck gebrachte Zweckbestimmung durch Anfechtung beseitigen kann, und sich auf diese Weise einen eigenen Kondiktionsanspruch gegen den Zuwendungsempfänger verschaffen kann, bisher offengelassen (z. B. BGH NJW 1974, 1132, 1133). In einem etwas anders gelagerten Fall – der Zuwendende hatte bei einer Banküberweisung irrtümlich auf die Schuld eines Dritten Bezug genommen und damit objektiv eine Drittzahlung nach § 267 erklärt – hat der BGH allerdings eine Anfechtung der Tilgungsbestimmung zugelassen (BGHZ 106, 163, 166 f.).

1. Argument: wie Theorie II, Arg. 1.

2. Argument
Gerade in Konstellationen wie dem Ausgangsfall will der Zuwendende selbst solvendi causa – nämlich zur Erfüllung einer vermeintlichen eigenen vertraglichen Verpflichtung – an den Zuwendungsempfänger leisten. Dem Zuwendungsempfänger erscheint er aber aufgrund der ihm erkennbaren Umstände als bloßer Leistungsmittler *seines* Vertragspartners. Vom Empfängerhorizont her überbringt der Zuwendende mithin als bloßer Bote eine Tilgungsbestimmung des Vertragspartners des Zuwendungsempfängers, wonach diese Zuwendung eine durch Einschaltung eines Leistungsmittlers erfolgende Leistung des Vertragspartners zur Erfüllung von dessen vertraglicher Verpflichtung gegenüber dem Zuwendungsempfänger sein soll. Das ist der objektive Erklärungswert seines Verhaltens. Dieser objektive Erklärungswert ist dem Zuwendenden auch zurechenbar, weil er nicht ausschließlich auf der Manipulation eines Dritten beruht. Der Zuwendende hätte es ja in der Hand gehabt, den gemeinten Sinn seiner Zuwendung bei dieser offenzulegen, also deutlich zu machen, daß er selbst eine (vermeintliche) eigene Verpflichtung gegenüber dem Zuwendungsempfänger erfüllen will.

3. Argument
Objektiver Erklärungswert und gewollter Sinn der vom Zuwendenden geäußerten Tilgungsbestimmung fallen auseinander. Der Zuwendende kann deshalb die von ihm objektiv geäußerte Tilgungsbestimmung nach § 119 I BGB wegen Inhaltsirrtums anfechten. Denn diese ist jedenfalls insoweit eine *eigene* Erklärung, als darin auch die Aussage steckt, daß er als Bote eines Dritten auftritt. Diese mit dem Rest der Äußerung untrennbar verbundene Erklärungskomponente wollte der Zuwendende nicht abgeben (vgl. Larenz/Canaris, § 70 III Fn. 42).

4. Argument
Der Zuwendende wird mit Hilfe der Anfechtungserklärung über den Schadensersatzanspruch aus § 122 BGB stärker geschützt als dies die Willenstheorie (Theorie I) mit Hilfe des § 818 III tun kann. Zahlungen des Zuwendungsempfängers an seinen Vertragspartner könnten jedenfalls dann nicht bereicherungsmindernd wirken, wenn der Zuwendungsempfänger noch vor der Zahlung die wirklichen Zusammenhänge erfährt. Der Zuwendungsempfänger kann aber eine legitimes Interesse daran haben, auch dann noch die Vergütung für die erhaltene Leistung gerade an seinen Vertragspartner zu erbringen (vgl. Theorie II Arg. 6).

Beispiele:

1. Nach Theorie I hat D rechtsgrundlos eine Leistung an E erbracht und kann deshalb nach §§ 812 I 1 1. Alt., 818 II BGB eine angemessene Vergütung für die Dachdeckerarbeiten verlangen. Der Bereicherungsanspruch entfällt auch nicht allein deshalb, weil E vor Kenntniserlangung von den Zusammenhängen bereits eine Vergütung für die Dachdeckerarbeiten an U gezahlt hat: E hat dadurch ja wiederum einen Rückzahlungsanspruch gegen U (z. B. aus dem Gesichtspunkt der von U verschuldeten teilweisen Unmöglichkeit, §§ 275 IV, 280 I, III, 283 bzw. §§ 326 I 1, 346 I BGB BGB) erworben, der den durch die Zuvielzahlung eingetretenen Verlust wieder ausgleicht. Anders jedoch, wenn dieser Rückzahlungsanspruch nicht durchsetzbar ist, etwa weil inzwischen das Insolvenzverfahren über das Vermögen des U eröffnet worden ist (§ 818 III BGB). Nach Theorie II ist dagegen ein Bereicherungsanspruch des D gegen E von vornherein ausgeschlossen, weil eine Leistung des U anzunehmen ist. Nach Theorie III könnte D jedoch seine Tilgungsbestimmung nach § 119 I BGB anfechten und sich damit eine Nichtleistungskondiktion gegen E verschaffen; er würde dem E dann jedoch nach § 122 BGB auf Ersatz des Vertrauensschadens haften. Und ein solcher Vertrauensschaden würde wiederum in der Überzahlung an U liegen, wenn der daraus erwachsene Rückzahlungsanspruch nicht mehr durchsetzbar sein sollte. Falls die Anfechtung nicht oder nicht rechtzeitig erfolgt, gilt nach Theorie III das gleiche wie nach Theorie II.

2. Der in wirtschaftliche Schwierigkeiten geratene Hemdenfabrikant E gewinnt den Unternehmensberater M als Sanierer. M schließt nun im eigenen Namen mit B einen Kaufvertrag über 2 000 Hemden, die B bei E abholen soll. Die Hemden werden von E auch tatsächlich an die Leute des B ausgehändigt, weil E glaubt, M habe den Kaufvertrag mit B als sein Stellvertreter geschlossen. B zahlt daraufhin den vereinbarten Kaufpreis an M, über dessen Vermögen bald das Insolvenzverfahren eröffnet wird. Nunmehr verlangt E von B Wertersatz für die von B inzwischen weiterveräußerten Hemden. (Der Fall ist der Entscheidung BGH LM § 812 BGB Nr. 106 = NJW 1974, 1132 ff. nachgebildet. Vgl. dazu Weitnauer, NJW 1974, 1729; von Olshausen, JZ 1975, 29; Picker, NJW 1974, 1790; Meyer, S. 76 ff.).

Die Lösung hängt hier von der Würdigung der dinglichen Rechtslage ab. Man könnte hierzu wie folgt argumentieren: Aus der Sicht des B mußte E als der eigene Lieferant seines Vertragspartners M erscheinen. Die Aushändigung der Hemden durch E an seine Leute stellte sich für ihn also einfach als eine abgekürzte Lieferung dar. Bei einer solchen Durchlieferung können die Parteien zwischen zwei Übereignungswegen wählen: Entweder der Lieferant des Verkäufers übereignet auf dessen Anweisung direkt an den Käufer, oder aber er übereignet konkludent an den Verkäufer (wobei die Übergabe an den Erwerber durch die Aushändigung an den Käufer als die Geheißperson des Verkäufers ersetzt wird) und überbringt zugleich als Bote die Übereignungsofferte des Verkäufers an den Käufer. Dem Erwerber wird meist gar nicht deutlich, welche dieser Gestaltungen von der Veräußererseite gewählt worden ist. Ihm dürfte das regelmäßig auch gleichgültig sein. Man könnte deshalb sagen: Er nimmt die Übereignungsofferte, von wem sie auch ausgehen mag, konkludent an (vgl. Meyer, S. 77 Fn. 98 m. w. N.). Da E hier aber jedenfalls an B übereignen wollte, hat B das Eigentum an den Hemden von E nach § 929 BGB erworben. Der BGH hat in der dem Beispiel zugrunde liegenden Entscheidung die dingliche Rechtslage anders beurteilt. Er hebt darauf ab, daß bei der abgekürzten Lieferung die Übereignung »übers Dreieck« (Lieferant an Erstkäufer, Erstkäufer an Zweitkäufer) der normale Weg ist. Aus der Sicht des Zweitkäufers stellt sich die Auslieferung durch den von seinem Vertragspartner verschiedenen Dritten als eine Übereignung durch seinen Vertragspartner dar, bei der der Dritte die Gegenstände dem Empfänger lediglich übergibt. Wenn B aber an eine solche abgekürzte Lieferung glaubt, kann sich die Übergabe für ihn nicht als konkludente Übereignungsofferte des E darstellen. Der BGH kommt damit zu einer von M als Nichtberechtigtem vorgenommenen Übereignung, die dem Erwerber B bei Gutgläubigkeit das Eigentum nach §§ 932, 929 BGB bzw. §§ 366 HGB, 932, 929 BGB verschafft hat. Als Übergabe i. S. dieser Vorschriften reicht es nach Ansicht des BGH – entgegen der Literaturmehrheit – nämlich aus, daß der unmittelbare Besitzer (E) auf Geheiß des nichtbesitzenden Veräußerers (M) die veräußerte Sache an den Erwerber herausgibt (Problem des Geheißerwerbs, s. Gursky, Sachenrecht, Problem 9). Folgt man insoweit dem BGH, ist der Weg zu unserer bereicherungsrechtlichen Fragestellung, aus wessen Sicht sich die Person des Leistenden bestimmt, verbaut. Als Leistender kommt dann von vornherein nur noch M in Betracht (vgl. Reuter / Martinek, 510). Und eine Nichtleistungskondiktion verbietet sich von selbst, weil der entgeltliche gutgläubige Erwerb mit wirksamer schuldrechtlicher Grundlage nach § 816 I 2 BGB e contrario kondiktionsfest sein muß. Geht man dagegen von einer Direktübertragung des Eigentums durch E an B aus, so ist nicht ausgeschlossen, daß sich die darin liegende Vermögensverschiebung aus der Sicht des Bereicherungsrechts als Ergebnis zweier Leistungen, nämlich einer Leistung des E an M und einer weiteren des M an B darstellt. Theorie II würde diese Deutung vornehmen und damit einen Kondiktionsanspruch des E gegen B ausschließen. Nach Theorie III wäre die Situation grundsätzlich ebenso. E, hätte allerdings für ganz kurze Zeit noch die Möglichkeit, sich durch die Ausübung des Anfechtungsrechtes einen Bereicherungsanspruch (Nichtleistungskondiktion) gegen B zu verschaffen, müßte dann aber seinerseits dem B nach § 122 BGB dessen Vertrauensschaden ersetzen. Nach Theorie I hätte E als Leistender die condictio indebiti gegen B, letzterer aber wegen der an M erbrachten und von diesem nur in Höhe der Insolvenzquote zurückzuerlangenden Kaufpreiszahlung den Entreicherungseinwand (§ 818 III BGB).

2. Problem (§ 812 I 1 Fall 1 BGB)
Wie vollzieht sich der Bereicherungsausgleich nach Ausführung einer vermeintlichen Anweisung?

Beispiel:

A hat bei C größere Schulden, auf die er in unregelmäßigen Abständen und in unterschiedlicher Höhe Abschlagszahlungen leistet. Eines Tages gewinnt er 5 350,– € im Lotto und beschließt zunächst, diese Summe zur Tilgung seiner Verpflichtung gegenüber C zu benutzen. Beim Ausfüllen des Überweisungsformulars kommen ihm jedoch Bedenken, ob er das Geld nicht doch besser für andere Zwecke einsetzen sollte. Er unterzeichnet den Überweisungsvordruck deshalb nicht. Die Ehefrau des A gibt den Überweisungsauftrag aber irrtümlich bei dessen Bank B ab. Deren Angestellte übersehen das Fehlen der Unterschrift und führen die Überweisung aus. Der Empfänger C fällt kurze Zeit später in Konkurs. Kann sich die B an A halten?

Ausgangspunkt:

Anweisungsfälle sind immer dort gegeben, wo jemand einen Dritten darum ersucht oder damit beauftragt, für seine (des Anweisenden) Rechnung einen bestimmten Vermögenswert an einen Dritten zu transferieren, und der Angewiesene dieser Aufforderung nachkommt. Bei solchen Anweisungslagen bestehen zwei schuldrechtliche Rechtsbeziehungen: Einerseits das Deckungsverhältnis zwischen dem Anweisenden (A) und dem Angewiesenen (B), und andererseits das Valutaverhältnis zwischen dem Anweisenden und dem begünstigten Dritten (C). Die faktische Vermögensverschiebung vollzieht sich hier unmittelbar zwischen dem Angewiesenen und dem Dritten. Der Angewiesene verfolgt mit dieser Vermögensverschiebung aber keinerlei eigenen Zweck gegenüber dem Dritten, er erbringt also an diesen keine »Leistung« im technischen Sinne des Bereicherungsrechts. Vielmehr stellt dieser Vollzug der Anweisung gleichzeitig eine Leistung des Angewiesenen (B) an den Anweisenden (A) und eine weitere Leistung des Anweisenden (A) an den begünstigten Dritten (C) dar (Simultanleistung). Dementsprechend vollzieht sich der Bereicherungsausgleich bei Unwirksamkeit eines der beiden Kausalverhältnisse auch nur zwischen den beiden Partnern dieses Kausalverhältnisses. Das gilt nach ganz h. M. selbst bei einem Doppelmangel: Wenn sowohl das Deckungsverhältnis zwischen B und A wie auch das Valutaverhältnis zwischen A und C unwirksam sind, kondiziert der B bei A und der A bei C. Man streitet für die Fälle intakter Anweisungen im wesentlichen nur noch darüber, worin denn beim unwirksamen Deckungsverhältnis das vom Anweisenden rechtsgrundlos erlangte Kondiktionsobjekt besteht (ist es die bei Wirksamkeit des Valutaverhältnisses erlangte Schuldbefreiung gegenüber dem C bzw. bei Unwirksamkeit auch des Valutaverhältnisses der von A erlangte eigene Kondiktionsanspruch gegen C oder ist es der von B an C übertragene Gegenstand selbst oder ist es sein Wert), und darum, ob der A sich im Falle des Doppelmangels gegenüber B auf den Wegfall der Bereicherung berufen kann, wenn sein eigener Bereicherungsanspruch gegen C wegen Insolvenz des letzteren nicht realisierbar ist. Bei wirksamer Anweisung gibt es nach alledem keine Direktkondiktion des Angewiesenen (B) beim Dritten (C), wenn man von dem Ausnahmefall der weithin anerkannten analogen Anwendung von § 822 BGB beim Zusammentreffen von unwirksamem Deckungsverhältnis und Unentgeltlichkeit des Valutaverhältnisses absieht. Sehr umstritten ist dagegen, ob genauso zu entscheiden ist, wenn eine nur vermeintliche oder rechtlich irrelevante Anweisung befolgt worden ist. (Beispiele: eine Bank führt einen Überweisungsauftrag versehentlich doppelt aus; infolge eines Lesefehlers überweist sie einen höheren als den im Überweisungsvordruck angegebenen Betrag; die Bank zahlt einen nicht unterschriebenen und deshalb formnichtigen Scheck aus; der Anweisende ist geisteskrank; der vollzogene Überweisungsauftrag war gefälscht oder wurde von einem falsus procurator oder nur von einem von mehreren Gesamtvertretern erteilt).

I. (hier sog.) **Theorie der Direktkondiktion**

Bei Befolgung einer nur vermeintlichen oder aber rechtlich irrelevanten Anweisung kann der (scheinbar) Angewiesene unmittelbar beim Zuwendungsempfänger kondizieren. Es handelt sich dabei nach überwiegender Auffassung um eine Nichtleistungskondiktion.

Vertreten von:
BGHZ 50, 227; 66, 362, 365; 66, 372, 375; 67, 75, 78; 69, 186, 190; 87, 393, 396 f.; 88, 232, 235 (in allen diesen Fällen war das Fehlen der Anweisung für den Empfänger erkennbar); BGHZ 111, 382, 386 f.; BGH NJW 1987, 185, 186 (für die Konstellation der versehentlichen Überzahlung des wirksamen Überweisungsauftrags); LM § 812 Nr. 214 = BB 1990, 1443 = NJW-RR 1990, 1200, 1201; LM § 812 Nr. 238 = NJW 1994, 2357, 2358; BGHZ 145, 149 f.; 147, 269, 274; BGH NJW 2003, 582, 583; OLG Brandenburg WM 2002, 2010, 2012; OLG Celle Sparkasse 1968, 134; NJW 1992, 3178; OLG Düsseldorf ZIP 2003, 897, 898; OLG Frankfurt MDR 2003, 641; OLG Köln JMinBl NRW 1976, 130; WM 1984, 728; ZIP 1992, 1726 (mit der Annahme einer Leistungskondiktion); 1996, 1376, 1377; ZIP 2003, 662; OLG Köln ZBB 2002, 340; OLG Hamburg WM 1982, 243; NJW 1983, 1499; OLG Hamm NJW-RR 1987, 882 (wo dem Empfänger die fehlerhafte Ausführung des Überweisungsauftrags bekannt war); OLG München NJW-RR 1988, 1391; OLG Düsseldorf WM 1993, 1327; KG NJW-RR 1992, 816 (mit Einschränkungen); LG Aachen NJW-RR 1986, 270 f.; LG Stuttgart NJW 1994, 2626; AK / Joerges, § 812 Rn. 28; Baumbach / Hopt, Bankgeschäfte (7) Rn. C 18; Böckmann / Kluth ZIP 2003, 656 ff.; von Caemmerer, JZ 1962, 387, 389; Canaris, 1. FS Larenz, 1973, S. 821 f.; ders., BB 1972, 774; ders., WM 1980, S. 354, 355; ders., JZ 1987, 201 ff.; ders., Großkomm. zum HGB, 4. Aufl., Bankvertragsrecht I Rn. 433; (mit Einschränkungen) Eckl, FS Hanisch, 1994, S. 59, 72 ff.; Emmerich, SchR BT § 18 Rn. 11; Erman / H. P. Westermann, § 812 Rn. 22 und 22 a; Esser / Weyers, § 48 III 3 bei Fn. 49; Fikentscher, Rn. 1153 (nur für den Fall der Geschäftsunfähigkeit des Anweisenden); Giesen, Jura 1995, 169, 176; Hadding in FS Kümpel (2003) 167, 177 ff.; Hartwieg, MDR 1987, 721, 722; (i. E.) Hassold, S. 187 f.; jurisPK / Martinek, § 812 Rn. 120 u. 120.1; Köhler, PdW SchR II, Fall 139 S. 186; Kohte, EWiR § 812 BGB 1/93, 247, 248; Köndgen, FS Esser, 1975, S. 55, 69; König, Gutachten, 1585 ff.; Koppensteiner / Kramer, 1. Aufl., S. 47 f.; Kreß, Allg. SchuldR 52; Kümpel, WM 2001, 2273, 2274 ff.; Kupisch, Gesetzespositivismus, S. 68 ff., S. 73 ff.; ders., WM 1979, Sonderbeil. 3, S. 10; Larenz, SchR II, 12. Aufl., § 68 III c 2; Larenz / Canaris, § 70 IV 2; Lieb, BGH-FS I, 547, 550 f.; St. Lorenz, JuS 2003, 839, 840; W. Lorenz, JuS 1968, 447; ders., AcP 168, 302; JZ 1968, 52; Martinek, EWiR § 812 3/90; Medicus, BR Rn. 677; ders., SchR II § 133 II 2 c; Menk, WuB I D 1. Bankrecht – 5.90; Meyer, S. 56 ff., S. 87 ff., S. 99; Meyer-Cording, Das Recht der Banküberweisung (1951) S. 51; ders., NJW 1987, 940 f.; (grundsätzlich) Möschel, JuS 1972, 297, 301 f.; Mühl, NJW 1968, 1868, 1869; MünchKomm-HGB / Häuser, ZahlungsV Rn. D191; MünchKomm / Lieb, § 812 Rn. 54 ff.; Nobbe, in Schimansky / Bunte / Lwowski, Bankrechts-Handbuch, 2. Aufl. § 60 Rn. 211; ders., WM 2001, Sonderbeilage 4, S. 25; Palandt / Sprau, § 812 Rn. 51 f.; Pinger, AcP 179 (1979), 301, 315 f.; Preuss, Jura 2000, 25, 27; Rehbein, JR 1984, 245; Reuter / Martinek, S. 425 ff. (anders aber bei beschränkter Geschäftsfähigkeit des Anweisenden, S. 427 ff.); RGRK / Heimann-Trosien, § 812 Rn. 27; Schimansky / Bunte / Lwowski I, § 50 Rn. 3 a ff. (anders aber bei erfolgreicher Anfechtung); Nobbe in Schimansky / Bunte / Lwowski I, § 60 Rn. 211; Schlechtriem, JZ 1993, 24, 28; ders., SchR BT Rn. 722 a, b; Schlegelberger / Hefermehl, HGB, 5. Aufl., Anhang nach § 365 Rn. 85; Schnauder, S. 141 ff.; ders., ZIP 1994, 1069 ff.; ders., NJW 1999, 2841, 2842; Schwark, WM 1970, 1334, 1335; Schwarz, § 13 Rn. 51; O. Seiler, 85 ff., 186, 269 ff.; Soergel / Mühl, 11. Aufl., § 812 Rn. 72; Staudinger / W. Lorenz, § 812 Rn. 51, 53; Stierle, S. 133 ff.; Weitnauer, FS von Caemmerer, 1978, S. 255, 285; ders, FS Schippel (1996) 275, 282 f.; Wilhelm, AcP 175, 304, 348. Die Rechtsprechung legte sich hinsichtlich des Kondiktionstatbestandes lange nicht fest (vgl. BGHZ 66, 362, 365; 66, 372, 375). Später bejahte sie jedenfalls bei

Kenntnis des Zahlungs- oder Gutschriftempfängers vom Fehlen der Anweisung eine Nichtleistungskondiktion (NJW 1994, 2357, 2358). In BGHZ 147, 145, 149 und NJW 2003, 582, 583 ist dies auch auf solche Fälle ausgedehnt worden, in denen der Empfänger vom Vorhandensein einer wirksamen Anweisung ausging. Eine Leistungskondiktion nehmen an: Kupisch, Gesetzespositivismus, S. 27 und MünchKomm / Lieb, § 812 Rn. 60.

1. Argument

Wer eine Zuwendung aufgrund einer vermeintlichen oder wegen Geschäftsunfähigkeit des Anweisenden rechtlich unbeachtlichen Anweisung erbringt, will damit natürlich an den Anweisenden leisten. Die Bank etwa, die (wie im Ausgangsfall) versehentlich einen noch nicht unterschriebenen Überweisungsauftrag ausführt, will selbstverständlich eine Leistung an ihren Kunden erbringen. Aber es bleibt beim bloßen Versuch einer Leistung, denn der vermeintlich Anweisende erlangt durch die fragliche Zuwendung überhaupt nichts: Er erhält weder den Vermögensgegenstand real, der das Objekt der Zuwendung bildet – das erhält ja der dritte Zuwendungsempfänger – noch wie bei einer wirklich erteilten (und vom Angewiesenen wiederum befolgten) Anweisung die Verfügungsmacht oder »Dispositionsmöglichkeit« über das Zuwendungsobjekt, also die vom Angewiesenen an den dritten Empfänger übereignete Sache.

2. Argument

Dies gilt auch, wenn – wie im Ausgangsfall – im Valutaverhältnis eine Forderung des Empfängers gegen den scheinbar Anweisenden existierte. Man könnte zwar meinen, daß der scheinbar Anweisende hier durch die Zuwendung des vermeintlich Angewiesenen an seinen Gläubiger von seiner Schuld befreit werde, daß er also die Beseitigung eines Passivbestandteils seines Vermögens erlange. In Wirklichkeit scheitert die Tilgungswirkung einfach am Fehlen einer wirksamen Tilgungsbestimmung des Schuldners (also des vermeintlich Anweisenden); der »Angewiesene« hat diese Tilgungsbestimmung ja ohne entsprechende Botenmacht überbracht. Darüber kann auch eine normative Auslegung seines Verhaltens aus dem Empfängerhorizont nicht hinweghelfen: Diese kann nur den rechtlich maßgeblichen Inhalt einer Erklärung ermitteln, nicht aber eine gar nicht vorhandene Erklärung schaffen. Es gibt nun einmal keinen Schutz des guten Glaubens an das Vorhandensein einer in Wirklichkeit gar nicht erfolgten Willenserklärung (Reuter / Martinek, S. 426; MünchKomm / Lieb, § 812 Rn. 58 f.).

3. Argument

Wenn der A dem C gar nicht schuldete, was B aufgrund einer irrtümlich angenommenen Anweisung des A an C gezahlt oder geliefert hat, dann hat der A durch diese Zuwendung an C erst recht keine Schuldbefreiung erlangt. Er hat dann aber auch keinen eigenen Kondiktionsanspruch gegen C erworben, da er den B ja gerade nicht als Leistungsmittler eingeschaltet hat und somit nicht selbst durch B eine eigene Leistung an C erbracht hat. Die von B vorgenommene Lieferung oder Zahlung an C kann dem A nicht als Leistung zugerechnet werden, weil er sie nicht veranlaßt hat. Zwar mußte dem C der A als Leistender erscheinen, aber dieser bloße Anschein ist nicht maßgeblich. Daran kann auch die – höchst problematische – Lehre vom Empfängerhorizont nichts ändern, nach der in Zweifelsfällen die Verständnismöglichkeit des Zuwendungsempfängers über den Zweck der Zuwendung und damit die Person des Leistenden entscheidet. Diese Lehre ist an Fällen entwickelt worden, in denen der als Leistender Erscheinende den Eindruck des Empfängers, der Zuwendende sei sein Leistungsmittler, immerhin planmäßig herbeigeführt hatte. Es geht nicht an, diese Lehre auf Konstellationen auszudehnen, bei denen der falsche Eindruck ohne jedes Zutun des vermeintlich Leistenden entstanden ist.

4. Argument
Es besteht kein Anlaß, den scheinbar Anweisenden in die Bereicherungsabwicklung einzubeziehen, da er ja an der eingetretenen Vermögensverschiebung überhaupt nicht beteiligt ist und auch in keiner Weise dafür verantwortlich, also ein völlig Außenstehender ist. Das gilt auch dann, wenn der Zahlungsempfänger auf das Vorhandensein einer von A wirksam erteilten Anweisung vertraut hat und nach den ganzen Umständen auch Anlaß zu dieser Annahme hatte. Der sog. Empfängerhorizont des Zahlungsempfängers C kann die fehlende Veranlassung des Zahlungsvorgangs durch A nicht ersetzen. Die gegenteilige These würde einem grundlegenden Dogma der Rechtsscheinslehre widersprechen: Vertrauensschutz nach Rechtsscheinsgrundsätzen ist immer nur dort möglich, wo derjenige, zu dessen Lasten der Rechtsschein wirken würde, den Rechtsschein zurechenbar hervorgerufen hat (BGHZ 147, 145, 150 f.).

5. Argument
Die von B vorgenommene Zuwendung muß auch nicht deshalb dem A zugerechnet werden, weil sich nur so eine völlig unangemessene Belastung des C vermeiden ließe. Falls C eine Zahlung oder Lieferung des Inhalts, wie B sie aufgrund der vermeintlichen Anweisung an ihn erbracht hat, aufgrund eines wirksamen oder auch unwirksamen Vertrages mit A erwarten konnte, C anschließend die Gegenleistung an A erbracht hat und nun seinen Erfüllungs- oder Rückabwicklungsanspruch gegen A nicht durchsetzen kann, belastet ihn die Durchgriffskondition des B schon deshalb nicht besonders, weil er hier »konkreten« Vertrauensschutz erhält: Er kann die an A erbrachte Gegenleistung nach § 818 III BGB als Bereicherungsminderung geltend machen (Reuter / Martinek, S. 428; MünchKomm / Lieb, § 812 Rn. 70).

6. Argument (gegen Theorie II Arg. 7)
Der Schutz des § 818 III BGB setzt dabei nicht erst ein, wenn die Rückforderung der erbrachten Gegenleistung infolge Insolvenz des Anweisenden gescheitert ist (so aber Meyer, S. 79: Köndgen, FS Esser, S. 72; s. auch Flume, JZ 1962, 282 Fn. 14 a. E.). Der Empfänger muß vielmehr von vornherein vor den Risiken (und Kosten) des Regreßprozesses geschützt werden: Er muß deshalb von vornherein die Möglichkeit haben, wegen der drohenden, aber gegenwärtig nicht zu klärenden Entreicherung den direkten Kondiktionsanspruch des Angewiesenen durch Abtretung seines eigenen Bereicherungsanspruchs gegen den Anweisenden erfüllen zu können (MünchKomm / Lieb, § 812 Rn. 74; Schnepp, WM 1985, 1249, 1255).

7. Argument
Die Doppelkondiktion würde die Gläubiger des Angewiesenen ungerechtfertigt begünstigen, da der danach anzunehmende Bereicherungsanspruch des Anweisenden dessen Insolvenzmasse vergrößern würde, obwohl gar nichts aus seinem Vermögen in das des Kondiktionsgegners (des Zuwendungsempfängers C) gelangt ist, während der Angewiesene, der das Zuwendungsobjekt eingebüßt hat, auf die Insolvenzquote beschränkt bliebe (Canaris, 1. FS Larenz, S. 822).

8. Argument

Auch wenn die Anweisung erteilt, aber wegen Geschäftsunfähigkeit des Anweisenden nichtig war, darf der Anweisende keinem Bereicherungsanspruch des Angewiesenen ausgesetzt werden, weil dies mit dem vom Gesetz vorausgesetzten Schutz des Geschäftsunfähigen nicht zu vereinbaren wäre.

9. Argument

Daß der Empfänger nach der hier vertretenen Auffassung durch das Fehlen (nur) der Anweisung einem Kondiktionsanspruch ausgesetzt wird, durch das Fehlen des gesamten Deckungsverhältnisses dagegen nicht, ist durchaus interessegerecht. Das Deckungsverhältnis als solches ist für den Empfänger ersichtlich ohne Bedeutung. Die Anweisung aber schafft überhaupt erst die Möglichkeit, die vom Angewiesenen vollzogene Zuwendung dem Anweisenden zuzurechnen und damit eine eigene Leistung des A gegen C zu begründen.

10. Argument (gegen Theorie III)

Die Direktkondiktion ist auch dann angebracht, wenn im Valutaverhältnis die zu tilgende Forderung durchaus besteht. Diese Forderung wird nämlich bei fehlender Anweisung gar nicht getilgt (s. oben Arg. 2). Daran ändert auch § 267 BGB nichts, denn diese Norm setzt ja eine eigene Tilgungsbestimmung des anstelle des Schuldners zahlenden Dritten voraus. Ein Leistungsmittler, der seine Stellung offenlegt, gibt aber keine eigene Tilgungsbestimmung ab, sondern überbringt nur die seines Auftraggebers. Das gleiche gilt, wenn jemand infolge einer vermeintlichen Anweisung Leistungsmittler sein will, dies aber in Wirklichkeit nicht ist.

II. (hier sog.) Theorie der Rückabwicklung übers Dreieck

Bei fehlender oder rechtlich irrelevanter Anweisung ist der Weg der bereicherungsrechtlichen Rückabwicklung der gleiche wie bei der intakten Anweisung: Der Angewiesene kann auch hier nur beim Anweisenden, dieser beim begünstigten Dritten (Zuwendungsempfänger) kondizieren. In beiden Fällen handelt es sich um eine Leistungskondiktion. Nur wenn der Empfänger bei der Entgegennahme der Zahlung oder Lieferung des vermeintlich Angewiesenen weiß, daß dieser aufgrund der irrtümlichen Annahme einer wirksamen Anweisung handelt, ist eine Direktkondiktion des vermeintlich Angewiesenen gegen den Zuwendungsempfänger gegeben.

Vertreten von:
RG WarnR 1911 Nr. 114; Recht 1922 Nr. 1555; JW 1932, 735, 738 f.; OLG Dresden WM 1999, 952; Häublein, ZBB 1998, 112; Kunisch, S. 55; Müller, Rn. 2140 ff.; Pfister, JR 1969, 47 ff. (anders aber für die Anweisung des Geisteskranken, a. a. O. 47); E. Ulmer, AcP 126, 129, 163, Fn. 49; H. P. Westermann, Die Causa, 1967, 194 ff.; Wieling, JuS 1978, 807 f.; einschränkend (und i. E. nahe bei Theorie III) ders., Bereicherungsrecht, 100 ff.; nur für die Konstellation der beschränkten Geschäftsfähigkeit des Anweisenden Reuter / Martinek, S. 427 ff.

1. Argument

Ob eine wirksame Anweisung besteht oder nicht, ist eine Frage, die nur das Dekkungsverhältnis betrifft und die den daran beteiligten Dritten (Zuwendungsempfänger) gar nichts angeht. Die Anweisung ist nur eine Maßnahme, die die Pflichten und Rechte des Angewiesenen aus dem Deckungsverhältnis zum Anweisenden konkretisiert. Es ist deshalb nicht einzusehen, daß sich das Fehlen der Anweisung stärker auf den Zuwendungsempfänger auswirken soll als etwa das völlige Fehlen des Deckungsverhältnisses, das ja nach allgemeiner Meinung nicht dazu führen kann, daß der Empfänger das Erlangte wieder herausgeben muß (Wieling, Pfister).

2. Argument

Auch wenn B auf eine nur vermeintliche Anweisung des A an C zahlt, ist die Zahlung als Leistung des A an C zu werten. Wer Leistender ist, richtet sich nach der der Anweisung beigegebenen Zweckbestimmung. Entscheidend ist dabei aber nicht der innere Wille des Zuwendenden, sondern der objektive Empfängerhorizont. Ergibt die Anwendung der Regeln über die normative Auslegung, daß B lediglich eine Zwecksetzung des A als dessen Bote überbracht hat, kann damit auch nur A an C geleistet haben.

3. Argument

Bei allen Dreiecksverhältnissen ist die bereicherungsrechtliche Rückabwicklung »übers Dreieck« die Normallösung, der Durchgriff dagegen die durch besondere Gründe zu rechtfertigende Ausnahme: Der Bereicherungsausgleich muß grundsätzlich den zugrunde liegenden Schuldverhältnissen folgen, damit jeder der Beteiligten die Einreden und Einwendungen aus dem Vertragsverhältnis behält, an dem er beteiligt ist, und andererseits vor Einwendungen des Kondiktionsgegners aus dessen Rechtsbeziehungen zu Dritten bewahrt bleibt; ferner auch deshalb, weil das Insolvenzrisiko grundsätzlich nur dann angemessen verteilt ist, wenn jeder Beteiligte gerade (und nur) die Gefahr der Zahlungsunfähigkeit desjenigen trägt, den er sich selbst als Vertragspartner ausgesucht hat (Wieling, JuS 1978, 808 im Anschluß an Canaris, 1. FS Larenz, S. 802 ff.). Besondere Gründe, die im Falle der fehlenden Anweisung dennoch die Direktkondiktion erzwingen könnten, sind aber nicht ersichtlich: Die fehlende Anweisung hat beispielsweise mit der gerechten Verteilung des Insolvenzrisikos gar nichts zu tun.

4. Argument

Die Durchgriffskondiktion B–C ist sachwidrig, weil der Angewiesene B dann mit dem Insolvenzrisiko des Zuwendungsempfängers C belastet ist, dem er nicht hat kreditieren wollen und dessen Zahlungsfähigkeit zu überprüfen er keinen Anlaß hatte. Bei Annahme eines Leistungsdreiecks kann er sich dagegen an den vermeintlich Anweisenden, und d. h. an seinen Vertragspartner, halten, dessen Schulden sich (bei Wirksamkeit des Valutaverhältnisses) in Höhe des von B an C überwiesenen oder gezahlten Betrages verringert haben und der deshalb im gleichen Umfange bereichert ist.

5. Argument (gegen Theorie I Arg. 1, 2)

Es stimmt nicht, daß der scheinbar Anweisende (A) durch die vom vermeintlich Angewiesenen (B) vorgenommene Zuwendung an C gar nichts erlangt. Ob eine Tilgungsbestimmung vorliegt und welchen Inhalt sie hat, muß sich nach dem für den Empfänger der Zahlung erkennbaren Erklärungswert entscheiden. Wenn der Zahlende B deutlich macht, daß er bloßer Leistungsmittler des A ist und im Valutaverhältnis zwischen C und A tatsächlich eine entsprechende Forderung besteht, dann ist der entsprechende Erklärungswert natürlich, daß diese Forderung getilgt werden soll. Damit tritt Erfüllung ein, erlangt der A also eine Schuldbefreiung.

6. Argument

Falls der Zuwendungsempfänger C erkennt, daß der A den B zu der fraglichen Zuwendung nicht wirksam angewiesen haben kann, dann kann er naturgemäß nicht von einer entsprechenden Zweckbestimmung des A ausgehen und deshalb den A auch nicht als Leistenden ansehen. Damit entfällt dann auch die Möglichkeit, eine Leistung des B an A anzunehmen: A hat unter diesen Umständen überhaupt nichts (weder die Befreiung von einer Verbindlichkeit gegenüber C noch einen eigenen Kondiktionsanspruch gegen C) erlangt. Damit kommt hier nur eine Nichtleistungskondiktion des B gegen C in Betracht.

7. Argument

Die Lehre von der Direktkondiktion beachtet nicht genügend die Interessen des Empfängers, der im Vertrauen auf die erfolgte Lieferung oder Zahlung bereits die Gegenleistung an den (vermeintlich) Anweisenden erbracht hat. Der Empfänger könnte nämlich dem Kondiktionsanspruch des (vermeintlich) Angewiesenen die erbrachte Gegenleistung nicht einfach als Wegfall der Bereicherung entgegenhalten, weil er ja bei Wirksamkeit des Valutaverhältnisses diese Gegenleistung schuldete und zudem die eigene Forderung gegen den vermeintlich Anweisenden (jedenfalls nach Ansicht der Lehre von der Direktkondiktion) mangels Tilgungswirkung der Zuwendung des vermeintlich Angewiesenen behalten hat bzw. bei unwirksamem Valutaverhältnis das Weggegebene mit Hilfe der condictio indebiti zurückholen kann. Im Prozeß mit der Bank müßte der Empfänger, um den Schutz des § 818 III BGB zu erhalten, nachweisen, daß sein eigener Erfüllungs- bzw. Rückforderungsanspruch gegen den (vermeintlich) Anweisenden nicht durchsetzbar ist. Zumindest müßte er aber nachweisen, daß ernsthafte Zweifel an der Durchsetzbarkeit seines Anspruchs bestehen. Derartige berechtigte Zweifel würde der vom (vermeintlich) Angewiesenen verklagte Empfänger aber häufig nicht dartun können, weil er keinen Einblick in die Verhältnisse des (vermeintlich) Anweisenden hat. Er liefe dann Gefahr, im Prozeß mit der Bank wegen der Unerweislichkeit eines Bereicherungswegfalls rechtskräftig verurteilt zu werden, bevor sich die Unerbringlichkeit des eigenen Rückgewähranspruchs gegen den (scheinbar) Anweisenden herausstellte. Nun wollen allerdings einige Vertreter der h. L. dem Empfänger unter Berufung auf § 818 III BGB die Möglichkeit einräumen, den Kondiktionsanspruch der Bank durch Abtretung des eigenen Rückgewähranspruches gegen den scheinbar Anweisenden zu erfüllen. Eine solche Lösung – bei der der Empfänger in der Tat nicht nennenswert belastet würde – ist aber mit dem Wortlaut und Sinn des § 818 III BGB unvereinbar. Der Einwand aus § 818 III BGB setzt nun einmal eine wirkliche und nachgewiesene, nicht nur eine vorstellbare zukünftige Entreicherung voraus.

III. Differenzierende Theorie

Fehlt es an einer wirksamen Anweisung, besteht aber im Valutaverhältnis die zu tilgende Forderung, so kondiziert der vermeintlich Angewiesene beim scheinbar Anweisenden. Existiert die Forderung im Valutaverhältnis dagegen nicht, steht dem vermeintlich Angewiesenen die Leistungskondiktion unmittelbar gegenüber dem Empfänger zu.

Vertreten von:
Flume, NJW 1991, 2521 ff. und AcP 199, 1, 4 ff., 11 ff., 35 (teilweise abweichend ders., NJW 1984, 464, 467); Meyer-Cording in FS Pleyer (1986) 89, 96; Heymann/ Horn, HGB, 1. Aufl., § 372 Rn. 43.

1. Argument

Der vermeintlich Angewiesene versucht, simultan sowohl an den scheinbar Anweisenden wie auch (unter Bezugnahme auf das Valutaverhältnis) an den Empfänger zu leisten. Wenn die Anweisung existiert, tritt der erstere Aspekt in den Hintergrund, die Zahlung wird dann ausschließlich als eine (mittels des Angewiesenen erbrachte) eigene Zahlung des Anweisenden gewertet. Falls die Anweisung dagegen fehlt oder (weil von einem Geschäftsunfähigen herrührend) rechtlich irrelevant ist und wenn zudem im Valutaverhältnis gar keine Forderung besteht, die durch eine Zahlung des vermeintlich Anweisenden getilgt werden könnte, geht die Zahlung den vermeintlich Anweisenden nichts an. Die Zahlung ist dann nicht mehr als Leistung des Anweisenden zu werten, sondern als Leistung eines nach § 267 BGB zahlenden Dritten: Wenn der vermeintlich Angewiesene entsprechend der scheinbaren Anweisung zahlt, überbringt er nicht etwa eine Tilgungsbestimmung des Anweisenden als dessen Bote, sondern gibt selbst seiner Zahlung die Bestimmung, daß diese auf das Valutaverhältnis (zwischen Empfänger und Anweisendem) erfolgt. Damit stellt sich seine Zahlung dann als Drittleistung i. S. v. § 267 BGB dar.

2. Argument

Fehlt die in Bezug genommene causa, die vorausgesetzte Forderung im Valutaverhältnis, so ist diese Drittzahlung rechtsgrundlos und damit mit Hilfe der condictio indebiti zurückholbar.

3. Argument

Besteht dagegen die Forderung, so tritt, gerade weil der scheinbar Angewiesene selbst seine Zahlung als Leistung auf das Valutaverhältnis deklariert hat, Erfüllung ein. Der Bereicherungsausgleich kann damit nur zwischen dem vermeintlich Angewiesenen und dem scheinbar Anweisenden erfolgen: Nur der scheinbar Anweisende ist per saldo überhaupt bereichert worden: Das Vermögen des Empfängers ist gar nicht erhöht worden, weil die erhaltene Zahlung durch den Forderungsverlust aufgewogen wird.

4. Argument

Diese Lösung entspricht auch der Interessenlage: Der Empfänger hat, wenn ihm eine fällige Forderung gegen den vermeintlich Anweisenden zustand, offensichtlich ein Interesse daran, die Zahlung als Erfüllung dieser Forderung behandeln zu dürfen. Gegeninteressen sind aber nicht ersichtlich: Der vermeintlich Anweisende (und bisherige Schuldner) bedarf keines Schutzes, da er ja ohnehin nur auf die Bereicherung haftet. Schutzinteressen des vermeintlich Angewiesenen werden aber ebenfalls nicht tangiert, wenn sich sein Bereicherungsanspruch gegen den vermeintlich Anweisenden und nicht gegen den Empfänger richtet. Er konnte ja ohnehin nur mit einem Ausgleich durch den vermeintlich Anweisenden rechnen.

Beispiele:

1. Im Ausgangsfall steht der Bank nach Theorie I ein Bereicherungsanspruch (und zwar eine Nichtleistungskondiktion) nur gegen den in Konkurs gefallenen Zuwendungsempfänger C zu. Nach Theorie II kann die Bank dagegen bei A kondizieren. Dieser ist durch die Ausführung des nicht unterschriebenen Überweisungsauftrags in Höhe von 5350,– € von seiner Zahlungspflicht gegenüber C befreit worden und damit in dieser Höhe auch bereichert. Die Eröffnung des Insolvenzverfahrens über das Vermögen des C hat darauf keinen Einfluß. Theorie III käme zum gleichen Ergebnis.

2. Der C erhält als Vertreter der Firma A von dieser monatlich Provisionszahlungen in Höhe von 10 % der von C vermittelten Aufträge. Im Mai 2003 beauftragt die Firma A ihre Bank B, den (der Provisionsforderung des C entsprechenden) Betrag von 1499,60 € an C zu überweisen. Infolge eines Versehens überweist die Bank aber 14 996,– € an C. Sie verlangt nun Rückzahlung des zuviel überwiesenen Betrages. C weigert sich, weil er mittlerweile neue Provisionsforderungen gegen A erworben hat (Beispiel nach BGH NJW 1987, 185).

Lösung: Nach Theorie I hat die Bank wegen des zuviel überwiesenen Betrages von 13 496,40 € die Durchgriffskondiktion gegen C. Aber auch Theorie II würde hier zum gleichen Ergebnis kommen: C wußte genau, daß der eingegangene Betrag das Zehnfache seiner aktuellen Honorarforderung ausmacht. Für ihn war damit ersichtlich, daß hier eine irrtümliche Zuvielzahlung vorlag. Er konnte zwar nicht erkennen, ob der Grund dafür bei A lag (A den Überweisungsauftrag also falsch ausgefüllt hatte) oder ob B hier einen auf die richtige Summe lautenden Überweisungsauftrag falsch ausgeführt hatte. Diese Unklarheit begründet aber kein irgendwie geartetes Schutzbedürfnis des C. Er muß sich also so behandeln lassen, als habe er hinsichtlich des Überzahlungsbetrages das Fehlen eines Überweisungsauftrags und damit eine Anweisung der Firma A positiv gekannt. Theorie III käme schon deshalb zur Durchgriffskondiktion, weil in Höhe des Überzahlungsbetrages die zu tilgende Forderung im Valutaverhältnis gar nicht bestand.

3. Problem (§ 812 I 1 Fall 1 BGB)
Wie vollzieht sich der Bereicherungsausgleich bei versehentlicher Ausführung einer rechtzeitig widerrufenen Anweisung?

Beispiel:

B verkauft dem A eine Fräsmaschine, die A weiterverkaufen will; der Kaufpreis soll von A unmittelbar nach dem erwarteten Weiterverkauf, spätestens aber in einem Monat gezahlt werden. Außerdem wird vereinbart, daß die Maschine vorläufig bei B bleiben und auf Abruf von ihm an den Abnehmer des A geliefert werden soll. A findet auch bald einen Käufer C, der den (dem Wert der Maschine entsprechenden) vereinbarten Kaufpreis von 12 500,– € innerhalb von drei Tagen nach Lieferung bezahlen will. A verspricht Lieferung exakt in acht Tagen, ohne C darauf hinzuweisen, daß die Lieferung durch B erfolgen wird. A vereinbart anschließend mit B, daß dieser die Maschine zum fraglichen Termin an C ausliefern soll. Am nächsten Tag erfährt er Umstände, die Zweifel an der Zahlungsfähigkeit des C begründen. Er schreibt dem B daraufhin einen Brief, in dem er ihn bittet, die Maschine nicht an den C auszuliefern, sondern vorläufig weiter für ihn aufzubewahren. B hat soviel zu tun, daß er nicht dazu kommt, die Post durchzusehen. Er liefert deshalb der ursprünglichen Abrede entsprechend die Maschine an C aus. Dieser fällt in Konkurs, bevor er die Kaufpreissumme an A bezahlt hat. Nunmehr stellt sich heraus, daß der Kaufvertrag zwischen A und B wegen Dissenses über die Höhe des Kaufpreises unwirksam war. Hat B einen Bereicherungsanspruch gegen A oder C?

I. (hier sog.) Theorie der Abwicklung übers Dreieck

Der Angewiesene hat – anders als in den Fällen der von vornherein fehlenden Anweisung – keine Durchgriffskondiktion gegen den Zuwendungsempfänger. Bestand im Valutaverhältnis eine Forderung des Zahlungsempfängers gegen den Anweisenden, kondiziert der Angewiesene beim Anweisenden wegen der Tilgung dieser Forderung den Wert der Schuldbefreiung, andernfalls kann der Angewiesene vom Anweisenden die Abtretung von dessen eigenem Kondiktionsanspruch gegen den Empfänger verlangen. Der Bereicherungsausgleich vollzieht sich vielmehr übers Dreieck, also über eine Leistungskondiktion des Angewiesenen gegen den Anweisenden und bei zusätzlicher Unwirksamkeit des Valutaverhältnisses über eine weitere Kondiktion des Anweisenden gegen den Zuwendungsempfänger. Für die Direktkondiktion (also einem Bereicherungsanspruch des Angewiesenen gegen den Empfänger) ist nur Raum, wenn der Empfänger bei Erhalt der Zuwendung vom Widerruf der Anweisung Kenntnis hatte.

Vertreten von:
BGHZ 61, 289, 294; 66, 362, 364; 87, 393; 89, 376; BGH WM 1984, 890, 891 = NJW 1984, 2205; BGHZ 147, 145, 150; OLG Hamm NJW-RR 1986, 791, 793; OLG Köln ZIP 1996, 1376, 1377; AK/Joerges, § 812 Rn. 29; Baumbach/Hopt, Bankgeschäfte (7) Rn. C 19; Brox/Walker, § 37 Rn. 15; von Caemmerer, JZ 1962, 387; (wohl auch) Emmerich, § 18 Rn. 15; Erman/H. P. Westermann, § 812 Rn. 22; Esser/Weyers, § 48 III 3 b S. 53 f.; Fezer, S. 214 ff.; Giesen, Jura 1995, 169, 175; Hagmann-Lauterbach, 43; Köndgen, FS Esser, S. 55, 70; Jauernig/Schlechtriem, § 812 Rn. 37; Koppensteiner/Kramer, S. 34 f.; Krumm, WM 1990, 1609, 1610 f.; Kümpel, WM 1979, 381; ders., WM 2001, 2273, 2276, 2278 f.; Loewenheim, S. 39 ff.; Loewenheim/Winkler, JuS 1982, 910, 912 f.; Medicus, BR Rn. 676; Möschel, JuS 1972, 301; Mühl, FS von Lübtow, 1980, S. 547, 563; ders., WM 1984, 1443; Müller, Rn. 2143 (für die angefochtene Anweisung); Nobbe in Schimansky/Bunte/Lwowski I, § 60 Rn. 212; Olzen/Wank, Zivilrechtliche Klausurprobleme, 4. Aufl., S. 356; Palandt/Sprau, § 812 Rn. 52; Pinger, AcP 179, 301, 317 (der aber die Direktkondiktion zulassen will, wenn der Angewiesene vorsätzlich entgegen dem Widerruf handelt); Putzo, Erfüllung mit Buchgeld, 1977, 172; Rehbein, JR 1984, 245, 247; Schimansky in Schimansky/Bunte/Lwowski I, § 50 Rn. 6 ff.; Schlechtriem, § 16 VII 4 d bb S. 244; Schwark, WM 1970, 1335; Schwarz, § 13 Rn. 55 (für die Konstellation des Scheckwiderrufs); Stierle, Bereicherungsausgleich 125 ff.; Thiele, S. 157; Walchshöfer, Anm. zu BGH LM § 812 BGB Nr. 162; Weitnauer, FS von Caemmerer, 1978, S. 255, 284 f.; Wieling, S. 92 f. (wo aber die Fälle der von Anfang an fehlenden Anweisungen genauso behandelt werden).

1. Argument

Jedenfalls wenn dem Empfänger der erfolgte Widerruf der Anweisung nicht bekannt war, mußte er davon ausgehen, daß der Angewiesene die Zahlung bzw. Lieferung als bloßer Leistungsmittler des Anweisenden erbringt. Aus seiner (nach der herrschenden Lehre vom Empfängerhorizont, s. Problem 1, Theorie II) maßgeblichen Sicht läßt sich also der Vorgang der Zahlung bzw. Lieferung in eine Leistung des Angewiesenen an den Anweisenden und eine gleichzeitig erbrachte weitere Leistung des Anweisenden an den Empfänger aufspalten. Die erforderliche bereicherungsrechtliche Rückabwicklung kann nur im Rahmen dieser Leistungsverhältnisse erfolgen. Eine Direktkondiktion des Angewiesenen beim Zahlungs- bzw. Lieferungsempfänger, die ja nur eine Nichtleistungskondiktion (§ 812 I 1 2. Alt. BGB) sein könnte, scheitert an der generellen Subsidiarität der Nichtleistungskondiktionen gegenüber der Leistungskondiktion.

2. Argument

Der entscheidende Unterschied zur Konstellation der von Anfang an fehlenden Anweisung besteht darin, daß der Anweisende hier die erfolgte Zuwendung durch die zunächst einmal wirksam erteilte Anweisung *veranlaßt* hat. Damit liefert hier das Veranlassungsprinzip die Rechtfertigung dafür, daß die fragliche Zuwendung des Angewiesenen dem Anweisenden zugerechnet und als Leistung des letzteren an den Empfänger behandelt werden kann.

3. Argument

Es muß zu Lasten des Anweisenden gehen, wenn er die vom Angewiesenen geforderte Lieferung oder Zahlung nicht mehr aufhalten kann. Die Leistung ist nun einmal mit der Erteilung der Anweisung auf den Weg gebracht, und der anschließende Gang der Vermögensverschiebung ist vom Anweisenden nicht oder nur unvollkommen beherrschbar. Der Anweisende muß deshalb das *Risiko der Irreversibilität* der Leistung tragen (Köndgen).

4. Argument

Der dem Angewiesenen durch die Nichtbeachtung des Widerrufs unterlaufene Fehler darf sich nicht zum Nachteil des Zuwendungsempfängers auswirken, da er ja im Deckungsverhältnis und damit im Risikobereich des Anweisenden wurzelt (BGH, von Caemmerer, Köndgen).

5. Argument

Die Allgemeinheit hat ein Interesse am ungehinderten Ablauf des bargeldlosen Zahlungsverkehrs. Dazu gehört, daß der jeweilige Zahlungsempfänger nach Möglichkeit von Störungen in Drittbeziehungen unberührt bleibt (Möschel, BGH). Das spricht dafür, daß der Empfänger einer Giroüberweisung nicht allein wegen des Umstandes, daß der Überweisungsauftrag rechtzeitig widerrufen worden war, einem Bereicherungsanspruch der Absendebank ausgesetzt werden darf.

6. Argument

Wenn der Überweisungsempfänger allerdings den Widerruf positiv kannte, stellt sich die Überweisung aus der maßgeblichen Sicht des Empfängers nicht mehr als eine Leistung des Bankkunden dar. Sie kann dem Bankkunden daher auch nicht mehr als seine Leistung an den Überweisungsempfänger zugerechnet werden.

7. Argument

Die Durchgriffskondiktion verbietet sich schon deshalb, weil andernfalls der gutgläubige Empfänger unzumutbar damit belastet würde, Interna der Rechtsbeziehungen zwischen Anweisendem und Angewiesenem festzustellen, um über seine
eventuellen bereicherungsrechtlichen Rückgewährpflichten Klarheit zu bekommen: Ob er dem Anweisenden oder dem Angewiesenen gegenüber verpflichtet
ist, hinge dann ja von dem Zeitpunkt des Widerrufs und von eventuellen Verein-
barungen über die Zulässigkeit oder Unzulässigkeit eines solchen Widerrufs ab
(Esser / Weyers).

8. Argument

Der Anweisende ist nicht schutzwürdig. Er hatte es in der Hand, den Zuwendungsempfänger vom Widerruf zu informieren und damit den Eindruck, der Angewiesene werde als sein Leistungsmittler tätig, zu verhindern (Loewenheim).

II. (hier sog.) **Rechtsscheintheorie**

Der Empfänger ist vor einer Durchgriffskondiktion des Angewiesenen nur dann
geschützt, wenn ein relevanter Rechtsschein für die Fortexistenz der Anweisung
und damit für die Wirksamkeit der vom Angewiesenen überbrachten Tilgungsbestimmung spricht und der Empfänger gutgläubig ist, d. h. ohne Fahrlässigkeit auf
diesen Rechtsschein vertraut.

Vertreten von:
Canaris, WM 1980, 354, 356; ders., Bankvertragsrecht, 3. Aufl. 1988, Rn. 439; Eckl,
FS Hanisch, 1994, S. 80; Hadding in FS (2003) 167, 180 ff.; Hassold, S. 185 f.; jurisPK / Martinek, § 812 Rn. 122; Larenz, SchR II, 12. Aufl., § 68 III d S. 542 f.; Larenz / Canaris, § 70 IV 2 a–c; Meyer, 108 ff., 114 ff.; Reuter / Martinek, 432 ff.,
441 ff; Schnauder, S. 145 ff., inbesondere S. 148 f.; Stolte, JZ 1990, 220, 224 ff;
(wohl auch) Thielmann, AcP 187, 23, 43. Nur für den widerrufenen Scheck:
MünchKomm / Lieb, § 812 Rn. 87; O. Seiler, 219 ff.; Staudinger / W. Lorenz,
12. Aufl., § 812 Rn. 51; Wilhelm, AcP 175, 304, 338 ff., 347 f.

1. Argument

Wird die bereits widerrufene Anweisung ausgeführt, so überbringt der Angewiesene die Tilgungs- bzw. Zweckbestimmung des Anweisenden als Bote ohne Botenmacht. Der Zugang beim Empfänger kann deshalb diese Tilgungsbestimmung
nicht in Geltung setzen. Die etwaige Forderung des Empfängers gegen den Anweisenden, die erfüllt werden sollte, bleibt damit ungetilgt. Und auch beim Fehlen
einer entsprechenden Forderung im Valutaverhältnis kann die tatsächlich vom
Angewiesenen vorgenommene Zuwendung nicht als Leistung des Anweisenden
zur Erfüllung einer vermeintlichen Forderung des Empfängers gewertet werden,
weil es an einer wirksamen Bezugnahme des Anweisenden auf diese Forderung ja
gerade fehlt. Damit kommt hier wie bei einer von Anfang an fehlenden Anweisung nur die Direktkondiktion in Betracht.

2. Argument

Anders stellt sich die Situation dar, wenn Rechtsscheingesichtspunkte dazu führen, daß der Anweisende an die vom Angewiesenen in seinem Namen überbrachte Tilgungs- bzw. Zweckerklärung gebunden wird. Falls dem Empfänger gegenüber deutliche Hinweise für die Botenmacht des Angewiesenen hervortreten,

die der Anweisende veranlaßt oder zumindest zurechenbar nicht beseitigt hat, so muß der Empfänger in seinem berechtigten Vertrauen auf das Vorliegen der Botenmacht geschützt werden (Reuter / Martinek, 433). Als konstruktiver Aufhänger bietet sich dabei eine Rechtsanalogie der Vorschriften über die Scheinvollmacht, also der §§ 170–173 BGB, an. (Canaris, WM 1980, 356; für widerrufene Schecks auch Wilhelm AcP 175, 304, 338 ff., 347 f.; Meyer, 114 ff.).

3. Argument

Ein ausreichender Rechtsscheintatbestand ist beispielsweise bei einem widerrufenen, zuvor aber schon mindestens einmal ausgeführten Dauerauftrag gegeben. Wenn die Bank den Widerruf nicht beachtet, muß der Überweisungsempfänger sich analog §§ 170, 171 II, 172 II, 173 BGB auf den Fortbestand der Botenmacht der Bank verlassen können und damit vor einem Bereicherungsanspruch der Bank geschützt werden (Canaris). Entsprechendes dürfte gelten, wenn der Anweisende dem gutgläubigen Überweisungsempfänger die dann später rechtzeitig widerrufene Überweisung besonders angekündigt hatte (Reuter / Martinek, 443 Fn. 94).

Sehr streitig war innerhalb dieser Theorie vor der 1997 erfolgten Einführung des beleglosen Überweisungsverkehrs, ob bei einer trotz rechtzeitigen Widerrufs ausgeführten Banküberweisung bereits der vom Anweisenden zum Überweisungsempfänger durchlaufende 2. Durchschlag des Überweisungsträgers als Rechtsscheingrundlage ausreicht, also die durch den Widerruf des Überweisungsauftrags erloschene Botenmacht der Bank zur Übermittlung der Tilgungsbestimmung ersetzt (bejahend Canaris, WM 1980, 354, 356; Larenz, SchR II, 12. Aufl., § 68 III d S. 543; a. M. Reuter / Martinek, 442; Wilhelm, AcP 175, 304, 349 f.).

Nach Canaris erlaubt der dem Überweisungsempfänger übermittelte Durchschlag des Überweisungsträgers mittelbar den Rückschluß auf die Befugnis der Bank zur Überbringung der Tilgungsbestimmung des Überweisenden. Der Überweisungsempfänger sei deshalb in ähnlicher Weise schutzwürdig wie beim internen Widerruf einer mitgeteilten Vollmacht. Daß der Durchschlag keine Unterschrift des Überweisenden aufweise, beseitige seine Eignung als Rechtsscheinbasis nicht, da der Empfänger sich darauf verlassen könne, daß der Bank ein unterschriebenes Original vorliege (Canaris, WM 1980, 354, 356). Konsequent wäre es, im heutigen beleglosen Überweisungsverkehr die per Kontoauszug oder –ausdruck erfolgende Mitteilung der Empfängerbank an den Zahlungsempfänger über den Überweisenden und den von diesem angegebenen Verwendungszweck genauso zu behandeln.

Beim Scheckwiderruf soll es nach einem Teil der Anhänger dieser Theorie beim Bereicherungsausgleich »über Eck« selbst dann bleiben, wenn der Zahlungsempfänger positive Kenntnis vom Widerruf hatte (so Canaris, WM 1980, 365 f.; Larenz / Canaris, § 70 IV 3 c; Thielmann, AcP 187, 43 Fn. 78; Reuter / Martinek, § 11 IV 2 c, jeweils unter Berufung auf die hier vertragliche Festlegung der Tilgungsbestimmung; a. A. Wilhelm, a. a. O.; Hadding in FS Kümpel (2003) 167, 181 f.

III. (hier sog.) **Theorie der Durchgriffskondiktion**

Der Bereicherungsausgleich bei rechtzeitig widerrufener Anweisung vollzieht sich genauso wie bei einer von Anfang an fehlenden Anweisung. In beiden Fällen steht dem Angewiesenen die Direktkondiktion gegen den Zuwendungsempfänger zu.

Vertreten von:
OLG Düsseldorf NJW 1974, 1001; WM 1975, 875; OLG Koblenz WM 1976, 94; OLG Celle WM 1976, 170; KG WM 1977, 1236; LG Düsseldorf WM 1981, 806; LG Aachen NJW 1982, 772; Heimann-Trosien, JR 1974, 287; Kupisch, Gesetzespositivismus, 75 Fn. 231; ders., ZIP 1983, 1416 ff.; Lieb in BGH-FS I 547, 551 ff.; ders., JZ 1983, 960 ff., 963; MünchKomm / Lieb, § 812 Rn. 80, 85; Schnepp, WM 1985, 1249, 1255; O. Seiler (mit Ausnahme für den Fall einer gesonderten Zahlungsankündigung des Anweisenden an Empfänger); Staudinger / Selb (1995), § 267 Rn. 7; Staudinger / W. Lorenz, § 812 Rn. 51 (mit Anklängen an Theorie II); Wilhelm, Rechtsverletzung, S. 139 f.; ders., JuS 1973, 1, 4 Fn. 36; ders., AcP 175, 304, 348 ff. (für die widerrufene Banküberweisung).

1. Argument

Die Abwicklung übers Dreieck brächte für den Anweisenden die Gefahr, daß er infolge der dabei vorausgesetzten Erfüllungswirkung im Valutaverhältnis die Einrede des nicht erfüllten Vertrages oder ein Zurückbehaltungsrecht oder auch eine Aufrechnungsmöglichkeit verlieren könnte, obwohl er möglicherweise gerade deshalb die Anweisung widerrufen hat. Es wäre nicht angemessen, ihm diese Nachteile wegen des Fehlers eines Dritten (nämlich der angewiesenen Bank) aufzuerlegen.

2. Argument

Die Konstellation der nur vermeintlichen und der rechtzeitig widerrufenen Anweisung sind gleichwertig. In beiden Fällen fehlt es im Zeitpunkt der Zuwendung einfach an einer wirksamen Anweisung, die die Abwicklung übers Dreieck rechtfertigen könnte. In beiden Fällen fehlt insbesondere die Botenmacht des Zuwendenden zur Überbringung der Tilgungsbestimmung des (scheinbar oder wirklich) Anweisenden.

3. Argument

Entgegen Theorie I ist weder die Anweisung noch die in ihr enthaltene Tilgungsbestimmung durch Veranlassungsgesichtspunkte ersetzbar. Das Veranlassungsprinzip ist zu vage, um ausreichend sichere Entscheidungen zu gewährleisten. Das zeigen schon die unterschiedlichen Ergebnisse, zu denen die Vertreter einer Lösung über das Veranlassungsprinzip gelangen.

4. Argument

Die fehlende Botenmacht des Angewiesenen zur Überbringung der Tilgungsbestimmung des Anweisenden kann nicht durch Rechtsscheingesichtspunkte ersetzt werden. Der Rechtsscheintatbestand ist dafür (zumindest in aller Regel) nicht ausgeprägt genug und häufig dem Anweisenden auch gar nicht zurechenbar (MünchKomm / Lieb, § 812 Rn. 80).

5. Argument

Wenn mit Hilfe des Veranlassungsgedankens oder mit Rechtsscheinerwägungen trotz des rechtzeitigen Widerrufs der Anweisung die Zuwendung des Angewiesenen als eine solche des Anweisenden gewertet und damit die Kondiktion übers Dreieck eröffnet wird, so wird der Empfänger über Gebühr geschützt. Ausreichend ist der konkrete Vertrauensschutz des § 818 III BGB, der durch die Darlegungs- und Beweislast im Prozeß verstärkt wird: Der unwirksam Angewiesene, der die Direktkondiktion geltend macht, muß dartun und beweisen, daß eine rechtswirksame Anweisung nicht vorlag.

6. Argument

Es kann letzlich dahinstehen, ob sich mit Hilfe der Rechtsfigur der Anscheinsbotenmacht begründen läßt, daß der ursprünglich Angewiesene (in den Fällen des widerrufenen Überweisungsauftrags also die Bank) eine angeblich vom Anweisenden herrührende Tilgungsbestimmung überbringt, an die dieser gebunden ist. Auch eine wirksame Tilgungsbestimmung des Anweisenden kann für sich allein genommen die Zuwendung des Angewiesenen an den Empfänger nicht in zwei simultan erfolgende Leistungen des Angewiesenen an den Anweisenden und des Anweisenden an den Empfänger transformieren. Für eine solche rechtliche Umleitung der Zuwendung ist vielmehr unverzichtbar, daß diese auf eine wirksame Anweisung des Auftraggebers hin erfolgt. Daran fehlt es aber, wenn die Anweisung im Zeitpunkt der Ausführung bereits widerrufen war.

7. Argument

Die h. M. impliziert, daß die Bereicherungsabwicklung übers Dreieck der Regelfall und die Direktkondiktion wegen Kenntnis des Überweisungsempfängers vom Widerruf der Ausnahmefall ist und daß deshalb der von der Bank verklagte Kunde die Beweislast für die Kenntnis des Empfängers vom Widerruf trägt. Es ist unerträglich, daß der Kunde damit ausgerechnet im Verhältnis zur Bank, deren Fehler die Notwendigkeit einer bereicherungsrechtlichen Rückabwicklung überhaupt erst hat entstehen lassen, in eine prozessual äußerst ungünstige Position gedrängt wird (MünchKomm / Lieb, 2. Aufl., § 812 Rn. 86).

IV. (hier sog.) Theorie der Rechtfertigung durch das Valutaverhältnis

Bestand im Valutaverhältnis ein Anspruch des Empfängers gegen den Anweisenden auf dasjenige, was der Angewiesene der ursprünglichen Weisung entsprechend an ihn gezahlt oder geliefert hat, so kann der Angewiesene nur beim Anweisenden (im Falle der rechtzeitig widerrufenen Giroüberweisung also die Bank nur bei ihrem Kunden) kondizieren. Nur wenn der Empfänger bei der Entgegennahme der Zuwendung zufällig schon weiß, daß die Anweisung rechtzeitig widerrufen war, haftet er dem Angewiesenen unmittelbar aus §§ 812, 819 BGB.

Vertreten von:
Flume, NJW 1984, 464, 466; ders., AcP 1999, 1, 4 ff., 11 ff., 35; ähnlich Kupisch, ZIP 1983, 1412, 1418 ff. (wo aber ein Bereicherungsanspruch der Bank gegen den Kunden auch für den Fall bejaht wird, daß das Valutaverhältnis unwirksam ist und der Empfänger sich auf § 818 III BGB berufen kann).

1. Argument

Wenn jemand erkennbar aufgrund einer Anweisung zahlt, so ist das eine Leistung im Hinblick auf das Rechtsverhältnis, das zwischen dem Anweisenden und dem Zahlungsempfänger besteht. Rechtfertigt dieses Rechtsverhältnis als causa die Zahlung, so ist für einen Bereicherungsanspruch des Angewiesenen gegen den Zahlungsempfänger kein Raum. Dies gilt auch, wenn die Anweisung vor ihrer Ausführung bereits widerrufen war. Entscheidend ist, daß der Zahlende und der Zahlungsempfänger übereinstimmend davon ausgegangen sind, daß die Zahlung eine solche des Anweisenden ist und deshalb ihre Rechtfertigung im Valutaverhältnis finden soll. Bestand hier ein Anspruch des Empfängers auf die Zahlung, hat der Empfänger das ihm Gebührende bekommen und muß es behalten dürfen. Der Angewiesene hat in diesem Fall einen Bereicherungsanspruch gegen den Anweisenden wegen der ihm verschafften Schuldbefreiung. Besteht die Valutaforderung in Wirklichkeit aber nicht, so bleibt doch die Zahlung für den Zahlenden wie den Empfänger als Leistung dem Anweisenden zugeordnet. Deshalb erwirbt hier der Anweisende den Bereicherungsanspruch gegen den Empfänger. Der Angewiesene erhält einen Ausgleich nach Maßgabe des Deckungsverhältnisses (Flume, NJW 1984, 464, 467; anders aber für die widerrufene Anweisung i. S. v. § 783 BGB, vgl. a. a. O. 467 f.).

2. Argument

Anders ist allerdings zu entscheiden, wenn der Empfänger genau weiß, daß die Anweisung schon widerrufen ist und daß der Angewiesene nur aufgrund der irrtümlichen Annahme des Fortbestandes der Anweisung zahlt. Hier kann der Zahlungsempfänger die Zahlung naturgemäß nicht seinem Rechtsverhältnis zum Anweisenden zuordnen. Die als Anweisungsleistung erbrachte Zahlung auf die Schuld des Anweisenden kann somit nicht als Erfüllung gelten und bleibt damit auch dann ein indebitum, wenn die zu tilgende Forderung im Valutaverhältnis wirklich besteht.

Beispiele:

1. Eine Durchgriffskondiktion des B gegen C kommt im Ausgangsfall nach Theorie I nicht in Betracht, weil C vom Widerruf der Anweisung keine Kenntnis hatte. B kann vielmehr einen Bereicherungsanspruch gegen seinen Vertragspartner A (aus § 812 I 1 Fall 1 BGB) geltend machen. Ob dabei als Kondiktionsobjekt (= »erlangtes Etwas«) die eingetretene Befreiung des A von der Lieferungspflicht aus dem Kaufvertrag mit C oder aber im Wege einer »Als-ob-Betrachtung« der Zuweisungsgegenstand, hier also die Fräsmaschine, anzusehen ist, ist innerhalb dieser Theorie streitig. Wichtiger ist, daß zugunsten des A § 818 III BGB eingreift: Infolge der Auslieferung der Maschine an C hat er die Einrede aus § 321 BGB nicht geltend machen können und dadurch einen Verlust erlitten, der der Differenz von Sachwert und zu erwartender Insolvenzquote entspricht. A ist damit nur noch in Höhe der zu erwartenden Insolvenzquote bereichert. Nach Theorie II hätte B dagegen nur die Durchgriffskondiktion gegen C, die er in dessen Insolvenzverfahren geltend machen müßte, weil ein besonderer, dem A zurechenbarer Rechtsschein für die Botenmacht des B zur Überbringung der Tilgungsbestimmung des A nicht ersichtlich ist (anders, wenn A dem C die Auslieferung durch B besonders angekündigt hätte). Auch nach Theorie III hätte A nur die Direktkondiktion gegen den Gemeinschuldner C. Theorie IV müßte wohl den Bereicherungsanspruch gegen A geben, weil die Forderung im Valutaverhältnis bestand. A ist aber wiederum nur in Höhe der zu erwartenden Insolvenzquote bereichert.

2. A hat bei der Kunsthandlung C ein Gemälde von Dali für 150 000,– € gekauft. Er stellt deshalb einen Überweisungsauftrag über die Summe aus und reicht ihn bei seiner Bank B ein. Eine halbe Stunde später zeigt er das Gemälde einem Kunstkenner, der das Gemälde spontan für eine Fälschung erklärt. Daraufhin ruft A sofort bei der Bank an und bittet, die Überweisung nicht auszuführen. Das wird ihm

auch zugesagt. Aufgrund eines Versehens wird dann aber doch die Überweisung durchgeführt und das Konto des A entsprechend belastet. Da A gegen diese Belastung protestiert, verlangt die Bank B von C die Rücküberweisung des Betrages. Ob das Gemälde echt ist, ist ungeklärt. B kann hier nach Theorie I wiederum nur bei A kondizieren. Ob A durch die Befreiung von der Kaufpreiszahlungspflicht wirklich bereichert worden ist, hängt davon ab, ob das Gemälde echt ist oder nicht; im letzteren Falle hätte ihm ja die Möglichkeit des Rücktritts zugestanden. Die Beweislast für den (nach § 818 III BGB a fortiori relevanten) Einwand, er sei durch das rechtsgrundlos Erlangte von vornherein nicht bereichert, trüge insoweit A als Kondiktionsgegner. Von Theorie II kämen wohl diejenigen Vertreter zum gleichen Ergebnis, die in dem früher zum Überweisungsempfänger durchlaufenden zweiten Durchschlag des Überweisungsträgers einen geeigneten Anknüpfungspunkt für eine Anscheinsbotenmacht der Bank sehen wollten und nun konsequenterweise die Mitteilung über Absender und Verwendungszweck, die per Kontoauszug oder Kontostandsausdruck erfolgt, genauso behandeln müßten. Die anderen müßten – wie die Vertreter der Theorie III – eine Direktkondiktion der Bank gegen C bejahen. Da C das Gemälde vorgeleistet hat, kann dieser sich nicht auf § 818 III BGB berufen. Nach Theorie IV wäre entscheidend, daß die Kaufpreisforderung des C gegen A im Augenblick der Überweisung auch im Falle der Unechtheit des Gemäldes noch bestand; die dann gegebene Wandlungsmöglichkeit hätte dem wandlungsberechtigten Käufer A zwar die Einrede der Wandlung und die Möglichkeit, die Kaufpreisforderung durch Wandlung zu zerstören, gegeben, aber eben die Tilgungswirkung der Zahlung nicht hindern können.

3. Für einen weiteren Beispielsfall vgl. Dörner, Fall 8.

4. Problem (§ 812 I 1 Fall 1 BGB)
Wie erfolgt die bereicherungsrechtliche Abwicklung bei Zahlung auf eine nicht (mehr) bestehende fremde Schuld?

Beispiel:

G teilt seinem Bekannten D mit, dessen Schwiegersohn S lasse in seinem Lebensmittelladen häufig anschreiben und habe schon seit 14 Tagen einen Betrag von 100,– € offenstehen. Um seinem Schwiegersohn unter die Arme zu greifen, bezahlt D den Betrag. S hatte die Schuld aber bereits einige Stunden vorher bezahlt, was dem G versehentlich entgangen war. D fordert nun sein Geld von G zurück. G verweigert die Rückzahlung, weil S inzwischen erneut in seinem Laden hat anschreiben lassen und ihm nunmehr 150,– € schuldet.

Ausgangspunkt:
Wenn jemand eine wirklich bestehende fremde Schuld bezahlt, erlischt diese nach §§ 267, 362 I BGB. Der intervenierende Dritte erwirbt hier regelmäßig einen Aufwendungserstattungsanspruch gegen den befreiten Schuldner aus berechtigter Geschäftsführung ohne Auftrag (§§ 677, 683 S. 1, 670 BGB), bei objektiv interessewidriger oder jedenfalls dem Geschäftsherrn unwillkommener Einmischung wenigstens eine Aufwendungskondiktion gegen diesen aus §§ 677, 684 S. 1, 812 ff. BGB. Falls die fragliche Schuld dagegen gar nicht existierte oder im Zeitpunkt der Drittleistung schon getilgt war, stellt sich die Frage, ob der Dritte Bereiche-

rungsausgleich vom scheinbaren Gläubiger oder vom scheinbaren Schuldner verlangen kann. Das ist umstritten. Die Antwort hängt davon ab, ob der Dritte hier überhaupt eine Leistung im technischen Sinne der modernen Bereicherungsdogmatik erbracht hat und wer als deren Empfänger anzusehen ist. Noch komplizierter wird die Sachlage, wenn der für den Schuldner zahlende Dritte zwar nach außen als selbständig handelnd auftritt, sich in Wirklichkeit aber nur auf eine entsprechende Anweisung des Schuldners hin einschaltet (Fallgruppe der veranlaßten Drittleistung; vgl. dazu BGHZ 113, 62, 69 m. w. N.; Martinek, JZ 1991, 395, 398 ff.; Canaris, NJW 1992, 868 ff.; Jakobs, NJW 1992, 2524 ff.; Canaris, NJW 1992, 3143 ff.; Larenz/Canaris, § 70 V 3 a; Bamberger/Roth/Wendehorst, § 812 Rn 171) oder wenn die Drittleistung auf die vermeintliche fremde Schuld aufgrund einer Erfüllungsübernahme erfolgt (Gernhuber, BR § 47 II 1). Sonderwertungen greifen auch ein, wenn die Drittleistung im Hinblick auf ein Ablösungsrecht i. S. v. § 268 BGB erfolgt. Diese drei Konstellationen bleiben im folgenden ausgeklammert (s. aber Beispiel 2). Es geht hier also nur um solche Drittleistungen, die »aus eigenem Antrieb« und nicht im Hinblick auf ein (vermeintliches) Ablösungsrecht i. S. v. § 268 BGB erfolgen.

I. (hier sog.) Theorie der direkten Leistungskondiktion

Der Dritte hat einen Anspruch aus § 812 I 1 Fall 1 BGB gegen den Scheingläubiger.

Vertreten von:
RGZ 60, 284, 287 f.; RG LZ 1917, 1342; BGHZ 50, 227; BGH WM 1967, 483, 484; BGHZ 72, 246, 248 ff.; 113, 62, 69; BGH NJW 2000, 1718, 1719; Bamberger/Roth/ Grüneberg, § 267 Rn. 17; Bayer, JuS 1990, 883, 885; Beuthien, JZ 1968, 323, 326; ders., StudK § 812 Anm. I 6 b; Brox/Walker, § 37 Rn. 17; von Caemmerer, JZ 1962, 385, 386 (= GS S. 321, 325); (i. E.) Canaris, 1. FS Larenz, S. 799, 847; Dörner, S. 89; Emmerich, § 18 Rn. 17; Enneccerus/Lehmann, § 223 I 2 e; Erman/Kuckuk, § 267 Rn. 11; Erman/H. P. Westermann, § 812 Rn. 28; Esser, SchR, 2. Aufl. 1960, 783; Esser/Weyers, § 48 III 4; Flume AcP 199, 1, 26 ff.; Gernhuber, Die Erfüllung und ihre Surrogate, 2. Aufl. 1994, § 21 I 6 a; ders., BR § 47 II 1; Giesen, Jura 1995, 167, 169; Gursky, S. 201; G. Hager, Symposium König, S. 161 f.; HK-BGB/Schulze, § 267 Rn. 5; Jakobs, NJW 1992, 2524, 2526; Jauernig/Schlechtriem, § 812 Anm. II 2 f.; jurisPK/Martinek, § 812 Rn. 139; Köhler, PdW SchR II, Fall 138 S. 184 f.; (wohl auch) Koppensteiner/Kramer, 2. Aufl., S. 43 f. (ohne deutliche Stellungnahme zur Kondiktionsart); Kress, Allg SchR, 56, 463; Kupisch, Gesetzespositivismus, S. 85 ff.; ders., WM 1999, 2381, 2390;Larenz, § 68 III c 1; Larenz/ Canaris, § 70 V 3 b; Loewenheim, S. 48 f.; W. Lorenz, JuS 1968, 441, 445 f.; ders., AcP 168, 293, 298 f.; ders., JZ 1971, 427, 429; St. Lorenz, JuS 2003, 839, 841; Martinek, JZ 1991, 395, 398; Medicus, BR, Rn. 685; Meyer, 144 ff., 150; Müller, Rn. 2147; MünchKomm/Krüger, § 268 Rn. 22; MünchKomm/Lieb, § 812 Rn. 128; Palandt/Heinrichs, § 267 Rn. 8; Palandt/Sprau, § 812 Rn. 62 (mit Einschränkungen); Peters, AcP 173, 80; Pinger, AcP 179, 301, 305, 326; Planck/Siber, § 267 Anm. 5; Reuter/ Martinek, S. 468 f.; RGRK/Heimann-Trosien, § 812 Rn. 30; Rothoeft, AcP 163, 215, 226; Schnauder, S. 171 ff.; Schwarz, § 13 Rn. 22; Soergel/M. Wolf, § 267 Rn. 25; Staudinger/Bittner, § 267 Rn. 34; Staudinger/W. Lorenz, § 812 Rn. 43; Staudinger/Selb (1995), § 267 Rn. 5; Stolte, JZ 1990, 220, 223; Stresemann, S. 8; Weitnauer, FS von Caemmerer, 1978, S. 277; H. P. Westermann, S. 92 f., 200; (i. E.) Wilhelm, S. 140 ff.; ders., JuS 1973, 6 f.; E. Wolf, S. 468; Ch. Wolf, S. 65.

1. Argument

Es liegt eine Leistung des Zahlenden an den Scheingläubiger vor, denn der Zahlende ist gegenüber dem Scheingläubiger als Dritter i. S. v. § 267 I BGB aufgetreten; die Zuwendung erfolgt ja mit dem offengelegten Ziel, die vorausgesetzte Forderung im Valutaverhältnis zu tilgen. Das muß als eigene Zwecksetzung von seiten des zahlenden Dritten genügen. Da der intervenierende Dritte ja spontan, aus eigenem Antrieb, handelt, muß er auch in der Lage sein, gegenüber dem Zuwendungsempfänger (= Scheingläubiger) den Zweck der Zuwendung selbst zu bestimmen.

2. Argument

Der nach § 267 BGB zahlende Dritte versucht zwar typischerweise, gleichzeitig auch an den vermeintlichen Schuldner zu leisten, nämlich als berechtigter Geschäftsführer ohne Auftrag für diesen tätig zu werden oder ihm den Wert der Schuldbefreiung zu schenken. Dieser Versuch schlägt jedoch fehl: Der Putativschuldner erlangt hierdurch nichts. Das reale Zuwendungsobjekt geht ja ohnehin in das Vermögen des Scheingläubigers über, und die gewollte Schuldbefreiung tritt infolge der Nichtexistenz der zu tilgenden Verbindlichkeit auch nicht ein.

3. Argument

Die Annahme, der Dritte habe dem Scheinschuldner wenigstens einen eigenen Kondiktionsanspruch gegen den Pseudogläubiger / Zahlungsempfänger verschafft, bietet keinen Ausweg, weil auch dieser Kondiktionsanspruch ja wiederum zu begründen wäre. Hier droht ein Zirkelschluß. Im übrigen wäre ein derartiger Bereicherungsanspruch dem vermeintlichen Schuldner jedenfalls nicht vom Dritten geleistet worden; dieser wollte dem scheinbaren Schuldner ja eine Schuldbefreiung, nicht aber einen Bereicherungsanspruch verschaffen. Dieser Unterschied ist durchaus nicht belanglos. Man denke nur an die Möglichkeit, daß der Dritte beim Schuldner vermeintliche Vorbehaltsware gepfändet hat, die in Wirklichkeit schon voll bezahlt war, und nun infolge einer falschen Auskunft die vermeintliche Restkaufpreisschuld bezahlt. Hier will der Dritte seinem bisher nicht leistungsfähigen oder nicht leistungswilligen Schuldner sicherlich nicht auch noch einen Kondiktionsanspruch zukommen lassen (Meyer S. 147).

4. Argument

Da der Pseudoschuldner hier die Einmischung des Dritten nicht erbeten oder sonstwie veranlaßt hat, besteht überhaupt kein Anlaß, ihn in die Rückabwicklung einzubeziehen und mit einem Kondiktionsanspruch des Dritten zu belästigen; er ist in jeder Hinsicht ein völlig Unbeteiligter (Reuter / Martinek).

5. Argument

Auch § 267 BGB kann die Einbeziehung des Putativschuldners in die bereicherungsrechtliche Rückabwicklung nicht rechtfertigen. § 267 BGB läßt nur zu, daß ein Dritter dem bereits mit einer Schuld Belasteten die Erfüllung der Schuld und die daraus zugleich entstehende bereicherungsrechtliche Wertersatzpflicht, also praktisch einen Gläubigerwechsel, aufdrängt. Die Gegenmeinung bedeutet aber, daß dem scheinbaren Schuldner zugleich ein Kondiktionsanspruch und eine Kondiktionsschuld aufgedrängt wird.

6. Argument
Der Kondiktionsweg übers Dreieck funktioniert vor allem auch deshalb nicht, weil eine eigene Leistungskondiktion des ja völlig unbeteiligt bleibenden Scheinschuldners gegen den Scheingläubiger einfach nicht zu konstruieren ist: Weder hat der Scheinschuldner die reale Zuwendung des Dritten an den Pseudogläubiger veranlaßt, noch hat er selbst diesem gegenüber eine eigene Zweckbestimmung gesetzt.

7. Argument
Die Rückabwicklung »übers Dreieck« scheitert schon daran, daß der Dritte nicht die Rolle eines bloßen Leistungsmittlers des scheinbaren Schuldners übernimmt, sondern erkennbar aus Eigeninitiative und damit völlig selbständig handelt. Über diesen Umstand kann man nur hinwegsehen, wenn der Dritte eine wirklich existierende Forderung im Valutaverhältnis in berechtigter Geschäftsführung ohne Auftrag (§§ 677, 683 S. 1 BGB) für den Schuldner tilgt. Dann wird die fehlende Veranlassung der Zahlung des Dritten durch den Schuldner nämlich durch eine rechtliche Zuordnung ersetzt, die sich aus der Billigung der Geschäftsführung ohne Auftrag durch die Rechtsordnung ergibt (Larenz, Medicus). Bei Nichtexistenz der zu tilgenden Forderung spricht dagegen der Gesichtspunkt der fehlenden Veranlassung entscheidend gegen eine Einbeziehung des Scheinschuldners in die bereicherungsrechtliche Rückabwicklung: Die Situation ist insoweit genauso wie bei der Befolgung einer nur vermeintlichen Anweisung (s. Problem 2). Genau wie dort ist deshalb die Kondiktion im Durchgriff, also unmittelbar zwischen dem Zuwendenden und dem Zuwendungsempfänger, vorzunehmen.

8. Argument
Die Lehre von der Kondiktion übers Dreieck nimmt unzutreffenderweise an, Leistungsempfänger i. S. des modernen bereicherungsrechtlichen Leistungsbegriffs könne überhaupt nur jemand sein, mit dem den Zuwendenden nach dessen Meinung bereits eine Kausalbeziehung verbinde oder jedenfalls ab der Leistung verbinden solle. Diese Annahme beruht auf dem unzutreffenden objektiven Rechtsgrundbegriff. Geht man vom subjektiven Rechtsgrundbegriff (Rechtsgrund = die Erreichung des mit der Leistung angestrebten Erfolgs) aus, so ist völlig unproblematisch, daß der Zweck einer Leistung auch in der Tilgung einer fremden Verbindlichkeit bestehen kann, der nach § 267 BGB zahlende Dritte also kraft eigener Zwecksetzung an den Gläubiger leistet.

9. Argument
Es ist durchaus nicht unbillig, den zahlenden Dritten mit dem Insolvenzrisiko des Pseudogläubigers zu belasten. Zum einen hat der Dritte auf eigenes Risiko gehandelt, als er sich einmischte und eine fremde Schuld bezahlte, von deren Entstehen und Fortbestand er doch gar keine sichere Kenntnis haben konnte. Zum anderen trägt der Dritte das Insolvenzrisiko des Scheingläubigers doch auch nach der Gegenauffassung immer: Die bereicherungsrechtliche Rückabwicklung übers Dreieck kann doch nur in der Kondiktion der Kondiktion bestehen; schon bei bloßen Zweifeln an der Zahlungsfähigkeit des Pseudogläubigers könnte der scheinbare Schuldner dem intervenierenden Dritten gegenüber wegen § 818 III BGB nur zu Abtretung seines eigenen Kondiktionsanspruchs gegen den Scheingläubiger verpflichtet sein. Damit aber würden sämtliche Insolvenzrisiken – nicht nur die des Scheinschuldners, sondern auch die des Scheingläubigers – beim Dritten kumuliert.

10. Argument
Die Direktkondiktion vernachlässigt auch nicht die Interessen des scheinbaren Gläubigers. Dieser wird – etwa wenn er nach Erhalt der Zahlung des Dritten die versprochene Gegenleistung an seinen Vertragspartner erbracht hat – durch § 818 III BGB genügend geschützt (Reuter/Martinek). Daß er dem Kondiktionsanspruch des Dritten im übrigen nicht die Einwendungen entgegenhalten kann, die er einer Leistungskondiktion des Pseudoschuldners entgegensetzen könnte, ist belanglos. Da er ohnehin nicht mit einer Zahlung des Dritten rechnen konnte, ist es nicht unbillig, wenn ihm dieser unerwartete und materiell unverdiente Vorteil wieder entzogen wird. Er befindet sich dann ja immer noch in der gleichen Lage, in der er ohne die Intervention des Dritten ohnehin wäre (Loewenheim).

11. Argument
Verweist man den Dritten auf einen Bereicherungsanspruch gegen den scheinbaren Schuldner, so bringt man ihn in unzumutbare Schwierigkeiten. Der scheinbare Schuldner würde ja nur zur Abtretung seines eigenen Kondiktionsanspruchs gegen den Pseudogläubiger verpflichtet sein; letzterer aber könnte die Erfüllung des abgetretenen Kondiktionsanspruchs nach § 404 BGB verweigern, bis die von ihm an den scheinbaren Schuldner erbrachte Gegenleistung zurückgegeben wird. Der Dritte bliebe damit bei der Rückerlangung des Weggegebenen vom guten Willen des scheinbaren Schuldners abhängig (Meyer, S. 148).

12. Argument
Die Direktkondiktion des Zuwendenden gegen den Scheingläubiger bedeutet keine Bevorzugung im Insolvenzverfahren über das Vermögen des Scheingläubigers. Denn der zugedachte Vermögensvorteil, die Schuldbefreiung, ist dem Vermögen des Scheinschuldners, über das das Insolvenzverfahren eröffnet wird, nicht zugeflossen, da die Schuld ja gar nicht bestand. Umgekehrt ist kein Grund ersichtlich, warum die Insolvenzgläubiger des Scheinschuldners durch die Erweiterung der Insolvenzmasse um die Kondiktion gegen den Scheingläubiger begünstigt werden sollen, da das Vermögen des Scheinschuldners durch die Zahlung des intervenierenden Dritten ja unberührt geblieben ist (Wilhelm).

II. (hier sog.) **Theorie der Rückabwicklung übers Dreieck**

Der nach § 267 BGB zahlende Dritte hat einen Kondiktionsanspruch nach § 812 I 1 Fall 1 BGB gegen den Scheinschuldner, der wiederum beim Zahlungsempfänger (= Scheingläubiger) kondizieren kann.

Vertreten von:
Esser, SchR II, 4. Aufl., § 102 I 1 a; Gottschalk, JherJb 78, 290, 296 ff.; Jauernig/Schlechtriem, § 812 Rn. 71 (nur für den Fall, daß der Dritte sich zu Unrecht dem Scheinschuldner gegenüber zur Zahlung an dessen Gläubiger für verpflichtet hielt); AK BGB/Joerges, § 812 Rn. 35; Köndgen, FG Esser, S. 55, 67 f.; Reeb, S. 27 f.; ders., JuS 1972, 581, 586; Scheyhing, AcP 157, 371, 376; E. Schmidt, JZ 1971, 601, 607; Wieling, JuS 1978, 801, 803 f.; (mit Einschränkungen) ders., BR S. 97 ff.; ferner auch Palandt/Sprau, § 812 Rn. 61 (nur für den Fall, daß der Dritte dem Schuldner gegenüber zur Intervention verpflichtet war oder dadurch einen Erstattungsanspruch gegen den Schuldner erworben hat). Ähnlich für einen Sonderfall auch BGHZ 72, 246 (Grundschuldzinsenfall).

1. Argument

Legt man den finalen Leistungsbegriff der modernen Bereicherungsdogmatik zugrunde, so ist eine Leistung des Dritten an den Pseudogläubiger nicht zu begründen. Es fehlt diesem gegenüber an einer rechtlich relevanten Zwecksetzung des Dritten. Der Dritte will mit seiner Zahlung an den vermeintlichen Gläubiger keineswegs ein Rechtsverhältnis zu diesem gestalten: Er will weder eine eigene Forderung gegenüber dem Empfänger tilgen, noch eine Forderung gegen diesen erwerben, noch ihn zu einem bestimmten Verhalten motivieren. Die beabsichtigte Schuldtilgung im Valutaverhältnis kann kein Leistungszweck im Verhältnis zum Zahlungsempfänger sein, da dadurch nur das Rechtsverhältnis des vermeintlichen Schuldners zum vermeintlichen Gläubiger und zugleich das eigene Rechtsverhältnis des Dritten zum vermeintlichen Schuldner gestaltet werden soll. Andererseits verfolgt der Dritte im Verhältnis zum scheinbaren Schuldner durchaus einen eigenen Leistungszweck: Er will mit seiner Zahlung an den vermeintlichen Gläubiger entweder den vermeintlichen Schuldner beschenken oder aber für diesen als berechtigter Geschäftsführer ohne Auftrag tätig werden und damit zum vermeintlichen Schuldner das gesetzliche Schuldverhältnis aus §§ 677, 683 BGB herstellen.

2. Argument

Gleichzeitig macht der Dritte durch seine Zahlung den vermeintlichen Schuldner selbst zum Leistenden: Indem er für ihn an den scheinbaren Gläubiger zahlt, löst er im Verhältnis zwischen diesen beiden die gleichen Wirkungen aus, als hätte der vermeintliche Schuldner persönlich an den Pseudogläubiger geleistet. § 267 BGB gibt nämlich jedem Dritten die Rechtsmacht, für den Schuldner zu leisten, also auch den Leistungszweck für den Schuldner zu bestimmen.

3. Argument

Auch für den Scheingläubiger ist allein der vermeintliche Schuldner der Leistende, da für ihn die Tilgung der Schuld maßgeblich ist. Unerheblich ist für ihn, ob ein anderer die Schuld erfüllt. Da zwei Leistungen vorliegen, erfolgt die Rückabwicklung ähnlich der im Anweisungsdreieck.

4. Argument

Es ist kein Grund ersichtlich, den Zahlenden bei Eröffnung des Insolvenzverfahrens über das Vermögen des Scheinschuldners durch die Kondiktion gegen den zahlungsfähigen Scheingläubiger zu bevorzugen. Der intervenierende Dritte wird zu Recht mit dem Insolvenzrisiko des vermeintlichen Schuldners belastet, da er ja sein Vermögen bewußt zu dessen Gunsten eingesetzt und eine eigene Zwecksetzung gegenüber dem Scheinschuldner verfolgt hat.

5. Argument

Dem Scheingläubiger dürfen seine Einwendungen aus dem Kausalverhältnis mit seinem Vertragspartner nicht abgeschnitten werden.

6. Argument

Der Bereicherungsanspruch des Dritten gegen den vermeintlichen Schuldner bereitet keine konstruktiven Schwierigkeiten. Der scheinbare Schuldner erlangt durch die Intervention zumindest einen eigenen Kondiktionsanspruch gegen den Putativgläubiger. Und jedenfalls in den Fällen, in denen der Dritte in Geschäftsführung ohne Auftrag für den scheinbaren Schuldner gehandelt hat, führt

§ 684 S. 1 BGB zwingend zur Leistungskondiktion des Dritten gegen den Pseudo-schuldner.

7. Argument
Es wäre unbillig, wenn der Dritte das Insolvenzrisiko des scheinbaren Gläubigers trüge, obwohl er doch dem Putativschuldner kreditieren und damit das Risiko von dessen Insolvenz tragen wollte (E. Schmidt).

8. Argument (gegen Theorie I Arg. 9)
Es trifft nicht zu, daß der Dritte bei Rückabwicklung übers Dreieck vom Putativ-schuldner immer nur die Abtretung von dessen eigenem Kondiktionsanspruch gegen den Putativgläubiger verlangen kann und deshalb notwendigerweise im-mer auch das Insolvenzrisiko des Putativgläubigers trägt. In allen Fällen, in denen sich die vermeintliche Forderung aus einem nichtigen gegenseitigen Vertrag er-gibt, auf den der Pseudogläubiger bereits geleistet hat, ist in Höhe der erhaltenen Gegenleistung eine fortdauernde Bereicherung des Putativschuldners gegeben. Dieser hätte nämlich die rechtsgrundlos erlangte Leistung seines Vertragspartners ohne die Einmischung des Dritten ohne weiteres herausgeben müssen, kann aber realiter infolge der Zahlung des Dritten die Herausgabe der Vertragsleistung seines Partners bis zur Erfüllung seiner eigenen Leistungskondiktion durch diesen nach der Saldotheorie verweigern. Die Parteien eines beiderseits erfüllten gegenseitigen Vertrages haben ja nach der Saldotheorie jeweils nur einen inhalt-lich auf Zug-um-Zug-Leistung beschränkten Kondiktionsanspruch. Der Pseudo-schuldner ist also nicht auf die Ausübung eines Zurückbehaltungsrechtes aus § 273 BGB angewiesen, das im Insolvenzverfahren seine Wirkung verlieren würde.

III. (hier sog.) Theorie der direkten Nichtleistungskondiktion

Der Dritte hat gegen den Scheingläubiger eine Kondiktion wegen Bereicherung »in sonstiger Weise«, § 812 I 1 Fall 2 BGB.

Vertreten von:
Fezer, Fall 37 S. 256 f.; Koppensteiner / Kramer, 1. Aufl., S. 57 ff.; Thiele, Fall 35.

1. Argument
Der Scheinschuldner leistet nicht, da ihm die Mehrung fremden Vermögens nicht zurechenbar ist (vgl. Theorie I, Arg. 6). Deshalb kommt die Theorie von der Kon-diktion übers Dreieck nicht in Betracht.

2. Argument
Es fehlt aber auch an einer Leistung des Zahlenden an den Scheingläubiger. Daß jemand einen Leistungszweck setzt, macht ihn nur dann zum Leistenden, wenn der Zweck auch auf ein Leistungsverhältnis gerichtet ist, an dem er beteiligt ist. Der Zahlende hat gegenüber dem Scheingläubiger den Zweck verfolgt, die (ver-meintliche) Schuld des Scheinschuldners beim Scheingläubiger zu tilgen. Parteien des scheinbaren Leistungsverhältnisses sollten nur der Scheinschuldner und der Scheingläubiger sein, nicht der Zahlende selbst.

3. Argument

Da der Erwerb des Scheingläubigers weder auf einer Leistung des Scheinschuldners noch auf einer solchen des Zahlenden beruht, ist ihm überhaupt nicht geleistet worden. Damit ist der Weg frei für einen Anspruch wegen Bereicherung in sonstiger Weise.

Beispiele:

1. Nach Theorie I und III kann D von G die 100,– € kondizieren. Anspruchsgrundlage ist nach Theorie I § 812 I 1 Fall 1 BGB, nach Theorie III § 812 I 1 Fall 2 BGB. § 814 BGB steht dem nicht entgegen. Zwar wußte D, daß er gegenüber G nicht zur Zahlung verpflichtet war, aber er hat ja auch auf eine fremde Schuld geleistet, was § 267 BGB ausdrücklich zuläßt. Nach Theorie II kann D von S lediglich dessen Kondiktionsanspruch gegen G kondizieren. Gemäß § 406 BGB kann dabei der G auch noch nach Durchführung der von S geschuldeten Zession dem neuen Gläubiger D gegenüber aufrechnen.

2. D hat von S ein Hausgrundstück gemietet. Er erfährt nun, daß ein Gläubiger (G) seines Vermieters wegen einer Forderung in Höhe von 10 000,– € die Zwangsvollstreckung in das Grundstück betreibt. Da D fürchtet, daß der Ersteigerer den Mietvertrag kündigen wird, zahlt er selbst die 10 000,– € an G; er beabsichtigt, mit seinem Erstattungsanspruch gegen S gegen künftige Mietforderungen aufzurechnen. Weder er noch G wissen, daß wenige Stunden zuvor doch noch die Zahlung der von S geschuldeten Summe auf dem Konto des G eingegangen ist. Bei wem kann D kondizieren? Hier leistet D, um aufgrund eines Ablösungsrechtes aus § 268 I 2, III BGB die getilgte Forderung zu erwerben. Damit kommt es auf den Theorienstreit nicht an. D leistet an G ja mit dem Zweck, den gesetzlichen Übergang der Forderung des G gegen S auf sich zu bewirken. D verfolgt mithin nur gegenüber G einen Leistungszweck. Kann er diesen Zweck nicht erreichen, so steht ihm die Leistungskondiktion nach § 812 I 1 Fall 1 BGB gegen G zu.

5. Problem (§ 812 I 1 Fall 1 BGB)
Kann der Putativschuldner bei irrtümlicher Zahlung einer fremden Schuld seine Tilgungsbestimmung nachträglich ändern und die irrtümliche Eigenleistung in eine Drittleistung für den Echtschuldner umwandeln?

Beispiel:

Der Briefträger G wird von einem Hund gebissen und muß sich in ärztliche Behandlung begeben. Man nimmt zunächst an, daß es sich dabei um den Hund des D gehandelt hat. D erstattet deshalb im Hinblick auf §§ 833 S. 1, 253 II BGB dem G die Arztkosten und ein angemessenes Schmerzensgeld. Später stellt sich dann heraus, daß in Wirklichkeit der Hund des S der Übeltäter war. Da G mittlerweile aus dem Postdienst ausgeschieden und ins Ausland verzogen ist, weiß D nicht, wie er die gezahlte Schadensersatzleistung von G zurückbekommen soll. Er möchte sich deshalb an S halten. Ist das möglich?

Ausgangspunkt:

Wenn jemand eine fremde Schuld bezahlt, weil er irrtümlich annimmt, selbst der Schuldner zu sein, so tritt nach heute ganz h. M. (anders früher Boehmer, NJW 1955, 210; G. H. Maier, AcP 152, 97 ff.) keine Erfüllung ein. Die zu tilgende Schuld wird nun einmal nicht nur durch den konkreten Entstehungstatbestand, sondern auch und gerade durch die Person des Schuldners individualisiert. Eine Verbindlichkeit kann zwar nach § 267 BGB auch von einem Nichtschuldner erfüllt werden. Dies setzt dann jedoch voraus, daß der Dritte erkennbar als Nichtschuldner anstelle des Schuldners und für diesen zahlt. Dieses Erfordernis des erkennbaren Drittleistungswillens ist in den Fällen der irrtümlichen Zahlung fremder Schulden naturgemäß nicht erfüllt. Die Zuwendung an den Gläubiger ist damit ohne Einfluß auf den Bestand der Schuld. Unter diesen Umständen hat der zahlende Dritte den Zweck seiner Leistung an den Gläubiger nicht erreicht. Er kann deshalb mit Hilfe der condictio indebiti den gezahlten Betrag vom Empfänger zurückverlangen. Insbesondere, wenn die Durchsetzung dieses Bereicherungsanspruchs Schwierigkeiten bereitet oder gar aus besonderen Gründen (wie § 818 III BGB) scheitert, stellt sich die Frage, ob dem Zahlenden auch der Regreß gegen den wirklichen Schuldner eröffnet ist. Kann der Putativschuldner sich also auf den Standpunkt stellen, seine Zahlung solle als für den wirklichen Schuldner erbracht angesehen werden, er habe diesen mithin von seiner bisherigen Verbindlichkeit rechtsgrundlos befreit und müsse deshalb gegen den bisherigen Schuldner eine Rückgriffskondiktion haben?

I. (hier sog.) **Wahlrechtstheorie**

Der Putativschuldner kann nachträglich erklären, seine irrtümliche Eigenleistung solle als Drittleistung für den Echtschuldner gelten. Damit tritt rückwirkend die Rechtsfolge der §§ 267 I, 362 I BGB ein, wird also die fragliche Forderung rückwirkend auf den Zeitpunkt der Zahlung getilgt. Der Putativschuldner erlangt dadurch eine Rückgriffskondiktion (§ 812 I 1 2. Fall BGB) gegen den wirklichen Schuldner, da er ihn auf diese Weise rechtsgrundlos von seiner Verbindlichkeit befreit hat.

Vertreten von:

BGH NJW 1964, 1898, 1899; 1983, 812, 814; NJW 1986, 2700 (nur aus Billigkeitsgründen für den konkreten Einzelfall); LAG Düsseldorf DB 1978, 1136; Bamberger/Roth/Grüneberg, § 267 Rn. 9, 18; von Caemmerer, FS Dölle, 1963, S. 135, 147 ff. (= GS S. 336, 348 ff.); ders. JZ 1962, 385, 388 Fn. 28; ders. GS S. 386; Denck, JZ 1987, 127, 128; Emmerich, 8. Aufl., § 18 Rn. 56 (mit Einschränkungen); Erman/Kuckuk, § 267 Rn. 12; Erman/Seiler, 5. Aufl., § 812 Rn. 31; Ehmann, NJW 1969, 403 Fn. 58; Flume, JZ 1962, 281, 287; ders., AcP 199, 1, 36; (mit Einschränkungen) Giesen, Jura 1995, 234, 240; (mit Einschränkungen) Hüffer, JuS 1981, 263, 266; Jauernig/Schlechtriem, § 812 Rn. 75; (ähnlich) Kaehler, S. 80 f., 101 f.; (mit Einschränkung) Larenz/Canaris, § 69 III 2 c; Loewenheim, 124 (mit Einschränkung); Marschall von Bieberstein, mitgeteilt bei Grunsky, JuS 1968, 99, 100; Müller, Rn. 2156; MünchKomm/Krüger, § 267 Rn. 12, 33; Palandt/Heinrichs, § 267 Rn. 8; Reuter/Martinek, § 12 III 4 b, S. 473 ff.; RGRK/Alf, § 267 Rn. 4; RGRK/Heimann-Trosien, § 812 Rn. 31; Schlechtriem, NJW 1966, 1795, 1796; Schmid, JuS 1971, 29, 32 f.; Seidel, VersR 1991, 1319, 1326 ff.; Soergel/M. Wolf, 12. Aufl., § 267 Rn. 9; Stolte, Jura 1988, 246 ff.; Thomä, JZ 1962, 623, 627 f.; Wittmann, Begriff und Funktion der Geschäftsführung ohne Auftrag, 1981, 104; Zeiss, AcP 165, 332, 337 f.;

ebenso zum gemeinen Recht bereits Oertmann, AcP 82, 367 ff. Einige der genannten Autoren (nämlich Reuter / Martinek, Denck, Stolte) schränken die Rückgriffskondiktion erheblich ein. Sie wollen diese nämlich der analogen Anwendung der §§ 404 ff. unterwerfen und sie verneinen die Zulässigkeit der Rückgriffskondiktion ganz, wenn in der Zwischenzeit über das Vermögen des Zahlungsempfängers das Insolvenzverfahren eröffnet worden ist.

1. Argument
Die Interessen des Putativschuldners sprechen zwingend dafür, ihm ein solches Wahlrecht zuzubilligen. Wäre der Putativschuldner auf die Leistungskondiktion gegen den Empfänger angewiesen, so könnte deren Durchsetzung unter Umständen an der Unauffindbarkeit des Empfängers scheitern; ebenso daran, daß in der Zwischenzeit das Insolvenzverfahren über das Vermögen des Empfängers eröffnet worden oder daß der Empfänger die vermeintlich erfüllte Forderung gegen den wirklichen Schuldner hat verjähren lassen und damit durch die Leistung des Putativschuldners nicht mehr bereichert ist. Ebenso könnte die Leistungskondiktion an § 818 III BGB scheitern, wenn der Gläubiger das vom Putativschuldner Gezahlte unwirtschaftlich verwendet hat oder wenn ihm der gezahlte Betrag gestohlen worden ist. In allen diesen Fällen ist dem Putativschuldner nur zu helfen, wenn er die Möglichkeit erhält, seine Zahlung als für den wirklichen Schuldner erbracht gelten zu lassen und dann gegen diesen Regreß zu nehmen (von Caemmerer).

2. Argument
Auf der anderen Seite sind schützenswerte Interessen des Gläubigers und des wirklichen Schuldners, die gegen eine rückwirkende Erklärung des Drittleistungswillens sprechen könnten, nicht ersichtlich. Da der Gläubiger die Zuwendung des Putativschuldners als ihm gebührend angenommen hat, würde er sich mit seinem eigenen Verhalten in Widerspruch setzen, wenn er die Leistung nachträglich noch zurückweisen wollte. Und der wahre Schuldner muß sich ohnehin nach § 267 BGB gefallen lassen, daß ein anderer die Schuld erfüllt. Für ihn kann es vernünftigerweise keine Rolle spielen, ob die dazu erforderliche Erklärung des Drittleistungswillens sofort oder später mit Rückwirkung erfolgt: In beiden Fällen ist die Konsequenz für ihn die gleiche, ist seine Schuld also durch die Zahlung des Putativschuldners und im Zeitpunkt dieser Zahlung getilgt worden.

3. Argument
Bei Ablehnung des Wahlrechts wäre der Putativschuldner ohnehin in der Lage, den gezahlten Betrag mit Hilfe der Leistungskondiktion vom Empfänger zurückzuholen und ihn anschließend sofort wieder als Drittleistung für den wirklichen Schuldner zurückzureichen. Das aber wäre ein unsinniger Umweg (Reuter / Martinek).

4. Argument
Wenn man nur die Kondiktion des irrtümlich Zahlenden gegen den Gläubiger zuläßt, so kann bei Insolvenz des Gläubigers der Insolvenzverwalter die Forderung gegen den wahren Schuldner voll zur Insolvenzmasse einziehen, während er auf die Leistungskondiktion des Putativschuldners nur die Insolvenzquote ausschütten muß. Der Gemeinschuldner erhält damit im Ergebnis doppelte Zahlung. Das aber ist höchst ungerecht. Wenn feststeht, daß der Gläubiger (und jetzige Gemeinschuldner) das vom Putativschuldner Gezahlte endgültig behalten darf, gibt es

keinen vernünftigen Grund, ihm trotz der endgültigen Befriedigung seines Interesses noch den Anspruch gegen den Echtschuldner zu belassen (von Caemmerer). Die von diesem geschuldete Leistung gebührt unter diesen Umständen einfach dem Dritten, nicht dem bereits befriedigten Gläubiger (Reuter / Martinek).

5. Argument

Das Wahlrecht des Putativschuldners läßt sich auch durchaus dogmatisch rechtfertigen. Es bieten sich hierfür sogar mehrere Konstruktionen an.

a) Die Nachholung der Drittleistung läßt sich auf eine Analogie zu § 144 BGB stützen, also auf eine entsprechende Anwendung der Norm, die die einseitige Bestätigung eines anfechtbaren Rechtsgeschäftes zuläßt. In ganz ähnlicher Weise bestätigt nämlich der Putativschuldner seine Leistung, wenn er nach Aufdeckung seines Irrtums auf eine Kondiktion beim Empfänger verzichtet und erklärt, seine Zahlung solle als für den wirklichen Schuldner erbracht gelten. Die Analogie bietet sich auch schon deshalb an, weil die Leistungskondiktion nur eine besondere Art der Geltendmachung von Geschäftsmängeln ist (von Caemmerer).

b) Man könnte das Wahlrecht aber auch auf eine Analogie zu §§ 362 II, 185 II, 184 BGB stützen. Die Leistung eines Putativschuldners an den wirklichen Gläubiger entspricht spiegelbildlich der eines Echtschuldners an einen Scheingläubiger. Da dort anerkanntermaßen der Mangel durch eine Genehmigung des potentiell Benachteiligten (d. h. des wirklichen Gläubigers) geheilt werden kann, muß die gleiche Möglichkeit auch hier bestehen (Thomä).

c) Als konstruktiver Aufhänger bietet sich ferner eine Analogie zur Aufrechnung an. Wenn der Putativschuldner die Drittleistungsbestimmung nachholt, so rechnet er der Sache nach zugunsten des wirklichen Schuldners mit seiner eigenen Leistungskondiktion gegen den Empfänger auf. Die Ziele der Aufrechnung – Vereinfachung der Rechtsdurchsetzung sowie der Erfüllung – erreicht auch diese rückwirkende Umwidmung der irrtümlichen Eigenleistung in eine Drittleistung (Reuter / Martinek). Zwar wäre eine echte Aufrechnung nur als vertragliche möglich, weil es an dem Gegenseitigkeitserfordernis fehlt. Der Gläubiger würde aber gegen Treu und Glauben verstoßen, wenn er die Mitwirkung an dem Aufrechnungsvertrag verweigern wollte. Er hat regelmäßig kein legitimes Eigeninteresse an der Ablehnung der Aufrechnung (Canaris).

d) Schließlich ließe sich das Wahlrecht des Putativschuldners auch auf eine Gesamtanalogie zu den §§ 995, 1607 III 2 und 2022 II, III BGB stützen. Diese Vorschriften geben jeweils in besonderen Fällen der irrtümlichen Eigenleistung auf eine fremde Verbindlichkeit dem zahlenden vermeintlichen Schuldner eine Regreßmöglichkeit gegen den Echtschuldner, und sie gehen dabei jeweils davon aus, daß der Regreßberechtigte auf die Geltendmachung einer Leistungskondiktion gegen den Zahlungsempfänger verzichtet. Der Sache nach erhält hier der Putativschuldner also das Wahlrecht zwischen der Leistungskondiktion gegen den Empfänger und einem Rückgriffsanspruch gegen den wirklichen Schuldner, der den Verzicht auf die Leistungskondiktion und damit die nachträgliche Umfunktionierung der Eigenleistung in eine Drittzahlung voraussetzt. Der Gesetzgeber hat einfach übersehen, daß die Konstellation der irrtümlichen Zahlung fremder Schulden auch außerhalb der in den §§ 995, 1607 III 2, 2022 II, III BGB geregelten Sachverhalte auftaucht und daß der Putativschuldner dann wegen der übereinstimmenden Interessenlage das gleiche Wahlrecht haben muß (Stolte).

6. Argument

Es stand im Belieben des Leistenden, von vornherein auf den wirklichen Schuldner Bezug zu nehmen. Deshalb muß es ihm freistehen, die Schuld des wirklichen Schuldners rückwirkend zu erfüllen. Denn die Bezugnahme des Leistenden auf die zu Unrecht angenommene eigene Passivzuständigkeit ist nicht bindend. Da der Leistende wegen seines Irrtums gegen den Empfänger kondizieren kann, muß es ihm ebenfalls freistehen, auf dieses Recht zu verzichten, dadurch die Schuld des wirklichen Schuldners rückwirkend zu erfüllen und diesen in Regreß zu nehmen (Kaehler).

7. Argument

§ 267 II BGB, wonach der Gläubiger die Leistung ablehnen kann, wenn der wirkliche Schuldner widerspricht, steht einer Wahlausübung nicht entgegen. Der Gläubiger kann vielmehr auch noch nach der Erklärung des Drittleistungswillens sein Ablehnungsrecht ausüben. Dafür reicht allerdings nicht der bloß verbale Protest. So wie er im Normalfall auch die reale Entgegennahme verweigern muß, muß er hier die Rückgabe des Empfangenen anbieten. Die Ablehnungsbefugnis besteht damit nicht mehr, wenn der Gläubiger die Leistung gar nicht mehr hat (Reuter / Martinek).

8. Argument

Interessen des wirklichen Schuldners werden auch durch die aus der Ausübung des Wahlrechts entstehende Rückgriffskondiktion des irrtümlich zahlenden Dritten nicht verletzt. Hat der wahre Schuldner vor der Ausübung des Wahlrechts selbst schon gezahlt, kann ihm die Nachholung der Drittleistungsbestimmung auch keine Befreiung von einer Verbindlichkeit eingebracht haben; die Nachholung der Drittleistungsbestimmung geht hier einfach ins Leere. Bestand für den wirklichen Schuldner im Augenblick der nachträglichen Erklärung des Drittleistungswillens noch eine Aufrechnungsmöglichkeit, so hängt die Rückgriffskondiktion davon ab, ob der Schuldner seine eigene Forderung gegen den bisherigen Gläubiger voraussichtlich durchsetzen kann. Ist dies der Fall, so schöpft die Rückgriffskondiktion nur eine wirklich bei ihm eingetretene und noch vorhandene Vermögensmehrung ab. Andernfalls wäre der bisherige Schuldner nicht bereichert. Die Befreiung von einer Verbindlichkeit, die der Schuldner durch Aufrechnung hätte tilgen können, bedeutet für diesen nun einmal keine Verbesserung seiner Vermögenslage, wenn er die Aufrechnungsforderung selbständig gar nicht hätte durchsetzen können. Ist die Durchsetzung der eigenen Forderung des ehemaligen Schuldners unklar, muß er sich nach der Wertung des § 818 III BGB von der Rückgriffskondiktion durch Abtretung dieser möglicherweise wertlosen Forderung befreien können.

9. Argument (gegen Theorie III Arg. 9)

Bei Unauffindbarkeit des Zahlungsempfängers / Gläubigers bietet die Möglichkeit des Vollstreckungszugriffs auf die fortbestehende Forderung des Zahlungsempfängers gegen den Echtschuldner keinen sicheren Ausweg für den irrtümlich Zahlenden. Gerade die hier erforderliche öffentliche Zustellung löst nämlich die Gefahr aus, daß andere Gläubiger des Empfängers, die schon einen Titel besitzen, vom Fortbestand der Forderung erfahren und dem Putativschuldner deshalb bei der Vollstreckung in diese zuvorkommen.

10. Argument (gegen Theorie III Arg. 8)
Der Putativschuldner verwirkt sein Wahlrecht, wenn er die Entscheidung über seine Ausübung zu lange hinauszögert. Dem Zahlungsempfänger droht also auch bei Zubilligung des Wahlrechts kein längerer Schwebezustand.

II. (hier sog.) Modifizierte Wahlrechtstheorie

Der Putativschuldner kann die Drittleistungsbestimmung nur mit Wirkung ex nunc nachholen.

Vertreten von:
Jauernig / Vollkommer, § 267 Rn. 5; Koppensteiner / Kramer, 2. Aufl., S. 41 ff.; Wilhelm, S. 175 ff.; wohl auch Thiele, S. 171. Ähnlich auch Schnauder, S. 185 ff. und Ehmann, NJW 1989, 1833, 1835, die jedoch eine Änderungsvereinbarung mit dem Gläubiger verlangen.

1. Argument
Die Argumente für eine Ablehnung des Wahlrechts (vgl. Theorie III) schließen eine rückwirkende Änderung der Tilgungsbestimmung in der Tat aus, weil dadurch die Interessen der Gläubiger sowohl des Leistungsempfängers als auch des Schuldners in unzumutbarer Weise zurückgesetzt würden. Falls die Änderung der Tilgungsbestimmung jedoch nur ex nunc wirkt, treffen die vorgebrachten Bedenken nicht zu.

2. Argument
Wenn man dem Putativschuldner gestattet, seine irrtümliche Eigenleistung mit Wirkung ex nunc in eine Drittleistung umzuwidmen, so erspart das nur ein sinnloses Hin- und Zurückschieben seiner Zahlung (vgl. Theorie I Arg. 3).

3. Argument
Die vor der Nachholung des Drittilgungswillens erbrachte Leistung des wirklichen Schuldners wird in ihrer Erfüllungswirkung durch die Ausübung des Wahlrechts nicht aufgehoben. Außerdem kann der wirkliche Schuldner die Verjährung der Forderung oder das Bestehen einer Aufrechnungslage oder den Ausschluß seiner Bereicherung ohne weiteres auch dann geltend machen.

4. Argument
Im Insolvenzverfahren über das Vemögen des Gläubigers bleibt die Umwidmung der Leistung gerade wegen der Ex-nunc-Wirkung ebenso unwirksam, wie wenn die Forderung des Gläubigers gegen den wirklichen Schuldner inzwischen für einen Dritten gepfändet wurde. Läßt der vermeintliche Schuldner seine Leistung an den Gläubiger als Leistung auf dessen Forderung gegen den wirklichen Schuldner gelten, so leistet er ja nicht an den nunmehr für die Leistung auf diese Forderung Empfangszuständigen (also den Insolvenzverwalter, § 80 I InsO bzw. den Pfändungspfandgläubiger, § 836 I ZPO, oder die an dessen Stelle zuständige Empfangsperson, §§ 847, 848 ZPO).

III. (hier sog.) **Theorie der Ablehnung des Wahlrechts**

Der Putativschuldner kann seine irrtümliche Eigenleistung weder rückwirkend noch mit Wirkung ex nunc in eine Drittleistung für den wirklichen Schuldner umwidmen und sich deshalb auch nicht die Rückgriffskondiktion gegen den Echtschuldner verschaffen. Er ist darauf angewiesen, das Geleistete vom Gläubiger nach § 812 I 1 Fall 1 BGB zu kondizieren.

Vertreten von:
Bamberger/Roth/Wendehorst, § 812 Rn. 180 f.; Brox, Rn. 413; (einschränkend) Derleder, AcP 169, 97, 103 ff.; Erman/H. P. Westermann, § 812 Rn. 31; Esser/ Weyers, § 48 III 6 a; Fezer, S. 238; Flessner, S. 96 ff.; Gernhuber, Die Erfüllung und ihre Surrogate, 2. Aufl. 1994, § 21 I 6 b; Gursky, S. 201; Hassold, S. 124 ff.; Joerges, in: AK BGB § 812 Rn. 36; Larenz, § 68 III e 1; Lorenz, FS Rechtsvergleichung und Rechtsvereinheitlichung, 1967, S. 267, 280 f.; ders., AcP 168, 286, 306 ff.; Medicus, BR Rn. 951; Meyer, S. 100 ff.; MünchKomm/Lieb, § 812 Rn. 90 ff., 113; Reeb, JuS 1973, 624, 627; Roth, JZ 1972, 150, 153; Seibert, Erfüllung durch finale Leistungsbewirkung, 1982, S. 114; Staudinger/Lorenz, § 812 Rn. 60; Staudinger/Selb (1995), § 267 Rn. 8; A. Weber, S. 115 f., 144 f.; E. Wolf, SchR AT § 8 B II d 3.

1. Argument
Die Zulassung eines solchen Wahlrechtes wäre eine ganz freie Rechtsfortbildung, die sich mit dem herkömmlichen Instrumentarium der Methodenlehre nicht legitimieren ließe. Es gibt nun einmal keine passende Rechtsfigur, mit deren Hilfe sich ein in der Vergangenheit liegender Tatbestand nachträglich ändern ließe.

2. Argument
Die vorgeschlagenen Konstruktionen sind sämtlich ungeeignet:

a) Die Figur der Bestätigung nach § 144 BGB bietet keine geeignete Grundlage. Die Bestätigung soll das Vertrauen des Erklärungsgegners endgültig schützen. Beim angeblichen Wahlrecht des Putativschuldners geht es aber um die Belange des Erklärenden. Im übrigen ordnet § 144 BGB ja auch keine Rückwirkung an, sondern macht eine bestehende Rechtswirkung unanfechtbar. Außerdem verzichtet der Anfechtungsberechtigte mit der Bestätigung doch nur auf ein Recht, das allein zu seiner Disposition steht, während die Nachholung der Drittleistungsbestimmung mit Rückwirkung die Rechtsbeziehungen zwischen dem Zuwendungsempfänger und einem Dritten (dem Echtschuldner) verändern würde.

b) Auch das Modell der Genehmigung nach §§ 182 ff. BGB paßt nicht, da dieses der Sanktionierung fremder Verfügungen dient. Hier geht es jedoch darum, ob der Putativschuldner seine eigene Leistungsbestimmung berichtigen, d. h. einen in der Vergangenheit liegenden Tatbestand ändern kann. Die Umwidmung der irrtümlichen Eigenleistung in eine Drittleistung für den Echtschuldner würde allerdings, wenn sie denn möglich wäre, eine neue Verfügung, nämlich einen Verzicht auf den bereits erlangten Bereicherungsanspruch gegen den Zuwendungsempfänger enthalten. Ein solcher Verzicht könnte aber nach § 397 BGB gar nicht einseitig vorgenommen werden, sondern würde einen Vertragsschluß mit dem Kondiktionsschuldner voraussetzen. Außerdem könnte er keine rückwirkende Kraft entfalten.

c) Die Analogie zur Aufrechnung verbietet sich als Grundlage für die Nachholung der Drittleistungsbestimmung schon deshalb, weil eine Drittleistung nach § 267 BGB anerkanntermaßen nur durch Erbringung der geschuldeten Leistung, nicht aber auch durch Erfüllungssurrogate erfolgen kann (Umkehrschluß aus § 268 II BGB).

d) Eine Gesamtanalogie zu den §§ 995, 1607 III 2 und 2022 II, III BGB kommt nicht in Betracht; es handelt sich bei diesen Normen um nicht verallgemeinerungsfähige Ausnahmeregeln. Aus einem in besonderer Situation gegebenen Recht ist nun einmal keine allgemeine Befugnis abzuleiten (Gernhuber).

3. Argument

Das behauptete Wahlrecht des Putativschuldners steht nicht im Einklang mit Grundwertungen des Insolvenzrechts. Falls über das Vermögen des Zuwendungsempfängers (Gläubigers) nach der Zahlung des Dritten, aber noch vor der nachträglichen Drittleistungsbestimmung das Insolvenzverfahren eröffnet worden ist, müßte die Nachholung der Drittleistungsbestimmung nämlich zu einer Verkürzung der Masse und damit der Insolvenzdividende führen. Ohne das Wahlrecht müßte aus der Masse lediglich die Insolvenzquote auf den Kondiktionsanspruch des Putativschuldners gezahlt werden, während die Masse die ganze Forderung gegen den wirklichen Schuldner behielte. Läßt man die rückwirkende Umwidmung in eine Drittleistung zu, so erspart die Masse zwar die Insolvenzquote auf den Kondiktionsanspruch des Dritten, verliert aber die Forderung gegen den Echtschuldner. Auf diese Art und Weise würde sich der Putativschuldner im Ergebnis eine Sonderdeckung verschaffen, die gegen den im Insolvenzverfahren geltenden Grundsatz der par conditio creditorum verstößt. Oder anders ausgedrückt: Die Nachholung der Tilgungsbestimmung scheitert an § 82 S. 1 InsO (= § 8 I KO). Nach dieser Vorschrift könne nämlich der Masseschuldner nach Eröffnung des Insolvenzverfahrens durch Leistungen an den Insolvenzschuldner nicht mehr befreit werden; anders nur, wenn die betreffende Leistung doch noch in die Masse gelangt und diese vergrößert (letztere Ausnahme wird in § 82 InsO nicht erwähnt, ist aber aus § 8 I KO sinngemäß zu ergänzen, da insoweit eine Änderung der Rechtslage nicht beabsichtigt war; vgl. Begr. zu § 93 RegE InsO, BT-Dr. 12/2443, 136). Die Umwidmung der irrtümlichen Eigenleistung in eine Leistung für den Echtschuldner würde der Masse aber keinerlei zusätzlichen Vermögenswert zuführen.

4. Argument

Das Wahlrecht läßt sich im Insolvenzverfahren des Gläubigers auch nicht mit einer Analogie zur Aufrechnung rechtfertigen. Die Aufrechnung gegenüber der Insolvenzmasse wäre nämlich nur möglich, wenn die Aufrechnungslage bereits vor dem Ausbruch der Krise bestanden hat. Zur Insolvenzmasse gehörende Ansprüche können dieser nicht dadurch entzogen werden, daß noch nach Sichtbarwerden der Krise die zur Aufrechnung erforderliche Identität von Schuldner und Gläubiger des Gemeinschuldners hergestellt wird (vgl. § 96 InsO). Schon deshalb darf der Putativschuldner seine eigene, durch das Insolvenzverfahren fast wertlos gewordene Leistungskondiktion nicht zu einer aufrechnungsgleichen »Äquivalentverfügung« einsetzen, die der Masse die vollwertige Forderung gegen den Echtschuldner entzieht (Lorenz).

5. Argument

Das Wahlrecht des Putativschuldners würde diesem im Falle der Verjährung der fraglichen Forderung, für deren Schuldner er sich gehalten hat und die er erfüllen wollte, nichts nützen. War die Forderung bereits in dem Zeitpunkt verjährt, in dem der Putativschuldner die Leistung an den Gläubiger erbracht hat, so kommt ein Regreßanspruch gegen den wirklichen Schuldner ohnehin nicht in Betracht: Für eine Rückgriffskondiktion fehlt es hier schon am Eintritt einer Bereicherung beim Echtschuldner. Die Tilgung einer bereits verjährten Schuld vermehrt offensichtlich sein Vermögen nicht. Wäre die Verjährung aber zwischen der Leistung des Putativschuldners und der Nachholung der Drittleistungsbestimmung eingetreten, so ist zu berücksichtigen, daß der bereicherungsrechtliche Rückgriff nach Tilgung fremder Schulden vernünftigerweise keine weitergehenden Wirkungen entfalten kann als eine cessio legis. Die Rückgriffskondiktion muß daher der gleichen Verjährung wie die getilgte Verbindlichkeit unterliegen. Die durch die Ausübung des Wahlrechts entstandene Rückgriffskondiktion wäre hier also bereits im Augenblick ihrer Entstehung verjährt.

6. Argument

Die nachträgliche Änderung der Tilgungsbestimmung widerspricht § 267 II BGB, weil dadurch dem Schuldner das Recht zum Widerspruch und dem Gläubiger das Recht zur Ablehnung der Leistung genommen wird (Gernhuber).

7. Argument

Ein Wahlrecht des Putativschuldners würde berechtigte Interessen des Echtschuldners verletzen: Falls dieser selbst in der Zwischenzeit an den Gläubiger gezahlt hat, so hätte er bei rückwirkender Nachholung der Drittleistungsbestimmung auf eine nicht bestehende Schuld geleistet und wäre deshalb darauf angewiesen, seinerseits beim bisherigen Gläubiger zu kondizieren. Falls sein Bereicherungsanspruch nicht durchsetzbar sein sollte, könnte er dies zwar über § 818 III BGB der Rückgriffskondiktion des Dritten entgegenhalten. Durch diese Möglichkeit werden seine Interessen aber nicht genügend gewahrt, denn für einen Wegfall der Bereicherung trüge er ja die Beweislast, und die Vermögenssituation seines bisherigen Gläubigers und nunmehrigen Kondiktionsschuldners vermag er ja bei der Inanspruchnahme durch den Dritten vielleicht noch gar nicht zu übersehen.

8. Argument

Das Wahlrecht des Putativschuldners führt zu einer schwer hinnehmbaren Rechtsunsicherheit, zumal eine zeitliche Begrenzung für seine Ausübung nicht ersichtlich wäre.

9. Argument

Selbst im Falle der Unauffindbarkeit des Zuwendungsempfängers (Gläubigers) kann der Dritte seine Interessen ausreichend auch ohne das behauptete Wahlrecht wahren: Er kann ja seinen Kondiktionsanspruch gegen den Zuwendungsempfänger wegen der Möglichkeit der öffentlichen Zustellung (§§ 203 ff. ZPO) auch dann erfolgreich einklagen und anschließend die fortbestehende Forderung des Zuwendungsempfängers gegen den Echtschuldner pfänden und sich überweisen lassen. Eine Konkurrenz anderer Gläubiger des Zahlungsempfängers braucht er dabei kaum zu befürchten, da diese vom Fortbestand des Zugriffsobjektes keine Kenntnis haben werden.

10. Argument

Läßt man die Nachholung der Drittleistungsbestimmung nur mit Wirkung ex nunc zu, so sind keine schutzwürdigen Interessen des Putativschuldners zu erkennen, die eine solche Möglichkeit noch erfordern könnten.

11. Argument

Entsprechendes gilt, wenn man dem Putativschuldner grundsätzlich eine Nachholung der Drittleistungsbestimmung mit Wirkung ex tunc gestatten will, aber die Rückgriffskondiktion der analogen Anwendung der §§ 404 ff. BGB unterwirft und zudem ganz versagt, wenn der Schuldner in der Zwischenzeit selbst gezahlt hat bzw. wenn über das Vermögen des Zahlungsempfängers in der Zwischenzeit das Insolvenzverfahren eröffnet worden ist (so Reuter / Martinek, Denck, Stolte). Unter diesen Umständen stünde der Ertrag für den Putativschuldner in keinem vertretbaren Verhältnis mehr zur Kühnheit und Gesetzesferne der Konstruktion.

Beispiele:

1. Im Ausgangsfall steht nach Theorie I und II dem D die Rückgriffskondiktion gegen S zu. Nach Theorie III kann D sich dagegen nur an G halten. Er muß also, notfalls im Wege der öffentlichen Zustellung, gegen G klagen und kann dann nach Erstreitung eines klagezusprechenden Urteils die fortbestehende Forderung des G gegen S pfänden und sich überweisen lassen.

2. Abwandlung: G ist nicht ins Ausland verzogen, sondern hat sich nach seinem Ausscheiden aus dem Postdienst erfolglos als Makler betätigt und ist dann in Konkurs gefallen. Hier kommt nur Theorie I (genauer: die Mehrheit ihrer Vertreter) zu dem Ergebnis, daß D sich durch Nachholung der Drittleistungsbestimmung die Kondiktion gegen S verschaffen kann. Nach Theorie II und III geht der Versuch einer Nachholung der Drittleistungsbestimmung dagegen ins Leere.

6. Problem (§ 812 I 1 Fall 1 BGB)
Wie erfolgt der Bereicherungsausgleich in Zessionsfällen?

Beispiel:

A und B gehen übereinstimmend davon aus, daß A gegen B noch eine Restkaufpreisforderung von 10 000,– € hat. In Wirklichkeit ist diese Forderung bereits vor längerer Zeit getilgt worden. A tritt nun diese vermeintliche Forderung in einer Liquiditätskrise erfüllungshalber an seinen Gläubiger C ab. B, der von A unterrichtet worden ist, überweist daraufhin 10 000,– € an C. Einen Monat später erkennt er seinen Irrtum und verlangt nun von C Rückzahlung. Inzwischen ist über das Vermögen des A das Insolvenzverfahren eröffnet worden.

Ausgangspunkt:
Wenn nach einer Forderungsabtretung der Schuldner an den Zessionar zahlt, kann eine bereicherungsrechtliche Rückabwicklung aus zwei Gründen notwendig werden: nämlich einmal, wenn die Abtretung als solche unwirksam war, der Schuldner also nicht an den wirklichen Gläubiger, sondern an einen Nichtberechtigten gezahlt hat; zum anderen, wenn die Abtretung für sich genommen in Ordnung war, die zedierte Forderung aber nicht bzw. nicht mehr existierte. Im

folgenden geht es nur um die letztere Konstellation, die in den letzten Jahren intensiv diskutiert worden ist.

I. (hier sog.) Theorie der Direktkondiktion

Wird eine in Wirklichkeit gar nicht existierende Forderung abgetreten und leistet daraufhin der vermeintliche Schuldner an den Zessionar, so steht dem Putativschuldner die Leistungskondiktion unmittelbar gegen den Zessionar zu.

Vertreten von:
RGZ 22, 368 (zum gemeinen Recht); RG JW 1938, 1329; Bayer, JuS 1990, 883 ff., 889 (der aber eine subsidiäre Haftung des Zedenten bei Insolvenz des Zessionars annimmt); Brügmann, Die Abtretung von Forderungen aus gegenseitigen Verträgen, 1934, S. 21 ff.; Dörner, Dynamische Relativität, 1985, 329 ff.; ders., NJW 1990, 473 ff.; Emmerich, § 18 Rn. 17; (wohl auch) Erman / H. P. Westermann, 9. Aufl., § 812 Rn. 36; Fikentscher, Rn. 1156; Flume, AcP 199, 1, 18 ff.; Gernhuber, BR § 47 I 7; Gursky, S. 202; Haymann, JRPV 1935, 84, 85; Jakobs, ZIP 1994, 9, 10 ff.; (im Grundsatz) Kellmann, JR 1988, 97, 99 (der aber ein Wahlrecht des Putativschuldners erwägt); E. Koch, VersR 1989, 891 ff.; Köndgen, FG Esser, 1975, S. 55, 66 f.; König, Ungerechtfertigte Bereicherung, 1985, S. 198; Larenz, SchR II, 12. Aufl., § 68 III i, S. 549 ff.; Mankowski, ZIP 1993, 1214 ff.; ders., EWiR § 37 AO 1/94, 631; (im Ergebnis) Medicus, NJW 1971, 1366; ders., BR Rn. 685 a; Meyer, 158 f.; Müller, Rn. 2185; Peters, AcP 173, 83; Reuter / Martinek, § 12 VI 3 S. 489 ff.; Schnauder, S. 207 ff.; Schreiber, Jura 1986, 539, 542; (für den Regelfall) Schubert, JR 1989, 371; Soergel / Mühl, § 812 Rn. 129; Tiedtke, WM 1999, 517 ff.; Wilhelm, Rechtsverletzung, S. 144 Fn. 276; ders., JZ 1994, 585, 594 ff. In BGHZ 78, 201 und BGH NJW 1989, 161 = LM § 812 BGB Nr. 197 sowie LG Dresden EWiR § 812 BGB 2/96, 737 (Kast) wird die Kondiktion gegen den Zessionar jeweils mit der besonderen Interessenlage des konkreten Einzelfalls begründet. In den letzten beiden Entscheidungen ging es um eine Überzahlung nach wirksamer Abtretung einer bestehenden Forderung.

1. Argument
Der vermeintliche Schuldner zahlt an den Zedenten doch gerade deshalb, um von seiner Verbindlichkeit frei zu werden. Diesen Tilgungszweck kann er aber sinnvollerweise nur gegenüber dem Zessionar als dem gegenwärtigen Gläubiger verfolgen. Es ist deshalb überhaupt nicht daran vorbeizukommen, daß der Putativschuldner seine Leistung an den Zessionar und nur an diesen erbringt.

2. Argument
Die Kondiktion beim Zedenten läßt sich nicht mit einer Parallele zur bereicherungsrechtlichen Behandlung von Anweisungslagen begründen. Bei den letzteren fungiert der Angewiesene freiwillig als Leistungsmittler des Anweisenden und ordnet sich damit dessen Leistungsbestimmung unter. Der debitor cessus verfolgt dagegen gegenüber dem Zessionar nur seinen eigenen Leistungszweck. Schon dieser Umstand schließt es aus, die vom vermeintlichen Schuldner an den Zessionar erbrachte Zuwendung dem Zedenten zuzurechnen und damit zugleich den letzteren als Empfänger der Leistung des Putativschuldners zu behandeln (Bayer).

3. Argument

Fehl geht das Argument, der Zessionar dürfe bereicherungsrechtlich nicht schlechter stehen als ein bloßer Anweisungsbegünstigter, da die Zession ihm doch eine im Vergleich zur Anweisung stärkere Rechtsposition habe verschaffen wollen. Anweisung und Zession sind nun einmal unterschiedliche Zuwendungstechniken, die insbesondere auch jeweils spezifische Risiken mit sich bringen. Die Position des Anweisungsbegünstigten ist vor dem Vollzug der Anweisung sehr schwach, nämlich eine bloße Erwerbsaussicht ohne rechtliche Sicherungen. Dafür ist der Anweisungsempfänger nach dem Vollzug der Anweisung vor einem etwaigen Rückforderungsanspruch des Angewiesenen sicher; er braucht sich lediglich mit dem Anweisenden auseinanderzusetzen. Wer sich dagegen eine Forderung abtreten läßt, erkauft die Möglichkeit, selbständig gegen den Schuldner vorgehen zu können, mit dem Preis, daß er bei Unwirksamkeit der eingezogenen Forderung dann dem debitor cessus selbst als Leistungsempfänger bereicherungsrechtlich auf Rückgewähr haftet. Wenn er dieses Risiko vermeiden will, sollte er die Zuwendungstechnik der Zession meiden und sich mit der Position eines Anweisungsbegünstigten begnügen (Dörner NJW 1990, 473, 476; Bayer JuS 1990, 883, 888).

4. Argument

Bei Anweisungslagen kann die Zuwendung des Angewiesenen an den Anweisungsbegünstigten auch schon deshalb nicht als Leistung an den letzteren angesehen werden, weil diese Personen ja regelmäßig durch keinerlei Rechtsbeziehungen miteinander verbunden sind, vielmehr beiderseits schuldrechtliche Beziehungen nur mit einem Dritten, dem Anweisenden, bestehen. Nach der Zession besteht aber die relevante schuldrechtliche Beziehung unmittelbar zwischen dem debitor cessus und dem Zessionar.

5. Argument

Der Zedent wird von der solvendi causa erbrachten Leistung des Schuldners an den Zessionar allenfalls reflexweise betroffen: nämlich dann, wenn die Zession sicherungs- oder erfüllungshalber erfolgt ist, die Parteien also vereinbart haben, daß mit der Zuwendung des Schuldners an den Zessionar auch eine andere Verpflichtung des Zedenten gegenüber dem Zessionar erledigt sein soll. Diese Schuldbefreiung des Zedenten wird vom debitor cessus bei seiner Zuwendung aber nicht planmäßig herbeigeführt, zumal er das Innenverhältnis zwischen Zedent und Zessionar regelmäßig ja gar nicht überschaut. Das gleiche gilt für andere reflexweise beim Zedenten eintretende Vorteile, etwa die Befreiung von einem denkbaren Regreßanspruch des Zessionars bzw. für den etwaigen Erwerb eines eigenen Kondiktionsanspruchs gegen den Zessionar durch den Zedenten. Eine Leistung des Schuldners an den Zedenten ist deshalb nicht gegeben.

6. Argument

Der vermeintliche Schuldner kann ein schutzwürdiges Interesse daran haben, das Geleistete in Natur und nicht nur wertmäßig zurückzuerhalten. Diesem Interesse kann aber nur Rechnung getragen werden, wenn ihm der Bereicherungsanspruch gegen den Zessionar gewährt wird.

7. Argument

Der Umstand, daß der debitor cessus sich bei Unwirksamkeit der abgetretenen Forderung bzw. bei einer Überzahlung des Forderungsbetrages mit dem ihm aufgezwungen Zessionar auseinandersetzen muß, bedeutet für ihn keinesfalls eine unzumutbare Benachteiligung. Der Zessionar kann natürlich wirtschaftlich schwächer, aber genausogut auch zahlungsfähiger als der Zedent sein; gerade bei einer Sicherungszession ist der Zessionar regelmäßig der wirtschaftlich stärkere Teil. Will der Schuldner davor geschützt sein, daß an die Stelle des gegenwärtigen Gläubigers ein als potentieller Rückgewährschuldner weniger sicherer Zessionar tritt, so mag er sich durch die Vereinbarung eines vertraglichen Abtretungsverbotes (§ 399 2. Alt. BGB) bei der Eingehung der Schuld sichern (Dörner, E. Koch).

8. Argument
Der Verweis auf die Direktkondiktion gegen den Zessionar belastet den Putativschuldner auch schon deshalb nicht übermäßig, weil er bei der Rückabwicklung des nichtigen Kaufvertrages mit dem Zedenten selbst durch § 818 III BGB geschützt wird. Ist der Bereicherungsanspruch gegen den Zessionar undurchsetzbar, bedeutet dies nämlich, daß er auch die Vertragsleistung des Zedenten nicht (bzw. genauer: nur Zug um Zug gegen Erstattung der Einbuße) zurückgeben muß (Köndgen, Schnauder).

9. Argument
Auch die Interessen des Zessionars erzwingen nicht die bereicherungsrechtliche Rückabwicklung über Dreieck. Der Zessionar wird ebenfalls durch § 818 III BGB genügend geschützt. Da er bei der Abtretung eine fremde, aus einer ihm unbekannten Vertragsbeziehung stammende Forderung erwirbt, besteht kein vernünftiger Grund, ihn über die Einrede der Entreicherung hinaus in seinem Vertrauen auf den Bestand seines auf dieser Forderung beruhenden Vermögenserwerbs zu schützen (E. Koch).

II. (hier sog.) **Theorie der Kondiktion gegen den Zedenten**

Wird eine in Wirklichkeit gar nicht existierende Forderung abgetreten und anschließend vom Schuldner gegenüber dem Zessionar erfüllt, so ist die bereicherungsrechtliche Rückabwicklung zwischen dem vermeintlichen Schuldner und dem Zedenten zu vollziehen.

Vertreten von:
BGHZ 105, 365, 369 (für den Regelfall; Direktkondiktion gegen den Zessionar nur beim Vorliegen besonderer Gründe für diesen Rückabwicklungsweg); BGHZ 122, 46, 50 = NJW 1993, 1578, 1579 f.; OLG Hamm NJW-RR 1992, 1304; Bamberger/Roth/Wendehorst, § 812 Rn. 137; A. Blomeyer, Allg. SchR, 4. Aufl., § 43 IV 4 a; Canaris, 1. FS Larenz, S. 799, 834 ff. (anders allerdings für den Fall der irrtümlichen Überzahlung; ferner soll dem debitor cessus analog § 822 BGB ein subsidiärer Duchgriff gegen den Zessionar zustehen, wenn der Bereicherungsanspruch gegen den Zedenten an § 818 III BGB scheitert oder wenn das Insolvenzverfahren über das Vermögen des Zedenten eröffnet worden ist); ders., WM 1980, 354, 367; ders., JZ 1992, 1114, 1118; Erman/H. P. Westermann, 8. Aufl., § 812 Rn. 36; (im Grundsatz) Esser/Weyers, § 48 III 3 d, S. 58 (wo aber ein Wahlrecht des Kondizienten erwogen wird); Henke, Die Leistung, 1991, S. 95 ff.; HK-Schulze, § 812 Rn. 28; Hock, MDR 1989, 1066 f.; Köhler, PdW SchR II, S. 203 f. (falls die vermeintliche Forderung aus einem unwirksamen gegenseitigen Vertrag herrührt); König, Gutachten, S. 1587 f.; Kupisch, Gesetzespositivismus, S. 83 f.; Larenz/Canaris, § 70 V 1; Lieb, ZIP 1982, 1153, 1157; ders., Jura 1990, 359, 360 f.; ders., BGH-FS I 547,

561 ff.; Littbarski, EWiR § 812 BGB 1/89, S. 143, 144; Loewenheim, S. 55; St. Lorenz, JuS 2003, 839, 842; W. Lorenz, AcP 168 (1968) 292 Fn. 15; ders., AcP 191, 279 ff., 299, 310 f.; MünchKomm / Lieb, § 812 Rn. 141 f.; Nicolai JZ 1993, 1118, 1119; Ott, WuB IV A § 812 BGB 3.89, S. 487, 489; (grundsätzlich) Palandt/Sprau, § 812 Rn. 67; Rüsken/Sameluck, ZfZ 1993, 38, 47 Fn. 104; Schlechtriem, JZ 1993, 24, 29 f.; Schwarz, § 13 Rn. 69; Staudinger / W. Lorenz, § 812 Rn. 41; R. Voß, ZfZ 1993, 112, 113; für den Fall der Sicherungszession auch Jauernig/Schlechtriem, § 812 Anm. I 5 c ee (anders aber, wenn der Abtretende nach den Absichten der Beteiligten vollständig aus den Rechtsbeziehungen, in deren Erfüllung die Leistung erbracht wird, hat ausscheiden sollen).

1. Argument

Als Kondiktionsschuldner kommt regelmäßig schon deshalb nur der Zedent in Betracht, weil der Zessionar durch die Zuwendung des vermeintlichen Schuldners per saldo gar nicht bereichert wird. Er verliert nämlich normalerweise durch die Zahlung des debitor cessus eine Kausalforderung gegen den Zedenten: Die Zession erfolgt ja zumeist sicherungs- oder erfüllungshalber und die Sicherungs- bzw. Tilgungsabrede wird ja zumeist dahin zu verstehen sein, daß die tatsächliche Zahlung des debitor cessus auch im Falle einer Unwirksamkeit der abgetretenen Forderung die Kausalforderung des Zessionars gegen den Zedenten tilgen soll (Lieb).

2. Argument

Mit der Zession überträgt der Zedent nicht nur seine bisherige Rechtsposition auf den Abtretungsempfänger, sondern er weist damit den Schuldner zugleich implizit dazu an, nicht mehr an ihn, sondern an den Zessionar zu leisten. Zumindest verfolgt der Zedent mit der Abtretung eindeutig das Ziel, der Schuldner möge direkt an den Zessionar zahlen und damit dessen Forderung gegen den Zedenten tilgen. Dieser Umstand rechtfertigt es, die bereicherungsrechtliche Rückabwicklung wie bei den eigentlichen Anweisungslagen übers Dreieck zu vollziehen, also so, als habe der Gläubiger an den Zedenten und dieser an den Zessionar geleistet (Lieb).

3. Argument

Die Zession verschafft dem Zessionar im Vergleich zu einem bloßen Anweisungsbegünstigten eine stärkere Rechtsposition. Damit vertrüge es sich nicht, den Zessionar in der bereicherungsrechtlichen Rückabwicklung schlechter als den Anweisungsbegünstigten zu stellen. Das aber wäre der Fall, wenn man den Zessionar der Direktkondiktion des vermeintlichen Schuldners aussetzte.

4. Argument

Die Durchgriffskondiktion des Schuldners gegen den Abtretungsempfänger verstößt gegen den das ganze Zessionsrecht beherrschenden Grundsatz, daß sich die Stellung des Schuldners durch die Zession nicht verschlechtern darf (Canaris).

5. Argument

Die bereicherungsrechtliche Rückabwicklung zwischen Schuldner und Zedent ist sachgerechter, weil dann das Kausalverhältnis zwischen dem Schuldner und seinem Vertragspartner, dem Zedenten, nicht gestört wird, der Zedent vielmehr die Erfüllung von der Rückgabe seiner eigenen Leistung abhängig machen kann (Canaris).

6. Argument

Die Kondiktion gegen den Zedenten ist auch im Hinblick auf das Insolvenzrisiko sachgerechter: Der Schuldner hat bei Eingehung einer Vorleistungspflicht zweifellos das Insolvenzrisiko seines Vertragspartners, des Zedenten, übernommen. Das Insolvenzrisiko des Zessionars darf ihm dagegen nicht aufgenötigt werden, da er dessen Kreditwürdigkeit nicht hat prüfen können.

7. Argument

Wenn die Zession der vermeintlichen Forderung sicherungs- oder erfüllungshalber erfolgt war, müßte eine Direktkondiktion zur Folge haben, daß dann auch eine Tilgungswirkung im Valutaverhältnis zwischen Zedent und Zessionar entfällt. Der Zessionar mußte aber annehmen, daß seine Forderung gegen den Zedenten durch die Zahlung des Schuldners getilgt worden war; er hatte schon deshalb gar keine Möglichkeit, seine eigene (weiterbestehende) Forderung vor der Entdeckung der Rechtsgrundlosigkeit der Zahlung des debitor cessus durchzusetzen. In der Zwischenzeit kann der Zedent aber illiquide geworden sein. Die Direktkondiktion läuft also darauf hinaus, daß der Zessionar mit dem Insolvenzrisiko des Zedenten belastet wird. Das aber ist sachwidrig. Angemessen ist allein, daß der debitor cessus als Gläubiger des Rückabwicklungsanspruchs dieses Risiko trägt.

8. Argument (gegen Theorie I Arg. 7)

Der Einwand, der Schuldner könne sich ja durch die Vereinbarung eines pactum de non cedendo selbst schützen, geht fehl. Der Gesetzgeber hat ja auch die Schuldnerschutzvorschriften der §§ 404 ff. BGB nicht schon deshalb für entbehrlich gehalten, weil der Schuldner sich durch die Vereinbarung eines Abtretungsverbotes selbst schützen könnte (MünchKomm/Lieb; Lorenz, JZ 1984, 615, 616; Engau, WuB IV A § 812 BGB 1.89 S. 97 f.).

9. Argument

Wenn man die Durchgriffskondiktion gegen den Zessionar zuläßt, ergibt sich eine Disharmonie gegenüber dem mit der Leistungskondiktion doch eng verwandten Störkorrektiv des Rücktritts wegen Sach- oder Rechtsmangels: Der rücktrittsberechtigte Käufer, der den Kaufpreis bereits an den Zessionar des Verkäufers gezahlt hat, könnte sein Geld zweifellos von seinem »Kausalpartner« (dem Verkäufer) zurückverlangen und brauchte sich nicht an den Zessionar verweisen zu lassen (W. Lorenz, JZ 1984, 614, 616).

10. Argument (gegen Theorie III)

Die Beweisführung aus § 1282 II BGB geht fehl. Diese Norm betrifft gar nicht das Außenverhältnis Schuldner/Pfandgläubiger, sondern ausschließlich das Innenverhältnis zwischen dem Gläubiger und dem Pfandgläubiger; nur für das letztere trifft die Norm eine gesetzliche Tilgungsbestimmung. Es kann deshalb gar keine Rede davon sein, daß diese Norm ein Leistungsverhältnis zwischen Schuldner und Gläubiger/Zedent normativ festlegen wolle (Bayer).

III. (hier sog.) **Theorie der normativ bestimmten Leistungsbeziehung**

Der Kondiktionsweg nach der Zahlung des debitor cessus der vermeintlichen Forderung an den Zessionar hängt vom Grundgeschäft der Zession ab. Bei der Sicherungszession, der Abtretung erfüllungshalber und der Abtretung an Erfüllungs Statt erfolgt die Kondiktion übers Dreieck, also so, als hätte der (vermeintliche)

Schuldner an den Zedenten und dieser an den Zessionar geleistet. Dagegen ist die Direktkondiktion bei einer Überzahlung (d. h. der Zahlung eines höheren als des bei der Abtretung ausdrücklich angegebenen Forderungsbetrages) und bei der Abtretung aufgrund eines Forderungskaufes gegeben.

Vertreten von:
Kohler, WM 1989, 1629 ff.; ähnlich differenzierend Jauernig / Schlechtriem, § 812 Anm. I 5 c ee.

1. Argument
Für alle sicherungszweckorientierten Zessionsfälle liefert § 1282 II BGB das Modell für die Bestimmung der Kondiktionsparteien: Wenn nach einer Forderungsverpfändung und Eintritt der Pfandreife der Pfandgläubiger die verpfändete Forderung einzieht, gilt nach dieser Norm die durch das Pfandrecht gesicherte Forderung des Pfandgläubigers gegen den Gläubiger als von dem Gläubiger der verpfändeten Forderung berichtigt. Damit fingiert die Vorschrift zu Tilgungszwecken einen Durchgangserwerb des Gläubigers der verpfändeten Forderung und stellt damit klar, daß Leistungsbeziehungen nur zwischen Schuldner und Gläubiger und zwischen Gläubiger und Pfandgläubiger, nicht aber unmittelbar zwischen Schuldner und Pfandgläubiger bestehen. Diese normative Festlegung des Leistungsverhältnisses ist wegen der übereinstimmenden Interessenlage auf die sicherungszweckorientierten Zessionsfälle zu übertragen. Danach bestehen Leistungsverhältnisse nur zwischen Schuldner und Zedent bzw. Zedent und Zessionar, nicht aber unmittelbar zwischen Schuldner und Zessionar.

2. Argument
In den Überzahlungsfällen ist die Direktkondiktion angebracht, weil die Zuvielleistung des Schuldners dem Zedenten nicht mehr zurechenbar ist.

3. Argument
Bei der Abtretung an den Forderungskäufer kommt nur die Direktkondiktion in Betracht, denn das Modell des § 1282 II BGB, das eine normative Bestimmung der Leistungsverhältnisse erlauben würde, paßt hier nicht. Eine bewußte und zweckgerichtete Mehrung des Vermögens des Zedenten durch den Schuldner ist aber ersichtlich nicht gegeben: Der Zedent erlangt allenfalls (nämlich bei unterstellter Versagung der Direktkondiktion) die Befreiung von einem potentiellen Rückgriffsanspruch des Zessionars aus §§ 433, 435, 437 BGB; aber dieser Vorteil wird vom Schuldner nicht zielgerichtet herbeigeführt, sondern tritt reflexweise ein.

Beispiele:

1. Der debitor cessus B kann im Ausgangsfall die 10 000,– € nach Theorie I in der Tat vom Zessionar C nach § 812 Abs. 1 S. 1 1. Alt. BGB zurückverlangen, nach Theorie II und III stünde ihm dagegen nur eine – als Insolvenzforderung geltend zu machende – Leistungskondiktion gegen den Zedenten B zu. Anders insoweit allerdings Canaris, der – obwohl im Ansatz der Theorie II folgend – hier in analoger Anwendung von § 822 BGB einen subsidiären Durchgriff gegen den Zessionar bejahen würde.

2. Abwandlung: A hat die vermeintliche Forderung an C für 9 500,– € verkauft und gleichzeitig abgetreten. Hier würde neben Theorie I auch Theorie III die Direktkondiktion gegen den Zessionar C bejahen. Theorie II würde dagegen wiederum nur die Kondiktion gegen den Zedenten A geben.

3. Die B, eine Investitions- und Finanzierungsgesellschaft, schuldete dem A als »stillem Partner« einen prozentual festgelegten, aber noch nicht ausgerechneten Gewinnanteil aus einem Bauvorhaben. A trat diese Forderung an den C ab, wobei vereinbart wurde, daß Zahlungen auf die abgetretene Forderung mit einer Forderung des C gegen eine von A geführte GmbH verrechnet werden sollten. Da C hartnäckig auf umgehende Auszahlung des Gewinnanteils drängte, überwies die B ihm unter Vorbehalt den sich aus einer vorläufigen Abrechnung für das Bauvorhaben ergebenden Betrag von 180 000,– €. Später stellte sich dann heraus, daß die abgetretene Forderung nur 118 000,– € betrug. B verlangte daraufhin von C Rückerstattung des überzahlten Betrages von 62 000,– € (nach BGH NJW 1989, 161).

Theorie I würde hier eine Leistungskondiktion des B gegen C bejahen, die meisten Anhänger der Theorie II würden den B dagegen auf die Kondiktion gegen den Zedenten A verweisen. Der BGH, der im Ansatz der Theorie II folgt, hat jedoch in der Entscheidung, die Vorbild für den obigen Fall war, eine Direktkondiktion gegen den Zessionar C angenommen und dies mit den besonderen Umständen des konkreten Falles begründet. Der BGH stellte dabei insbesondere darauf ab, daß der Zessionar C den Schuldner hier mit großer Intensität zur Zahlung auf eine erst vorläufige Bauabrechnung gedrängt und damit das Risiko der Überzahlung selbst geschaffen habe. Lieb (Jura 1990, 359, 361 f.) rechtfertigt die ausnahmsweise Direktkondiktion dagegen damit, daß die Überzahlung durch die Zession der (wirklich existierenden) Forderung gar nicht veranlaßt worden sei; der Fall sei deshalb genauso zu bewerten wie die Befolgung einer nur vermeintlichen Anweisung (z. B. die Doppelausführung eines Überweisungsauftrags usw.; s. dazu Problem 2). Theorie III würde hier ebenfalls die Direktkondiktion gewähren, weil die Zuvielzahlung des Schuldners vom Zedenten in keiner Weise veranlaßt und dem Zedenten damit auch nicht zurechenbar sei (Kohler, WM 1989, 1629, 1638).

7. Problem (§ 812 I 1 Fall 1 BGB)
Gegen wen kann bei Nichtigkeit eines berechtigenden Vertrages zugunsten Dritter der Versprechende einen Bereicherungsanspruch geltend machen?

Beispiel:

Die Rechtsanwälte VE aus Hannover und D aus Osnabrück kommen auf einer Tagung ins Gespräch. VE erfährt dabei, daß D eine guterhaltene und komplette Serie der Entscheidungen des Reichsgerichts kaufen will. Da er weiß, daß sein ebenfalls in Osnabrück lebender Vetter V eine solche Serie geerbt hat und nicht benötigt, verkauft er sie einfach an D für 2.500,– €. Am nächsten Tag kauft er seinem Vetter dessen RGZ-Serie für 500,– € ab, nachdem er ihm wahrheitswidrig erzählt hat, diese Bücher seien nicht mehr wert. Im Kaufvertrag zwischen V und VE wird vereinbart, daß dem D ein eigener Anspruch auf die Lieferung der Bücher zustehen soll. Nachdem V die Bücher an D übereignet hat, erfährt er, daß ihr Marktwert mindestens 2.250,– € beträgt. Er ficht daraufhin umgehend den Kaufvertrag mit VE an und verlangt nun von D die Bücher zurück. Mit Recht?

Ausgangspunkt:
Beim echten Vertrag zugunsten Dritter sollen zwei Schuldverhältnisse erfüllt werden: Das Deckungsverhältnis Versprechender (V) / Versprechensempfänger (VE) und das Valutaverhältnis Versprechensempfänger (VE) / Dritter (D). Leidet das Valutaverhältnis an einem Rechtsmangel, so findet nach allgemeiner Ansicht nur die Leistungskondiktion in diesem Verhältnis statt. Kontrovers ist hingegen die Lösung der bereicherungsrechtlichen Probleme, wenn das Deckungsverhältnis (V / VE) unwirksam ist oder jedenfalls die konkreten Voraussetzungen für die Entstehung des Anspruchs des Dritten nicht vorliegen, der Versprechende (V) aber in Unkenntnis dieses Umstandes trotzdem an den Dritten (D) geleistet hat.

I. Theorie der Kondiktion gegen den Dritten

Der Versprechende kann vom Dritten nach § 812 I 1 Fall 1 BGB bzw. nach § 813 BGB (so das ältere Schrifttum) kondizieren.

Vertreten von:
RG JW 1915, 652; Dörner, Dynamische Relativität, 1985, S. 342 ff.; Heermann, Drittfinanzierte Erwerbsgeschäfte (1998) S. 263 f.; Kupisch, S. 100 ff.; Heinrich Lange, NJW 1965, 657, 659 Fn. 25; W. Lorenz, AcP 168, 286, 294; Oertmann, § 334 Anm. 5; Palandt / Danckelmann, 26. Aufl. 1967, § 334 Anm. 1; Ruppert, Die Rechtsstellung des Dritten bei Leistungsstörungen im Bereich des § 328 BGB, Diss. Würzburg 1965, S. 70, 106 f.; Soergel / Mühl, 10. Aufl., § 812 Rn. 53 und § 813 Rn. 10; Staudinger / Werner, 10. Aufl., § 334 Rn. 1; Staudinger / Kaduk, 12. Aufl., § 334 Rn. 3 a, 5 b; von Tuhr, II 2 S. 100 f. Fn. 217.

1. Argument
Beim berechtigenden Vertrag zugunsten Dritter leistet der Versprechende auf eine eigene Verbindlichkeit gegenüber dem Dritten, also solvendi causa an letzteren. Wenn diese bei der Leistung vorausgesetzte Verpflichtung fehlt, weil der Vertrag zugunsten Dritter unwirksam ist, muß die Leistung mit Hilfe der condictio indebiti zwischen Leistungsempfänger und Leistendem zurückabgewickelt werden, muß also der Versprechende selbst die Leistungskondiktion unmittelbar gegen den Dritten haben.

2. Argument
Daran ändert auch der Umstand nichts, daß der Versprechende bei Wirksamkeit des Vertrages zugunsten Dritter auch einem Anspruch des Versprechensempfängers aus § 335 BGB ausgesetzt gewesen wäre, sich also auch eine solvendi causa erfolgende Leistung des Versprechenden an den Versprechensempfänger konstruieren ließe. Der Anspruch des Versprechensempfängers aus § 335 BGB hat nur Hilfscharakter und ist damit für den Bereicherungsausgleich irrelevant: Er gibt dem Versprechensempfänger selbst ja gar kein eigenes Anrecht auf den Leistungsgegenstand, sondern ist auf Leistung an den Dritten gerichtet. Genau genommen handelt es sich bei § 335 BGB nur um eine dem Versprechensempfänger erteilte gesetzliche Ermächtigung, den Anspruch des Dritten im eigenen Namen geltend zu machen.

3. Argument

Beim echten Vertrag zugunsten Dritter ist das Forderungsrecht des Dritten aus dem für ihn fremden Deckungsverhältnis, also der Rechtsbeziehung zwischen dem Versprechenden und dem Versprechensempfänger, abgezweigt. Die Rechtsstellung des Dritten ist deshalb, wie in § 334 BGB zum Ausdruck kommt, dem Deckungsverhältnis untergeordnet. Da der Versprechende bei Unwirksamkeit des Vertrages vor seiner Leistung ein Erfüllungsverlangen des Dritten nach § 334 BGB hätte abweisen können, muß er die in Unkenntnis der Unwirksamkeit an den Dritten erbrachte Leistung auch bei diesem kondizieren können.

4. Argument

Der Dritte ist auch bereichert. Selbst wenn er im Valutaverhältnis einen Anspruch auf die betreffende Leistung hatte, wird der Vorteil des Erwerbs der Leistung des V nicht durch den Verlust dieses Anspruchs gegen den Versprechensempfänger aufgewogen. Eine rechtsgrundlose und deshalb kondizierbare Leistung ist nun einmal keine vollwertige Erfüllung. Der Anspruch des Dritten gegen den Versprechensempfänger ist deshalb nicht getilgt worden; er hat sich lediglich in einen Gewährleistungsanspruch verwandelt (Hassold, S. 278).

5. Argument

Es besteht kein Anlaß, eine Ausnahme für diejenigen Fälle zu machen, in denen der Vertrag zugunsten Dritter ausschließlich zum Zwecke der abgekürzten Lieferung eingesetzt wird. Derartige Konstellationen sind gar nicht denkbar: Zum Zwecke der abgekürzten Lieferung werden überhaupt nur ermächtigende Verträge zugunsten Dritter eingesetzt, die aber anerkanntermaßen bereicherungsrechtlich wie Anweisungslagen zu behandeln sind.

6. Argument

Wenn demgegenüber vertreten wird, daß V nur bei seinem Vertragspartner, dem Versprechensempfänger, kondizieren könne, so läßt sich dies nicht mit einer Parallele zur Behandlung von Anweisungslagen begründen. Die Konstellationen des berechtigenden Vertrages zugunsten Dritter und der Anweisungslage unterscheiden sich fundamental. Bei der Anweisungslage kann die Zuwendung des Angewiesenen an den Empfänger (Anweisungsbegünstigten) dem Anweisenden zugerechnet werden, weil der Angewiesene freiwillig die Rolle eines bloßen Leistungsmittlers für eine vom Anweisenden im Valutaverhältnis wirklich oder auch nur vermeintlich geschuldete Leistung übernimmt. Bei einem Vertrag zugunsten Dritter können aber die Rechtsfolgen der Zuwendung des Versprechenden an den D schon deshalb nicht dem Versprechensempfänger zugerechnet werden, weil der Versprechende ja auf eine vorausgesetzte eigene Verbindlichkeit gegenüber dem Zuwendungsempfänger zahlt. Das ist für die Rechtsfolgen bei Wirksamkeit des Deckungsverhältnisses – also Untergang der Forderung des Dritten bzw. Freiwerden des Versprechenden – offensichtlich, muß aber für die Rechtsfolge der Kondiktion bei Unwirksamkeit des Deckungsverhältnisses ebenfalls gelten (Kupisch).

7. Argument

Die Parallele zur Anweisungslage paßt auch deshalb nicht, weil sich die tatsächlich zwischen V und D erfolgende Zuwendung schon aus einem anderen Grunde nicht in zwei simultan erfolgende Leistungen (des V an VE und des VE an D) umdeuten läßt. Der Versprechensempfänger hat dem Dritten (bei Wirksamkeit des Vertrages zugunsten Dritter) die Forderung gegen den Versprechenden ja schon mit dem Abschluß des Vertrages selbst zugewendet. Dann kann aber die bloße Erfüllung dieser Forderung durch den Schuldner (den Versprechenden) natürlich nicht eine erneute Zuwendung im Valutaverhältnis (also des VE an den D) begründen (Kupisch). Bei Unwirksamkeit des Vertrages zugunsten Dritter haben wir damit nur den Versuch einer Leistung des Versprechensempfängers an den Dritten – dieser erlangt die ihm zugedachte Forderung ja nicht – und eine davon ganz unabhängige, solvendi causa erbrachte Leistung des V an D.

II. (hier sog.) Theorie der Parallele zum Anweisungsdreieck

Es gelten dieselben Grundsätze wie beim Anweisungsdreieck. Der Versprechende leistete mit Rücksicht auf sein Rechtsverhältnis zum Versprechensempfänger (Deckungsverhältnis). Der Dritte empfängt die Leistung mit Rücksicht auf sein Verhältnis zum Versprechensempfänger (Valutaverhältnis). Somit ist eine direkte Leistung vom Versprechenden zum Empfänger nicht anzunehmen. Der Versprechende muß sich bei Unwirksamkeit des Vertrages an seinen Vertragspartner, den Versprechensempfänger halten; ihm steht gegenüber dem Versprechensempfänger eine Leistungskondiktion zu.

Vertreten von:
(obiter dictum) BGHZ 5, 281, 284 f. = LM § 813 BGB Nr. 1 m. Anm. Ascher; BGH JZ 1962, 671 LS 3 m. Anm. Esser; obiter dictum OLG Neustadt DRZ 1947, 305, 306 f. m. Anm. Alexander / Katz; OLG Hamburg JZ 1971, 424, 425 (aufgehoben von BGH NJW 1972, 864); Blomeyer, Allgemeines Schuldrecht, 4. Aufl. 1969, § 42 VI 2 a; Ennecerus / Lehmann, § 35 V 3; Esser, Schuldrecht, 2. Aufl. 1960, § 190, 3 S. 784; HK-BGB / Schulze, § 812 Rn. 29; Kötter, AcP 153, 193, 197 Fn. 19; Kunisch, S. 69; Leonhard, Allgemeines Schuldrecht, 1929, § 179 S. 368; St. Lorenz, JuS 2003, 839, 841 (m. Einschr.); von Mayr, S. 254 f.; Planck / Siber, Vorbem. III 3 b γ zu §§ 328 ff. und § 334 Anm. 1 b (mit Einschränkungen); Schreiber, Jura 1986, 539, 543; Soergel / R. Schmidt, 10. Aufl. 1967, § 334 Rn. 1 a. E.; (mit Einschränkungen) Wieling, BR § 7 III S. 104 f.

1. Argument

Ebenso wie bei Anweisungslagen der Angewiesene die Zuwendung auf Wunsch des Anweisenden erbringt, ist die Zuwendung des Versprechenden an den Dritten letztlich vom Versprechensempfänger veranlaßt. Der Unterschied zur bloßen Anweisungslage besteht nur darin, daß die Anweisung hier bereits im Vertrag selbst enthalten und damit zeitlich vorverlegt ist und durch das dem Dritten eingeräumte eigene Forderungsrecht verstärkt wird (Lieb, der aber der insoweit noch parallelgehenden Theorie III folgt).

2. Argument

Bei einem nur ermächtigenden Vertrag zugunsten Dritter führt die Unwirksamkeit des Vertrages und damit des Deckungsverhältnisses zwischen dem Versprechenden und dem Versprechensempfänger anerkanntermaßen nur zu einem Kondiktionsanspruch des Versprechenden gegen den Versprechensempfänger. Der Weg der bereicherungsrechtlichen Rückabwicklung ist dort also der gleiche wie bei Anweisungslagen. Würde man nun bei Nichtigkeit eines echten (berechtigenden) Vertrages zugunsten Dritter dem Versprechenden die Direktkondiktion gegen den Dritten gewähren, so käme man zu einer befremdlichen Differenzierung: Die Rechtsstellung des Empfängers wäre gerade dort, wo er gegenüber dem Zu-

wendenden kein festes Recht erwerben sollte, besonders sicher, dagegen besonders unsicher, wo er ein solches Recht erhalten sollte (Leonhard). Ebensowenig
macht es Sinn, daß die Rechtsstellung des Dritten bei einem unwirksamen berechtigenden Vertrag zugunsten Dritter schwächer wäre als die eines bloßen Anwei-
sungsempfängers: Der Anweisungsempfänger wäre ja bei Mängeln bloß des Dek-
kungsverhältnisses vor einem Kondiktionsanspruch geschützt.

3. Argument

Der Bereicherungsausgleich muß sich grundsätzlich an der von den Parteien geschaffenen Risikoordnung orientieren. Da die Parteien das Einwendungs- und Insolvenzrisiko nur hinsichtlich ihres Vertragspartners auf sich genommen haben,
muß sich der Kondiktionsanspruch des Versprechenden gegen den Versprechensempfänger als seinen Vertragspartner richten. Der Versprechende darf insbesondere nicht die Möglichkeit haben, das Risiko der Zahlungsunfähigkeit seines Vertragspartners, des Versprechensempfängers, auf den Dritten abzuwälzen. Genau
das geschähe aber, wenn er bei Unwirksamkeit des Deckungsverhältnisses und
Zahlungsunfähigkeit des Versprechensempfängers das Geleistete von dem Dritten zurückfordern dürfte. Dadurch würde dann die getilgte Forderung des Dritten
gegen den Versprechensempfänger im Valutaverhältnis wiederaufleben, diese
wäre aber infolge der Insolvenz des Versprechensempfängers natürlich kein voll-
wertiger Ersatz für den Entzug der Leistung des Versprechenden.

4. Argument

Wenn sich der Bereicherungsausgleich zwischen dem Versprechenden und dem
Dritten vollziehen soll, so wird damit im Deckungsverhältnis der synallagmati-
sche Zusammenhang von Leistung und Gegenleistung und die darin für die Parteien liegende Sicherheit beim Bereicherungsausgleich zumindest teilweise zerstört. Der Versprechensempfänger verliert dann nämlich die Möglichkeit, die
Rückgabe seiner eigenen Leistung an den Versprechenden mit Hilfe einer Zug-
um-Zug-Einrede durchzusetzen. Er kann den Dritten nicht dazu zwingen, die Erfüllung des Kondiktionsanspruches von der Rückgabe der Gegenleistung des Versprechensempfängers abhängig zu machen, und der Dritte hat auch gar nicht die
rechtliche Möglichkeit, Einwendungen aus der Person des Versprechensempfängers zu erheben: Für ein Zurückbehaltungsrecht beispielsweise fehlt es insoweit
schon an der Gegenseitigkeit der Ansprüche (Canaris).

5. Argument

Die Direktkondiktion des V gegen D verbietet sich schon deshalb, weil damit das
intakte und inzwischen schon durch Erfüllung abgeschlossene Valutaverhältnis
ohne Not aufgestört würde. Der Versprechende darf nicht die Möglichkeit haben,
die im Valutaverhältnis bereits eingetretene Erfüllung wieder in Fortfall zu bringen. Das Valutaverhältnis, an dem er ja nicht beteiligt ist, geht ihn nichts an (Siber).

6. Argument

Die Direktkondiktion des Versprechenden beim Dritten läßt sich nicht aus dem
Leistungsbegriff ableiten, weil es an einer eindeutigen Zwecksetzung fehlt: Der
Versprechende erbringt im Normalfall des echten Vertrages zugunsten Dritter,
bei dem der Versprechensempfänger ebenfalls forderungsberechtigt ist, seine Leistung mit doppelter Zweckbestimmung: Nämlich nicht nur auf die Forderung des
Dritten, sondern auch im Hinblick auf das obligatorische Rechtsgeschäft, das ihn
mit dem Versprechensempfänger verbindet. Der Dritte wiederum darf das ihm

Zugewandte auch als indirekte Leistung des Versprechensempfängers betrachten. Es wird hier mithin nach drei Richtungen simultan geleistet. Welche von den konkurrierenden Zwecksetzungen die Richtung des Bereicherungsausgleichs bestimmt, muß damit anhand anderer Kriterien entschieden werden.

7. Argument (gegen Theorie IV Arg. 9)
All dies gilt auch in denjenigen Fällen, in denen der unwirksame Vertrag zugunsten Dritter einverständlich zum Zwecke der Versorgung des Dritten eingesetzt wurde. Daß der Versprechende dem Dritten in diesen Fällen keine Tilgungsbestimmung des Versprechensempfängers überbringt, ist nicht ausschlaggebend. Der Dritte weiß doch, daß die Versorgungsleistung des Versprechenden vom Versprechensempfänger veranlaßt und bezahlt worden ist. Für eine natürliche Betrachtungsweise kann deshalb nur der Versprechensempfänger der materiell Leistende sein: Der Versprechende ist bloßer Leistungsmittler bei der donandi causa erfolgenden Leistung des Versprechensempfängers; er überbringt als dessen Bote – regelmäßig zugleich mit der Schenkungsofferte – die entsprechende Zweckbestimmung für die Leistung (Lieb, der aber im Ergebnis Theorie III folgt).

III. (hier sog.) Modifizierte Theorie der Parallele zum Anweisungsdreieck

Grundsätzlich kann der Versprechende nur vom Versprechensempfänger kondizieren. In zwei Ausnahmefällen ist allerdings die Direktkondiktion des Versprechenden gegen den Dritten gegeben. Nämlich

1.), wenn die Leistung des Versprechensempfängers an den Dritten unentgeltlich erfolgt, dem Versprechensempfänger auch keine anderweitigen Ausgaben erspart hat und der Versprechensempfänger zudem gutgläubig war (§ 822 BGB analog); und

2.), wenn der Vertrag zugunsten Dritter § 335 BGB abbedungen hat, also ein eigenes Recht des Verwendungsempfängers, die Leistung an D zu fordern, ausgeschlossen hat.

Vertreten von:
Bamberger/Roth/Wendehorst, § 812 Rn. 131, 133 (ohne Erwähnung der Abbedingung von § 335 BGB); Emmerich, § 18 Rn. 12 (wo der Fall der Abbedingung des § 335 nicht erwähnt wird); Erman/H. P. Westermann, § 812 Rn. 35; Esser/Weyers, § 48 III 3 d; Gottschalk, JherJb 78, 290, 307 ff., 318 (wo der Fall der Abbedingung des § 335 BGB nicht erwähnt wird, andererseits die Durchgriffskondiktion auch im Falle des Doppelmangels befürwortet wird); Jauernig/Schlechtriem, § 812 Rn. 41 ff. (wo der Fall der Abbedingung des § 335 nicht erwähnt wird); Hassold, S. 269 ff., 294 ff. (wo allerdings die Direktkondiktion bei Abbedingung des § 335 BGB abgelehnt wird); Larenz, § 68 III h; MünchKomm/Lieb, § 812 Rn. 129–140; Peters, AcP 173, 71, 91 f.; Weitnauer, FS von Caemmerer, 1978, S. 255, 287 (wo allerdings ein zusätzlicher Bereicherungsanspruch gegen den Versprechensempfänger bei doppelter Zweckverfolgung des Versprechenden für möglich gehalten wird); H. P. Westermann, JuS 1968, 17, 20. Die Vertreter dieser Theorie sind sich nicht einig in der Handhabung des § 822 BGB. Die Mehrheit nimmt den einschränkenden »Soweit«-Satz der Norm wörtlich. Lieb dagegen will sich darüber hinwegsetzen und § 822 BGB auch dann anwenden, wenn der Versprechensempfänger bösgläubig war, der gegen ihn gerichtete Bereicherungsanspruch aber infolge Insolvenz nicht durchsetzbar ist.

1.–7. Argument: wie Theorie II

8. Argument

Wenn der Kondiktionsanspruch des Versprechenden gegen den Versprechens-empfänger an § 818 III BGB scheitert, weil im Valutaverhältnis eine Schenkung ge-geben ist, muß § 822 BGB analog angewandt werden. Daß hier die ursprüngliche rechtsgrundlose Leistung im Gegensatz zum unmittelbaren Anwendungsbereich des § 822 BGB nicht real in das Vermögen des ursprünglichen Kondiktionsschuld-ners gelangt ist, darf keine Rolle spielen. Entscheidend ist, daß auch hier der »ei-gentliche« Kondiktionsschuldner nicht in Anspruch genommen werden kann, weil er den Leistungsgegenstand einem Dritten geschenkt hat. Die Interessenlage ist hier somit genau die gleiche wie bei realer Leistung an den primären Kondik-tionsschuldner und anschließender unentgeltlicher Weitergabe durch diesen.

9. Argument

Wenn der Versprechensempfänger die Leistung an den Dritten nicht sollte fordern können, hat er sich gleichsam aus der Rechtsbeziehung zum Versprechenden schon zurückgezogen: Ein Leistungsverhältnis besteht dann nur zwischen dem Versprechenden und dem Dritten.

10. Argument (gegen Theorie V)

Eine subsidiäre Haftung des Dritten bei Insolvenz des Versprechensempfängers hat dagegen keinerlei Grundlage im Gesetz. Eine analoge Anwendung des § 822 BGB kommt als Grundlage dafür nicht in Betracht. Die Durchgriffsmöglichkeit auf den vom Kondiktionsschuldner beschenkten Dritten beruht nun einmal ent-scheidend auf der geringeren Schutzwürdigkeit des unentgeltlichen Erwerbs. Im übrigen macht es auch keinen Sinn, wenn der Anspruchsumfang von Canaris auf die hypothetische Erhöhung der Insolvenzquote bei einer unterstellten unmit-telbaren Leistung des Versprechenden an den Versprechensempfänger begrenzt wird. Auch wenn der Versprechende seine Leistung nicht unmittelbar an den Drit-ten, sondern statt dessen an seinen Vertragspartner, den Versprechensempfänger, erbracht hätte, wäre die Insolvenzquote auf den Bereicherungsanspruch des Ver-sprechenden wahrscheinlich gar nicht höher ausgefallen. Dieser würde das Emp-fangene ja wahrscheinlich sogleich – und damit noch vor Eröffnung des Insolvenz-verfahrens – aufgrund des Valutaverhältnisses an den Dritten weitergegeben ha-ben (Hassold).

11. Argument (gegen Theorie IV)

Die grundsätzliche Zulassung der Direktkondiktion des Versprechenden beim Dritten in den Versorgungsfällen geht zu weit. Sie paßt nur, wenn der Verspre-chensempfänger dem Dritten die Versorgungsleistung des Versprechenden unent-geltlich verschafft. Wenn etwa ein Arbeitgeber (VE) eine betriebliche Altersversor-gung mit Hilfe eines Lebensversicherungsunternehmens (V) organisiert, ist im Valutaverhältnis sicherlich keine Schenkung, sondern ein freiwillig geleistetes Zu-satzentgelt gegeben. Es muß dann dabei bleiben, daß sich der Bereicherungsaus-gleich nur über die hintereinandergeschalteten Leistungsverhältnisse (V / VE und VE / D [= Arbeitnehmer]) vollzieht. Bei etwaigen Überzahlungen der Lebensversi-cherungsgesellschaft an einen Arbeitnehmer müssen diesem alle Einwendungen erhalten bleiben, die ihm gegenüber seinem Arbeitgeber zustehen (Esser / Weyers).

IV. Nach der Funktion des Vertrages differenzierende Theorie

Sollte der (unwirksame) Vertrag zugunsten Dritter nur der Abkürzung des Leistungsweges dienen, so steht dem Versprechenden die Leistungskondiktion gegen den Versprechensempfänger zu. Bezweckte der Vertrag zugunsten Dritter dagegen einverständlich die Versorgung des Dritten – wie insbesondere bei den in § 330 BGB genannten Verträgen –, so richtet sich der Bereicherungsanspruch des Versprechenden unmittelbar gegen den Dritten.

Eine Direktkondiktion des V bei D wird darüber hinaus zum Teil auch noch für andere Fälle angenommen: Nach BGHZ 58, 184, 189 soll die Direktkondiktion gegeben sein, a) wenn das Forderungsrecht des Dritten seinen maßgebenden Rechtsgrund nur im Deckungsverhältnis finden sollte; ebenso b) wenn infolge der Abbedingung von § 335 BGB ausschließlich dem Dritten das Forderungsrecht zustehen sollte; und schließlich c) wenn sich das Valutaverhältnis in der Zuwendung des Forderungsrechtes erschöpft. Nach anderen (Koppensteiner/Kramer, Martinek, Medicus) soll die Direktkondiktion immer dann gegeben sein, wenn das Verhältnis V/D aus besonderen Gründen dem Deckungsverhältnis übergeordnet ist.

Vertreten von:
BGHZ 58, 184, 187 ff. = NJW 1972, 864; AK/Joerges, § 812 Rn. 38; Brox/Walker, § 37 Rn. 19 f.; Rn. 394; von Caemmerer, JZ 1962, 385, 387 (= GS S. 327); Fezer, S. 228 f. Gernhuber, BR § 47 IV 1, 2; Giesen, Jura 1995, 169, 178; Grunsky, in: Athenäum-Zivilrecht I, S. 627; (ähnlich) Hadding, S. 78, 93 ff., 101 ff.; jurisPK/Martinek, § 812 Rn. 130; Köndgen, FS Esser 1975, S. 55. 68 f.; Köhler, PdW SchR II, Fall 140 S. 201 ff.; Koppensteiner/Kramer, S. 45 ff.; Kropholler, § 812 Rn. 31; (i. E.) W. Lorenz, AcP 168, 297 und JuS 1968, 441, 444 sowie bei Staudinger, § 812 Rn. 38 f. (wo aber jeweils angenommen wird, daß zum Zwecke abgekürzter Lieferung nur ermächtigende Verträge zugunsten Dritter geschlossen werden); (ähnlich) Medicus, Rn. 681 ff.; Meyer, S. 151 ff.; MünchKomm/Gottwald, § 334 Rn. 15 f.; Pinger, AcP 179, 301, 322 ff.; RGRK/Ballhaus, § 334 Rn. 9, 10; RGRK/Heimann-Trosien, § 812 Rn. 29; E. Schmidt, JZ 1971, 601, 607; Schwarz, § 13 Rn. 79; Staudinger/Jagemann, § 334 Rn. 33 ff.; StudK/Lüderitz, § 328 Anm. III I b; Thiele, S. 165 f.; Wetzel, Die bereicherungsrechtlichen Fragen eines mangelhaften Vertrages zu Rechten Dritter, Diss. Tübingen 1975; im Grundsatz auch, aber stärker differenzierend Reuter/Martinek, S. 478 ff., 484 f.

1. Argument

Die Leistung des Versprechenden ist der Kausalbeziehung zuzuordnen, in der nach dem Willen der Partner des Vertrages zugunsten Dritter »der wesentliche wirtschaftliche Erfolg des Geschäfts« eintreten soll (Köndgen). Dies kann – je nach der Funktion des Vertrages – die Rechtsbeziehung zwischen den Vertragsparteien oder aber das Rechtsverhältnis zum Dritten sein. Im ersten Fall ist Empfänger der Leistung des Versprechenden der Versprechensempfänger, im zweiten Fall der Dritte.

a) Speziell zu den Verträgen zugunsten Dritter, die allein der Abkürzung des Leistungsweges dienen (der Versprechende hat einen Kondiktionsanspruch nur gegen den Versprechensempfänger)

2. Argument

Diente der Vertrag nur der Abkürzung des Lieferungsweges, so bestand im Augenblick des Vertragsschlusses schon eine Forderung des Dritten gegen den Versprechensempfänger. Diese Forderung des Dritten ist erfüllt worden, als der Versprechende die vertraglich zugesagte Leistung an ihn erbrachte. Der Dritte ist in diesem Fall mithin durch die vom Versprechenden an ihn erbrachte Zuwendung von vornherein gar nicht bereichert worden, weil dem Erhalt des Leistungsgegenstandes der Verlust der Forderung im Valutaverhältnis gegenübersteht. Schon deshalb kommt er als Gegner des Kondiktionsanspruchs des V gar nicht in Betracht (Hadding).

3. Argument

Falls der (unwirksame) Vertrag zugunsten Dritter nur zur Abkürzung des Leistungsweges geschlossen worden war, ist die gleiche Interessenlage wie bei Anweisungsleistungen gegeben. Der Versprechende verfolgt einen eigenständigen Zweck hier nur gegenüber seinem Vertragspartner, dem Versprechensempfänger: Er will durch die faktische Zahlung oder Lieferung an den Dritten seine vertragliche Verpflichtung gegenüber dem Versprechensempfänger tilgen. Der Dritte ist für ihn bloße »Zahlstelle« seines Vertragspartners. Wenn der Versprechende seine Leistung vor Erhalt der Gegenleistung, zu der sich der Versprechensempfänger verpflichtet hat, an den Dritten erbringt, so kreditiert er damit seinem Vertragspartner, nicht dem Dritten, dessen Vermögenslage ihm regelmäßig gar nicht bekannt sein wird.

4. Argument

Wenn die Vertragsparteien dem Dritten einen eigenen Anspruch einräumen, so soll damit doch nur dessen Rechtsposition gegenüber dem Vertragsschuldner, dem Versprechenden, gestärkt werden und ihm damit ein geeignetes technisches Mittel zur zügigeren Durchsetzung seines Anspruchs im Valutaverhältnis verschafft werden. Dann darf der Dritte bei Unwirksamkeit des Vertrages im Hinblick auf die bereicherungsrechtliche Rückabwicklung aber keinesfalls schlechter gestellt werden, als er stünde, wenn er auf den zweifelhaften »Vorteil« des eigenen Anspruchs verzichtet hätte. Eine solche Schlechterstellung würde es aber bedeuten, wenn dem Dritten allein wegen der Unwirksamkeit des Vertrages zwischen dem Versprechenden und dem Versprechensempfänger die Herausgabe des Empfangenen an den Versprechenden zugemutet würde, während er das Empfangene bei Wahl eines nur ermächtigenden Vertrages zugunsten Dritter infolge der Wirksamkeit des Valutaverhältnisses hätte behalten dürfen.

b) Speziell zu den Versorgungsverträgen zugunsten Dritter (der Versprechende hat einen direkten Kondiktionsanspruch gegen den Dritten)

5. Argument

Der Vertrag zugunsten Dritter wird bei dieser Fallgestaltung nicht benutzt, um einen Umweg über das Vermögen des Versprechensempfängers zu sparen, sondern um spezifischen und alleinigen Interessen des Dritten Rechnung zu tragen. Das Vermögen des Versprechensempfängers soll nicht wirklich vermehrt werden; vielmehr soll von vornherein nur der Dritte einen Vermögenszuwachs erhalten. Die Leistung des Versprechenden an den Dritten ist vorrangig, der Anspruch des Versprechensempfängers ist gemäß § 335 BGB quasi zu einem »Hilfsanspruch« abgewertet. Dann kann aber die Leistungskondiktion des Versprechenden auch nur gegen den Dritten gerichtet sein.

6. Argument

Bei Versorgungsverträgen zu Rechten Dritter wird dem Dritten vom Versprechensempfänger nicht eigentlich die vom Versprechenden zu erbringende Leistung, sondern primär der Anspruch auf diese Leistung gegen den Versprechenden zugewendet. Damit ähnelt die Rechtsstellung des Dritten hier der eines Zessionars. Auch die Interessenlage ist genauso, als hätte der Versprechensempfänger die vertragliche Leistung des Versprechenden zunächst für sich selbst ausbedungen und dann nachträglich den Anspruch aus dem Vertrag an den Dritten abgetreten. Bei der Abtretung einer nur vermeintlichen Forderung kann aber der vermeintliche Schuldner die an den Zessionar erbrachte Leistung nur unmittelbar bei diesem kondizieren (Meyer).

7. Argument

In den Versorgungsfällen wird die Rechtsstellung des Dritten durch den Vertrag zugunsten Dritter überhaupt erst begründet. Das Anrecht des Dritten auf den Leistungsgegenstand stammt also überhaupt nur aus dem Deckungsverhältnis und muß schon deshalb auch von dessen Bestand abhängig sein. Das aber impliziert, daß der Dritte den empfangenen Leistungsgegenstand bei Unwirksamkeit des Vertrages zugunsten Dritter trotz Wirksamkeit des Valutaverhältnisses an den Versprechenden herausgeben muß.

8. Argument

Dient der Vertrag zugunsten Dritter einverständlich der Versorgung des Dritten, so kommt ein Bereicherungsanspruch des Versprechenden gegen den Versprechensempfänger auch schon deshalb nicht in Betracht, weil der Versprechensempfänger gar nicht bereichert ist. Da im Valutaverhältnis zum Dritten regelmäßig eine (wirksame) Handschenkung gegeben ist, ist er durch die Leistung des Versprechenden an den Dritten nicht von einer bisherigen Verbindlichkeit gegenüber dem Dritten befreit worden, und er hat durch diese Leistung genausowenig einen eigenen Bereicherungsanspruch gegen den Dritten erworben. Das real vom Versprechenden an den Dritten Geleistete ist dem Versprechensempfänger damit nicht einmal wertmäßig zugute gekommen. Beim Dritten selbst dagegen ist offensichtlich eine Bereicherung eingetreten, denn er hat durch den Erwerb der Versorgungsleistung keine entsprechende Forderung gegen den Versprechensempfänger verloren.

9. Argument

In den Versorgungsfällen existiert typischerweise im Valutaverhältnis zunächst gar kein eigener Anspruch des Dritten auf die Verschaffung der fraglichen Leistung; hier kommt vielmehr regelmäßig erst infolge des Vertrages zugunsten Dritter eine Handschenkung zustande. Schon deshalb kann der Versprechende dem Dritten gegenüber nicht als bloßer Leistungsmittler des Versprechensempfängers erscheinen. Er überbringt offensichtlich keine Tilgungsbestimmung des Versprechensempfängers, sondern leistet solvendi causa auf die eigene, vom Versprechensempfänger zwar initiierte, aber doch dem Dritten gegenüber bestehende Schuld.

10. Argument (gegen Theorie III Arg. 11)

Wenn man die Durchgriffskondiktion des Versprechenden gegen den Dritten mit Theorie III auf die analoge Anwendung von § 822 BGB stützt, scheitert sie notwendigerweise in den Fällen, in denen der Versprechensempfänger bösgläubig ist: Der

Wortlaut des § 822 BGB (»soweit infolgedessen die Verpflichtung des Empfängers zur Herausgabe der Bereicherung ausgeschlossen ist«) ist eindeutig; die bloße Insolvenz des Kondiktionsschuldners darf dem Freiwerden nach § 818 III BGB schon deshalb nicht gleichgestellt werden, weil der Gesetzgeber mit dem subsidiären Zugriffsrecht auf den Dritten eben nur die spezifische Schwäche der Bereicherungsansprüche im Vergleich zu anderen Ansprüchen – eben die prinzipielle Beschränkung der Haftung auf die fortdauernde Bereicherung – wenigstens teilweise ausgleichen wollte. Das Schutzbedürfnis des Dritten wird aber durch die Bösgläubigkeit des Versprechensempfängers nicht vergrößert, das des Versprechenden nicht verringert. Es besteht deshalb kein Anlaß, die Durchgriffskondiktion bei Bösgläubigkeit des Versprechensempfängers zu versagen.

V. Theorie der nur subsidiären Haftung des Dritten

Der Kondiktionsanspruch des Versprechenden richtet sich grundsätzlich gegen den Versprechensempfänger. War der unwirksame Vertrag zugunsten Dritter atypischerweise nur zum Zweck der abgekürzten Lieferung abgeschlossen worden, bewendet es hierbei. Im Normalfall des Vertrages zugunsten Dritter, in dem der Versprechensempfänger dem Dritten nicht den späteren Leistungsgegenstand, sondern nur den Anspruch auf die Erbringung der Leistung zuwenden will, ist jedoch eine subsidiäre Durchgriffskondiktion gegen den Dritten gegeben: Wenn der Anspruch gegen den Versprechensempfänger an § 818 III BGB scheitert oder wenn der Versprechensempfänger in Konkurs fällt, muß der Versprechende sich unmittelbar an den Dritten halten können.

Vertreten von:
Canaris, 1. FS Larenz, 1973, S. 799, 828 ff.; ders., NJW 1972, 1196 ff.; etwas modifiziert (keine Sonderbehandlung der Fälle abgekürzter Lieferung; Abstellen auf Unentgeltlichkeit im Valutaverhältnis) Larenz / Canaris, § 70 V 2 a, b.

1. und 2. Argument: wie Theorie II Arg. 3 und 4.

3. Argument
Die Interessen der Parteien des unwirksamen Vertrages zugunsten Dritter erzwingen die grundsätzliche Bereicherungsabwicklung zwischen ihnen selbst. Berechtigte Interessen des Dritten würden dagegen durch eine Direktkondiktion des Versprechenden beim Dritten nicht tangiert: Da die Rechtsstellung des Dritten aus dem Deckungsverhältnis abgeleitet und ihm untergeordnet ist, geschieht ihm kein Unrecht, wenn er das Erlangte schon bei Unwirksamkeit nur des Deckungsverhältnisses herausgeben muß. Da nun eine kumulative Haftung des Dritten neben dem Versprechensempfänger den Versprechenden übermäßig begünstigen würde, bietet sich die Lösung einer subsidiären Haftung des Dritten an. Wenn der Kondiktionsanspruch gegen den Versprechensempfänger versagt, haftet statt dessen der Dritte.

4. Argument
Für eine subsidiäre Haftung des Dritten spricht auch die Wertung des § 822 BGB, der ja ebenfalls nur eine subsidiäre Haftung des Dritten statuiert.

5. Argument

Da der subsidiäre Durchgriff gegen den Dritten aus dessen fehlender Schutzwürdigkeit abgeleitet ist, braucht er nicht auf die Fälle beschränkt bleiben, in denen Theorie III § 822 BGB analog anwenden würde. Die subsidiäre Haftung des Dritten ist vielmehr auch dort angebracht, wo das Valutaverhältnis nicht unentgeltlich ist oder wo die Inanspruchnahme des »eigentlichen« Bereicherungsschuldners (also des Versprechensempfängers) nicht an § 818 III BGB, sondern an dessen Insolvenz scheitert. Der Versprechende darf allerdings auch nicht besser gestellt werden, als er bei unmittelbarer Leistung an seinen Vertragspartner stünde. Sein subsidiärer Kondiktionsanspruch gegen den Dritten muß also auf den Betrag begrenzt werden, um den sich die Insolvenzquote des Versprechenden erhöhen würde, wenn seine Leistung in die Insolvenzmasse gelangt wäre.

6. Argument

Für den subsidiären Durchgriff gegen den Dritten ist allerdings kein Raum, wenn der unwirksame Vertrag zugunsten Dritter nur zur Abkürzung des Lieferungsweges eingesetzt worden ist. Dann besteht nämlich eine der Anweisung vergleichbare Lage. Der Dritte, dessen Rechtsstellung durch den Weg des § 328 BGB im Vergleich zu einem Anweisungsempfänger noch verstärkt werden sollte, darf dann nicht schlechter stehen, als er bei einer gewöhnlichen Anweisung stünde. Bei der gewöhnlichen Anweisungslage ist aber der Durchgriff anerkanntermaßen grundsätzlich nicht möglich.

Beispiele:

1. Im Ausgangsfall kann V von D nur nach Theorie I Rückgabe der Bücher verlangen. Dagegen besteht nach Theorien II–V kein derartiger Anspruch. Theorie IV würde darauf abstellen, daß der echte Vertrag zugunsten Dritter hier lediglich zur Abkürzung des Lieferungsweges eingesetzt worden ist.

2. VE schließt eine hohe Lebensversicherung zugunsten seiner unversorgten Schwester D ab. Dabei verschweigt er trotz entsprechender Nachfrage der Lebensversicherung, daß er an einer unheilbaren Krankheit leidet. Nach seinem Tode wird die Versicherungssumme an D ausbezahlt. Als die Versicherungsgesellschaft V später den wahren Sachverhalt erfährt, ficht sie den Versicherungsvertrag wegen arglistiger Täuschung gegenüber den Erben des VE an. Die auf Rückzahlung in Anspruch genommene D wendet ein, nicht sie, sondern die Erben des E müßten haften (Fall nach Lorenz, JuS 1968, 444).

V kann hier nach Theorie I direkt bei D kondizieren, nach Theorie IV ebenso, weil hier der berechtigende Vertrag zugunsten Dritter zum Zwecke der Versorgung des Dritten eingesetzt worden ist. Nach Theorie II könnte V dagegen nur bei den Erben des VE kondizieren. Daß ihnen bzw. dem VE das Geleistete nicht einmal wertmäßig zugute gekommen ist, spielt keine Rolle, da sie wegen der Bösgläubigkeit des V nach §§ 819 I, 818 IV BGB bereicherungsunabhängig haften. Nach Theorie III gilt das gleiche; eine analoge Anwendung von § 822 BGB scheitert hier an der Bösgläubigkeit des VE (anders insoweit Lieb). Theorie V entscheidet grundsätzlich ebenso, käme aber im Falle des wegen Überschuldung des Nachlasses eingeleiteten Nachlaßinsolvenzverfahrens zu einer subsidiären Haftung des D.

B. Besondere Leistungskondiktionen

8. Problem (§ 812 I 2 Fall 2 BGB)
Ist § 812 I 2 Fall 2 BGB auch bei gegenseitigen Verträgen anwendbar, wenn die Parteien einen über den Leistungsaustausch hinausgehenden Zweck verfolgt haben?

Beispiel:

Der kinderreiche V verkauft der Gemeinde G ein Grundstück im Werte von 200 000,– € zum Preise von 100 000,– €, weil die Gemeinde hierauf einen Kindergarten errichten will. Später nimmt G von diesem, dem V besonders am Herzen liegenden Vorhaben Abstand und bietet das mittlerweile weiter im Wert gestiegene Grundstück zum Preise von 250 000,– € zum Verkauf an. V verlangt nun von G Rückübereignung des Grundstücks Zug um Zug gegen Rückzahlung des Kaufpreises.

Ausgangspunkt:
Nach § 812 I 2 Fall 2 BGB besteht ein Bereicherungsanspruch, wenn »der mit einer Leistung nach dem Inhalt des Rechtsgeschäfts bezweckte Erfolg nicht eintritt«. Man spricht insoweit von der condictio ob rem oder der Kondiktion wegen Zweckverfehlung bzw. wegen Mißerfolgs. Dieser Kondiktionstatbestand hat wie kaum eine andere Norm des BGB Anlaß zu Kontroversen und Fehldeutungen gegeben. So findet sich denn heute nicht eine einzige Fallgruppe, deren Einordnung in diesen Kondiktionstatbestand unstreitig wäre. Gelegentlich wird sogar behauptet, dieser Kondiktionstatbestand sei überhaupt nur historischer Ballast und habe keinerlei sinnvolles Anwendungsfeld mehr. Die große Mehrheit des neueren Schrifttums ist sich demgegenüber darin einig, daß § 812 I 2 Fall 2 BGB weiterhin für die (allerdings nicht sonderlich häufigen) Konstellationen der sog. datio ob rem des römischen Rechts benötigt wird. Der Leistung liegt hier eine Zweckvereinbarung der Parteien zugrunde, wonach der Empfänger zum Behalten der Leistung berechtigt sein soll, weil erwartet wird, daß er eine bestimmte – nicht geschuldete – Gegenleistung erbringen wird. Eine solche datio ob rem wird anstelle eines gegenseitigen Vertrages für den Leistungsaustausch gelegentlich deshalb gewählt, weil der Empfänger noch die Freiheit behalten soll, ob er die erwartete Gegenleistung erbringen will oder nicht. Meist greift man dazu aber deshalb, weil die von der einen Seite erwartete Gegenleistung gar nicht zum Gegenstand einer Verpflichtung gemacht werden kann (sie besteht etwa in der Erbeinsetzung des Leistenden oder in der Eheschließung mit ihm oder im Absehen von Strafverfolgung). Streitig ist nun, ob § 812 I 2 Fall 2 BGB auf diese Fälle beschränkt ist oder ob auch ein Partner eines gegenseitigen Vertrages die von ihm bereits erbrachte vertragliche Leistung kondizieren kann, weil ein mit dem Vertrag bezweckter, über den reinen Leistungsaustausch hinausgehender weiterer Erfolg nicht eingetreten ist?

I. (hier sog.) **Weite Anstaffelungstheorie**

Die Parteien eines gegenseitigen Vertrages können vereinbaren, daß mit dem Vertragsschluß außer dem Leistungsaustausch noch ein weiterer Zweck verfolgt wird. Dies ist insbesondere dann der Fall, wenn sie die Abrede treffen, daß die eine Partei die Leistung der anderen nur in bestimmter Weise verwenden soll, ohne der anderen zugleich einen erzwingbaren Anspruch auf diese Verhaltensweise zu geben und ohne die anspruchswidrige Verwendung zur auflösenden Bedingung zu erheben bzw. daran eine Rücktrittsmöglichkeit zu knüpfen. Diese besondere Rechtsgrundabrede legt antizipiert fest, daß die spätere Leistungserbringung nicht nur solvendi causa, sondern zugleich um des »angestaffelten« weiteren Zweckes willen erfolgt, d. h. um den Empfänger zu dem gewünschten fraglichen Verhalten zu veranlassen. Wird dieser Erfolg nicht erreicht, so kann die Leistung mit der condictio ob rem (§ 812 I 2 Fall 2 BGB) zurückgefordert werden.

Vertreten von:
RGZ 66, 132, 133 f.; 106, 93, 98; 129, 307, 308 f.; 132, 238, 240 ff.; RG WarnR 1917 Nr. 112; LZ 1923, 387 f.; 1925, 712 f.; Recht 1925 Nr. 2418; HRR 1925 Nr. 1011; JW 1936, 815; BGH MDR 1952, 33 f.; WM 1966, 1062, 1063; NJW 1973, 612, 613; OLG Stuttgart LZ 1925, 666 f.; BayObLGZ NJW 1967, 1664; KG FamRZ 1972, 93; Battes, AcP 178, 337, 372 ff.; Bernhardt, Der Bereicherungsausgleich wegen Mißerfolgs, Diss. Saarbrücken 1971, S. 33 ff.; Beuthien/Weber, S. 40 ff.; StudK/Beuthien, § 812 Anm. II 4; Deubner, FamRZ 1968, 351 f.; Ehmann, Die Gesamtschuld, 1972, S. 173 f., 186 ff.; ders., NJW 1973, 1035 f.; Enneccerus/Lehmann, § 224 I 2; Erman/H. P. Westermann, § 812 Rn. 52; Fikentscher, Rn. 1108; Heck, § 141, 7; Henssler in GedSchr Lüderitz (2000) 287, 292 ff., 301; Krückmann, AcP 128, 158, 160 ff.; Kühne, FamRZ 1968, 356, 358 Fn. 20; Leonhard, §§ 270–278; D. Liebs, JZ 1978, 697 ff., 702 f.; Locher, AcP 121, 1, 48 f., 107; Oertmann, Vorbem. 2 f. β vor § 812; Planck/Landois, § 812 Anm. I 3 a S. 1631; RGRK/Scheffler, 11. Aufl., § 812 Anm. 94, 95, 101; Rothoeft, AcP 163, 215, 225; Scheyhing, AcP 157, 371, 378 f. Fn. 36; Schnauder, S. 28 ff., 33 ff.; Schwarz, § 10 Rn. 60 f.; Simshäuser, AcP 172, 19, 35 ff., 37; Soergel/Mühl, § 812 Rn. 211; Staudinger/Seufert, 11. Aufl., § 812 Rn. 44; H. P. Westermann, S. 215 ff.; Wunner, NJW 1966, 2287; im Ansatz auch Koller, Die Risikozurechnung bei Vertragsstörungen in Austauschverträgen, 1979, S. 371 ff.

1. Argument

Eine Leistung kann nach § 812 I 1 Fall 1 BGB kondiziert werden, wenn sie »ohne rechtlichen Grund« erfolgt. Mit rechtlichem Grund geschieht die Leistung, wenn der Leistende den – einseitig oder vertraglich gesetzten – Zweck der Leistung erreicht. Zahlt etwa der Käufer den Kaufpreis, so ist Rechtsgrund nicht einfach der Anspruch des Verkäufers aus dem Kaufvertrag, sondern der Umstand, daß der Käufer den Zweck seiner Zahlung, eben die Tilgung dieses Anspruchs erreicht hat. Da nun die Parteien den Zweck bestimmen, dessen Realisierung die bereicherungsrechtliche Behaltensberechtigung für den Empfänger schafft, müssen sie auch mehrere Leistungszwecke kombinieren, insbesondere neben dem typischen und primären Zweck der Anspruchserfüllung einen sekundären und atypischen Leistungszweck (eben die Erreichung eines weiteren Leistungserfolges, z. B. einer bestimmten Verwendung des Leistungsobjektes durch den Empfänger) vereinbaren können. Wird ein derartiger »angestaffelter« Zweck verfehlt, so kann die bloße Existenz des Forderungsrechtes des Leistungsempfängers nicht dessen Behaltensberechtigung begründen. Dieser ist dann vielmehr zur Herausgabe des Erlangten aus dem Gesichtspunkt der condictio ob rem verpflichtet.

2. Argument

Wenn die Parteien einverständlich (oder der Leistende ohne den zumutbaren Widerspruch des Leistungsempfängers) die Leistung außer mit der Erfüllung von Vertragspflichten mit weiteren Zwecken in Bezug setzen, so ist nicht einzusehen, weshalb bei Verfehlung dieses Zweckes eine Umgestaltung des Vertrages wegen Geschäftsgrundlagenstörung an die Stelle einseitiger Rückforderung treten soll. Der Leistungszweck, um dessen Verfehlung es hier geht, ist ja Geschäftsinhalt und nicht nur Geschäftsgrundlage geworden. Im Gegenteil: Die Gewährung eines bereicherungsrechtlichen Rückforderungsanspruchs verdient schon deshalb den Vorrang vor der Vertragsanpassung oder -auflösung wegen Fehlens der Geschäftsgrundlage, weil die auf Rückgewähr gehende Rechtsfolge des § 812 I 2 Fall 2 BGB die in Ausübung der Privatautonomie getroffene rechtsgeschäftliche Regelung verwirklicht – nämlich nur die zwingende Konsequenz daraus zieht, daß die von den Parteien festgelegten Voraussetzungen für das Behaltendürfen der Leistung nicht erfüllt sind –, während die Lehre von der Geschäftsgrundlage die rechtsgeschäftliche Regelung aus bloßen Billigkeitsgründen korrigiert. Der Rückgriff auf die Geschäftsgrundlagenlehre ist hier auch schon deshalb nicht angebracht, weil diese nicht zu kontrollierbaren Ergebnissen, sondern zu letztlich unberechenbaren Einzelfallentscheidungen führt. Daran hat auch die (bei der Schuldrechtsreform erfolgte) Übernahme dieser Lehre in das Gesetz (§ 313 BGB n. F.) nichts geändert.

3. Argument

Ein dem primären Zuwendungszweck angestaffelter weiterer Zweck läßt sich durchaus von der Geschäftsgrundlage des Vertrages unterscheiden. Bei der (jetzt in § 313 BGB n. F. kodifizierten) Lehre von der Geschäftsgrundlage geht es um die durch Treu und Glauben gebotene ausnahmsweise Berücksichtigung der Motivationslage einer Partei, genauer: um die Berücksichtigung solcher Motive, die außerhalb des Geschäftsinhaltes geblieben sind. Ein angestaffelter Zweck der Zuwendung ist dagegen von einer Vertragspartei zum Gegenstand ihrer rechtsgeschäftlichen Erklärung gemacht und von der anderen Partei akzeptiert worden, also Vertragsinhalt und nicht bloß ein- oder zweiseitig vorausgesetzte Grundlage des Vertrages geworden (Schnauder).

4. Argument

Die Lehre von der Geschäftsgrundlage kann keinen allgemeinen Vorrang vor dem Bereicherungsrecht beanspruchen. Es stimmt nicht, daß die Ansprüche, die sich bei Geschäftsgrundlagenstörungen ergeben, zu den vertraglichen Ansprüchen gehören, die Bereicherungsansprüche ausschließen. Vielmehr gehört umgekehrt das Recht der Leistungskondiktion insofern zum ergänzenden gesetzlichen Vertragsrecht, als es regelt, wie fehlgeschlagene Verträge abzuwickeln sind. Es ordnet nämlich, wie das gesamte gesetzliche Vertragsrecht, nur das an, was faire, auf Ausgleich bedachte Vertragsparteien vermutlich vereinbart hätten, wenn sie die Regelungsbedürftigkeit des betreffenden Punktes erkannt hätten (Liebs).

II. (hier sog.) **Eingeschränkte Anstaffelungstheorie**

Die Parteien können bei gegenseitigen Verträgen dem Austauschzweck noch weitere (atypische) Leistungszwecke anstaffeln. Dabei genügt die – auch durch schlüssiges Verhalten mögliche – tatsächliche Willensübereinstimmung über den mit der Leistung bezweckten weiteren Erfolg. Jedoch haben vertragliche Ansprüche (insbesondere wegen Wegfalls der Geschäftsgrundlage) Vorrang; dies gilt auch, wenn zwar eine Geschäftsgrundlagenstörung im Sinne von § 313 BGB zu bejahen ist, sich aber daraus keine Rückgewähransprüche herleiten lassen.

Vertreten von:
BGHZ 44, 321, 323; 84, 1, 10 f.; BGH WM 1971, 276; 1972, 889; NJW 1975, 776; 1992, 2690; BAG NJW 1987, 918, 919; wohl auch Jauernig / Vollkommer, § 313 Rn. 13 und Palandt / Sprau, § 812 Rn. 86 f.

1. Argument: wie Theorie 1, Arg. 1.

2. Argument
Der Vorrang vertraglicher Ansprüche besteht unabhängig davon, welche Rechtsfolgen sich im konkreten Fall aus der Anwendung der Grundsätze über den Wegfall der Geschäftsgrundlage ergeben. Er gilt deshalb auch, wenn nach § 313 BGB keine Lösung des Vertragsverhältnisses mit entsprechenden Rückgewähransprüchen in Betracht kommt, sei es, daß lediglich eine anderweitige Anpassung des Vertrages an die veränderten Umstände vorzunehmen ist, oder sei es, daß sich die Parteien trotz der Veränderung der Umstände in vollem Umfang an dem Vertrag festhalten lassen müssen.

III. (hier sog.) **Ablehnungstheorie**

Die von den Parteien eines gegenseitigen Vertrages neben dem Leistungsaustausch verfolgten weiteren Zwecke sind bereicherungsrechtlich irrelevant, wenn sie nicht zur Bedingung erhoben werden. Die Verfehlung eines solchen Zwecks kann nur zum Wegfall der Geschäftsgrundlage führen, nicht aber eine condictio ob rem auslösen.

Vertreten von:
Arens, JuS 1971, 355, 358 Fn. 23; Bälz, Eingriffsschutz und Opfersicherung im Haftungssystem des Zivilrechts I, Diss. Tübingen 1970, S. 122 f.; Bamberger / Roth / Wendehorst, § 812 Rn. 43; Batsch, NJW 1973, 1639 f.; Brox / Walker, § 37 Rn. 34; von Caemmerer, FS Rabel, 1954, S. 345 f. (= GS S. 222 ff.); Emmerich, § 16 Rn. 30; Esser, 2. Aufl., § 192, 2–4; ders., 4. Aufl., § 103 II; Esser / Weyers, § 49 II S. 456; Feiler, S. 78 f.; Frotz, AcP 164, 308, 326; Gursky, S. 197 f.; Huber, JuS 1972, 57 ff., 64; Klinkhammer, DB 1972, 2385, 2387 Fn. 36; Köhler, Unmöglichkeit und Geschäftsgrundlage bei Zweckstörungen, 1971, S. 188 ff.; ders., PdW SchR II, Fall 143 S. 207 ff.; König, Gutachten, S. 1535; Koppensteiner / Kramer § 7 III 1 S. 58; Larenz, § 69 II; Reeb, S. 60 ff.; ders., JuS 1973, 366, 367 f.; Larenz / Canaris, § 68 I 3 d; Loewenheim, S. 64 f.; Medicus, SchR II, § 126 IV 1; ders., BR, Rn. 691 f.; MünchKomm / Lieb, § 812 Rn. 203 ff.; Reuter / Martinek, 155 ff.; RGRK / Heimann-Trosien, § 812 Rn. 89 und 99; Schlechtriem, Rn. 736; Simshäuser, AcP 172, 19, 35 f.; Söllner, AcP 163, 20, 45; Staudinger / W. Lorenz, § 812 Rn. 105 f.; M. Weber, JZ 1989, 25, 27 ff.; Wieling, JuS 1978, 801, 802; ders., BR § 3 III 3 a, e; (wohl auch) Wilburg, S. 8 f.; E. Wolf,

S. 440 ff.; Zeiss, JZ 1963, 7 Fn. 9; ders., AcP 164, 50, 65; im Grundsatz auch Welker, S. 113 (anders nur, wenn als weitergehender Erfolg eine zusätzliche verpflichtungsfreie Gegenleistung zugesagt wurde).

1. Argument

Die Anwendung der condictio ob rem in den Fällen der Verfehlung eines »angestaffelten« weiteren Zwecks der Leistung wäre systemwidrig. Was zum Zwecke der Erfüllung eines Anspruchs geleistet worden ist, kann, wenn die Erfüllungswirkung eingetreten ist, nicht kondiziert werden. Solange der erfüllte Anspruch als ohne die Erfüllung fortbestehend gedacht werden kann, gibt er einen ausreichenden Behaltensgrund für das Erlangte ab. Da nun der »angestaffelte« weitere Zweck weder Bedingung noch Geschäftsgrundlage sein soll, würde seine Verfolgung sich auf das Kausalverhältnis und den daraus fließenden Anspruch nicht auswirken können. Trotz Verfehlung des »angestaffelten« weiteren Zwecks müßte also der erfüllte Anspruch des Empfängers als ohne die Erfüllung fortbestehend gedacht werden. Eine Kondiktion trotz wirksamen Behaltensgrundes wäre aber ein Widerspruch in sich selbst.

2. Argument

Die »Anstaffelungstheorie« kann nicht erklären, daß das der Leistung zugrunde liegende Kausalverhältnis in § 812 I 1 und 2 Fall 1 BGB das Behaltendürfen rechtfertigt, nicht aber in § 812 I 2 Fall 2 BGB, obwohl es durch die Zweckverfehlung doch unberührt bleibt. Denn andernfalls läge ja der Tatbestand des § 812 I 1 oder 2 Fall 1 BGB vor, so daß es der Heranziehung von § 812 I 2 Fall 2 BGB ohnehin nicht bedürfte.

3. Argument

Die Vorschrift des § 812 I 2 Fall 2 BGB ist der römischrechtlichen »condictio ob datorum« nachgebildet. Danach konnte die Leistung immer nur dann zurückgefordert werden, wenn der Empfänger mit der Leistung zu einem bestimmten nicht erzwingbaren Verhalten veranlaßt werden sollte und dieser Zweck nicht erreicht wurde. Dieser Bereicherungsanspruch bestand nach römischem Recht nicht in den Fällen, in denen die Leistung aufgrund eines Verpflichtungsgeschäftes erbracht worden war.

4. Argument

Die »Anstaffelungstheorie« will mit der condictio ob rem ja gerade in solchen Fällen helfen, in denen die Parteien den Bestand des Grundgeschäftes nicht mit Hilfe einer entsprechenden Bedingung von der Erreichung des fraglichen Zwecks abhängig gemacht hatten. Die Rechtsfolge, die die Anstaffelungstheorie hier eintreten lassen will, ist aber genau die gleiche, die sich ergeben würde, wenn die Vertragsparteien eine entsprechende Bedingung vereinbart hätten. Das ist widersprüchlich.

5. Argument

Schon die Grundannahme der »Anstaffelungstheorie«, daß »rechtlicher Grund« mit »Erreichung des Leistungszweckes« gleichzusetzen sei, ist verfehlt. Rechtsgrund ist vielmehr das Rechtsverhältnis, aus dem sich ergibt, daß das Geleistete dem Empfänger gebührt und von ihm deshalb behalten werden darf (objektiver Rechtsgrundbegriff). Die Zweckerreichungstheorie ist insbesondere mit § 812 I 2 Fall 1 BGB nicht vereinbar. Der Eintritt einer auflösenden Bedingung nach Erfüllung des aus dem Rechtsgeschäft entspringenden Anspruchs ändert ja nichts daran, daß der beabsichtigte Erfolg der Leistung, die Schuldtilgung, eingetreten ist. Mit dem Eintritt der auflösenden Bedingung entfällt lediglich der erfüllte Anspruch, genauer: das aus dem erfüllten Anspruch ableitbare Anrecht auf das Geleistete und damit der Rechtsgrund im objektiven Sinne (Welker).

6. Argument

Wenn eine Partei bei Vertragsverhandlungen eine konkrete, von ihr gehegte Erwartung über den Eintritt eines bestimmten Erfolges zum Vertragsinhalt machen will, wird sie entweder darauf bestehen, daß die andere Partei sich zur Herbeiführung dieses Erfolgs verpflichtet, oder aber verlangen, daß bei Nichteintritt des betreffenden Erfolges die Vertragswirkungen automatisch wieder entfallen sollen oder daß ihr dann ein Rücktrittsrecht zustehen soll. Es ist kaum vorstellbar, daß vernünftige Parteien eine solche weitergehende Erwartung zum Vertragsinhalt machen, aber die Rechtsfolgen einer dieser Erwartung nicht entsprechenden Entwicklung nicht regeln.

7. Argument

Die Anstaffelungstheorie ist mit dem finalen Leistungsbegriff der modernen Bereicherungsrechtsdogmatik nicht zu vereinbaren. Leistung in diesem Sinn kann nur die auf einen eindeutigen Zweck bezogene Zuwendung sein. Bei Zuwendungen, die solvendi causa erbracht werden, können deshalb über den unmittelbar erstrebten Rechtserfolg hinausgehende weitere Zwecke der Parteien nicht mit Hilfe des Bereicherungsrechts erfaßt werden. Das Instrument der Leistungskondiktion ist – im Gegensatz zum Institut der Geschäftsgrundlage – auf die Verfehlung weiterer Leistungszwecke, die sich bei rechtlicher Würdigung als bloße Motive darstellen, gar nicht zugeschnitten (Reuter / Martinek).

8. Argument

Das Rechtsinstitut des Wegfalls der Geschäftsgrundlage paßt in den Fällen der Verfehlung eines »angestaffelten« weiteren Leistungszwecks auch deshalb besser, weil es die Berücksichtigung aller relevanten Umstände des Einzelfalls erlaubt und damit sehr viel elastischer ist als die condictio ob rem, die nur ein starres aut – aut (nämlich entweder die Rückgabe der ganzen Leistung bei Ausbleiben der von beiden Parteien erwarteten Entwicklung oder aber die Verneinung des Kondiktionsanspruchs) zuläßt.

9. Argument

Wenn man einen bereicherungsrechtlichen Rückforderungsanspruch wegen Verfehlung eines angestaffelten weiteren Leistungszwecks gewährt, so wird damit der Bereich des ausnahmsweise beachtlichen Motivirrtums in gesetzwidriger Weise über den durch § 119 II BGB vorgegebenen Rahmen erweitert. Der Sache nach läuft nämlich die Zubilligung der condictio ob rem auf die Möglichkeit hinaus, die rechtsgeschäftliche Regelung durch einseitige Entscheidung wegen eines bloßen Motivirrtums zu beseitigen (Welker).

Beispiele:

1. Im Ausgangsfall kann V nach Theorie I gemäß § 812 I 2 Fall 2 BGB das Grundstück zurückverlangen. Nach Theorie II und III kann sich ein Rückforderungsrecht dagegen nur aus dem Gesichtspunkt des Wegfalls der Geschäftsgrundlage

ergeben. Da das Fehlschlagen des Verwendungszwecks nicht in den Risikobereich des V fällt und für ihn das Festhalten am Vertrage unter den gegebenen Umständen unzumutbar ist, kann V vom Vertrag zurücktreten und Rückgabe des Grundstücks gegen Zahlung des Kaufpreises von 100 000,– € verlangen.

2. Die treue Haushälterin H dient dem E lange Jahre nur gegen Kost, Wohnung und Taschengeld, weil E sie als seine Erbin vorgesehen hatte. Kurz vor seinem Tod ändert E aber sein Testament und setzt statt dessen seinen Neffen N zum Alleinerben ein. Hier liegt entgegen dem ersten Anschein nicht die Konstellation des »angestaffelten« weiteren Leistungszwecks vor. Die in Aussicht gestellte Erbeinsetzung sollte vielmehr eine zusätzliche (verpflichtungsfreie) Gegenleistung sein. Damit kann man zur condictio ob rem auf zwei Wegen gelangen. Man könnte zunächst annehmen, daß der Vertrag alle Dienste abdeckt und diese mit einer teilweise verpflichtungsbewehrten (Kost, Wohnung, Taschengeld), teilweise aber auch verpflichtungsfreien (Erbeinsetzung) Gegenleistung entgolten werden sollen. Dann bedeutet das Ausbleiben der erwarteten Erbeinsetzung eine Teilstörung des gewollten Äquivalenzgefüges, die für einen Teil der Dienstleistungen die Kondiktionsmöglichkeit nach § 812 I 2 Fall 2 BGB eröffnet. Die Aufteilung in den kondiktionsfesten und den kondizierbaren Teil muß dabei analog §§ 326 III 2, 441 III BGB erfolgen (Welker, 113 f.). Die zweite Möglichkeit besteht darin, eine bloße dienstvertragliche Teilregelung anzunehmen, also davon auszugehen, daß der Dienstvertrag überhaupt nur die Wohnung, Kost und Taschengeld entsprechenden Teile der Dienste abdeckt (so Medicus, BR, Rn. 692; Esser / Weyers, § 49 II; Staudinger / Lorenz, § 812 Rn. 106 a. E.). Die übrigen Dienste wären dann als im Hinblick auf die zu erwartende Erbeinsetzung erbracht anzusehen; sie könnten wegen Nichteintritts dieser verpflichtungsfrei vereinbarten Gegenleistung wiederum mit der condictio ob rem kondiziert werden. Das BAG wendet in vergleichbaren Fällen allerdings nicht die condictio ob rem an, sondern leitet einen Vergütungsanspruch aus § 612 BGB her (BAG AP § 612 BGB Nr. 15, 20 ff.). Schließlich käme auch die Annahme eines faktischen Arbeitsverhältnisses in Betracht (vgl. Canaris, BB 67, 156).

9. Problem (§ 817 S. 2 BGB)
Zu welchen Konsequenzen führt § 817 S. 2 BGB im Falle des Wucherdarlehens?

Beispiel:

S, der gerade einen kleinen Laden aufgemacht hat, gerät in erhebliche finanzielle Schwierigkeiten, da die Umsätze hinter seinen Erwartungen zurückbleiben und mehrere Mitglieder seiner Familie sich teuren, von ihrer Krankenversicherung nicht abgedeckten Zahnbehandlungen unterziehen müssen. Er nimmt deshalb bei dem »Kredithai« G ein Darlehen in Höhe von 10 000,– € mit zwei Jahren Laufzeit auf, das mit 30 % zu verzinsen ist. Die gesamten Zinsen sollen auf einmal bei der Rückzahlung des Kapitals mitentrichtet werden. Am Fälligkeitstermin verweigert S gegenüber G jedoch jede Zahlung, weil der Darlehensvertrag nichtig sei.

Ausgangspunkt:

Die bereicherungsrechtliche Rückabwicklung gesetz- oder sittenwidriger Verträge erfolgt in erster Linie mit Hilfe der allgemeinen Leistungskondiktion, § 812 I 1 Fall 1 BGB. Das Gesetz enthält jedoch für diese Fälle eine besondere Kondiktionssperre: Die bereicherungsrechtliche Rückforderung des Geleisteten ist nach § 817 S. 2 BGB ausgeschlossen, wenn die Hingabe der Leistung gesetz- oder sittenwidrig war und dies dem Leistenden auch bewußt war. Dem Wortlaut nach verlangt diese Norm allerdings sogar einen beiderseitigen Gesetzes- oder Sittenverstoß (arg. »auch«), und sie bezieht sich zudem nur auf die besondere Leistungskondiktion wegen gesetz- oder sittenwidrigen Leistungsempfangs aus § 817 S. 1 BGB. Würde man die Vorschrift wirklich so verstehen, so liefe dieser Kondiktionsausschlußtatbestand praktisch immer leer, da ja bei beiderseitigem Gesetzes- oder Sittenverstoß das Kausalgeschäft nichtig ist und damit bereits die allgemeine Leistungskondiktion eingreift. Man ist sich deshalb darüber einig, daß § 817 S. 2 BGB berichtigend auszulegen ist, also einerseits auch die konkurrierende condictio indebiti erfaßt und zudem nur einen Gesetzes- oder Sittenverstoß auf seiten des Leistenden voraussetzt. Die Kondiktionssperre des § 817 S. 2 BGB wirft zahlreiche Probleme auf, die immer noch kontrovers diskutiert werden. Das hängt vor allem auch damit zusammen, daß die ratio legis der Norm recht dunkel ist und keiner der diskutierten Normzwecke (Privatstrafe gegen den gesetz- oder sittenwidrig Leistenden; Rechtsschutzversagung für denjenigen, der sich selbst außerhalb der Rechtsordnung gestellt hat; Verbot der Berufung auf eigenes gesetzwidriges oder unsittliches Handeln) heute rechtspolitisch voll zu überzeugen vermag. Es liegt aber auch daran, daß die Konsequenzen des Kondiktionsausschlusses vom Gesetzgeber nicht genügend durchdacht sind, so daß eine mechanische Handhabung der Norm vielfach zu unzweckmäßigen und ungerechten oder dem Zweck der jeweiligen Verbotsnorm geradezu zuwiderlaufenden Ergebnissen führen würde. Von all den Streitfragen des § 817 S. 2 BGB am heftigsten diskutiert wird wohl, welche Konsequenzen sich aus der Norm für die Rückabwicklung von wucherischen und deshalb nach § 138 II BGB nichtigen bzw. von unter § 138 I BGB fallenden wucherähnlichen Darlehen ergeben. Im Ausgangspunkt ist man sich dabei allerdings darin einig, daß der bewucherte Darlehensnehmer nicht etwa wegen der Kondiktionssperre des § 817 S. 2 BGB das erhaltene Darlehenskapital endgültig behalten darf: § 817 S. 2 BGB hindert den Darlehensgeber vielmehr nur daran, das Darlehenskapital vorzeitig, also vor dem vorgesehenen Fälligkeitstermin, zurückzuverlangen, eine Möglichkeit, die sich ohne diesen Kondiktionsausschlußtatbestand zwingend aus der Nichtigkeit des Darlehensvertrages ergeben würde. »Konstruiert« wird diese Wirkung eines zeitweiligen Rückforderungsausschlusses mit Hilfe eines für § 817 S. 2 BGB entwickelten besonderen, nämlich eingeschränkten Leistungsbegriffs: Leistung im Sinne dieser Norm ist nur eine solche Zuwendung, die endgültig in das Vermögen des Empfängers übergehen soll (vgl. BGHZ 28, 257); der Wucherer leistet dem Darlehensnehmer i. S. v. § 817 S. 2 BGB also nicht etwa das Darlehenskapital, sondern nur die Möglichkeit der Nutzung dieses Kapitals. Wenn der Wucherer dem bewucherten Darlehensnehmer aber das Kapital zunächst einmal belassen muß, so stellt sich sofort die Frage, ob der Darlehensnehmer unter diesen Umständen nicht wenigstens für die Nutzung des Kapitals Zinsen zahlen muß. Die im Vertrag vereinbarte Zinsregelung kommt naturgemäß nicht in Betracht, da der Vertrag ja gerade nichtig ist. Weniger leicht zu entscheiden ist aber, ob nicht nach Bereicherungsrecht Zinsen geschuldet werden oder ob der Vertrag nicht vielleicht überhaupt mit einer ermäßigten Zinshöhe aufrechterhalten werden kann.

I. Theorie der fehlenden Verzinsungspflicht

Der bewucherte Darlehensnehmer darf das Kapital für die vereinbarte Laufzeit oder bis zum nächsten ordentlichen Kündigungstermin behalten und nutzen, braucht aber keine Zinsen zu zahlen; schon gezahlte Zinsen kann er als nicht geschuldet kondizieren.

Vertreten von:
RGZ 161, 52, 57; BGHZ 99, 333, 338 f.; BGH MDR 1960, 111; NJW 1962, 1148, 1149; NJW 1963, 1870; WM 1971, 857; 1977, 72, 73; 1982, 1021, 1022; NJW 1983, 1420, 1422; NJW 1983, 2692, 2695; NJW 1987, 181; NJW 1989, 3217; 1993, 2108; 1995, 1152, 1153; KG WM 1975, 128, 129; 1979, 589, 591; OLG Frankfurt WM 1980, 95, 98; OLG Hamburg NJW 1982, 942, 944; OLGR 1999, 113; OLG Köln ZIP 1985, 22, 26; OLG Karlsruhe BB 1958, 319; OLG Schleswig WM 1985, 881, 886; OLGR 2001, 350, 352 f.; OLG Düsseldorf WM 1985, 1197, 1198; OLG München RIW 1983, 957, 959; OLG Frankfurt WM 1980, 95, 98; LG Bonn WM 1977, 1341; LG Frankfurt 1978, 1925, 1927; Bamberger / Roth / Wendehorst, § 817 Rn. 20 f.; Bamberger / Roth / Wendtland, § 138 Rn. 60; Beuthien / Weber, 128 f.; Canaris, WM 1981, 978, 979, 985; ders., Bankvertragsrecht, Rn. 1315; ders., Gesetzliches Verbot und Rechtsgeschäft, 1983, S. 33, 45; ders., FS Steindorf (1990) 519, 520 ff.; Dauner, JZ 1980, 495, 504 f.; Emmerich, JuS 1988, 925, 931; Esser, Schuldrecht II, 4. Aufl., § 103 IV 1 zu Fn. 41; Fikentscher, Rn. 1116; Giesen, Jura 1995, 169, 181; Gursky, S. 203 f.; HK-BGB / Schulze, § 817 Rn. 7, 10; Jauernig / Schlechtriem, § 817 Rn. 17; Keßler, DB 1984, 655; Larenz / Canaris, § 68 III 3 c s. 164; Lindacher, NJW 1985, 489; Loewenheim, 72; Meiwes, Probleme des Ratenkreditvertrages, 3. Aufl. 1988, S. 95 ff.; Müller, Rn. 2040; MünchKomm / Mayer-Maly / Armbrüster, § 138 Rn. 166; Palandt / Heinrichs, § 138 Rn. 75; Palandt / Sprau, § 817 Rn. 23; (i. E.) Reifner, JZ 1984, 637, 640 f.; RGRK / Heimann-Trosien, § 817 Rn. 26; Schwarz, § 10 Rn. 37 f.; Steinmetz, Sittenwidrige Ratenkreditverträge in der Rechtspraxis, 1985, S. 64 ff.; Tiedtke, JZ 1987, 853, 855; ders., ZIP 1987, 1089, 1092 f.; Wieling, BR § 3 III 6 S. 39 f.

1. Argument

Die entgeltlose Nutzung des Darlehenskapitals durch den bewucherten Darlehensnehmer ist die unvermeidliche Konsequenz daraus, daß § 817 S. 2 BGB die Rückforderung des Kapitals für die vereinbarte Laufzeit des Darlehens ausschließt. Ohne einen fälligen Bereicherungsanspruch auf Rückzahlung des Darlehenskapitals kann die Verzinsungspflicht naturgemäß nicht aus § 818 I BGB abgeleitet werden. Ohnehin paßt § 818 I BGB auch schon deshalb nicht, weil damit ja nur die vom Kondiktionsschuldner tatsächlich gezogenen Nutzungen i. S. v. § 100 BGB erfaßt würden; das bloße Zurverfügunghaben eines bestimmten Geldbetrages ist aber noch keine »Nutzung« in diesem Sinne; echte Nutzungen fielen für den Darlehensnehmer nur an, wenn dieser das erlangte Darlehenskapital gegen Zinsen weiterverleihen würde (vgl. §§ 100, 99 III BGB). Im Ergebnis nicht anders stellt sich aber die Rechtslage dar, wenn man die verschaffte zeitweise Kapitalnutzung als das Geleistete i. S. v. § 812 BGB ansieht und über diesen Ansatz zu einer Vergütungspflicht aus § 818 II Fall 1 BGB kommen möchte. Die zeitlich begrenzte Kondiktionssperre des § 817 S. 2 BGB liefert nicht nur den Rechtsgrund für das zeitweise »Haben« des Kapitals, sondern auch für dessen zeitweise Nutzung.

2. Argument

Der wucherische Geldverleiher könnte völlig risikolos arbeiten, wenn er sich aus-rechnen könnte, daß ihm seine Opfer als Entgelt für die Nutzung des Darlehens-kapitals wenigstens den üblichen Zinssatz vergüten müßten. Oder anders gewen-det: Der Umstand, daß der Wucherer dem Bewucherten das Kapital auf eine ge-wisse Zeit zinslos belassen muß, vermehrt für ihn die Gefahren seines verwerf-lichen Handelns, ist also geeignet, einen rechtspolitisch höchst erwünschten Abschreckungseffekt zu entfalten. Für den Ausschluß jeder Verzinsung spricht da-mit auch der Gesichtspunkt der Generalprävention.

3. Argument

Nur diese Lösung entspricht der ratio legis des § 817 S. 2 BGB. Dabei kann da-hinstehen, ob diese Norm eine zivilrechtliche Strafe für die Betätigung verwerf-licher Gesinnung beabsichtigt – wie es das Reichsgericht annahm – oder ob der Normzweck in der Rechtsschutzverweigerung für denjenigen liegt, der einen Vermögensgegenstand unter Verletzung der Rechtsordnung aus der Hand gibt und sich damit selbst außerhalb der Rechtsordnung gestellt hat (wie das die heute h. M. annimmt). Bei Annahme einer Straffunktion des § 817 S. 2 BGB liegt es auf der Hand, daß der Wucherer dem Bewucherten das Darlehenskapital un-entgeltlich belassen muß; bekäme er mit den üblichen Zinsen eine angemessene Vergütung, wäre ein Rechtsnachteil für ihn gar nicht ersichtlich. Aber auch vom Motiv der Rechtsschutzverweigerung her kann im Ergebnis nichts anderes gel-ten: Von einer Rechtsschutzverweigerung für den Wucherer kann nun einmal keine Rede sein, wenn ihm von der Rechtsordnung eine angemessene Gegenleis-tung für seine Leistung garantiert wird. Rechtsschutzverweigerung bedeutet eben immer auch Risikoverlagerung auf den Leistenden (Dauner). An dieser Ri-sikoverlagerung fehlt es bei Annahme einer Pflicht zur angemessenen Verzin-sung.

4. Argument

Die Verzinsungspflicht des Bewucherten läßt sich jedenfalls nicht aus § 818 II BGB herleiten. Ihr steht entgegen, daß die Herausgabe der Leistung weder tatsächlich noch rechtlich unmöglich ist; der Kondiktionsschuldner braucht lediglich vorläu-fig das erlangte Darlehenskapital nicht herauszugeben (Reuter / Martinek im An-schluß an eine Erwägung von Medicus).

5. Argument

Wenn dem Wucherer mit Hilfe des Bereicherungsrechts ein Anspruch auf die übliche Verzinsung zugesprochen wird, so läuft das – genauso wie die Lösung mit Hilfe des Gedankens der Teilnichtigkeit (Theorie IV) – auf eine richterliche Ver-tragskorrektur hinaus. Es ist aber nicht Aufgabe des Richters, an die Stelle der von den Parteien getroffenen inakzeptablen Regelung eine andere, unbedenkliche, aber nicht vereinbarte zu setzen. Ein solches richterliches Moderationsrecht würde die Privatautonomie aushöhlen (vgl. Dauner, JZ 1980, 504 ff.).

6. Argument

Die Lösung von Theorie II ist auch insoweit bedenklich, als sie den – doch sicher-lich besonders schutzwürdigen – Bewucherten schlechter stellt als einen normalen gutgläubig-unverklagten Kondiktionsschuldner. Letzterer braucht ja nie mehr herauszugeben als seine effektive Bereicherung. Der Bewucherte soll aber schlechthin auf die angemessenen Zinsen haften, ohne Rücksicht darauf, ob er durch die zeitweise Nutzung des Darlehenskapitals überhaupt irgendwelche bleibenden wirtschaftlichen Vorteile erzielt hat.

7. Argument (gegen Theorie III)
Der Bewucherte hat nicht nur das Darlehenskapital, sondern auch die Nutzung des Darlehenskapitals durch Leistung des Wucherers erlangt. Eine Leistung kann aber anerkanntermaßen vom Leistenden nur mit Hilfe der Leistungskondiktion in Natur oder wertmäßig zurückgeholt werden. Da sich das Leistungsverhältnis zwischen Wucherer und bewuchertem Darlehensnehmer auch auf die Kapitalnutzungen erstreckt, ist eine Eingriffskondiktion des Leistenden ausgeschlossen (Medicus). Wenn man das Gegenteil annähme, liefe § 817 S. 2 BGB auch leer, weil sich dann die nur gegenüber der Leistungskondiktion wirkende Kondiktionssperre des § 817 S. 2 BGB immer durch ein Überwechseln auf die Eingriffskondiktion ausschalten ließe.

8. Argument (gegen Theorie III)
Kraft Gesetzes eintretende Vermögensverschiebungen sind in aller Regel als endgültige Wertzuweisungen an den gewinnenden Teil gemeint und tragen deshalb ihre Rechtfertigung in sich selbst. Die gegenteilige Interpretation ist nur gerechtfertigt, wenn sie sich aus der klar faßbaren Zielsetzung der betreffenden Norm zweifelsfrei ableiten läßt. Das ist hier nicht der Fall.

9. Argument (gegen Theorie IV)
Der Versuch, über eine Restriktion der Nichtigkeitsanordnung des § 138 BGB oder den Gedanken der Teilnichtigkeit zur partiellen Aufrechterhaltung des Vertrages zu kommen, muß scheitern. Das Wuchergeschäft läßt sich einfach nicht in eine sittengerechte Austauschvereinbarung und eine infolge Übermaßes sittenwidrige weitere Entgeltzusage zerlegen. Der vereinbarte Zins bildet nun einmal eine einheitliche Größe. Welche Zinshöhe so eben noch akzeptabel wäre, läßt sich im übrigen kaum sicher bestimmen (Canaris). Selbst wenn man sich aber über diese Bedenken hinwegsetzen wollte, käme man von diesem Ansatz jedenfalls nicht zu einer Beschränkung der Verzinsungspflicht auf den marktüblichen Zinssatz.

10. Argument
Eine Aufrechterhaltung des Vertrages mit der gerade noch nicht sittenwidrigen Verzinsung wäre aber evidentermaßen rechtspolitisch verfehlt. Es bliebe dann trotz der richterlichen Vertragskorrektur bei einem Mißverhältnis zwischen Leistung und Gegenleistung; das Mißverhältnis wäre nur (so eben) kein auffälliges mehr (Medicus).

11. Argument (gegen Theorie IV)
Die Teilnichtigkeitslösung ist in den Fällen des Mietwuchers und des Lohnwuchers nur deshalb möglich, weil wir hier deutliche Spezialwertungen haben: Bei Mietwucher wird eine solche geltungserhaltende Reduktion durch die Überlegung erzwungen, daß die völlige Nichtigkeit des Vertrages und damit die sofortige Rechtlosigkeit des Mieters wohl kaum das Ziel des § 5 WiStG sein kann. Beim Lohnwucher hilft § 612 II BGB. Für die Konstellation des Wucherdarlehens fehlt es aber an einer solchen Wertungsvorgabe.

12. Argument (gegen Theorie IV)

Wenn die Teilnichtigkeitslösung damit begründet wird, daß bei Totalnichtigkeit des Darlehens der Bewucherte trotz § 817 S. 2 BGB das Darlehenskapital sofort zurückzahlen müßte, so stellt dies die Dinge auf den Kopf. Eigentlich müßte § 817 S. 2 BGB auch die Rückforderung des Darlehenskapitals auf Dauer ausschließen. Nur weil diese Sanktion als zu hart empfunden wird, legt man § 817 S. 2 BGB einschränkend, nämlich im Sinne eines Verbots der vorzeitigen Rückforderung der Darlehenssumme aus. Diese Einschränkung darf aber natürlich nicht so weit getrieben werden, daß der Darlehensgeber das Darlehen sofort zurückverlangen könnte. Denn das liefe ja auf eine völlige Ignorierung des § 817 S. 2 beim Wucherdarlehen hinaus (Tiedtke).

II. Theorie der bereicherungsrechtlichen Verzinsungspflicht

Der bewucherte Darlehensnehmer braucht zwar trotz der Nichtigkeit des Darlehensvertrages wegen § 817 S. 2 BGB das Darlehenskapital vor Ablauf der vereinbarten Laufzeit nicht herauszugeben, er muß aber dem Darlehensgeber nach Bereicherungsrecht einen angemessenen Wertersatz für die Kapitalnutzung leisten. Dieser orientiert sich an dem marktgerechten Darlehenszins.

Vertreten von:
Brox, 20. Aufl., Rn. 229 p, 407; ders., AT, 27. Aufl., Rn. 346; Esser / Weyers, § 49 IV 3; Honsell, 141 ff.; König, Ungerechtfertigte Bereicherung, S. 137; Koppensteiner / Kramer, 65 f.; Lass, WM 1997, 145, 152 ff.; Larenz II § 69 III b; Medicus, GS Dietz, 1973, 61, 71 ff.; ders., BR Rn. 700; H. Roth, JZ 1989, 411, 413; Soergel / Hefermehl, § 138 Rn. 85; Soergel / Mühl, § 817 Rn. 27, 38; Staudinger / W. Lorenz, § 817 Rn. 12; Staudinger / Hopt / Mülbert, § 607 Rn. 334. Enger MünchKomm / Lieb, § 817 Rn. 17 (vertretbar nur Haftung auf die tatsächlich erzielten Zinseinnahmen bis zur Obergrenze des angemessenen Zinses).

1. Argument

Die Lösung von Theorie I, wonach der Bewucherte das erhaltene Darlehenskapital für die vereinbarte Vertragslaufzeit kostenlos nutzen kann, begünstigt den Bewucherten über jedes vernünftige Maß hinaus. Seinen berechtigten Schutzinteressen ist bereits genügt, wenn er das Darlehenskapital vorläufig behalten kann und anstelle der vereinbarten überhöhten nur die üblichen Zinsen zahlen muß.

2. Argument

Mit der angeblichen Straffunktion des § 817 S. 2 BGB läßt sich die Ablehnung einer Verzinsungspflicht des bewucherten Darlehensnehmers nicht begründen. Die Deutung der Vorschrift als zivilrechtliche Strafvorschrift entspricht zwar der Auffassung der Gesetzesverfasser, kann aber nicht aufrechterhalten werden. Zum einen wäre die so verstandene Norm im Zivilrecht ein Fremdkörper, zum anderen paßt sie nicht zu der Tatsache, daß jedenfalls der Wortlaut der Vorschrift nur vom beiderseitigen Gesetzes- oder Sittenverstoß handelt, diese Konstellation also jedenfalls den Kern des Anwendungsbereichs der Norm bilden muß. Der behauptete Strafzweck vermag nun einmal nicht einsichtig zu machen, warum sich die Strafe für den Kondiktionskläger – die Anspruchsversagung – als Belohnung für den bei beiderseitigem Gesetzes- oder Sittenverstoß ja gerade nicht weniger strafwürdigen Beklagten auswirkt, der durch § 817 S. 2 BGB von einer nach allge-

meinen Regeln gegebenen bereicherungsrechtlichen Herausgabe oder Wertersatzpflicht freigestellt wird.

3. Argument

Die Deutung des § 817 S. 2 BGB als Strafvorschrift würde die Maßgeblichkeit des
strafrechtlichen Analogieverbots nahelegen. Ohne eine (modifizierte) Analogie
wäre § 817 S. 2 BGB aber für die vorliegende Konstellation gar nicht verwertbar
(Sack, der aber letztlich Theorie IV folgt).

4. Argument

Auch der Gedanke der Rechtsschutzverweigerung kann beim Wucherdarlehen
nur so weit tragen, wie das Urteil der Sittenwidrigkeit materiellrechtlich reicht.
Er steht damit der Verurteilung zur Zahlung marktgerechter Zinsen nicht entgegen (Reuter / Martinek).

5. Argument

§ 817 S. 2 BGB hat keinen einheitlichen Normzweck, sondern verfolgt für die unterschiedlichen Anwendungsbereiche ganz heterogene Ziele. Für die Fälle, in denen durch die Leistung des Wucherers eine Notlage des Bewucherten behoben
wird, will die Regelung verhindern, daß die ursprüngliche Notlage des Bewucherten durch sofortige Kondiktion des Darlehenskapitals wiederhergestellt wird. Aus
diesem Normzweck ergibt sich aber nichts gegen eine Verpflichtung des Bewucherten zur angemessenen Verzinsung des Kapitals (Medicus).

6. Argument

Die Behauptung, daß § 817 S. 2 BGB den Rechtsgrund auch für die vom Kondiktionsschuldner gezogenen Nutzungen liefere, läuft auf eine bloße petitio principii
hinaus. Es ist ja gerade die Frage, ob § 817 S. 2 BGB für den Empfänger wirklich
auch insoweit den fehlenden Rechtsgrund ersetzt (Reuter / Martinek). Dem Wortlaut nach paßt § 817 S. 2 BGB für die Wucherfälle ja überhaupt nicht: Der Wortlaut
geht nun einmal vom beiderseitigen Gesetzes- oder Sittenverstoß aus. Wendet
man aber § 817 S. 2 BGB bei nur einseitigem Sittenverstoß des Leistenden a fortiori
an, so kommt man beim Wucherdarlehen immer noch zu einer offensichtlich nicht
passenden Rechtsfolge, nämlich dazu, daß der Bewucherte das Kapital auf Dauer
behalten kann. Offensichtlich muß § 817 S. 2 BGB sowohl hinsichtlich seiner Voraussetzungen wie auch hinsichtlich seiner Rechtsfolgenanordnung der besonderen Konstellation des Wucherdarlehens angepaßt werden. Dann darf aber aus
§ 817 S. 2 BGB nicht kurzschlüssig – ohne Ergebniskontrolle am Ziel eines fairen
Interessenausgleichs zwischen den Parteien – die Verneinung der Verzinsungspflicht abgeleitet werden.

7. Argument

Die Überlegung, die Vergabe von Wucherdarlehen sei völlig risikolos, wenn dem
Wucherer der marktgerechte Zins gezahlt werden müßte, stimmt nicht. Der Wucherer trägt ja auch dann noch jedenfalls das gerade bei »bewucherbaren« Personen (im Hinblick auf deren Notlage oder Leichtsinn usw.) ganz erhebliche Rück-
zahlungsrisiko (Bunte).

8. Argument (gegen Theorie I Arg. 6)

Die Verpflichtung des bewucherten Darlehensnehmers zur Zahlung angemessener Zinsen ist schon deshalb keine Verletzung des § 818 III BGB, weil bei ihm in dieser Höhe ja immer eine Ersparnisbereicherung gegeben sein wird. Zumindest läßt sich aber die Unanwendbarkeit des § 818 III BGB mit dem Einstehenmüssen des Kondiktionsschuldners für die negativen Konsequenzen seiner eigenen vermögensmäßigen Entscheidungen rechtfertigen (also mit der von Flume vorgeschlagenen teleologischen Reduktion des § 818 III BGB). Die Entscheidung, das Kapital entgeltlich zu nutzen, kann auch dem bewucherten Kreditnehmer zugerechnet werden, da die wucherischen Zinskonditionen mit dem fehlerfrei gebildeten Entschluß zur Kreditaufnahme gar nichts zu tun haben (Canaris, WM 1981, 978, 986, der aber im Ergebnis Theorie I folgt).

9. Argument

Wenn Theorie I schon die Voraussetzungen des § 818 II BGB verneint, wird dabei der eingeschränkte Leistungsbegriff des § 817 S. 2 BGB übersehen: Leistung im Sinne dieser Vorschrift ist ja nicht die Übereignung der Geldscheine und Münzen, die die Darlehenssumme ausmachen, sondern die zeitweise Überlassung dieses Kapitals zur Nutzung. Diese Betrachtungsweise muß dann aber für die gesamte Prüfung des Bereicherungsanspruchs durchgehalten werden. Der Vorteil der Kapitalüberlassung kann aber natürlich nicht in Natur herausgegeben werden, sondern muß nach § 818 II Fall 1 BGB vergütet werden. Aber selbst wenn man innerhalb der Anspruchsprüfung die Betrachtungsweise wechseln, nämlich bei der Prüfung der positiven Anspruchsvoraussetzungen an die Kapitalüberlassung anknüpfen und den eingeschränkten Leistungsbegriff nur bei der Prüfung der Kondiktionssperre aus § 817 S. 2 BGB zugrunde legen wollte, würde sich im Ergebnis nichts ändern. Der aus § 817 S. 2 BGB folgende Kondiktionsausschluß läuft nämlich auf eine rechtliche Unmöglichkeit der Herausgabe hinaus oder ist ihr zumindest gleichwertig (Medicus).

III. (hier sog.) **Theorie der Bereicherung kraft Gesetzes**

Der Bewucherte ist um die Kapitalnutzung »in sonstiger Weise« bereichert und hat diese deshalb nach §§ 812 I 1 2. Alt., 818 II 1. Alt. BGB zu vergüten.

Vertreten von:
Flume, AT II, 3. Aufl., § 18, 10 f. S. 394; Zimmermann, Richterliches Moderationsrecht oder Totalnichtigkeit?, 1979, S. 173 f.; Bunte, NJW 1983, 2674, 2677; wohl auch AK/Joerges, § 817 Rn. 17.

1. Argument

Den Vorteil, den Darlehensbetrag für die vereinbarte Laufzeit trotz der Nichtigkeit des Vertrages nutzen zu dürfen, erlangt der Bewucherte erst durch § 817 S. 2 BGB, also »kraft Gesetzes« und somit »in sonstiger Weise«. Damit ist der Weg zu einer Vergütungspflicht aus Nichtleistungskondiktion (§§ 812 I 1 Fall 2, 818 II Fall 1 BGB) eröffnet (Flume).

2. Argument

Der Bewucherte ist auf Kosten des Darlehensgebers durch § 817 S. 2 BGB im Ergebnis um die Ersparnis der Kosten für eine anderweitige Kreditaufnahme bereichert. Ob diese Bereicherung als eine materiell gerechtfertigte gewollt ist oder im

Verhältnis zum Darlehensgeber des rechtlichen Grundes entbehrt, ist hier wie sonst in den Fällen einer kraft Gesetzes eintretenden Bereicherung nach Sinn und Zweck der Rechtsnorm zu entscheiden, die die Vermögensverschiebung eintreten läßt. § 817 S. 2 BGB will in den Wucherdarlehensfällen nur verhindern, daß die ursprüngliche Notlage des Bewucherten durch die sofortige Rückforderung des Darlehenskapitals wiederhergestellt wird (s. Theorie II Argument 4); ein Ausschluß der bereicherungsrechtlichen Vergütungspflicht ist nicht intendiert (Zimmermann).

IV. (hier sog.) **Teilnichtigkeitstheorie**

Der Bewucherte schuldet die angemessenen (marktüblichen) Zinsen nicht kraft Bereicherungsrechts, sondern kraft des insoweit aufrechterhaltenen Darlehensvertrages. Dieser ist nämlich nur insoweit nichtig, wie ein unangemessener Zinssatz gefordert wird; er bleibt mit einem angemessenen Zinssatz wirksam.

Vertreten von:
Bürge, Rechtsdogmatik und Wirtschaft, 1987, 188, 217 ff.; Erman / H. P. Westermann, § 817 Rn. 20 b; J. Hager, Gesetzes- und sittenkonforme Auslegung und Aufrechterhaltung von Rechtsgeschäften, 1983, S. 93 ff.; U. Hübner, ZIP 1984, 1185; Jauernig / Jauernig, § 139 Anm. 3 e aa; Koziol, AcP 188, 182, 217 ff., 223; MünchKomm / Lieb, § 817 Rn. 17 f. (ohne klare Festlegung); Reuter / Martinek, § 6 V 2 a S. 218 ff. (ohne klare Festlegung); H. Roth, ZHR 153, 423, 426 ff., 444; Schwark, Rechtsfragen des Konsumentenkredits, 1986, 142 ff.; Staudinger / Sack, § 138 Rn. 122 ff., 134. Innerhalb dieser Theorie ist streitig, ob die Zinsen auf den höchstzulässigen Satz (so Koziol, Sack) oder auf das marktübliche Maß (so Lieb) reduziert werden.

1. bis 2. Argument: wie Theorie I Arg. 1, 3 und 7.

3. Argument
Die Zerlegung der wucherischen Zinsabrede in einen sittengerechten und einen sittenwidrigen Teil ist gegenüber der bereicherungsrechtlichen Lösung der geeignetere Weg, da letztere auf konstruktive Schwierigkeiten stößt (s. Theorie I Arg. 4) (Reuter / Martinek).

4. Argument
Die Aufrechterhaltung des Vertrages mit dem angemessenen Zinssatz läßt sich auch aus dem beschränkten Normzweck des § 817 S. 2 BGB rechtfertigen; die Rechtsschutzversagung kann nur soweit reichen, wie die Parteien sich sittenwidrig verhalten (Reuter / Martinek).

5. Argument
Die richterliche Vertragskorrektur ist nicht per se bedenklich; sie entspricht einer in der Rechtsprechung verbreiteten Tendenz, z. B. bei der Kontrolle der Allgemeinen Geschäftsbedingungen. Gerade auch im Anwendungsbereich des § 138 BGB gibt es Konstellationen, bei denen fast unbestritten anstelle der Nichtigkeitsfolge die Lösung der Aufrechterhaltung des Vertrages mit angemessener Gegenleistung gewählt wird (nämlich die Fälle des Mietwuchers und des Lohnwuchers [also der Vereinbarung eines »Hungerlohns«]). Warum sollte diese Lösung einer geltungserhaltenden Reduktion nicht auch beim Wucherdarlehen möglich sein?

6. Argument

Theorie I–III verkennen, daß § 817 S. 2 BGB bei Annahme der Totalnichtigkeit des wucherischen Darlehensvertrages die sofortige Rückforderung gar nicht verhindern könnte: Der Darlehensgeber erbringt seine im Synallagma stehende Leistung nicht schon mit der Auszahlung der Darlehenssumme, sondern erst dadurch, daß er das Kapital beläßt. Seine Leistung müßte der Darlehensgeber deshalb trotz § 817 S. 2 BGB jederzeit beenden können. Außerdem hätte der Bewucherte dann vor der Vertragserfüllung durch den Wucherer keinen Anspruch auf Auszahlung des Darlehens. Damit würde sich aber das Wucherverbot gegen den zu Schützenden kehren. Eine befriedigende Lösung kann unter diesen Umständen nur in einer sittenkonformen Aufrechterhaltung des Vertrages gefunden werden (J. Hager).

Beispiel:

Nach allen Auffassungen ist S zur Rückzahlung des Darlehenskapitals verpflichtet, weil § 817 S. 2 BGB der sich aus der Nichtigkeit des Darlehensvertrages ergebenden Leistungskondiktion nach Ablauf der vereinbarten Darlehensdauer nicht mehr entgegensteht. Nach Theorie II–IV muß S darüber hinaus auch die üblichen (marktgerechten) Zinsen entrichten. Nach Theorie I ist dagegen eine solche Verzinsungspflicht zu verneinen.

C. Eingriffskondiktionen

10. Problem (§§ 951 I, 812 I 1 Fall 2 BGB)
Steht beim unbefugten Einbau fremden Materials durch einen Bauunternehmer oder Bauhandwerker dem betroffenen bisherigen Materialeigentümer eine Eingriffskondiktion gegen den Bauherrn zu?

Beispiel:

Der Baustoffgroßhändler B liefert Dachplatten unter verlängertem Eigentumsvorbehalt an den nicht im Handelsregister eingetragenen Bauhandwerker U, dessen Unternehmen nicht die Voraussetzungen des § 1 II HGB erfüllt. U verwendet sie zum Bau einer Werkhalle auf dem Grundstück des Bauherrn (und Nicht-Kaufmanns) D, obwohl der Werkvertrag ein Abtretungsverbot für die Ansprüche des U vorsieht. D hält U ohne grobe Fahrlässigkeit für den Eigentümer der verbauten Materialien. U fällt in Konkurs, bevor er die Dachplatten bezahlt hat. Daraufhin verlangt B Zahlung des Kaufpreises von D. Mit Recht?

Ausgangspunkt:
Wenn ein Werkunternehmer fremdes Material mit Zustimmung des Eigentümers auf dem Grundstück eines Auftraggebers einbaut, ist der Bereicherungsausgleich unproblematisch: Aufgrund der Zustimmung muß der Eigentümer sich so behandeln lassen, als hätte er das fragliche Material vor dem Einbau an den Werkunternehmer geleistet. Eine Eingriffskondiktion des bisherigen Materialeigentümers gegen den Bauherrn kommt mithin nicht in Betracht. Er kann nur vom Werkunternehmer die vertraglich versprochene Vergütung oder bei Unwirksamkeit des Vertrages zwischen ihnen Wertersatz nach §§ 812 I 1 Fall 1, 818 II BGB verlangen.

Komplizierter ist die Situation, wenn der Einbau des fremden Materials ohne Erlaubnis des Eigentümers erfolgt. Hier stellt sich zunächst die Frage, ob der durch den Einbau eingetretene Eigentumsübergang auf den Bauherrn (§ 946 BGB) als Bestandteil der Leistung des Werkunternehmers angesehen werden kann. Einerseits ist der Eigentumswechsel ja nach § 946 BGB, also kraft Gesetzes eingetreten, andererseits hat der Unternehmer die Voraussetzungen dieser Norm wiederum planmäßig herbeigeführt. Bejaht man deshalb einen Erwerb durch Leistung des Unternehmers, so stellt sich die weitere Frage, ob trotzdem eine Eingriffskondiktion des Alteigentümers aus §§ 951 I, 812 I 1 Fall 2 BGB in Betracht kommt, oder ob diese nach dem allgemeinen Grundsatz der Subsidiarität dieses Rechtsbehelfs verdrängt wird bzw. durch eine aus den §§ 932 ff. i. V. m. § 816 I 2 BGB e contrario ableitbare Kondiktionssperre ausgeschlossen wird.

I. (hier sog.) Theorie des Vorrangs des Güterschutzes

Der Bauherr, der gemäß § 946 BGB Eigentum erlangt hat, haftet nach §§ 951 I, 812 I 1 Fall 2, 818 II BGB dem früheren Eigentümer auf Wertersatz. Das gilt auch dann, wenn der Bauherr bei einer hypothetischen, dem Einbau vorangeschalteten Übereignung kraft guten Glaubens nach § 932 BGB bzw. § 366 HGB das Eigentum erworben haben würde.

Vertreten von:
Sturm, JZ 1956, 361 f.; Wolff / Raiser, § 74 I 3.

Begründung:
Die Regeln der §§ 932 ff. BGB schützen nicht gegen den Bereicherungsausgleich, sondern nur gegen die Vindikation, die hier nach §§ 946 ff. BGB ohnehin ausgeschlossen ist. Zudem ist die Schutzbedürftigkeit des kraft Rechtsgeschäft Erwerbenden und desjenigen, der kraft Gesetzes das Eigentum erlangt, unterschiedlich. Letzterer bedarf nicht des durch §§ 932 ff. BGB gewährten Schutzes gegen die Vindikation, da er ja nur der Wertersatzpflicht nach § 951 BGB ausgesetzt ist (Wolff / Raiser). Außerdem fehlt beim Eigentumsübergang durch Verbindung der Publizitätsschutz, der beim rechtsgeschäftlichen Erwerb das Wesen des § 932 BGB ausmacht (Sturm).

II. Theorie der ausschließlichen Orientierung an den Kriterien des sachenrechtlichen Gutglaubensschutzes

Der kraft Gesetzes eintretende Eigentumserwerb des Bauherrn ist konditionsfest, wenn dieser bei einer hypothetischen, dem Einbau vorgeschalteten Übereignung des Materials das Eigentum erworben hätte. Der Bauherr ist damit der Eingriffskondiktion des Alteigentümers nur dann ausgesetzt, wenn das eingebaute Material dem Eigentümer abhanden gekommen war oder wenn er bösgläubig war. Bei Bösgläubigkeit des Bauherrn ist die Eingriffskondiktion des betroffenen bisherigen Eigentümers aber auch dann gegeben, wenn dieser das Material selbst unter Eigentumsvorbehalt an den Bauunternehmer geliefert, dem Einbau aber nicht (oder nur unter einer nicht erfüllten aufschiebenden Bedingung) zugestimmt hatte.

Vertreten von:
von Caemmerer, FS Rabel, 1954, S. 340, 391 Fn. 17; (i. E.) Canaris, 1. FS Larenz, 1973, S. 799, 854 ff.; Bamberger / Roth / Kindl, § 951 Rn. 10; Bamberger / Roth / Wendehorst, § 812 Rn. 196; Ellger, 243 ff.; Erman / Hefermehl, § 951 Rn. 8; Esser / Weyers, § 50 II 2 a, IV; Giesen, Jura 1995, 234, 236 f.; Gursky, S. 206 f.; G. Hager, JuS 1987, 877, 878 f.; Hombrecher, Jura 2003, 333, 336; Hüffer, JuS 1981, 263, 268; Huber, NJW 1968, 1905, 1909 ff.; ders., JuS 1970, 342, 346 f.; Jauernig / Schlechtriem, § 812 Rn. 85; König, Ungerechtfertigte Bereicherung, S. 211; Kohler, S. 599 f.; Koppensteiner / Kramer, S. 106 ff.; Kupisch, S. 99 f.; Loewenheim, S. 79; Larenz, § 68 III a; Larenz / Canaris, § 70 III 2 a, b; MünchKomm / Lieb, § 812 Rn. 277 ff., 282 ff., 287 f., 292, 241 f., 246; Medicus, BR Rn. 729; Meyer, S. 80 f.; Müller, SchR BT, Rn. 2267 f.; ders., Sachenrecht, Rn. 2613 ff.; Paefgen, JuS 1992, 192, 195; Palandt / Bassenge, § 951 Rn. 9; Picker, NJW 1974, 1790, 1791 f.; Pinger, AcP 179, 301, 328 f.; Reeb, S. 56 f.; Schapp / Schur, Sachenrecht, 3. Aufl., Rn. 265 ff.; Schlechtriem, Schuldrecht BT, Rn. 754, 777; Schildt, JuS 1995, 953, 955; Schwarz, § 13 Rn. 16; Singer / Große-Klußmann, JuS 2000, 562, 566; Soergel / Henssler, § 951 Rn. 6, 8 f.; Soergel / Mühl, 12. Aufl., § 951 Rn. 4; Staudinger / Gursky, § 951 Rn. 12–14; Staudinger / W. Lorenz, § 812 Rn. 63; Sundermann, WM 1989, 1197, 1201; Thiele, S. 162 f.; Thielmann, AcP 187, 23, 33 ff.; H. P. Westermann, JuS 1972, 18, 23; Westermann / Gursky, Sachenrecht, 7. Aufl., § 54, 2; Wieling, Sachenrecht I, § 11 II 5 b bb; ders.,

BR § 6 V 2 c; Wieling / Finkenauer, S. 165 ff.; Wilhelm, S. 154 f.; ders., JuS 1973, 1, 8 f.; ders., Sachenrecht, 2. Aufl., Rn. 989 f.

1. Argument

Der in den §§ 932 ff. BGB, 366 HGB zum Ausdruck gekommene Interessenausgleich zwischen Eigentumsschutz einerseits und Verkehrs- bzw. Vertrauensschutz andererseits kann auch beim Bereicherungsausgleich für einen Eigentumserwerb nach § 946 BGB nutzbar gemacht werden: Der Grundstückseigentümer darf beim sofortigen Einbau des fremden Materials durch den von ihm beauftragten Bauunternehmer nicht schlechter gestellt werden, als er stünde, wenn der Bauunternehmer das Material vor dem Einbau noch an ihn übereignet hätte. Falls der Bauherr bei einer solchen Übereignung das Eigentum nach § 932 BGB oder § 366 HGB erworben hätte, wäre er einer Eingriffskondiktion des bisherigen Materialeigentümers nicht ausgesetzt gewesen, wie ein Umkehrschluß aus § 816 I BGB zeigt. Dann muß aber auch der unmittelbar durch den Einbau eingetretene Eigentumserwerb kondiktionsfest sein.

2. Argument

Wenn aber eine solche unterstellte Übereignung an der Bösgläubigkeit des Bauherrn oder am Abhandenkommen des Materials gescheitert wäre, dann wäre der Bauherr bis zum Einbau der Vindikation des Materialeigentümers ausgesetzt gewesen. Dann muß es aber dabei bleiben, daß der durch den Einbau nach § 946 BGB eintretende Rechtsübergang die Eingriffskondiktion aus § 951 BGB auslöst. Die Bereicherungshaftung des Bauherrn scheitert im Falle seiner Bösgläubigkeit oder bei Abhandenkommen des eingebauten Materials auch nicht etwa am Grundsatz der Subsidiarität der Eingriffskondiktion, also der Regel, daß durch Leistung Erworbenes nicht von Dritten mit Hilfe einer Eingriffskondiktion zurückverlangt werden kann. Der Bauunternehmer, der unbefugt fremdes Material zur Gebäudeerrichtung verwendet, leistet an den Bauherrn zunächst einmal nur die dabei eingesetzte Arbeitskraft seiner Angestellten. Der Eigentumserwerb des Bauherrn an diesem Material ist aber an sich durch einen selbständigen Tatbestand, nämlich durch § 946 herbeigeführt worden. Ob er dennoch der Leistung des Bauunternehmers zugerechnet werden kann, ist gerade die Frage. Diese kann nicht aufgrund rein begrifflicher Erwägungen, sondern nur anhand der Wertungsmodelle des sachenrechtlichen Gutglaubensschutzes entschieden werden. Wenn der Bauunternehmer dem Bauherrn das Eigentum auf rechtsgeschäftlichem Wege gar nicht hätte verschaffen können, darf der von ihm herbeigeführte Eigentumsübergang kraft Gesetzes nicht als Eigentumsverschaffung durch Leistung gewertet werden, folglich auch die Eingriffskondiktion des Alteigentümers nicht blockieren.

3. Argument

Auch wenn der Kondiktionsgläubiger selbst das fragliche Material unter Eigentumsvorbehalt an den Bauherrn geliefert hatte, besteht kein Anlaß, die tatbestandlich gegebene Eingriffskondiktion des Materialeigentümers zu versagen. Zwar wird im neueren Schrifttum teilweise eine modifizierte Fassung des Grundsatzes der Subsidiarität der Eingriffskondiktion vorgeschlagen, nach der diese immer dann ausscheiden soll, wenn der jetzige Kondizient den Bereicherungsgegenstand selbst durch eine Leistung weggegeben hatte. In dieser Formulierung ist das Subsidiaritätsdogma jedoch nicht haltbar. Ob der Betroffene die Sache selbst freiwillig abgegeben hat, kann nur für den etwaigen gutgläubigen Erwerb eines Dritten eine

Rolle spielen, sagt aber nichts über die Schutzwürdigkeit der Wertersatzinteressen des Betroffenen aus, wenn dieser nach der freiwilligen Abgabe des Besitzes der Sache unfreiwillig das Eigentum durch Einbau verliert.

4. Argument

Selbst wenn die modifizierte Fassung des Subsidiaritätsdogmas aber korrekt wäre, könnte sie eine Eingriffskondiktion des Vorbehaltsverkäufers doch nicht sperren. Durch Leistung aus der Hand gegeben hat der Materiallieferant in derartigen Fällen doch nur den *Besitz* an den Baustoffen. Die Eingriffskondiktion des bisherigen Materialeigentümers knüpft aber an den Übergang des *Eigentums* an, der sich unmittelbar zwischen den Parteien des Kondiktionsanspruchs vollzogen hat. Es stimmt also gar nicht, daß der Kondizient den Bereicherungsgegenstand selbst durch Leistung weggegeben hätte.

5. Argument

Wenn man dem betroffenen Vorbehaltsverkäufer die Eingriffskondiktion selbst gegenüber einem bösgläubigen Bauherrn nimmt, weil er selbst den Besitz des fraglichen Materials an den Bauunternehmer übertragen hat, so bedeutet das in letzter Konsequenz eine »gesetzwidrige entschädigungslose Enteignung des Vorbehaltsverkäufers zugunsten des bösgläubigen Bauherrn« (Wilhelm).

6. Argument (gegen Theorie III Arg. 2)

Die Entscheidung der Gesetzesverfasser gegen eine Versionsklage kann die Versagung der Eingriffskondiktion des Materiallieferanten gegen den bösgläubigen Bauherrn ebenfalls nicht rechtfertigen. Das Verbot der Versionsklage besagt nur, daß man Geleistetes nicht von einem Dritten zurückverlangen kann, an den es der Leistungsempfänger weitergegeben hat oder dem es von vornherein reflexweise zugute gekommen ist. Im vorliegenden Fall ist Gegenstand der Eingriffskondiktion gegen den »Drittempfänger« (den Bauherrn) aber nicht der an den Bauunternehmer geleistete Besitz, sondern das durch die Grundstücksverbindung auf den Bauherrn übergegangene Eigentum an den eingebauten Baumaterialien.

7. Argument

Die Lösung von Reuter / Martinek (Theorie V) ist mit dem Gesetz nicht vereinbar, da sie die Vorschrift des § 951 BGB, die doch die Kondiktionsfestigkeit des Erwerbs durch Verbindung gerade verneint, für die allein problematischen Dreiecksverhältnisse völlig derogiert (Lieb).

8. Argument

Der Grundstückseigentümer würde zweifellos aus §§ 951 I, 812 I 1 Fall 2 BGB haften, wenn er abhanden gekommenes Material kauft und dann selbst einbaut. Warum soll er von der Eingriffskondiktion aus § 951 I verschont bleiben, wenn der Einbau von einem Bauunternehmer vollzogen wird: Der den Grundstückseigentümer bereichernde Eigentumserwerb tritt ja in beiden Fällen ex lege ein.

III. (hier sog.) Kombinationstheorie

Der frühere Eigentümer des eingebauten Materials kann nur dann eine Eingriffskondiktion gegen den Bauherrn erheben, wenn ihm das Material abhanden gekommen war.

Vertreten von:
BGHZ 56, 228, 240 ff.; Baur/Stürner, 53 C Rn. 29; Berg, AcP 160, 505, 516; (wohl auch) Brox/Walker, § 38 Rn. 1; Ehmann, NJW 1969, 398, 401 Fn. 39; 1971, 612, 614; Esser, Schuldrecht, 4. Aufl., § 104 vor I; Gerhardt, Mobiliarsachenrecht, 5. Aufl. 2000, S. 132 f.; ders., Die systematische Einordnung der Gläubigeranfechtung, 1969, S. 195; Jauernig/Jauernig, § 951 Rn. 8 (anders aber Rn. 16 a. E.); Mühl, 2. FS von Lübtow, 1980, S. 547, 560; MünchKomm/Quack, § 951 Rn. 7; Palandt/Sprau, § 812 Rn. 43; Palandt/Bassenge, § 951 Rn. 6 (anders aber Rn. 9); Pikart, WM 1974, 650, 656; RGRK/Heimann-Trosien, § 812 Rn. 41; RGRK/Pikart, § 951 Rn. 12; Serick, Eigentumsvorbehalt und Sicherungsübereignung, IV § 54 IV 3 a; Weitnauer, DB 1984, 2496, 2499.

1. Argument
Der kraft Gesetzes eintretende Eigentumserwerb des Bauherrn ist in der Tat kondiktionsfest, wenn ihm eine dem Einbau vorgeschaltete hypothetische Übereignung das Eigentum verschafft hätte. Die Umkehrung dieses Satzes gilt jedoch nicht. Der Anwendungsbereich der Eingriffskondiktion in den Einbaufällen kann nämlich nicht allein anhand des Wertungsmodells der §§ 932 ff. BGB, 366 HGB bestimmt werden, er wird vielmehr auch durch den Grundsatz der Subsidiarität der Eingriffskondiktion begrenzt. Nach der im neueren Schrifttum entwickelten Fassung besagt das Subsidiaritätsdogma, daß eine Eingriffskondiktion ausscheidet, wenn der potentielle Kondiktionsgläubiger den Bereicherungsgegenstand durch eigene Leistung in den Verkehr gebracht hat. Der Betreffende bedarf dann des Bestandsschutzes durch den Eigentumsfortwirkungsanspruch der Eingriffskondiktion nicht, sondern mag seinen Ausgleich im Rahmen der Leistungsbeziehung suchen. Der Kondiktionsanspruch des früheren Materialeigentümers muß deshalb auch bei Bösgläubigkeit des Bauherrn ausgeschlossen sein, wenn der Anspruchsteller das Material selbst unter Eigentumsvorbehalt an den Bauunternehmer geliefert hatte.

2. Argument
Daß sich der Materiallieferant in Fällen dieser Art trotz Bösgläubigkeit des Bauherrn nur an seinen Vertragspartner halten kann, läßt sich auch mit der ausdrücklichen Ablehnung einer Versionsklage durch die Verfasser des BGB begründen. Wer eine vertraglich versprochene Leistung erbringt, sollte bei Undurchsetzbarkeit seines vertraglichen Vergütungsanspruchs nicht von Dritten einen Ausgleich verlangen können, denen die Leistung mittelbar zugute gekommen ist oder an die der Vertragspartner das Geleistete weitergegeben hat. Diese Wertung muß auch hier beachtet werden. Wenn das unbefugt verbaute fremde Material dem Eigentümer unter Eigentumsvorbehalt geliefert worden war, ist es über eine geschlossene Kette wirksamer Vertragsverhältnisse – den Kaufvertrag zwischen dem Materiallieferanten und dem Werkunternehmer und den Werkvertrag zwischen dem letzteren und dem Bauherrn – an den Bauherrn gelangt. Diese Vertragskette stellt für den Bauherrn einen Rechtsgrund im Verhältnis zum früheren Materialeigentümer dar, die eine bereicherungsrechtliche Vergütungspflicht ausschließt (Jauernig).

3. Argument
Das Eingreifen der Subsidiaritätsregel kann nicht deshalb bezweifelt werden, weil der Baustofflieferant nur den Besitz der Materialien weggegeben habe, die Eingriffskondiktion aber an die rechtsgrundlose Erlangung des Eigentums anknüpfe.

Die Leistung des Baustofflieferanten hat dem Bauunternehmer jedenfalls auch die tatsächliche Verfügungsmöglichkeit über das gelieferte Gut verschafft. Auch Eigentumsverluste, die den Lieferanten infolge unbefugter Verfügungen seines Abnehmers treffen, haben ihren Ursprung in der zwischen Lieferant und Bauunternehmer bestehenden Leistungsbeziehung. Damit muß hier der Vorrang des Leistungsverhältnisses vor dem Güterschutz durch Eingriffskondiktion Platz greifen (BGH).

4. Argument (gegen Theorie II Arg. 5)

Die Argumentation mit der entschädigungslosen Enteignung zugunsten des bösgläubigen Bauherrn ist verfehlt. Die »Enteignung« des bisherigen Materialeigentümers erfolgt allein durch die Regelung des § 946 BGB und ist gerade nicht entschädigungslos. Der Eigentumsverlust wird ja auch nach der hier vertretenen Auffassung durch eine Eingriffskondiktion (nämlich die aus § 816 I 1 BGB gegen den Bauherrn) ausgeglichen. Im übrigen handelt es sich bei § 946 BGB natürlich gar nicht um eine Enteignung, sondern um eine Inhalt und Schranken des Eigentums lediglich konkretisierende Regelung (Quack).

IV. Die Lehre von der ausschließlichen Kondiktionshaftung des Einbauenden

Bei unbefugtem Einbau fremder Baustoffe durch einen Bauunternehmer kommt eine Eingriffskondiktion des bisherigen Materialeigentümers gegen den Bauherrn nie in Betracht. Dem betroffenen früheren Eigentümer steht nur ein Erlösherausgabeanspruch gegen den Bauunternehmer (§ 816 I 1 BGB analog) zu.

Vertreten von:
Reuter / Martinek, S. 402 ff., 458 ff.; Wallmann, S. 149 f.; dieser Lösung zuneigend – aber ohne sichere Festlegung – Schlechtriem, Symposium König, 1984, S. 69 f.; ähnlich auch Esser, Schuldrecht, 2. Aufl. 1960, § 196, 2 b aa, wo aber bei Einbau abhanden gekommenen Materials statt der besonderen Eingriffskondiktion aus § 816 I 1 BGB die allgemeine Eingriffskondiktion gegenüber dem Bauunternehmer gegeben wurde. Der Bereicherungsanspruch des bisherigen Materialeigentümers gegen den Grundstückseigentümer / Bauherrn wird auch von E. Wolf, § 4 H c 3, verneint.

1. Argument

Der Eigentumserwerb des Bauherrn beruht auch dann auf der Leistung des Bauunternehmers, wenn diesem eine rechtsgeschäftliche Übereignung des Materials an den Bauherrn gar nicht möglich gewesen wäre. Auch dann hat ja der Bauunternehmer den Eigentumserwerb (oder jedenfalls die zum Eigentumserwerb führende Verbindung) bewußt und zweckgerichtet (nämlich solvendi causa) herbeigeführt. Damit müßte schon der Grundsatz der Subsidiarität der Eingriffskondiktion gegenüber Leistungsverhältnissen einen Vergütungsanspruch des bisherigen Materialeigentümers gegen den Bauherrn aus § 951 BGB ausschließen.

2. Argument

Genaugenommen erhält der Bauherr das eingebaute Material sowohl »durch Leistung« (des Bauunternehmers) wie auch »in sonstiger Weise« (nämlich kraft Gesetzes, § 946 BGB) auf Kosten des Berechtigten. Die gleiche Konkurrenz von Leistungserwerb und Nichtleistungserwerb ist im Falle des § 816 I 1 BGB, also bei wirksamer unentgeltlicher Verfügung eines Nichtberechtigten gegeben. Die hier

getroffene Lösung – eine besondere Nichtleistungskondiktion gegen den Eingreifer, der auf fremde Kosten geleistet hat – paßt auch im Falle des nach § 946 BGB
zum Eigentumsübergang führenden Einbaus fremden Materials durch einen Bauunternehmer. Für die ratio legis des § 816 I 1 BGB ist nur maßgeblich, daß der
Nichtberechtigte dem Anspruchsgegner wirksam und gegen ein Entgeltversprechen das bisherige Eigentum des Anspruchstellers verschafft hat. Daß diese wirksame Eigentumsverschaffung gerade durch eine rechtsgeschäftliche Verfügung
erfolgt, ist demgegenüber von untergeordneter Bedeutung. § 816 I 1 BGB ist deshalb in den Einbaufällen analog anzuwenden. Das aber impliziert zugleich, daß
der vom Bauunternehmer herbeigeführte Erwerb des Bauherrn nach § 816 I 2
BGB e contrario kondiktionsfest sein muß.

3. Argument
Bei Bösgläubigkeit des Bauherrn bedarf es seiner Bereicherungshaftung schon
deshalb nicht, weil er jedenfalls deliktisch, nämlich zumindest als Teilnehmer
am Delikt des Bauunternehmers, haften würde. Und beim Einbau abhanden gekommenen Materials auf dem Grundstück eines gutgläubigen Bauherrn bietet
der Erlösherausgabeanspruch gegen den Bauunternehmer genügenden Ersatz
für die versagte Eingriffskondiktion gegen den Bauherrn (Schlechtriem).

4. Argument (gegen Theorie II Arg. 8)
Ob der Einbau gestohlenen Materials durch einen Werkunternehmer oder durch
den Grundstückseigentümer selbst, der das Material zuvor gekauft hat, erfolgt,
muß durchaus einen Unterschied machen. Im ersten Falle ist der Bauunternehmer
der »nähere« Kondiktionsschuldner, weil er die fremden Baustoffe zur Erfüllung
einer vertraglichen Verpflichtung verwendet hat. Im zweiten Fall ist aber der
Grundstückseigentümer selbst der Eingreifer und niemand außer ihm ersichtlich,
der als Kondiktionsschuldner in Betracht käme.

Beispiele:

1. Im Ausgangsfall hatte B das fragliche Material unter verlängertem Eigentumsvorbehalt geliefert. Das bedeutet: Dem U war der Einbau des Materials zur Erfüllung von Werkverträgen erlaubt, aber die Werklohnforderungen sollten dann in
Höhe des Materialwertes zur Sicherheit auf B übergehen. U hat hier durch die Vereinbarung eines pactum de non cedendo zugunsten des Bauherrn D die vorweg-
genommene Sicherungsabtretung der Werklohnforderung vereitelt. (Das vertragliche Abtretungsverbot war hier nämlich trotz § 354 a HGB wirksam, da die Werklohnforderung nicht aus einem beiderseitigen Handelsgeschäft stammt.) Infolge
der Vereitelung der Sicherungsabtretung war auch die damit unmittelbar zusam-
menhängende Ermächtigung zum Einbau des Materials hinfällig (vgl. Huber,
NJW 1968, 1905, 1906). U hat das dem B gehörende Material also unbefugt eingebaut. Nach Theorie I steht B deshalb die Eingriffskondiktion gegen D aus §§ 951,
812 I 1 Fall 2 BGB zu. Nach Theorie II–IV ist diese Eingriffskondiktion gegen D dagegen ausgeschlossen (und zwar nach Theorie II, weil eine Übereignung an D diesem nach § 932 BGB Eigentum verschafft hätte; nach Theorie III, weil B das Material selbst durch Leistung aus der Hand gegeben hat). Nach Theorie IV hat B statt
dessen automatisch einen Erlösherausgabeanspruch gegen U in Analogie zu
§ 816 I 1 BGB. Aber auch viele Vertreter der Theorien II und III nehmen an, daß
der bisherige Materialeigentümer auf den Kondiktionsdurchgriff aus § 951 BGB
gegen den bereicherten Grundstückseigentümer nicht angewiesen ist, sondern

auch die Einbauleistung des Bauunternehmers analog § 185 II 1 Fall 1 BGB genehmigen und dann entsprechend § 816 I 1 BGB von letzterem Herausgabe der erlangten Vergütung verlangen kann (vgl. z. B. MünchKomm / Lieb, § 812 Rn. 292; Staudinger / Gursky, § 951 Rn. 17 m. w. N.).

2. A wurde Baumaterial im Werte von 5 000,– € gestohlen. Der Dieb (D) veräußert es an den gutgläubigen U, der es aufgrund eines Werkvertrages mit B in ein Gebäude auf dessen Grundstück einbaut. Nach Theorien I–III kann A von B Zahlung von 5 000,– € aus §§ 951 I, 812 I 1 Fall 2 BGB verlangen, nach Theorie IV steht ihm wiederum nur ein Herausgabeanspruch in Analogie zu § 816 I 1 BGB gegen U zu.

11. Problem (§§ 812 I 1 Fall 2, 816 I 1 BGB)
Fällt die unberechtigte Vermietung oder Verpachtung fremder Sachen unter § 812 I 1 Fall 2 BGB oder unter § 816 I 1 BGB?

Beispiel:

Der E verpfändet seinem Gläubiger G eine Maschine. Bald darauf stirbt G. Sein Alleinerbe, der Neffe N, hält die Maschine für einen Nachlaßgegenstand. Da er zufällig weiß, daß die Firma M dringend eine solche Maschine benötigt, vermietet er sie an diese für drei Monate zu einem deutlich über dem üblichen Satz liegenden Mietzins. Später erfährt E hiervon und verlangt nun von N Herausgabe des eingenommenen Mietzinses.

Ausgangspunkt:
Ein Anspruch auf Nutzungsherausgabe aus dem Eigentümer-Besitzer-Verhältnis (etwa §§ 990 I, 987 I, 99 III BGB) scheidet hier schon deshalb aus, weil N als Pfandgläubiger berechtigter Besitzer war. Erlösherausgabe aus echter oder wissentlich unberechtigter Geschäftsführung ohne Auftrag (§§ 677, 683 S. 1, 681 S. 2, 667 BGB bzw. §§ 687 II 1, 681 S. 2, 667 BGB) scheitert an § 687 I BGB; N hat ja weder mit Fremdgeschäftsführungswillen gehandelt noch gewußt, daß die Maschine ihm nicht gehört. Damit stellt sich die Frage, ob dem Eigentümer nicht wenigstens ein bereicherungsrechtlicher Erlösherausgabeanspruch oder Wertersatzanspruch zusteht.

I. (hier sog.) Verfügungstheorie

Bei unbefugter Vermietung oder Verpachtung einer fremden Sache ist § 816 I 1 BGB unmittelbar anwendbar. Der Eigentümer kann vom Vermieter oder Verpächter Herausgabe des Miet- oder Pachtzinses verlangen, wenn er die Einräumung des obligatorischen Besitzrechtes durch diesen Nichtberechtigten genehmigt. Im Falle einer unbefugten Untervermietung durch den Mieter des Eigentümers beschränkt sich der Anspruch auf einen angemessenen Zuschlag zum vereinbarten Mietzins.

Vertreten von:
Diederichsen, NJW 1964, 2296 f.; ders., Das Recht zum Besitz aus Schuldverhältnissen, 1965, S. 111 ff., 121 f., 139 Fn. 490.

1. Argument

Der Eigentümer schränkt durch die Einräumung des Mietbesitzrechtes sein Eigentum ein, denn er kann nunmehr wegen § 986 BGB vom Mieter die Sache nicht mehr nach § 985 BGB herausverlangen. Außerdem ist der Mieter befugt, die Mietsache im Rahmen des Mietvertrages zu gebrauchen. Eine derartige Einschränkung des Eigentumsrechts setzt nach der Dogmatik des BGB eine Verfügung voraus. Schuldrechtliche Verträge, die auf Gewährung eines Besitzrechts gerichtet sind, enthalten neben der jeweiligen obligatorischen Verpflichtung auch ein verfügungsrechtliches Element, da sie das Eigentum um das Recht zum Besitz vermindern. Ebenso wie die Begründung des Mietbesitzrechtes eine Verfügung erfordert, ist auch die Übertragung des Besitzrechtes vom Hauptmieter auf den Untermieter eine Verfügung.

2. Argument

Der ohne Zustimmung des Eigentümers geschlossene Untermietvertrag ist dem Eigentümer gegenüber nicht wirksam (vgl. § 986 I 2 BGB). Der Eigentümer kann jedoch den Vertragsschluß genehmigen und damit die Voraussetzungen des § 816 I 1 BGB herbeiführen.

3. Argument

Im Falle der Untervermietung durch den Mieter des Eigentümers muß berücksichtigt werden, daß der Mieter / Untervermieter einen Teil der Nutzungen ja bereits durch den von ihm gezahlten Mietzins vergütet. Die besondere Eingriffskondiktion aus § 816 I 1 BGB kann hier deshalb nur die Nutzungen erfassen, die durch die Hauptmiete noch nicht abgegolten sind. Die Differenz wird regelmäßig der angemessenen Erhöhung des Mietzinses im Sinne von § 549 II 2 BGB entsprechen.

II. (hier sog.) **Analogietheorie**

Bei einer unbefugten Vermietung oder Verpachtung einer fremden Sache ist § 816 I 1 BGB zwar nicht unmittelbar, wohl aber analog anzuwenden. Der Eigentümer kann von dem Vermieter oder Verpächter seiner Sache Herausgabe des Miet- oder Pachtzinses verlangen, wenn er die Einräumung des obligatorischen Besitzrechtes durch diesen Nichtberechtigten genehmigt.

Vertreten von:
von Caemmerer, FS Rabel, 1954, S. 358 (= GS S. 234 f.); Emmerich, § 17 Rn. 22; Enneccerus / Lehmann, § 225 I 4 S. 902; Esser, Schuldrecht II, 4. Aufl., § 104 II 2; Esser / Weyers, § 50 I 1 g, II 2 a (nur für den Fall, daß der Mieter oder Pächter seinerseits dem Eigentümer nach § 993 I HS 2 BGB nicht haftet); Koppensteiner / Kramer, S. 96; Larenz, § 69 IV a; (wohl auch) Lewald, NJW 1947/48, 341; von Lübtow, AcP 150, 152; Medicus, BR Rn. 717 (aber für Vorrang der §§ 987 ff. BGB); Münch-Komm / Voelskow, § 549 Rn. 17; Neumann-Duesberg, BB 1965, 729 ff.; Reeb, S. 74; Soergel / Mühl, § 816 Rn. 19; Staudinger / Emmerich (2003) § 540 Rn. 31; Weimar, MDR 1964, 383; Wolf / Eckert, Handbuch des gewerblichen Miet- und Pacht- und Leasingrechts, 8. Aufl. 2000, Rn. 1313, 1315.

1. Argument (gegen Theorie I)

Eine unmittelbare Anwendung des § 816 I 1 BGB kommt nicht in Betracht, da die Vermietung oder Verpachtung ebensowenig wie die Überlassung des Besitzes eine Verfügung über das Eigentum enthält. Unter einer Verfügung versteht das BGB nun einmal nur solche Rechtsgeschäfte, durch die der Verfügende ein Recht überträgt oder aufgibt oder belastet oder zu seinem Nachteil inhaltlich ändert. All dies geschieht hier nicht. Die Vermietung oder Verpachtung ist nur der Abschluß eines schuldrechtlichen Verpflichtungsgeschäfts.

2. Argument

Der unberechtigt Vermietende eignet sich in Form des Miet- oder Pachtzinses den Gebrauchswert der Sache zu. Da dieser dem Eigentümer gebührt, ist der Eingreifer ohne rechtlichen Grund auf Kosten des Eigentümers bereichert (Larenz).

3. Argument

Die analoge Anwendung der besonderen Eingriffskondiktion des § 816 I 1 BGB verdient gegenüber der ebenfalls denkbaren Heranziehung der allgemeinen Eingriffskondiktion aus § 812 I 1 Fall 2 BGB den Vorzug, weil die erstere Lösung dem Eigentümer den Zugriff auch auf solche Miet- oder Pachtzinseinnahmen ermöglicht, die über den objektiven Miet- oder Pachtwert hinausgehen. Das aber ist sachgemäß: Wenn der Nichtberechtigte etwa bei entgeltlicher Bestellung eines dinglichen Gebrauchsrechts nach § 816 I 1 BGB das gesamte commodum ex negotiatione abführen muß, so wäre nicht einzusehen, warum der Eingreifer im Falle der Vermietung oder Verpachtung einer fremden Sache nur auf den objektiven Miet- oder Pachtwert haften, also einen etwaigen »Übererlös« behalten können soll.

4. Argument

Die in der Vermietung oder Verpachtung liegende Zueignung des Gebrauchswertes der fremden Sache läuft auf eine partielle »Enteignung« des Berechtigten hinaus, die von dessen Standpunkt nicht anders zu beurteilen ist als die volle Entziehung des Eigentums durch Veräußerung (Esser).

5. Argument (gegen Theorie III Arg. 4)

Es stimmt nicht, daß § 816 I 1 BGB nur dem Ausgleich eines endgültigen Rechtsverlustes dient, der bei Vermietung oder Verpachtung fremder Sachen natürlich nicht gegeben wäre. Die Vorschrift gilt anerkanntermaßen auch für die Fälle einer zeitlich beschränkten (d. h. auflösend befristeten oder bedingten) Bestellung eines beschränkten dinglichen Rechts (beispielsweise für die entgeltliche Bestellung eines auf 10 Jahre beschränkten Nießbrauchs oder dinglichen Wegerechts).

6. Argument

Unzutreffend ist auch der Einwand, die Vermietung oder Verpachtung einer fremden Sache begründe nur obligatorische Verpflichtungen für den Vermieter oder Verpächter selbst und könne schon deshalb gar nicht für den Eigentümer »wirksam« sein. Falls man die miet- oder pachtweise Besitzüberlassung einer Verfügung i. S. v. § 816 I 1 BGB gleichstellt, muß man natürlich entsprechend auch bei § 185 BGB entscheiden. Wenn der Eigentümer die von einem Nichtberechtigten vorgenommene Vermietung oder Verpachtung genehmigt, wirkt das obligatorische Recht zum Besitz, das der Nichtberechtigte seinem Vertragspartner eingeräumt hat, auch gegen den Eigentümer; dieser kann während der Laufzeit des vom Nichtberechtigten abgeschlossenen und von ihm genehmigten Miet- oder Pachtvertrages also die Miet- oder Pachtsache nicht beim unmittelbaren Besitzer vindizieren (vgl. Staudinger/Gursky [1999], § 986 Rn. 32 m. w. N.). Selbst wenn man aber diese im Schrifttum ganz überwiegend bejahte analoge Anwendung von

§ 185 BGB bei miet- oder pachtweiser Besitzüberlassung ablehnen müßte, ließe sich die »Wirkung« der Vermietung bzw. Verpachtung im Verhältnis zum Eigentümer doch nicht bestreiten: Der Vertragspartner des Nichtberechtigten wird ja regelmäßig zunächst einmal gutgläubig unrechtmäßiger Besitzer der Miet- oder Pachtsache sein und deshalb nach § 993 I HS 2 BGB von einer Nutzungsherausgabepflicht gegenüber dem Eigentümer frei sein. Die Vermietung oder Verpachtung der fremden Sache entzieht dem Eigentümer also zugunsten des Mieters oder Pächters auf Zeit den Gebrauchswert, wirkt sich also im Ergebnis ganz ähnlich wie die befristete Bestellung eines dinglichen Nutzungsrechtes aus.

Die Anhänger der Analogietheorie sind sich nicht einig in der Frage, ob § 816 I 1 BGB auch bei unberechtigter *Untervermietung* entsprechend angewandt werden darf, der Hauptmieter also den Untermietzins oder wenigstens einen Teil desselben an den Eigentümer herausgeben muß.

Meinung A

Auch bei unberechtigter Untervermietung hat der Eigentümer in Analogie zu § 816 I 1 BGB den Erlösherausgabeanspruch gegen den Hauptmieter. Der Hauptmieter muß also den ganzen (von ihm zu Unrecht bezogenen) Untermietzins an den Eigentümer abführen.

Vertreten von:
Staudinger/Emmerich, 12. Aufl., § 549 Rn. 61; Emmerich, Das Verhältnis der Nebenfolgen der Vindikation zu anderen Ansprüchen, Diss. Saarbrücken 1966, S. 117 ff; ähnlich auch Soergel/Mühl, § 812 Rn. 141, wo aber für die unberechtigte Untervermietung (im Gegensatz zur Vermietung fremder Sachen) nicht die analoge Anwendung von § 816 I 1 BGB, sondern die Heranziehung der allgemeinen Eingriffskondiktion befürwortet wird.

Die Nichtberücksichtigung der vertraglichen Mietzinszahlungspflicht wird hier nicht näher begründet. Eine denkbare Begründung hierfür könnte wie folgt aussehen:

Der vertraglich vereinbarte Mietzins ist das Entgelt dafür, daß der Mieter selbst und seine Familie die vermietete Wohnung benutzen darf. Wenn der Mieter nun die Wohnung statt dessen unbefugt untervermietet, zieht er derartige Gebrauchsvorteile aber gerade nicht. Die Nutzung der Sache durch Untervermietung ist ein aliud gegenüber dem ihm vertraglich eingeräumten Gebrauchsrecht, nicht ein Plus.

Meinung B

Bei einer unbefugten Untervermietung ist § 816 I 1 BGB nicht entsprechend anwendbar; der Eigentümer/Hauptvermieter kann auf die Unter-Mietzinseinnahmen des Hauptmieters/Untervermieters nicht zugreifen.

Vertreten von:
Koppensteiner/Kramer, a. a. O.; Esser/Weyers, § 50 II 2 a.

1. Argument

Der unbefugt untervermietende Hauptmieter handelt nicht als Nichtberechtigter, denn er ist ja dem Eigentümer gegenüber selbst zum Besitz berechtigt und nur obligatorisch bei der Ausübung des Besitzrechtes gebunden (Esser / Weyers).

2. Argument

§ 816 I 1 BGB ist ein Spezialfall der Eingriffskondiktion, bei dem lediglich der Inhalt der Herausgabepflicht anders als bei der allgemeinen Eingriffskondiktion aus § 812 I 1 Fall 2 BGB bestimmt ist. Damit setzt auch § 816 I 1 BGB der Sache nach voraus, daß der Erwerb des Anspruchsgegners »auf Kosten« des Anspruchstellers erfolgt ist. Davon kann aber bei der unbefugten Untervermietung keine Rede sein: Der Eigentümer hat die aus dem Eigentum fließende Gebrauchsbefugnis bereits durch die Hauptvermietung übertragen; er war im Zeitpunkt der Untervermietung damit aus Rechtsgründen gehindert, die Sache erneut zu vermieten und damit diejenigen Nutzungen zu ziehen, die der Hauptmieter hier vertragswidrig gezogen hat.

Meinung C

Der Eigentümer kann zwar nicht Herausgabe des eingenommenen Untermietzinses verlangen, hat aber aus § 812 I 1 Fall 2 BGB wenigstens Anspruch auf den Betrag, den der Mieter nach § 553 II BGB als Mieterhöhung bei Erteilung der Untermieterlaubnis hätte zugestehen müssen.

Vertreten von:
Neumann-Duesberg, BB 1965, 729, 730.

1. und 2. Argument: wie Meinung B.

3. Argument

Der Eigentümer braucht die vom Mieter erbetene Untermieterlaubnis nach § 553 II BGB zumeist nur zu erteilen, wenn der Mieter sich im Gegenzug zu einer angemessenen Erhöhung des Mietzinses bereit findet. Der Mieter, der eigenmächtig untervermietet, bringt den Eigentümer / Vermieter um diesen Mietzuschlag. Er greift damit zwar nicht in das aus dem Eigentum fließende Gebrauchsrecht ein – das hat der Eigentümer durch die Hauptvermietung ja auf den Mieter übertragen – wohl aber in die sich ebenfalls aus dem Eigentum ergebende ausschließliche Zuständigkeit für die Entscheidung über die Zulassung der Untervermietung. Der Vorteil, den der Mieter durch diesen Eingriff erlangt, entspricht dem Betrag, den er bei ordnungsgemäßem Vorgehen als Mieterhöhung hätte zugestehen müssen.

Meinung D

Der Eigentümer hat Anspruch auf den Betrag, um den der Untermietzins den Mietzins übersteigt.

Vertreten von:
MünchKomm / Voelskow, 3. Aufl., § 549 Rn. 17.

Keine Begründung. Die Begründung müßte wohl wie Theorie I Arg. 3 ansetzen, also etwa wie folgt lauten:

Im Falle der Untervermietung durch den Mieter des Eigentümers muß berücksichtigt werden, daß der Mieter/Untervermieter einen Teil der Nutzungen ja bereits
durch den von ihm gezahlten Mietzins vergütet. Dieser Mietzins muß deshalb
auf den Erlösherausgabeanspruch angerechnet werden.

III. (hier sog.) Theorie der allgemeinen Eingriffskondiktion

Bei unbefugter Vermietung oder Verpachtung einer fremden Sache ist § 816 I 1
BGB weder unmittelbar noch entsprechend anwendbar. Der nichtberechtigte Vermieter oder Verpächter haftet dem Eigentümer vielmehr – vorbehaltlich eines
nach § 818 III BGB relevanten Bereicherungswegfalls – gem. §§ 812 I 1 Fall 2, 818
II BGB auf den objektiven Wert der »Gebrauchsvorteile«, die er selbst durch die
Vermietung oder Verpachtung der Sache zieht.

Vertreten von:
RGZ 105, 408, 409; 106, 109, 111 f.; (in der Tendenz) BGHZ 22, 395, 400; LG Hagen
NJW 1947/48, 341 f.; Bamberger/Roth/Wendehorst, § 816 Rn. 6; Ellger, 406 ff.; Erman/Seiler, 5. Aufl., § 812 Rn. 10; Erman/H. P. Westermann, § 812 Rn. 71; HK-
BGB/Schulze, § 816 Rn. 4; Jauernig/Schlechtriem, § 816 Rn. 2; Kollhosser, BB
1973, 820, 822; Kurz, S. 17; jurisPK/Martinek, § 816 Rn 6; Larenz/Canaris, § 69 II
1 d S. 182; Loewenheim, S. 101; von Lübtow, AcP 150, 252, 255; Müller, Rn. 2232;
MünchKomm/Lieb, § 812 Rn. 265 f.; Neumann-Duesberg, BB 1965, 729, 730 f.; Palandt/Sprau, § 812 Rn. 34, § 816 Rn. 7; Planck/Landois, § 816 I 2; Reuter/Martinek, S. 307 ff., 312 f.; RGRK/Heimann-Trosien, § 812 Rn. 69, § 816 Rn. 4, 20;
(wohl auch) Schwarz, § 11 Rn. 37 (Ablehnung von Theorie I und II, aber keine explizite Erwähnung der allgemeinen Eingriffskondiktion); Staudinger/Seufert,
11. Aufl., § 816 Rn. 3 b; StudK/Beuthien, § 816 I 2 a; Theuffel, JuS 1997, 886, 887;
Gegen die Lösung über § 816 I 1 auch E. Wolf, § 19 D c 4 und Giesen, Jura 1995,
234, 242.

1. Argument
Wenn ein Nichtberechtigter eine fremde Sache vermietet oder verpachtet, ist der
Tatbestand der allgemeinen Eingriffskondiktion (§ 812 I 1 Fall 2 BGB) erfüllt.
Der Nichtberechtigte maßt sich hier unter Mißachtung der Güterzuordnung das
Gebrauchsrecht des Eigentümers an. Das Vermieten oder Verpachten der Sache
ist eine Form der Zueignung des Gebrauchswertes der Sache, nicht anders als
die unmittelbare Benutzung der Sache. Der Nichtberechtigte erlangt also durch
diese indirekte Form der Nutzung Gebrauchsvorteile. Dieser Erwerb erfolgt
auch »auf Kosten« des Eigentümers, und dies sogar dann, wenn die Vermietung
oder Verpachtung nicht zu einer feststellbaren Abnutzung der Sache geführt hat
und der Eigentümer selbst die Sache gar nicht vermietet oder verpachtet oder
sonst erwerbswirtschaftlich genutzt hätte. Dieses Merkmal setzt nun einmal keine
Vermögensmehrung auf seiten des Kondiktionsgläubigers voraus. Es reicht vielmehr, daß der betreffende Erwerb des Eingreifers nach der Güterzuordnung
dem Kondiktionsgläubiger vorbehalten war, ihm ausschließlich zustand.

2. Argument
Für eine analoge Anwendung von § 816 I 1 BGB ist kein Raum. Die entsprechende
Anwendung einer Norm setzt eine Regelungslücke voraus. Eine solche ist hier jedoch nicht gegeben, da die allgemeine Eingriffskondiktion für ausreichenden

Schutz des Eigentümers sorgt, wenn zwischen dem Eigentümer und dem nichtberechtigten Vermieter bzw. Verpächter keine Vindikationslage besteht.

3. Argument
Der nichtberechtigte Vermieter oder Verpächter wird häufig selbst gutgläubig unberechtigter Besitzer sein. Würde man ihn analog § 816 I 1 BGB auf Herausgabe der Miet- oder Pachtzinseinnahmen haften lassen, so würde damit das Haftungsprivileg des § 993 I HS 2 BGB unterlaufen; der gutgläubige und unverklagte unrechtmäßige Besitzer soll danach die gezogenen Nutzungen ja gerade ersatzlos behalten dürfen (Nutzungen sind nach § 99 III BGB ja auch die Miet- oder Pachtzinseinnahmen des unrechtmäßigen Besitzers).

4. Argument
Es besteht auch nicht die für den Analogieschluß erforderliche Ähnlichkeit der Interessenlage zwischen § 816 I 1 BGB und dem Fall der unberechtigten Vermietung oder Verpachtung einer fremden Sache. § 816 I 1 BGB will dem ehemaligen Berechtigten einen Ausgleich für den bei ihm eingetretenen endgültigen Rechtsverlust gewähren. In den Fällen der Vermietung oder Verpachtung einer fremden Sache bleibt dem Kondizienten aber die Eigentümerstellung natürlich erhalten. Die Konstellationen sind damit nicht vergleichbar.

5. Argument
§ 816 I 1 BGB spricht von der »Verfügung eines Nichtberechtigten, die dem Berechtigten gegenüber wirksam ist«. Die Frage, ob die Vermietung bzw. Verpachtung einer fremden Sache dem Eigentümer gegenüber wirksam oder unwirksam ist, kann aber gar nicht sinnvoll gestellt werden. Der Abschluß des Miet- oder Pachtvertrages durch den Nichtberechtigten begründet nun einmal nur obligatorische Verpflichtungen des Nichtberechtigten selbst, vermindert aber die Rechtsmacht des Eigentümers überhaupt nicht: Der Eigentümer wird dadurch an der Vindikation der Sache nicht gehindert. Auch die nach Abschluß des Miet- oder Pachtvertrages erfolgende Besitzüberlassung an den Mieter bzw. Pächter ändert daran nichts. Die Einräumung des Gebrauchs der Sache in Vollzug des Miet- oder Pachtvertrages ist ja ein rein tatsächlicher Vorgang; die Frage der Wirksamkeit oder Unwirksamkeit kann sich aber nur bei Rechtsgeschäften stellen.

6. Argument
Jedes Bedürfnis für einen Rückgriff auf die von den Voraussetzungen her weniger gut passende Regelung des § 816 I 1 entfällt vollends, wenn die Rechtsfolgenanordnung dieser Norm im Verhältnis zur tatbestandsmäßig ohnehin gegebenen allgemeinen Eingriffskondiktion keine Vorteile für den Anspruchsberechtigten bringt. Das aber ist der Fall. Die Rechtsfolgen decken sich, da der Umfang der Herausgabepflicht aus § 816 I 1 BGB analog § 818 II BGB auf den objektiven Wert begrenzt ist (vgl. 12. Problem, Meinung I und II).

Innerhalb der Theorie der allgemeinen Eingriffskondiktion ist wiederum umstritten, ob dem Eigentümer auch bei unberechtigter Untervermietung ein bereicherungsrechtlicher Vergütungsanspruch aus § 812 I 1 Fall 2 BGB gegen den Hauptmieter zusteht.

Meinung A

Der Eigentümer / Vermieter hat gegen den unbefugt untervermietenden Hauptmieter aus § 812 I 1 Fall 2 BGB einen Anspruch auf den Betrag der Mieterhöhung, die der Hauptmieter dem Eigentümer nach § 553 II BGB als Voraussetzung für die Erteilung der Untervermieterlaubnis hätte zugestehen müssen.

Vertreten von:
MünchKomm / Lieb, § 812 Rn. 266; Soergel / Mühl, 11. Aufl., § 812 Rn. 141; Erman / H. P. Westermann, § 812 Rn. 71; Gebauer, Jura 1998, 128 ff.; Larenz / Canaris, § 69 I 2 a S. 173 (bei Bösgläubigkeit sogar Pflicht zur vollständigen Herausgabe des eingenommenen Untermietzinses); Schlechtriem, Rn. 749 m. Fn. 104; Theuffel, JuS 1997, 886, 888; ähnlich Kollhosser, BB 1973, 820, 822.

1. Argument: wie Theorie II C Arg. 3.

2. Argument
Da die rechtmäßige Untervermietung nach § 553 BGB ein Zusammenwirken von Eigentümer und Mieter voraussetzt, ist nach der rechtlichen Güterzuordnung die Untervermietung beiden zuzuordnen. Diese Gemeinschaftlichkeit führt dazu, daß der Untermietzins auch zwischen beiden aufgeteilt werden muß. Dies entspricht sowohl der Regelung des § 553 II BGB als auch der Billigkeit. Der Mieter selbst nimmt durch die Untervermietung einiger Räume Unbequemlichkeiten und Einschränkungen in Kauf; der Eigentümer hat dagegen in der Regel eine erhöhte Abnutzung der Räume zu tragen.

Meinung B

Bei unbefugter Untervermietung hat der Eigentümer / Hauptvermieter gegen den Hauptmieter keinerlei bereicherungsrechtlichen Ausgleichsanspruch.

Vertreten von:
(implizit) BGH NJW 1964, 1853 = LM § 549 BGB Nr. 2 a; BGHZ 131, 297, 304 ff. = NJW 1996, 838, 839 f.; OLG Celle ZMR 1995, 159, 160; OLG Düsseldorf NJW-RR 1994, 596 f.; LG Hildesheim WuM 1990, 341 f.; Söllner, a. a. O.; Reuter / Martinek, S. 310 f.; RGRK / Gelhaar, § 549 Rn. 17; ferner Mutter, MDR 1993, 303 ff.; Palandt / Putzo, § 549 Rn. 11; Soergel / Kummer, § 549 Rn. 22.

1. Argument
Die Befugnis des Hauptvermieters, die Erteilung der Untervermieterlaubnis von einer angemessenen Erhöhung des Mietzinses abhängig zu machen, folgt gar nicht aus der Güterzuordnung, sondern ergibt sich aus der durch den Mietvertrag geschaffenen Sonderbeziehung der Parteien. Bei unbefugter Untervermietung sind die Rechtsfolgen deshalb dem Vertragsrecht zu entnehmen. Für eine Eingriffskondiktion ist damit kein Raum.

2. Argument
Das Interesse des Eigentümers ist nicht so hoch zu bewerten, daß eine analoge Anwendung des § 816 I 1 BGB gerechtfertigt wäre. Das Gesetz will den Eigentümer bei unberechtigter Untervermietung in anderer Weise als durch finanzielle Sanktionen schützen: § 541 BGB gibt ihm ein Klagerecht auf Unterlassung,

§ 543 II 1 Nr. 2 a. E. BGB berechtigt ihn zur fristlosen Kündigung des Mietvertrages.

Beispiele:

1. Theorie I und II würden einen bereicherungsrechtlichen Erlösherausgabeanspruch des Eigentümers nach bzw. in Analogie zu § 816 I 1 BGB bejahen; Theorie III würde dagegen einen Wertersatzanspruch aus §§ 812 I 1 Fall 2, 818 II BGB in Höhe des üblichen Mietzinses annehmen.

2. Abwandlung: Das Pfandrecht des G war bei dessen Tod bereits erloschen, da E die Schuld schon zurückgezahlt hatte.

Theorie I und II müßten wieder einen Erlösherausgabeanspruch aus bzw. entsprechend § 816 I 1 BGB bejahen, wenn dem nicht Konkurrenzgesichtspunkte entgegenstünden. Der Anwendungsbereich des § 816 I 1 BGB würde sich hier nämlich mit dem der §§ 987 ff. BGB überschneiden, da die Mieteinnahmen als mittelbare Sachfrüchte i. S. v. § 99 III BGB zu den Nutzungen gehören und N unrechtmäßiger Besitzer der Maschine ist. Die Wertentscheidungen der §§ 987 ff. BGB verdienen in dieser Konkurrenzsituation wohl den Vorrang (vgl. Staudinger/Gursky [1999], Vorbem. 40 zu §§ 987 ff.; implizit auch Medicus, BR, Rn. 717 und Koppensteiner/Kramer, a. a. O.). Die Vertreter von Theorie III würden den Tatbestand der allgemeinen Eingriffskondiktion (§ 812 I 1 Fall 2 BGB) als erfüllt ansehen, die Norm aber überwiegend wiederum als durch das Eigentümer-Besitzer-Verhältnis verdrängt ansehen. Wenn man dagegen – wie ein Teil des Schrifttums – die Nebenfolgen der Vindikation überhaupt nur auf den von Anfang an unrechtmäßigen Besitzer, nicht aber auch auf einen nicht mehr berechtigten Besitzer anwenden will (vgl. die Nachweise bei Staudinger/Gursky, Vorbem. 17 zu §§ 987 ff.), bleibt es bei der Eingriffskondiktion aus § 816 I 1 bzw. § 812 I 1 Fall 2 BGB.

3. B ist Eigentümer eines Hausgrundstücks, dessen Ladenräume er an M vermietet. M vermietet diese zu einem höheren Mietzins an U weiter. Nach dem Ende der Vertragsbeziehungen verlangt B von M Herausgabe des Untermietzinses.

Theorie I würde aus § 816 I 1 BGB einen Anspruch auf einen angemessenen Zuschlag zum vereinbarten Mietzins ableiten; ebenso im Ergebnis, aber mit § 812 I 1 Fall 2 BGB als Anspruchsgrundlage Meinung II C und III A. Meinung II A würde dem Eigentümer weitergehend in Analogie zu § 816 I 1 BGB einen Anspruch auf Abführung des gesamten Untermietzinses zusprechen. Meinungen II B und III B würden dagegen eine Bereicherungshaftung des Hauptmieters verneinen.

12. Problem (§ 816 I 1 BGB)
Worauf richtet sich der Anspruch aus § 816 I 1 BGB bei Vereinbarung eines den objektiven Wert des Verfügungsobjektes übersteigenden Verfügungserlöses?

Beispiel:

A leiht dem B sein Mofa, das einen Wert von 150,– € hat. B veräußert das Mofa für 200,– € an C, der keinen Anlaß hat, an der Eigentümerstellung des B zu zweifeln. Kann A von B Zahlung von 200,– € verlangen?

Ausgangspunkt:
Nach § 816 I 1 BGB hat der Nichtberechtigte das »durch die Verfügung Erlangte« herauszugeben. Hat er die fremde Sache unter dem wahren Wert veräußert, so haftet er aus § 816 I 1 unstreitig nur in Höhe des tatsächlich erzielten Erlöses. Übersteigt hingegen das Entgelt den Wert des veräußerten fremden Gutes, so ist umstritten, ob auch dieser »Übererlös« nach § 816 I 1 BGB herauszugeben ist.

I. (hier sog.) Theorie der durch den Verkehrswert begrenzten Erlösherausgabe

Wenn § 816 I 1 BGB den Nichtberechtigten zur Herausgabe des »durch die Verfügung Erlangten« verpflichtet, so ist damit die vom Erwerber an den Nichtberechtigten erbrachte Gegenleistung gemeint. Die Erlösherausgabepflicht ist jedoch nach oben durch den Verkehrswert des weitergegebenen Gegenstandes begrenzt.

Vertreten von:
RG JW 1933, 42; AK/Joerges, § 816 Rn. 16; von Caemmerer, FS Lewald, 1953, S. 447 (= GS S. 283 f.); ders., FS Rabel, 1954, S. 357 ff. (= GS S. 233); ders., JR 1959, 462 f.; ders., GS S. 379; Diederichsen, JurA 1970, 378, 389; Esser, 2. Aufl., § 196, 2; Fikentscher, Rn. 1161; Frank, JuS 1981, 102, 104; Gebauer, Jura 1998, 128, 130 f.; Heck, § 142, 7, S. 426; Jagmann, Wertersatz oder Gewinnhaftung? Diss. Freiburg 1979, S. 149 ff., 253 ff.; Jung, RG-Festgabe III, 1929, S. 156; (im Ergebnis) Kaehler, S. 62 ff.; Köhler, PdW SchR II, Fall 151 S. 220 f.; Kluckhohn, ArchBürgR 41, 171, 173 ff.; Kunkel, JW 1933, 43; Larenz, § 69 IV a; ders., FS von Caemmerer, 1978, S. 209 ff.; Loewenheim, 1. Aufl., S. 89 f., 117; von Lübtow, S. 29; Molitor, § 32 I 4; Pankow, S. 49 ff.; RGRK/Scheffler, 11. Aufl., § 816 Anm. 19; Römer, AcP 119, 293, 354; Sack, FS Hubmann, 1985, 373, 382 f.; Schlechtriem, ZHR 149, 327, 333 f.; Siber, § 75, 1; Soergel/Mühl, § 816 Rn. 12; Staudinger/Lorenz, § 816 Rn. 25; StudK/Beuthien, § 816 Anm. I 2 d. Ähnlich Ebert, ZIP 2002, 2296, 2300 (Nichtberechtigter schuldet in berichtigender Auslegung von § 816 I BGB Wertersatz; ein niedriger Erlös wird über § 818 III BGB berücksichtigt). Gegen Theorie II, aber ohne Entscheidung zwischen Theorie I und III Kupisch, FS Niederländer, 1991, S. 305 ff.

1. Argument
Der Nichtberechtigte hat nach § 816 I 1 BGB das »durch die Verfügung Erlangte« herauszugeben. Damit ist der Erlös gemeint, den der Nichtberechtigte durch das der Verfügung zugrunde liegende Kausalgeschäft erlangt hat. Die in § 816 I 1 BGB getroffene Rechtsfolgenanordnung ist jedoch unvollständig; sie bedarf der Ergänzung aus der Wertung des § 818 II BGB. Die Erlösherausgabepflicht darf sich danach nicht auf einen den Wert des Verfügungsobjektes übersteigenden Gewinn erstrecken; sie muß vielmehr durch den objektiven Wert der Sache begrenzt werden. Der Eingriffserfolg ist nur insoweit herauszugeben, als er aus dem Recht des Anspruchstellers stammt. Soweit er dagegen auf die unternehmerische Tätigkeit des Bereicherten zurückzuführen ist, fällt er nicht in den Zuweisungsgehalt des verletzten Rechts. Zugewiesen ist dem Rechtsinhaber nur der von ihm selbst erzielte Gewinn, im übrigen nur die allgemeine Gewinnerzielungschance. Diese drückt sich aber im zu erstattenden objektiven Verkehrswert mit aus.

2. Argument

Nur wenn man den Erlösherausgabeanspruch aus § 816 I 1 BGB nicht auf den »Übergewinn« erstreckt, ergibt sich ein sinnvoll abgestuftes Sanktionensystem. Das BGB kennt die Verpflichtung zur Gewinnherausgabe ansonsten nur bei der Haftung des Geschäftsanmaßers: Wer wissentlich unbefugt ein objektiv fremdes Geschäft besorgt, etwa in Kenntnis der Eigentumslage eine fremde Sache veräußert, hat nach §§ 687 II 1, 681 S. 2, 667 BGB den gesamten Erlös, auch den über den objektiven Wert der Sache hinausgehenden Anteil, herauszugeben. Die sehr engen subjektiven Voraussetzungen dieser Regelung wären aber unverständlich, wenn nach Bereicherungsrecht schon der völlig schuldlos handelnde Nichtberechtigte den gesamten erlangten Gewinn abführen müßte.

3. Argument

Wenn man die Erlösherausgabepflicht aus § 816 I 1 BGB auch auf denjenigen Erlösanteil erstreckt, der den Verkehrswert des Verfügungsobjektes übersteigt, so ergeben sich schwer erträgliche Disharmonien zur allgemeinen Eingriffskondiktion. Wenn ein Nichtberechtigter etwa aus fremdem Material eine neue Sache herstellt, an der er nach § 950 BGB Eigentum erwirbt, so haftet er – auch wenn er die Sache anschließend mit hohem Gewinn weiterveräußert – nach §§ 951 I, 812 I 1 Fall 2 BGB doch nur auf den Verkehrswert des »verbrauchten« Materials. Da nun die wirksame Veräußerung einer fremden Sache letztlich doch nur eine Art »juristischen Verbrauchs« ist, darf die bereicherungsrechtliche Haftung des Eingreifers aus § 816 I 1 BGB nicht weitergehen als bei einem realen Verbrauch (beispielsweise zum Zwecke der Herstellung einer neuen Sache).

4. Argument

Wenn eine Sache zu einem ihren Verkehrswert übersteigenden Preis veräußert wird, so beruht dieser Übererlös weniger auf dem Substanzwert der Sache als auf der besonderen Geschäftstüchtigkeit oder den besonderen Bemühungen des Veräußers. Es wäre deshalb innerlich nicht gerechtfertigt, diesen Mehrerlös automatisch (auch bei völliger Schuldlosigkeit des Eingreifers) dem Berechtigten zugute kommen zu lassen (Larenz).

II. Schuldbefreiungstheorie

Der Nichtberechtigte muß nach § 816 I 1 BGB »das durch die Verfügung Erlangte« herausgeben. Damit ist der Vorteil gemeint, der in dem Freiwerden von der sich aus dem Kausalgeschäft ergebenden Verpflichtung zur Vornahme der fraglichen Verfügung liegt. Dieser Vorteil kann nicht in Natur, sondern nur wertmäßig herausgegeben werden. Sein Wert ist identisch mit dem Wert des Verfügungsobjektes.

Vertreten von:
Bälz, FS Gernhuber, 1993, S. 1, 32; Becker, Der Anspruch des Eigentümers auf den Erlös aus ungerechtfertigter Verfügung, 1936, S. 32 ff., 65 ff.; Höhn, 106 ff.; Medicus, BR Rn. 723 ff., 726; ders., Schuldrecht II, § 130 II 3 a Rn. 705; von Tuhr, AT II 2, S. 149 f. m. Fn. 49; im Grundsatz auch StudK / Beuthien, § 816 Anm. I 2 d, Koppensteiner / Kramer, 125 und Reeb S. 77 f., die diesen Ansatz aber mit einem subjektiven Wertbegriff in § 818 II BGB kombinieren. Anklänge an diese Auffassung auch bei Wieling, BR, § 4 III 1 d S. 59 f.

1. Argument

§ 816 I 1 BGB ist wörtlich zu nehmen. Erlangt hat der Veräußerer »durch die Verfügung« nicht den Kaufpreis, denn die Kaufpreisforderung hat er durch den Abschluß des Kaufvertrages erlangt, und den Kaufpreis selbst hat er durch eine Leistung des Erwerbers erhalten. »Durch die Verfügung« erlangt der Veräußerer lediglich die Befreiung von seiner Verbindlichkeit aus dem Grundgeschäft. Da diese Befreiung nicht herausgegeben werden kann, muß der Veräußerer nach § 818 II BGB ihren Wert ersetzen. Dieser bestimmt sich nach dem Wert der Sache, auf deren Leistung die Forderung gerichtet war.

2. Argument

Diese Interpretation hat den Vorteil, die Systematik des Bereicherungsrechts zu vereinfachen: Der Inhalt der besonderen Eingriffskondiktion bei »Eingriffsverfügungen« wird vollständig dem Inhalt der allgemeinen Eingriffskondiktion angeglichen. Der Nichtberechtigte haftet aus § 816 I 1 BGB bei diesem Normverständnis ja wie jeder Eingreifer auf den objektiven Wert des Vorteils, den er auf Kosten des Anspruchstellers erlangt hat. Außerdem erübrigt sich bei diesem Verständnis des § 816 I 1 BGB die mit der h. L. unvermeidlich verbundene befremdliche Annahme, daß hier Geleistetes mit Hilfe einer Eingriffskondiktion zurückgeholt werden kann, also eine systemwidrige Ausnahme von dem Dogma der Subsidiarität der Eingriffskondiktion gegeben ist. Nur den Kaufpreis, den die h. L. als Objekt der Eingriffskondiktion ansieht, hat der Nichtberechtigte ja durch die Leistung eines Dritten erlangt; auf die Schuldbefreiung trifft dies dagegen nicht zu.

III. Gewinnherausgabetheorie

Es ist der erlangte rechtsgeschäftliche Gegenwert schlechthin herauszugeben, also das gesamte commodum ex negotiatione cum re.

Vertreten von:
RGZ 88, 351, 359; 138, 45, 47 (über § 281 BGB); BGH NJW 1953, 58 f.; BGHZ 29, 157 ff. = LM § 816 BGB Nr. 8 mit Anm. Rietschel; 47, 128, 129; 75, 203, 206; BGH WM 1975, 1179; OLG Königsberg JW 1920, 399 mit Anm. Wolf; Achilles / Greiff / Brüggemann, § 816 Anm. 3; Bamberger / Roth / Wendehorst, § 816 Rn. 16, 19 (mit Einschränkungen); Brox / Walker, § 38 Rn. 22; Emmerich, § 17 Rn. 26; Enneccerus / Lehmann, § 225 I 1; (einschränkend) Erman / H. P. Westermann, § 816 Rn. 20; Esser, 4. Aufl., § 104 II 1 b; (einschränkend) Esser / Weyers, § 50 II 2 c; Fezer, S. 243; Fischer, Schadensberechnung im gewerblichen Rechtsschutz, 1961, S. 111; Giesen, Jura 1995, 243, 244; (nur im Ergebnis) Götzke, AcP 173, 289, 319, 321; Gursky, S. 208; ders., JR 1972, 279, 284; Haines, S. 118 ff., 121; Harder, JuS 1972, 395, 398; Heinemann, Die ungerechtfertigte Bereicherung und der Beitrag des Bereicherten, Diss. Tübingen 1957; HK-BGB / Schulze, § 816 Rn. 9; Hüffer, JuS 1981, 263, 266; Jakobs, S. 17 ff., 54 ff.; Jauernig / Schlechtriem, § 816 Rn. 9; jurisPK / Martinek, § 816 Rn. 22; Kellmann, S. 137 ff.; Kohler, ArchBürgR 35, 91, 105; Koppensteiner, NJW 1971, 1769, 1772; Koppensteiner / Kramer, S. 121 ff.; Kupisch, FS Niederländer, 1991, S. 305 ff.; H. Lange, NJW 1951, 685, 687; Larenz / Canaris, § 72 I 2 (mit Einschränkungen); Leonhard, § 281; Liermann, NJW 1951, 156; Loewenheim 107 f.; Lopau, Surrogationsansprüche und Bereicherungsrecht, 1971, S. 21 ff.; von Mayr, S. 612; Mand / Radke, JA 2000, 202, 204; Mestmäcker, JZ 1958, 521, 523; Moser, Die Herausgabe des widerrechtlich erzielten Gewinnes, 1940, S. 212 ff.; MünchKomm / Lieb, § 816 Rn. 30; Müller, Rn. 2237; Neumann, DJZ 1901, 18; Oert-

mann, § 816 Anm. 1; Palandt / Sprau, § 816 Rn. 24; Planck / Landois, § 816 Anm. IV; Reeb, S. 76 ff., 100; Reuter / Martinek, S. 321 ff.; RGRK / Heimann-Trosien, § 816 Rn. 12; Rothoeft, AcP 166, 246, 250 ff.; Rümker, S. 87 ff.; Schuler, NJW 1962, 1842; (einschränkend) Schulz, AcP 105, 1, 117 ff.; Schwarz, § 11 Rn. 37; Soergel / Mühl, § 812 Rn. 165; Staudinger / Seufert, 11. Aufl., § 816 Rn. 11 b; Stieve, S. 53 ff.; Thiele, S. 175; Weimar, MDR 1964, 383; Wendehorst, S. 284 (mit Einschränkungen); O. Werner, JuS 1970, 237, 240; H. Westermann, Sachenrecht, 5. Aufl., § 31 IV 3 b; (einschränkend) Wilburg, S. 126 ff., 128 ff.; ders., AcP 163, 346, 349 (Verteilung des Gewinns nach Beitragswerten); Wiedemann, Übertragung und Vererbung von Mitgliedschaftsrechten, 1965, S. 20; (einschränkend) Wieling, BR, § 4 III 1 d; Wilhelm, 57; E. Wolf, S. 487.

1. Argument

Der Gesetzgeber hat für § 816 I 1 BGB den Erlös als herauszugebende Bereicherung angesehen. Vorbild für die Norm ist der in I 15 § 28 ALR geregelte Anspruch des früheren Eigentümers gegen den redlichen Veräußerer einer fremden Sache (Mot. III S. 224 = Mugd. III S. 124). Diese Norm, nach der der Nichtberechtigte den »bei der Veräußerung gezogenen Vorteil« herauszugeben hatte, wurde allgemein so verstanden, daß der erhaltene Gegenwert herauszugeben ist (vgl. Förster / Eccius, Preußisches Privatrecht, 7. Aufl., Band III, 1896, S. 303 m. w. N.).

2. Argument

Der Wortlaut des § 816 I 1 BGB ordnet die Herausgabe des »Erlangten« schlechthin an, ohne auf den Wert des von der Verfügung betroffenen Gegenstandes abzustellen (BGH).

3. Argument

§ 818 II BGB läßt sich nicht zur Auslegung des § 816 I 1 BGB heranziehen. Der ersteren Norm liegt die Erwägung zugrunde, daß ein Bereicherungsanspruch bestanden hat und daß der eigentliche Gegenstand dieses Bereicherungsanspruchs nicht herausgegeben werden kann; dann tritt an die Stelle der Herausgabe in Natur als Notbehelf die wertmäßige Herausgabe. § 816 I 1 BGB reagiert aber nicht auf Schwierigkeiten bei der Durchsetzung eines Bereicherungsanspruchs, sondern auf die Entziehung einer bisherigen dinglichen Rechtsposition, insbesondere die Entziehung des Eigentums. Es ist aber durchaus sinnvoll, daß die Vereitelung eines dinglichen Rechtes zu einem weitergehenden sekundären Rechtsbehelf führt als er bei einer Störung der in einem Bereicherungsanspruch liegenden (schwachen) obligatorischen Zuweisung gewährt wird.

4. Argument

Wird ein normaler (nicht bereicherungsrechtlicher) obligatorischer Anspruch dadurch vereitelt, daß der Verpflichtete den geschuldeten Gegenstand an einen Dritten veräußert, so haftet er nach § 285 BGB auf Herausgabe des commodum ex negotiatione; nach fast allgemeiner Auffassung muß er dabei den gesamten Veräußerungserlös einschließlich eines dabei erzielten Gewinns abführen. Es wäre nun unverständlich, wenn § 816 I 1 BGB als der bei Vereitelung einer dinglichen Rechtsposition gegebene Sekundäranspruch weniger weit ginge als die Surrogathaftung bei Vereitelung eines bloß schuldrechtlichen Anspruchs.

5. Argument
Der Berechtigte trägt unstreitig das gesamte Risiko einer Unter-Wert-Veräußerung. Mit Rücksicht auf diese Risikoverteilung ist es nicht unbillig, daß der Berechtigte auch von einer Über-Wert-Veräußerung profitiert (cuius est periculum eius et commodum esse debet).

6. Argument
§ 687 II BGB ist auch bei einer bereicherungsrechtlichen Gewinnhaftung nicht überflüssig. Diese Vorschrift zielt gar nicht speziell darauf ab, eine Gewinnhaftung zu schaffen, die sonst nicht gegeben wäre, sondern will die gesamten Ansprüche des Geschäftsherrn bei einer echten Geschäftsführung ohne Auftrag – und damit beispielsweise auch die so weitgehende Schadensersatzhaftung aus § 678 BGB – auch für den Fall der bösgläubigen Eigengeschäftsführung geben (Esser / Weyers).

7. Argument
Eine bedenkliche Einebnung der Unterschiede zwischen der Geschäftsanmaßerhaftung einerseits und der Bereicherungshaftung nach § 816 I 1 BGB tritt auch dann nicht ein, wenn man der h. M. folgt. Die Haftung des gutgläubigen Nichtberechtigten, der eine wirksame Verfügung vorgenommen hat, ist ja schon wegen der Beschränkung auf die verbliebene Bereicherung im Falle der Gutgläubigkeit des Verfügenden wesentlich milder als die strikte Verpflichtung des Geschäftsanmaßers zur Herausgabe des Erlangten; daran ändert auch der gegenläufige Anspruch des Geschäftsanmaßers aus § 684 S. 2 nichts, da die möglichen Abzugsposten im Rahmen des § 818 III BGB über den Kreis der nach § 684 S. 2 BGB wertsteigernden oder einnahmeerhöhenden Aufwendungen des Nichtberechtigten hinausgehen.

8. Argument (gegen Theorie II)
Es geht nicht an, das Erlangte in der Schuldbefreiung zu sehen. Dieser Ansatz müßte nämlich – konsequent durchgehalten – zu einer bereicherungsunabhängigen Wertersatzpflicht führen, während § 816 I 1 BGB doch zweifelsfrei als echter Bereicherungsanspruch konzipiert ist: Die Verbesserung der Vermögenslage, die in der Befreiung von der Verpflichtung zur Vornahme der fraglichen Verfügung liegt, kann einfach in der Folgezeit nicht mehr entfallen. Sie bliebe beispielsweise auch dann bestehen, wenn der erzielte Veräußerungserlös dem Nichtberechtigten umgehend gestohlen würde. Ja, die Haftung des Veräußerers aus § 816 I 1 BGB in Höhe des Sachwertes müßte selbst dann eingreifen, wenn dieser sich durch formwirksames Schenkungsversprechen zur unentgeltlichen Vornahme der fraglichen Verfügung verpflichtet hatte. Hier würden dann der Erwerber aus § 816 I 2 BGB und der schenkweise verfügende Nichtberechtigte kumulativ haften, während das Gesetz doch offensichtlich von einer Alternativität dieser beiden Kondiktionstatbestände ausgeht. Schließlich scheitert der Lösungsansatz offensichtlich bei Handgeschäften, bei denen eine auf die Verfügung zurückgehende Schuldbefreiung gar nicht festzustellen ist: Wäre die Verfügung unterblieben, so wäre auch das gleichzeitig abgeschlossene Kausalgeschäft unterblieben.

9. Argument
Wer z. B. eine fremde Sache als Nichtberechtigter veräußert, erlangt durch deren Übereignung keinesfalls nur die Befreiung von seiner Übereignungspflicht aus dem Kaufvertrag, sondern er »erlangt« genaugenommen erst jetzt einen durchsetzbaren und wirtschaftlich be- und verwertbaren Anspruch auf die Gegenlei-

stung. Der Anspruch existierte zwar schon zwischen Kaufvertragsabschluß und Übereignung der Kaufsache, aber er war bisher sowohl wirtschaftlich wertlos als auch juristisch nicht bestandskräftig, da ihm ja bisher die Einrede des § 320 BGB bzw. die Möglichkeit der Vernichtung im Wege der Rechtsmängelhaftung nach §§ 433 I 2, 435, 437 BGB entgegenstand (Canaris, NJW 1991, 2520).

Beispiel:

Im Ausgangsfall kann A von B natürlich Schadensersatz in Höhe von 150,– € aus § 823 I BGB und aus §§ 275 IV, 280 I, III, 283 verlangen. Dem A steht darüber hinaus ein Anspruch aus § 816 I 1 BGB gegen B zu, da die Verfügung des B ja nach § 932 BGB wirksam war. Nach Theorie I und II würde auch dieser Anspruch wiederum nur auf den Betrag von 150,– € gehen, während nach Theorie III der gesamte Veräußerungserlös in Höhe von 200,– € geschuldet würde. Das ist allerdings im Ergebnis irrelevant, weil dem A ja auch der Erlösherausgabeanspruch aus §§ 604 IV, 275 IV, 285 zusteht, der jedenfalls (fast) unstreitig den vollen Veräußerungserlös erfaßt. Praktische Bedeutung bekommt der Streit, wenn man den Fall dahingehend abwandelt, daß A erst 17 jährig ist und das Mofa entgegen einer Anweisung seiner Eltern verliehen hat.

13. Problem (§ 816 I 1 BGB)
Kann sich der Eigentümer auch bei einer unwirksamen Verfügung eines Nichtberechtigten den Anspruch auf Erlösherausgabe aus § 816 I 1 BGB verschaffen, indem er die Verfügung genehmigt?

Beispiel:

A stiehlt dem E eine Uhr und veräußert sie für 1 000,– € an den gutgläubigen B, der sie seinerseits für 1 200,– € an C weiterveräußert. Da der Aufenthaltsort des C unbekannt ist, möchte E auf den von B erzielten Veräußerungserlös in Höhe von 1 200,– € zugreifen. Geht dies?

Ausgangspunkt:
§ 816 I BGB setzt seinem Wortlaut nach die Wirksamkeit der Verfügung des Nichtberechtigten voraus. Bei Unwirksamkeit der Verfügung hat der Berechtigte ja sein Recht behalten; er kann es auch gegenüber dem »Erwerber« durchsetzen. Im Falle einer an § 935 BGB oder an § 932 II BGB scheiternden Veräußerung einer fremden Sache kann der Eigentümer beispielsweise seinen Vindikationsanspruch gegen den Erwerber geltend machen. Die Durchsetzung dieses Anspruchs kann allerdings daran scheitern, daß der Aufenthaltsort des Erwerbers unbekannt ist, oder daran, daß die Sache in der Zwischenzeit beim Erwerber untergegangen oder ihm wiederum gestohlen worden ist. In derartigen Fällen stellt sich die Frage, ob der Berechtigte die zunächst unwirksame Verfügung nicht einfach durch eine Genehmigung nach § 185 II 1 Fall 1 BGB zu einer wirksamen machen und damit selbst die Voraussetzungen für einen Erlösherausgabeanspruch gegen den verfügenden Nichtberechtigten schaffen kann.

I. Ablehnende Auffassung (überholt)

Der Berechtigte hat kein Wahlrecht zwischen Vindikation und Kondiktion; er kann nicht durch Genehmigung der Verfügung die Voraussetzungen des § 816 I 1 BGB schaffen.

Vertreten von:
OLG Hamburg OLGE 45, 124 und 126; LZ 1925, 609; JW 1926, 1244 und 1275; Esser, 1. Aufl., § 307, 2 (448); Haymann, JherJb 77, 188, 276 ff.; ders., LZ 1930, 681; ders., JW 1931, 1127; Krawielicki, JherJb 81, 257, 258 f.; von Mayr, S. 316; Molitor, § 31 II 5; Siber, § 74 IV 1; ders., JherJb 89, 1, 40 f.; ähnlich auch Heck, § 142, 9, der jedoch § 816 I 1 BGB ohne Genehmigung anwendet; nur für § 816 II BGB: Roth, JZ 1972, 150 ff.

1. Argument
Nur diese Auffassung wird dem Gesetzeswortlaut des § 816 I BGB gerecht (»wirksam ist«, nicht »wird«). Im übrigen würde der verfügende Nichtberechtigte durch die Rückwirkung der Genehmigung (§§ 185 III Fall 1, 184 I BGB) ja auch zum Berechtigten. Auch insoweit paßt also der Wortlaut des § 816 I 1 BGB nicht auf durch Genehmigung wirksam gewordene Verfügungen.

2. Argument
Nach den Gesetzesmaterialien ist § 816 I 1 BGB nur für solche Tatbestände gedacht, in denen der Bereicherte unabhängig von seinem Willen einen Rechtsverlust erleidet. Das ist aber nicht der Fall, wenn er den Rechtsverlust selbst durch eine von ihm erklärte Genehmigung herbeiführt.

3. Argument
Wenn die von einem Nichteigentümer vorgenommene Übereignung am Abhandenkommen der Sache oder an der Bösgläubigkeit des Erwerbers scheitert, bedarf es der Anwendung des § 816 I 1 BGB schon deshalb nicht, weil der Eigentümer auf den Erlös schon mit Hilfe von §§ 285, 985 BGB zugreifen kann (sehr streitig, vgl. Examenswichtige Klausurprobleme, Band 6, Gursky, Das Eigentümer-Besitzer-Verhältnis, Problem 4). Das hat für den Eigentümer den Vorteil, daß er nicht auf sein Eigentum verzichten muß, sondern die Sache mit Hilfe der Vindikation zurückholen kann, wenn diese später zufällig wieder auftaucht.

4. Argument
Bei Gutgläubigkeit des verfügenden Nichtberechtigten schließt § 687 I BGB eine genehmigungsfähige Geschäftsführung und damit einen Erlösherausgabeanspruch aus §§ 681 S. 2, 670 BGB aus. Damit wäre es aber nicht zu vereinbaren, wenn der Eigentümer auf den bei der Veräußerung seiner Sache erzielten Kaufpreis schon mit Hilfe des Bereicherungsanspruchs aus § 816 I 1 BGB zugreifen könnte.

5. Argument
Wer als Berechtigter in die Verfügung eines Nichtberechtigten einwilligt, den Nichtberechtigten also antizipiert zur Vornahme der Verfügung ermächtigt, kann sicherlich nicht die besondere Eingriffskondiktion aus § 816 I 1 BGB gegen den Nichtberechtigten erheben. Er hat mit seiner Einwilligung eine Leistung an den betreffenden Nichtberechtigten erbracht und ist deshalb auf vertragliche

Ansprüche gegen den letzteren bzw. bei Unwirksamkeit des zwischen ihnen geschlossenen Vertrages auf eine Leistungskondiktion beschränkt. Dann ist aber nicht einzusehen, warum dem Berechtigten bei einer nachträglichen Autorisierung des Nichtberechtigten, also eine Genehmigung der Verfügung, die Eingriffskondiktion aus § 816 I 1 BGB zustehen soll.

II. Bejahende Auffassung

Auch bei einer unwirksamen Verfügung eines Nichtberechtigten kann sich der Berechtigte den Erlösherausgabeanspruch aus § 816 I 1 BGB gegen den Nichtberechtigten verschaffen, indem er die Verfügung genehmigt und ihr damit nach §§ 185 II 1 Fall 1, 184 I BGB Wirksamkeit verleiht.

Vertreten von:
s. unten bei A, B und C

1. Argument
Da die Genehmigung nach § 184 I BGB auf den Zeitpunkt der Vornahme des Rechtsgeschäfts zurückwirkt, muß die genehmigte Verfügung auch für die Anwendung von § 816 I 1 BGB als von Anfang an wirksam behandelt werden.

2. Argument
Es besteht ein unabweisbares praktisches Bedürfnis dafür, daß der Berechtigte sich bei einer zunächst unwirksamen Verfügung des Nichtberechtigten den Erlösherausgabeanspruch aus § 816 I 1 BGB gegen den Verfügenden durch Genehmigung eröffnen kann. Andernfalls wäre der Eigentümer einer gestohlenen Sache, die ein gutgläubiger erster Ankäufer inzwischen weiterveräußert hat und deren Verbleib jetzt nicht mehr festzustellen ist, völlig ohne Schutz. Die ihm verbleibende Vindikationsmöglichkeit wäre für den Eigentümer häufig auch deshalb von geringerem Interesse als ein Erlösherausgabeanspruch, weil die Sache in der Zwischenzeit möglicherweise schon schwer beschädigt oder stark abgenutzt ist. Schützenswerte Interessen des Nichtberechtigten werden durch die Belastung mit der Erlösherausgabepflicht nicht verletzt, da er ohne die Genehmigung ja der Gewährleistungshaftung seines Abnehmers (§§ 433 I 2, 435, 437 BGB) ausgesetzt wäre, also den erzielten Kaufpreis nach §§ 437 Nr. 2, 349, 346 I oder §§ 437 Nr. 3, 280 I, III, 281 I 1, 2 BGB ohnehin an seinen Abnehmer hätte zurückerstatten müssen. Von dieser Verpflichtung wird er durch die zur Entstehung des Anspruchs aus § 816 I 1 BGB führende Genehmigung befreit.

3. Argument
Es läßt sich nicht einwenden, mit dem Augenblick der Genehmigung höre die Verfügung auf, die eines Nichtberechtigten zu sein. Denn der Begriff der Nichtberechtigung in § 816 BGB und § 185 BGB bedeutet nur, daß der Verfügende im Zeitpunkt der Verfügung tatsächlich zu ihr nicht berechtigt war. Die Verfügung soll im Fall der Genehmigung wirksam sein, obwohl sie von einem Nichtberechtigten vorgenommen worden ist. Die Genehmigung heilt rückwirkend den Mangel der Verfügungsmacht des Nichtberechtigten und verschafft der Verfügung damit nachträglich die ihr bisher von der Rechtsordnung versagte Wirkung gegenüber Dritten, insbesondere zugunsten des Erwerbers. All dies ändert aber nichts daran, daß der Verfügende unbefugt in das Recht des Genehmigenden eingegriffen hat, also im Zeitpunkt der Verfügung Nichtberechtigter war: Die Rückwirkung kann

sich eben immer nur auf die Rechtsfolgenanordnung (also die Wirksamkeit der Verfügung), nicht auch auf den Sachverhalt beziehen.

Innerhalb dieses Lagers ist es nun streitig, ob der Eigentümer bei der Wahl des Kondiktionsanspruchs aus § 816 I 1 BGB Gefahr läuft, sein Eigentum trotz eventueller Zahlungsunfähigkeit des Nichtberechtigten endgültig zu verlieren. Es stehen sich insoweit im wesentlichen die drei folgenden Auffassungen gegenüber:

Meinung A

Der Erlösherausgabeanspruch aus § 816 I 1 BGB entsteht bei anfänglich unwirksamen Verfügungen eines Nichtberechtigten nur dann, wenn der Berechtigte die Verfügung *vorbehaltlos genehmigt*. Da die Genehmigung materielle Anspruchsvoraussetzung ist, muß die Klage auf Herausgabe des Verfügungserlöses regelmäßig als konkludente Genehmigung der Verfügung angesehen werden. Diese Deutung setzt allerdings voraus, daß der Berechtigte die Unwirksamkeit der Verfügung kannte oder wenigstens mit ihr gerechnet hat.

Vertreten von:
RGZ 106, 44 ff.; 115, 31, 34; BGHZ 56, 131 = JZ 1971, 375 m. Anm. Zeiss; BGH LM § 816 BGB Nr. 6, 9/10; BGH JZ 1961, 24 m. Anm. Raiser; BGH WM 1967, 395, 397; BGH NJW 1968, 1326; BGH NJW 1969, 665; BGH DB 1976, 814; Achilles/Greiff/Brüggemann, § 816 Anm. 2; Beuthien/Weber, Fall 6, S. 87 f.; von Caemmerer, FS Rabel, 1954, S. 333, 389 (= GS S. 215); Diederichsen, Jura 1970, 378, 388; Emmerich, § 17 Rn. 23; Freund, Der Eingriff in fremde Rechte, 1902, S. 42 ff.; Oertmann, § 816 Anm. 1 a; Planck/Landois, § 816 Anm. 3; von Tuhr, II 1, 381; E. Wolf, S. 478 f.

1. Argument
Es ist nicht daran vorbeizukommen, daß der Eigentümer sich den Erlösherausgabeanspruch aus § 816 I 1 BGB nur durch die Genehmigung der Verfügung verschaffen kann. Wenn der Eigentümer sich für die Genehmigung entscheidet, muß er die damit verbundene negative Folge des sofortigen Eigentumsverlustes hinnehmen und das Risiko, daß sich der Erlösherausgabeanspruch als undurchsetzbar erweisen könnte, tragen.

2. Argument (gegen Meinung C)
Da der Anspruch auf den Erlös aus § 816 I 1 BGB erst durch die Genehmigung entsteht, kann er vor Erteilung der Genehmigung auch nicht erfolgreich eingeklagt werden. Nach §§ 257, 258 ZPO ist zwar eine Klage auf eine künftige Leistung, aber nicht aus einem künftigen Anspruch zulässig (Deubner, MDR 1958, 197).

3. Argument
Meinung C scheitert an der Bedingungsfeindlichkeit der Genehmigung.

4. Argument
Der Eigentümer würde treuwidrig handeln, wenn er einerseits vom Nichtberechtigten den Veräußerungserlös beanspruchte, der ihm nur bei Wirksamkeit der Verfügung zustünde, sich andererseits aber vorbehielte, unter Berufung auf die Unwirksamkeit der Verfügung den Besitzer der Sache auf Herausgabe in Anspruch zu nehmen. Schon deshalb muß in der Klage auf Herausgabe des Veräußerungserlöses die Genehmigung des Verfügungsgeschäftes gesehen werden (RG).

Meinung B

Der Eigentümer kann vom Nichtberechtigten Herausgabe des Erlangten *Zug um Zug* gegen Genehmigung der Verfügung verlangen. Die Genehmigung wird erst wirksam, wenn der Nichtberechtigte den Erlös herausgibt.

Vertreten von:
AK/Joerges, § 816 Rn. 11; Bauernfeind, NJW 1961, 109 f.; Dölle, RG-Festgabe III, 1929, S. 22, 33; Enneccerus/Lehmann, § 225 I 3 c; Erman/H. P. Westermann, § 816 Rn. 9; Esser, 4. Aufl., § 104 II 2 b; Esser/Weyers, § 50 II 2 b; Hüffer, JuS 1981, 263, 266; HK-BGB/Schulze, § 816 Rn. 7; Jauernig/Schlechtriem, § 816 Rn. 6; jurisPK/Martinek, § 816 Rn. 17; Köhler, PdW Schuldrecht II, Fall 153 S. 223; Koppensteiner/Kramer, S. 94; Larenz, § 69 IV a; Larenz/Canaris, § 69 II 1 c; Leonhard, § 268; Loewenheim, S. 104; MünchKomm/Lieb, § 816 Rn. 26; Palandt/Sprau, § 816 Rn. 9; Reeb, S. 76; Reuter/Martinek, S. 304 ff.; Soergel/Mühl, § 816 Rn. 8; Staudinger/Lorenz, § 816 Rn. 9; StudK/Beuthien, § 816 Anm. I 2 b; Wieling, BR; § 4 III 1 d aa, S. 53.

1. Argument

Trotz der formalrechtlichen Bedenken, daß vor dem Vorliegen einer Genehmigung die Anspruchsvoraussetzungen noch nicht gegeben sind, ist diese Lösung mit Rücksicht auf die legitimen Gläubigerinteressen zu befürworten. Denn mit der Genehmigung verliert der Berechtigte sein Eigentum und damit die Möglichkeit, auf den Herausgabeanspruch gegen den jeweiligen Besitzer zurückzugreifen. Sofern der Berechtigte auch den Erlös beim Nichtberechtigten nicht beitreiben kann, ginge er völlig leer aus. Schon deshalb muß eine Lösung gefunden werden, die den Eigentumsverlust nicht vor der Durchsetzung des Erlösherausgabeanspruches eintreten läßt.

Daß keiner der Tatbestände vorliegt, bei denen das Gesetz eine Zug-um-Zug-Verurteilung zuläßt, darf keine Rolle spielen. Diese Tatbestände sind nur besondere Ausprägungen des allgemeinen Grundsatzes von Treu und Glauben. Sie erfassen jeweils Situationen, in denen beide Beteiligten Leistungen zu erbringen haben, aber keinem eine Vorleistung zumutbar ist. Die gleiche Interessenlage ist aber auch bei der hier zur Diskussion stehenden Konstellation gegeben: Dem Eigentümer ist es nicht zumutbar, seine »Leistung« an den Nichtberechtigten (nämlich die Genehmigung, die diesen von Gewährleistungsansprüchen seines Abnehmers befreit) schon vor der Erlösherausgabe zu erbringen. Und ebenso wäre dem Nichtberechtigten die Abführung des Erlöses unzumutbar, wenn er weiterhin dem Rückgriffsanspruch seines Abkäufers ausgesetzt bliebe.

2. Argument (gegen Meinung A Arg. 4)

Dem Eigentümer kann durchaus nicht der Vorwurf treuwidrigen Verhaltens gemacht werden, wenn er sich die Genehmigung bis zum Augenblick der Erfüllung seines Kondiktionsanspruchs vorbehält. Durch die Zug-um-Zug-Lösung wird sichergestellt, daß der Eigentümer nur entweder vom Nichtberechtigten den Erlös aus der Verfügung oder vom Erwerber die Sache herausverlangen kann: Sobald er vom Nichtberechtigten den Kaufpreis fordert und erhält, ist die Genehmigung erteilt und der Nichtberechtigte vor Rückgriffsansprüchen seines Abnehmers sicher. Fordert der Eigentümer dagegen vom Berechtigten die Sache heraus, so verzichtet er damit notwendigerweise auf den Kaufpreis, weil darin eine konkludente

Verweigerung der Genehmigung liegt. Damit ist den legitimen Interessen des Nichtberechtigten genügt.

3. Argument
Die Konstruktion einer auflösenden Bedingung scheitert daran, daß einseitige Rechtsgeschäfte, durch die ein anderer betroffen wird, grundsätzlich auch ohne ausdrückliche gesetzliche Anordnung bedingungsfeindlich sind (vgl. Flume AT II, § 38, 5). Die anerkannte Ausnahme – Bedingungen, deren Eintritt oder Ausfall allein vom Willen des Betroffenen abhängt – wäre hier ja nicht gegeben: Betroffener in diesem Sinne wäre ja nicht nur der Nichtberechtigte, sondern auch der Erwerber.

4. Argument
Wollte man den Erlösherausgabeanspruch schon bei einer Genehmigung, die unter die auflösende Bedingung der Nichtbeitreibbarkeit des Erlöses gestellt ist, zubilligen, so hätte das die mißliche Folge, daß über die Rechtmäßigkeit des Urteils erst der Erfolg der Vollstreckung entschiede. Das aber wäre prozessual höchst bedenklich (H. P. Westermann).

5. Argument
Die Konstruktion der auflösenden Bedingung ist mit dem sachenrechtlichen Publizitätsprinzip unvereinbar: Der Erwerber würde bei Bedingungseintritt das Eigentum wieder verlieren, ohne daß die Rechtsänderung außenstehenden Dritten durch ein sachenrechtliches Publizitätsmittel offengelegt würde.

Meinung C

Der Eigentümer kann sich den Erlösherausgabeanspruch aus § 816 I 1 BGB schon dadurch verschaffen, daß er die Verfügung unter der *auflösenden* Bedingung der Nichtbeitreibbarkeit des Erlöses beim Berechtigten (bzw. der Nichtherausgabe durch diesen) genehmigt.

Vertreten von:
Baur/Stürner, § 11 B II 2; Gursky, S. 208; ders., Fälle und Lösungen zum Sachenrecht, 11. Aufl. 2003, Rn. 205 m. Fn. 12; Köbl, S. 289; von Lübtow, S. 67 Fn. 48; Merle, AcP 183, 81, 90 ff.; Staudinger/Seufert, 10./11. Aufl., § 816 Rn. 4 a; weitergehend Wilckens, AcP 157, 399, 401 ff. und Jochem, MDR 1975, 176, 182 (auflösende Bedingung, daß der Besitzer ausfindig gemacht wird bzw. daß der bisherige Eigentümer die Klage auf Herausgabe der Sache erhebt).

1. Argument
Es stimmt zwar, daß einseitige, gestaltende Rechtsgeschäfte bedingungsfeindlich sind. Dieses Bedenken muß jedoch hinter dem vorrangigen Sicherheitsinteresse des Eigentümers zurücktreten.

2. Argument
Den Beteiligten ist der durch die auflösende Bedingung zunächst entstehende Schwebezustand zumutbar, zumal es der nichtberechtigt Verfügende in der Hand hat, durch Herausgabe des Surrogates diesen Schwebezustand zu beenden (Köbl). Für den Erwerber aber entstehen durch den Schwebezustand, den die auflösend bedingte Genehmigung hervorruft, keinerlei Nachteile: Seine Rechtsstel-

lung wird ja auch durch eine nur auflösend bedingte Genehmigung nur verbessert. Selbst wenn die auflösende Bedingung später eintreten sollte, so würde sie ja keine Rückwirkung entfalten können; der Erwerber würde also durch die Genehmigung jedenfalls für den Zeitraum bis zu dem Bedingungseintritt Eigentum erlangt haben und damit für diesen Zeitraum von etwaigen Ansprüchen des Genehmigenden aus §§ 987 ff. BGB freigestellt worden sein.

3. Argument
Die Lösung der Zug um Zug gegen Erlösherausgabe zu erteilenden Genehmigung funktioniert schon deshalb nicht, weil spätestens mit Beginn der Zwangsvollstreckung – und nicht erst bei ihrem Erfolg – der titulierte Anspruch gegeben sein muß. Ergibt sich aus dem Urteil, daß der materiellrechtliche Anspruch noch von einer aufschiebenden Bedingung abhängt, so ist der Bedingungseintritt nach § 726 I ZPO vor Erteilung der vollstreckbaren Ausfertigung zu prüfen (Merle).

4. Argument
Die Interessenlage ist den gesetzlich geregelten Fällen einer Zug-um-Zug-Verurteilung durchaus nicht vergleichbar. Die Regeln über die Erfüllung Zug um Zug dienen nämlich nur dem Schutz des Schuldners, während der von Meinung B vorgeschlagene Zug-um-Zug-Mechanismus bei der Genehmigung der Verfügung eines Nichtberechtigten ausschließlich den Eigentümer als (zukünftigen) Gläubiger des Erlösherausgabeanspruches schützen soll (Merle).

5. Argument
Es trifft nicht zu, daß nach der Konstruktion der auflösend bedingten Genehmigung erst der Erfolg der Vollstreckung über die Rechtmäßigkeit des Urteils entschiede. Bis zur fruchtlosen Beendigung der Vollstreckung ist die Bedingung nicht eingetreten, besteht also der titulierte Anspruch noch und ist das Urteil damit rechtmäßig. Mit dem Fehlschlag des Vollstreckungsversuches entfällt der titulierte Anspruch auch nicht mit Rückwirkung, sondern nur ex nunc. Bei einem etwaigen späteren erneuten Vollstreckungsversuch könnte der Nichtberechtigte sich mit Hilfe der Vollstreckungsgegenklage (§ 767 ZPO) wehren (Merle).

6. Argument (gegen Meinung B Arg. 5)
Der Einwand, die Lösung über die auflösende Bedingung verstoße gegen das sachenrechtliche Publizitätsprinzip, trifft nicht zu. Auflösend bedingte Verfügungen über dingliche Rechte sind – abgesehen von § 925 II BGB – anerkanntermaßen zulässig, und bei Bedingungseintritt tritt dann jeweils die Änderung der dinglichen Rechtslage automatisch, ohne weiteren Publizitätsakt ein. Es ist nicht einzusehen, weshalb die auflösend bedingte Genehmigung einer unbedingten, aber zustimmungsbedürftigen Verfügung, die doch nur die gleiche Schwebelage wie eine von vornherein auflösend bedingte Verfügung schafft, eine inakzeptable Beeinträchtigung des sachenrechtlichen Publizitätsprinzipes bedeuten sollte.

Beispiele:

1. Im Ausgangsfall könnte Anspruchsgrundlage §§ 985, 285 BGB sein. Zur Streitfrage, ob der Surrogatherausgabeanspruch des § 285 BGB auch zur Verlängerung des Vindikationsanspruches aus § 985 BGB eingesetzt werden kann, vgl. Band 6 der Examenswichtigen Klausurprobleme, Gursky: Das Eigentümer-Besitzer-Verhältnis, Problem Nr. 4.

E hat gegen B keinen Anspruch aus unechter Geschäftsführung ohne Auftrag (§§ 687 II 1, 681 S. 2, 667 BGB), weil B nicht weiß, daß er ein fremdes Geschäft als eigenes behandelt. Mangels Bösgläubigkeit des B entfällt auch ein Anspruch aus dem Eigentümer-Besitzer-Verhältnis (§§ 990 I, 989 BGB).

Jedoch kommt § 816 I 1 BGB als Anspruchsgrundlage in Betracht. Nach Theorie I scheitert dieser Anspruch daran, daß die Verfügung des Nichtberechtigten unwirksam war. Die verschiedenen Varianten der Theorie II geben dem E jeweils die Möglichkeit, sich einen Erlösherausgabeanspruch gegen den Nichtberechtigten selbst durch eine Genehmigung der zunächst unwirksamen Verfügung zu eröffnen; sie unterscheiden sich darin, zu welchem Zeitpunkt die Genehmigung erteilt werden muß und ob sie bedingt sein kann.

2. D hat der Firma F einen Posten Leder gestohlen und an den gutgläubigen X veräußert, der das Leder seinerseits an verschiedene Abnehmer veräußerte, die dieses dann weiterverarbeiteten. F verlangt von X Herausgabe der Verkaufserlöse (Fall nach BGHZ 56, 131 ff.).

Anspruchsgrundlage sind auch hier wieder §§ 816 I 1, 185 II 1 Fall I BGB. Die Besonderheit dieses Falles liegt darin, daß F bei Klageerhebung nicht mehr Eigentümerin des Leders ist, weil dieses in der Zwischenzeit von den Abnehmern des X zu neuen Sachen weiterverarbeitet worden ist (§ 950 BGB). Nach h. M. setzt eine wirksame Genehmigung jedoch grundsätzlich voraus, daß die Verfügungsmacht des Genehmigenden noch im Augenblick der Genehmigung besteht (arg. 184 II BGB). Die Praxis begnügt sich jedoch bei § 816 I 1 BGB damit, daß die Verfügungsmacht des Genehmigenden im Augenblick der Verfügung des Nichtberechtigten bestanden hat und zudem auch noch beim Untergang der Sache (bzw. bei ihrer Verarbeitung zu einer neuen Sache) gegeben war (BGH a. a. O. m. w. N.; Pfister, JZ 1969, 623 ff.). Diese Lösung ist gut vertretbar, da Gegeninteressen eines Dritten überhaupt nicht ersichtlich sind. Somit hat F gegen X nach den verschiedenen Varianten der Theorie II einen Anspruch auf Wertersatz.

14. Problem (§ 816 I 1 BGB)
Welchen Inhalt hat der Anspruch aus § 816 I 1 BGB bei der Verpfändung fremder Sachen?

Beispiel:

N ist im Grundbuch als Eigentümer eines Grundstücks eingetragen, das in Wirklichkeit dem E gehört. Im Vertrauen auf seine Eigentümerstellung bestellt der N seiner Bank an diesem Grundstück eine Hypothek zur Sicherung einer Darlehensforderung in Höhe von 50 000,– € nebst 7 % Zinsen. Nachdem sich die Unrichtigkeit des Grundbuches herausgestellt hat, möchte E wissen, welche Rechte ihm gegenüber der Bank und N zustehen.

Ausgangspunkt:
Die Anwendung des § 816 I 1 BGB bereitet besondere Schwierigkeiten, wenn die wirksame Verfügung des Nichtberechtigten in der Bestellung eines Pfandrechts oder Grundpfandrechts besteht. In diesen Fällen erhält der verfügende Nichtberechtigte ja jedenfalls keine Gegenleistung im engeren Sinne, keinen Veräuße-

rungserlös. Andererseits liegt es auf der Hand, daß die Belastung der fremden Sache für ihn regelmäßig von Vorteil sein wird: Er hat dadurch vielleicht die entsprechende Belastung einer anderen, eigenen Sache erspart. Denkbar ist auch, daß er gar keine andere geeignete Sicherheit hätte bieten können und deshalb den erhofften Kredit entweder gar nicht erhalten oder doch nur zu sehr viel ungünstigeren Bedingungen bekommen hätte; wenn die betreffende Sicherheit erst nachträglich bestellt worden ist, hat er vielleicht nur auf diesem Wege eine ihm schon angedrohte Kündigung des aufgenommenen Darlehens verhindern können. Wenn der Nichtberechtigte aber, wie regelmäßig durch die von ihm vorgenommene Belastung des fremden Grundstücks profitiert hat, verlangt das Bereicherungsausgleichsprinzip, daß ihm der erlangte Vorteil wieder entzogen wird. Man könnte natürlich statt dessen auch daran denken, die Bestellung der dinglichen Sicherheit als unentgeltliche Verfügung i. S. v. § 816 I 2 BGB zu beurteilen und damit einen Bereicherungsanspruch gegen den Sicherungsnehmer (Pfandgläubiger; Grundpfandgläubiger) zu ermöglichen. Die letztere Lösung verbietet sich aber schon deshalb, weil damit jedenfalls im Ergebnis der gutgläubige Erwerb der betreffenden dinglichen Sicherungsrechte ausgeschaltet und die Kreditwirtschaft gefährdet würde. Es bleibt damit doch nur der Weg über § 816 I 1 BGB. Dabei ist nun äußerst problematisch, worin denn hier eigentlich der Anknüpfungspunkt dieses Kondiktionsanspruchs, das »durch die Verfügung Erlangte«, gesehen werden kann.

I. Kondiktion der Darlehensvaluta

Falls ein Nichtberechtigter zur Sicherung einer Darlehensforderung seines Gläubigers an diesen wirksam eine fremde bewegliche Sache verpfändet oder ein fremdes Grundstück mit einem Grundpfandrecht belastet, schuldet er dem Eigentümer der verpfändeten Sache aus § 816 I 1 BGB die Herausgabe der Darlehensvaluta, dies allerdings nur gegen Befreiung von seiner Darlehensschuld. Im Falle einer Grundschuldbestellung muß er darüber hinaus seinen aus der Sicherungsabrede folgenden Anspruch auf Rückübertragung der Grundschuld bei Nichteintritt des Sicherungsfalles abtreten.

Vertreten von:
RGZ 158, 40, 47 f.; F. Schulz, AcP 105, 1, 357; A. von Tuhr, II 2, 179 Fn. 29; im wesentlichen auch MünchKomm / Lieb, 3. Aufl., § 816 Rn. 38 ff., 41 ff. und Reuter / Martinek, S. 297 ff., die den Anspruch auf Herausgabe der Darlehensvaluta aber nicht von einer Zug um Zug zu bewirkenden Befreiung von der Darlehensschuld abhängig machen; der Nichtberechtigte soll nach ihnen auch die von ihm weiterhin zu zahlenden Darlehenszinsen nicht von der Herausgabepflicht absetzen können.

1. Argument
Der Nichtberechtigte hätte ohne die Verpfändung der fremden Sache die Darlehensvaluta nicht erhalten; das Darlehenskapital stellt damit i. S. v. § 816 I 1 BGB das »durch die Verfügung Erlangte« dar. Die Herausgabepflicht des Nichtberechtigten aus dieser Vorschrift steht jedoch im Falle seiner Gutgläubigkeit noch unter dem Vorbehalt des § 818 III BGB, und seine Bereicherung wird durch die im ursächlichen Zusammenhang mit dem Darlehensempfang entstandene Rückzahlungsverpflichtung gegenüber dem Darlehensgläubiger gemindert.

2. Argument

Der Surrogationsgedanke versagt in den Fällen der Verpfändung fremder Sachen. Der Kondiktionsanspruch kann hier nur die Funktion haben, den betroffenen Eigentümer soweit als möglich vor der Gefahr einer Verwertung seiner Sache und damit ihres endgültigen Verlustes zu bewahren und ihm die dingliche Rechtsmacht, die ihm der Nichtberechtigte durch die wirksame Pfandrechts- oder Grundpfandrechtsbestellung zugunsten seines Gläubigers entzogen hat, zurückzuverschaffen. Diese Aufgaben kann der Bereicherungsanspruch aus § 816 I 1 BGB aber nur dann adäquat erfüllen, wenn er den Nichtberechtigten zur Weiterleitung der empfangenen Darlehensvaluta an den betroffenen Eigentümer verpflichtet. Dieser ist dann jedenfalls in der Lage, die Verwertung der Sicherheit durch rechtzeitige Rückzahlung des Darlehens zu verhindern, und er kann seine Sache bei Einverständnis des Gläubigers dann mit dem erlangten Geld auch schon vorzeitig enthaften.

3. Argument

Dem berechtigten Sicherungsinteresse des Nichtberechtigten kann dadurch Genüge getan werden, daß man ihm die facultas alternativa einräumt, den Anspruch auf Herausgabe der Darlehensvaluta durch Sicherheitsleistung abzuwehren (Lieb).

4. Argument (gegen Theorie II)

Der Anspruch aus § 816 I 1 BGB darf nicht von vornherein auf die Stellung einer Sicherheitsleistung beschränkt werden, denn diese Lösung wäre mit dem Wortlaut der Norm schlechterdings nicht mehr zu vereinbaren. Eine Sicherheitsleistung ist etwas ganz anderes als die in § 816 I 1 BGB angeordnete Herausgabe des durch die Verfügung Erlangten.

5. Argument

Wenn jemand als Sicherheit für ein erwartetes und dann auch tatsächlich gegebenes Darlehen eine dingliche Sicherheit bestellt, so liegt in dieser Verfügung bei wirtschaftlich-praktischer Betrachtungsweise sehr wohl eine Gegenleistung für die Darlehensvaluta (Lieb).

6. Argument (gegen Theorie III)

Indem der Nichtberechtigte eine fremde Sache als Sicherungsmittel benutzt, usurpiert er zuweisungswidrig eine fremde Rechtsposition. Der Rechtsgüterschutz verlangt hier – ganz unabhängig von einem Verschulden des Eingreifers – eine Korrektur dieser fortdauernden zuweisungswidrigen Usurpation, also die Beseitigung der Belastung. Wer den Bereicherungsausgleich bis zur Pfandverwertung verneint, benachteiligt den betroffenen Eigentümer in unzumutbarer Weise (Reuter / Martinek).

7. Argument

Der Umstand, daß der Nichtberechtigte bei dieser Lösung trotz Abführung der Darlehensvaluta an den Eigentümer die Darlehenszinsen tragen muß, macht die Lösung für den Nichtberechtigten nicht unzumutbar. Er hat sich durch die unbefugte Verfügung über fremdes Eigentum selbst in diese mißliche Situation hineinmanövriert. Außerdem hat er ohnehin die Möglichkeit, die gesicherte Darlehensforderung vorzeitig zu erfüllen, damit die Belastung wieder zu beseitigen und auf diese Weise dem Kondiktionsanspruch des Eigentümers die tatbestandsmäßige Grundlage zu nehmen (Lieb).

Nachbemerkung: Nach Lieb und Reuter / Martinek soll diese Lösung auch dann gelten, wenn der Nichtberechtigte die dingliche Sicherheit für die Darlehensschuld eines Dritten bestellt hat. Begründung:

Die Verpflichtung des Nichtberechtigten zur Abführung der Darlehensvaluta an den Eigentümer der belasteten Sache paßt auch dann, wenn die Verfügung für die Darlehensaufnahme eines Dritten erfolgt. Die Sachlage muß hier nämlich so angesehen werden, als hätte der verfügende Nichtberechtigte die Darlehensvaluta selbst erhalten und dann an den Dritten weitergeleitet, ohne sich selbst auf § 818 III BGB berufen zu können. Dem Nichtberechtigten ist die Zahlungspflicht zuzumuten, weil er ja ohnehin mit der Verpfändung der fraglichen Sache ein eigenes (potentielles) Vermögensopfer zu erbringen glaubte (Lieb).

II. Anspruch auf Beseitigung der Belastung

In den Fällen der wirksamen Verpfändung fremder Sachen kann der betroffene Eigentümer aus § 816 I 1 BGB nur verlangen, daß der Nichtberechtigte die Belastung beseitigt, indem er entweder das Pfand auslöst oder dem Gläubiger eine andere Sicherheit bietet und ihn damit zur Freigabe veranlaßt. Ist der Gläubiger, der ja in beiden Fällen mitwirken müßte, weder mit der vorzeitigen Kreditrückzahlung noch mit einer Auswechselung der Sicherheit einverstanden, so muß der Nichtberechtigte statt dessen dem betroffenen Eigentümer durch Bankbürgschaft oder in anderer geeigneter Weise Sicherheit leisten. Wenn es zur Verwertung der Sicherheit gekommen ist, hat der bisherige Eigentümer Anspruch auf Wertersatz für die dadurch beim Nichtberechtigten eingetretene Schuldbefreiung. – Wenn der Nichtberechtigte das Pfandrecht oder Grundpfandrecht für die Schuld eines Dritten bestellt hat, so wird er in aller Regel nicht bereichert sein. Dann haftet an seiner Stelle der Dritte aus § 816 I 2 BGB auf Beseitigung der Belastung oder gegebenenfalls auf Sicherheitsleistung.

Vertreten von:
von Caemmerer, FS H. Lewald, 1953, S. 443 ff., 451 ff.; Schuler, NJW 1962, 1842, 1843 und 2332 f; Pütz, NJW 1962, 2332; Köbl, Das Eigentümer-Besitzer-Verhältnis im Anspruchsystem des BGB, 1971, 285 f.; MünchKomm / Wacke, § 894 Rn. 36; Westermann / Eickmann, Sachenrecht, 7. Aufl., § 72 II 1 a; ähnlich Schlechtriem, Symposium König, 68.

1. Argument
§ 816 I 1 BGB kann in den Fällen der Verpfändung fremder Sachen nur mit Modifikationen angewandt werden. Die hier ausgesprochene Rechtsfolgenanordnung paßt für diese Konstellation nämlich nicht: Der Nichtberechtigte wird durch den Eingriff zwar durchaus bereichert, aber es gibt kein Surrogat, das die Bereicherung repräsentiert. Insbesondere kann die Darlehensvaluta nicht als »durch die Verfügung erlangt« angesehen werden. Die Verpfändung ist vielleicht Voraussetzung für die Darlehensgewährung, aber jedenfalls nicht Gegenleistung für diese. Das Entgelt für die Kreditgewährung besteht vielmehr ausschließlich in der übernommenen Zinszahlungspflicht (von Caemmerer).

2. Argument

Die Bereicherung des Nichtberechtigten besteht in diesen Fällen darin, daß er die belastete Sache fortdauernd als Sicherungsmittel oder Kreditunterlage nutzt. Für dieses atypische Kondiktionsobjekt muß die geeignete Form des Bereicherungsausgleichs aus der Natur der Sache entwickelt werden. Die angemessenste – aber nicht gegen den Willen des Darlehensgläubigers/Pfandgläubigers zu verwirklichende Form der Herausgabe der Bereicherung besteht darin, daß der Nichtberechtigte die Belastung selbst beseitigt.

3. Argument

Falls sich die Belastung nicht vorzeitig beseitigen läßt, weil der Gläubiger sich weder auf eine vorzeitige Kreditrückzahlung noch auf eine Auswechselung der Sicherheit einläßt, ist an sich eine wertmäßige Herausgabe der erlangten Bereicherung geboten (§ 818 II BGB). Diese scheitert jedoch daran, daß die Disposition über eine Kreditunterlage keinen Tauschwert hat. Die Lösung kann dann nur darin bestehen, daß der Nichtberechtigte dem betroffenen Eigentümer eine angemessene Sicherheit dafür leistet, daß es infolge rechtzeitiger Rückzahlung des Darlehens nicht zur Verwertung der Sache kommen wird. Dagegen darf der Nichtberechtigte auch in solchen Fällen, in denen er die Belastung nicht sofort beseitigen kann, keinesfalls schlechthin zur Herausgabe der Darlehensvaluta an den Eigentümer verpflichtet werden. Damit würde dem Nichtberechtigten nämlich das Risiko aufgebürdet, den Darlehensbetrag nochmals an den Darlehensgläubiger zahlen zu müssen, weil der Eigentümer ihn für andere Zwecke als zur Ablösung des Pfandrechts bzw. Grundpfandrechts eingesetzt hat.

4. Argument (gegen Theorie I)

Mit der Abführung der Darlehensvaluta erhält der Berechtigte zuviel. Auf Kosten des Kondiktionsgläubigers erlangt hat er ja nur die Benutzung der fremden Sache als Kreditunterlage: Die immer noch fortdauernde Inanspruchnahme der Sache als Kreditunterlage gibt er aber gleichsam in Natur heraus, wenn er die Belastung beseitigt. Zu mehr kann er nicht verpflichtet sein. Im übrigen wäre die Lösung des Reichsgerichts auch völlig unpraktikabel, weil der Kondiktionsgläubiger den Anspruchsgegner ohne das Einverständnis des Darlehensgebers von der Darlehensforderung vor deren Fälligkeit ja gar nicht befreien kann (arg. § 488 III 3 und §§ 414, 415 BGB).

5. Argument (gegen Theorie I)

Wenn man dem Eigentümer der Pfandsache mit dem Reichsgericht einen Anspruch auf Auskehrung der Darlehensvaluta gegen Übernahme der Darlehensschuld gewährt, stellt man ihn im Ergebnis so, als hätte er das betreffende Darlehen selbst aufgenommen. Dies wird aber vielfach den Interessen des betroffenen Eigentümers gar nicht entsprechen, weil er einen derartigen Finanzierungsbedarf gegenwärtig nicht hat.

III. Verneinung der Anspruchsvoraussetzungen (überholt)

Wenn ein Nichtberechtigter eine fremde Sache wirksam zugunsten eines Gläubigers mit einem Pfandrecht oder Grundpfandrecht belastet, so haftet er bis zur Pfandverwertung nicht aus § 816 I 1 BGB.

Vertreten von:
Hachenburg, Vorträge über das Bürgerliche Gesetzbuch, 2. Aufl., 1900, S. 175.

Begründung: Durch die Verpfändung der fremden Sache erlangt der verfügende Nichtberechtigte zunächst überhaupt nichts. Insbesondere kann die Darlehenssumme nicht als Entgelt oder Gegenwert für die Bestellung des Sicherungsrechtes angesehen werden; die Gegenleistung für die zeitweise Überlassung des Darlehenskapitals besteht nun einmal ausschließlich in der Zinszahlung. Solange das vom Nichtberechtigten bestellte dingliche Verwertungsrecht nicht ausgeübt worden ist, kommt deshalb eine Haftung des Nichtberechtigten aus § 816 I 1 BGB nicht in Betracht. Mit der Pfandverwertung bzw. der Vollstreckung aus dem Grundpfandrecht erlangt der Nichtberechtigte dann in Höhe des Nettoerlöses die Befreiung von der gesicherten Darlehensschuld. Den Wert dieser Schuldbefreiung hat er nunmehr nach § 816 I 1 BGB an den betroffenen Eigentümer herauszugeben.

IV. Theorie der Haftungsvergütung

Der Nichtberechtigte erlangt durch die Verpfändung einer fremden Sache den Vorteil, der in der Möglichkeit der Aufnahme eines dinglich gesicherten Kredits liegt. Für diesen Vorteil muß er eine angemessene »Haftungsvergütung« zahlen, für deren Bemessung man sich an den üblichen Avalprovisionen der Kreditinstitute orientieren kann. Dieser Haftungsvergütungsanspruch des Eigentümers steht zudem noch unter dem Vorbehalt des § 818 III BGB, entfällt also bei einer unwirtschaftlichen Verwendung des Darlehenskapitals durch den Nichtberechtigten. Im Falle einer Grundschuldbestellung ist der verfügende Nichtberechtigte nach § 816 I 1 BGB darüber hinaus auch gehalten, seinen Rückübertragungsanspruch aus der Sicherungsabrede an den Bereicherungsgläubiger abzutreten.

Vertreten von:
Canaris, NJW 1991, 2512, 2519 f.; ders., JA 1992, 272, 276 ff.; Larenz / Canaris, § 72 III 4 c; Schlechtriem, Rn. 805; im Ansatz ähnlich auch Erman / H. P. Westermann, § 816 Rn. 19, der aber annimmt, daß die Wertersatzpflicht den Betrag der Darlehensvaluta erreichen kann, wenn der Nichtberechtigte das fragliche Darlehen ohne die Bestellung dieser Sicherheit keinesfalls erhalten hätte.

1. Argument
Durch die Bestellung eines Pfandrechts bzw. Grundpfandrechts an einer fremden Sache erlangt der Nichtberechtigte die Nutzung dieser Sache als Sicherungsmittel und Kreditunterlage; er erhält mit anderen Worten hierdurch die Möglichkeit zur Aufnahme eines Kredits zu den bei Stellung einer dinglichen Sicherheit günstigeren Bedingungen. Da dieser Vorteil von ihm nicht in Natur herausgegeben werden kann, muß der Nichtberechtigte dem Eigentümer nach §§ 816 I 1, 818 II BGB wenigstens den Wert des Vorteils vergüten. Nun ist der Marktwert dieses Vorteils kaum zu ermitteln, da eine gewerbliche Stellung dinglicher Sicherheiten für Schulden Dritter nicht üblich ist. Daran scheitert die Anwendung von § 818 II BGB jedoch nicht; wo ein Marktpreis des zu bewertenden Vorteils nicht existiert, ist eben ein angemessenes Entgelt zu zahlen. Als Orientierung für dieses angemessene Entgelt bietet sich die übliche Vergütung (Avalprovision) für eine – der dinglichen Absicherung für den Gläubiger ja gleichkommende – Bankbürgschaft an.

2. Argument (gegen Theorie I)

Wenn der gutgläubige Nichtberechtigte die Darlehensvaluta an den Eigentümer abführen müßte, ohne die weiterhin von ihm zu zahlenden Darlehenszinsen abziehen zu können, so würde er damit gezwungen, sein »Stammvermögen« anzugreifen. Er stünde damit im Ergebnis schlechter, als er gestellt wäre, wenn der kondiktionsbegründende Vorgang nicht geschehen wäre. Das aber wäre ein eklatanter Verstoß gegen den obersten Grundsatz des Bereicherungsrechts, nämlich das Prinzip, daß der gutgläubige Kondiktionsschuldner durch die Erfüllung des Kondiktionsanspruchs nicht ärmer werden darf, als er ohne den kondiktionsbegründenden Erwerb wäre. Dieser Einwand gilt übrigens auch für die Lösung des Reichsgerichts: Selbst wenn der Nichtberechtigte nur Zug um Zug gegen Befreiung von der Darlehensrückzahlungspflicht die Darlehenssumme an den Kondiktionsgläubiger herausgeben müßte, so wäre er doch zu einem Griff in die eigene Tasche gezwungen: Er würde ja das Darlehenskapital in aller Regel nicht mehr bar zur Verfügung haben und müßte sich deshalb vorzeitig und unerwartet anderweitig – teurere – Liquidität beschaffen.

3. Argument (gegen Theorie II)

Das letztere Bedenken ist auch der Lösung von Caemmerers entgegenzuhalten. Wenn man den gutgläubigen Eingreifer über § 816 I 1 BGB zur Enthaftung des Pfandobjektes verpflichtet, so mutet man ihm damit zwangsläufig Einbußen an seinem Stammvermögen zu. Die Verpflichtung zur Beseitigung der Belastung würde im übrigen auf eine Schadensbeseitigung in Natur, nicht auf eine Abschöpfung der beim Kondiktionsschuldner noch vorhandenen Bereicherung hinauslaufen.

4. Argument (gegen Theorie I)

Selbst wenn man in der Verpfändung oder Grundpfandrechtsbestellung eine Gegenleistung für die Auszahlung der Darlehensvaluta erblicken wollte, so wäre dies jedenfalls nicht die einzige Gegenleistung. Primäres Entgelt für die zeitweise Überlassung des Darlehenskapitals wäre auch dann natürlich die Zinszahlung. Schon deshalb könnte diese Betrachtungsweise nicht zu einem Anspruch auf Herausgabe der gesamten Darlehensvaluta führen. Der Anteil der Sicherheitsbestellung an dem angenommenen Austauschverhältnis wäre aber nicht zu berechnen.

V. (hier sog.) **Theorie des doppelten Kondiktionsgegenstandes**

Wenn ein Nichtberechtigter eine fremde Sache zur Sicherung eines Kredits mit einem Pfandrecht (bzw. Grundpfandrecht) belastet, schuldet er nach § 816 I 1 primär die Auslösung der Sache aus der Pfandhaftung. Falls die Beseitigung der Belastung aus im Verhältnis zum Kreditgeber liegenden Gründen nicht möglich ist, ist sekundärer Inhalt des Bereicherungsanspruchs die Herausgabe der Darlehensvaluta. Diese kann der Eigentümer der verpfändeten Sache allerdings nur verlangen, wenn er sich seinerseits gegenüber dem Nichtberechtigten durch eine Erfüllungsübernahmevereinbarung i. S. v. § 329 BGB zur rechtzeitigen Befreiung des letzteren von der Darlehensrückzahlungspflicht verpflichtet und eine taugliche Bürgschaft stellt.

Vertreten von:
Flume, in GedSchr. Knobbe-Keuk (1997) 111, 134; Jakobs, lucrum ex negotiatione, 1993, 129 ff., 133 f.

1. Argument
Durch die Verpfändung der fremden Sache hat der Nichtberechtigte diese Sache als Kreditsicherheit (oder genauer: den Vorteil aus ihrem Einsatz zur Sicherung des aufgenommenen Darlehens) erlangt. In Natur kann dieses Erlangte nur durch die Auslösung des Pfandes herausgegeben werden.

2. Argument
Falls eine sofortige Rückzahlung des Kredits und damit eine Auslösung der Pfandsache wegen der Verzinslichkeit des Darlehens und der fehlenden Mitwirkungsbereitschaft des Kreditgebers scheitert, muß an die Stelle des nicht herausgebbaren primären Erlangten nach § 816 I 1 i. V. m. § 818 I BGB eben das herausgegeben werden, was infolge der Belastung noch im Vermögen des Nichtberechtigten ist. Das ist der Vorteil, der im Empfang der Darlehensvaluta liegt. Dieser Vorteil wird allerdings durch die mit ihm verbundene Rückzahlungspflicht gemindert. Auch die Herausgabe der Darlehensvaluta schuldete der Nichtberechtigte deshalb an sich nur gegen gleichzeitige Befreiung von der Rückzahlungspflicht.

3. Argument
An dem Umstand, daß eine sofortige Befreiung von der Darlehensrückzahlungspflicht nicht möglich ist, darf die Durchführung des Bereicherungsausgleichs aber nicht scheitern, wenn die Fortexistenz dieser Rückzahlungspflicht auf andere Weise im Vermögen des Nichtberechtigten neutralisiert werden kann. Das ist aber der Fall, wenn der Eigentümer Zug um Zug gegen die Herausgabe der Darlehensvaluta sich gegenüber dem Nichtberechtigten zur Erfüllung von dessen Darlehensrückzahlungspflicht verpflichtet und diese Erfüllungsübernahme zudem durch eine taugliche Bürgschaft sichert.

4. Argument
Erst wenn der Eigentümer hierzu nicht bereit oder imstande ist, ist die Herausgabe der Bereicherung i. S. v. § 818 II BGB ausgeschlossen. Jedenfalls wenn der Nichtberechtigte bei der Belastung gutgläubig war, darf dann aus § 818 II aber auch nicht die Verpflichtung zur Zahlung einer Avalprovision abgeleitet werden. Das wäre nämlich mit § 818 III BGB unvereinbar. (Und im Falle der Bösgläubigkeit wäre diese Rechtsfolge wegen der dann ohnehin gegebenen weitergehenden Schadensersatzhaftung uninteressant.)

VI. (hier sog.) Modifizierte Theorie des doppelten Kondiktionsgegenstandes

Wer als Sicherheit für ein aufgenommenes Darlehen eine fremde Sache verpfändet bzw. mit einem Grundpfandrecht belastet, schuldet dem Eigentümer der Sache aus § 816 I 1 BGB in erster Linie eine Vergütung für die verbesserten Darlehenskonditionen, die er infolge der Bestellung der Sicherheit erhalten hat. Wenn feststeht, daß er das Darlehen ohne die Stellung dieser Sicherheit überhaupt nicht erhalten hätte, schuldet er statt dessen die Überlassung der konkreten Nutzungsmöglichkeit, allerdings nur gegen Befreiung von der Zins- und Tilgungsverbindlichkeit. Dabei reicht bei entsprechender Sicherung (durch Bankbürgschaft o. dgl.) auch eine Befreiung im Innenverhältnis, also eine bloße Erfüllungsübernahme. Der Vergütungspflicht für verbesserte Darlehenskonditionen kann der Nichtberechtigte entgehen, wenn er den Darlehensgeber (etwa durch Stellung einer anderen geeigneten Sicherheit) zur Freigabe der verpfändeten fremden Sache veranlaßt.

Vertreten von:
Altmeppen, Disponibilität des Rechtsscheins, 1993, S. 269 ff.

1. Argument

Es spricht eine tatsächliche Vermutung dafür, daß der Darlehensnehmer die Möglichkeit zur zeitlich befristeten Nutzung des Darlehenskapitals ohne die Stellung der fraglichen Sicherheit nur zu schlechteren Bedingungen erhalten hätte. Dieser grundsätzlich schätzbare Vorteil der besseren Darlehenskonditionen ist dasjenige, was der Nichtberechtigte durch die Verpfändung der fremden Sache erlangt. Er muß deshalb jedenfalls das primäre Kondiktionsobjekt sein.

2. Argument

Dieser Weg versagt allerdings, wenn feststeht, daß der Darlehensnehmer nach banküblichen Gepflogenheiten das Darlehen ohne die Sicherheit überhaupt nicht, also auch nicht zu konkret feststellbaren ungünstigeren Bedingungen erhalten hätte. Hier kann die Herausgabe des vom Nichtberechtigten Erlangten nur dadurch geschehen, daß dieser dem Sacheigentümer und Kondiktionsgläubiger die Möglichkeit zur zeitlich befristeten Nutzung der Darlehenssumme verschafft. Dies geschieht durch Herausgabe der Darlehensvaluta Zug um Zug gegen Befreiung von der Zins- und Tilgungspflicht, die ihrerseits erst den Inhalt der konkreten Nutzungsmöglichkeit beschreibt.

3. Argument: wie Theorie V Arg. 3.

Beispiele:

1. Im Ausgangsfall ist die Bestellung der Hypothek trotz der Nichtberechtigung des N nach § 892 BGB wirksam. E kann deshalb nicht einfach mit dem Grundbuchberichtigungsanspruch aus § 894 BGB gegen die Bank vorgehen. Auch ein Anspruch auf »Herausgabe« der Hypothek aus § 816 I 2 BGB kommt nicht in Betracht: Da Realkredite zinsgünstiger als ungesicherte Kredite ausfallen, liegt ein Gegenopfer der Bank jedenfalls in dem zu unterstellenden Zinsnachlaß. Falls N schuldlos von seinem Eigentum ausgegangen ist, kommt auch ein Schadensersatzanspruch wegen fahrlässiger Eigentumsverletzung aus § 823 Abs. 1 BGB bzw. analog §§ 990 I, 989 BGB nicht in Betracht. Damit bleibt nur ein Bereicherungsanspruch aus § 816 I 1 BGB gegenüber N übrig. Nach Theorie III wäre dieser zu verneinen, da es noch nicht zur Befriedigung des Gläubigers aus der Hypothek gekommen ist. Nach Theorie I müßte N die erlangte Darlehensvaluta Zug um Zug gegen Befreiung von der Darlehensschuld an E herausgeben. Nach Theorie II wäre N primär zur Beseitigung der Hypothek, hilfsweise zur Sicherheitsleistung verpflichtet. Nach Theorie IV schuldet N dagegen eine angemessene Haftungsvergütung, deren Höhe sich an den Kosten einer entsprechend hohen Bankbürgschaft orientiert. Nach Theorie VI hätte N primär einen Geldbetrag in Höhe der Zinsmehrausgaben, die er infolge der bei Stellung einer Sicherheit günstigeren Darlehensbedingungen erspart hat, zu zahlen. Nur wenn feststeht, daß N ohne die Verpfändung der fremden Sache das Darlehen überhaupt nicht erhalten hätte, müßte er das Darlehenskapital gegen Befreiung von der Zins- und Tilgungspflicht an den Kondiktionsgläubiger herausgeben. Nach Theorie V schuldete N primär die Auslösung der Pfandsache, ersatzweise die Herausgabe der Darlehenssumme gegen Befreiung von der Darlehensschuld. Als Befreiung von den Pflichten aus dem Dar-

lehensvertrag genügt dabei nach Theorie V und VI eine durch eine taugliche Bürgschaft gesicherte Erfüllungsübernahme.

2. Abwandlung: N hat das Grundstück für ein von seinem Freund F aufgenommenes Darlehen belastet. Hier würde nur die von Lieb und Reuter / Martinek vertretene Variante der Theorie I einen Anspruch des E gegen N auf Zahlung des Darlehensbetrages geben; nach den anderen Auffassungen könnte N von E nach § 816 I 2 BGB »Herausgabe« der Hypothek (d. h. Verzicht auf diese, § 1168 BGB) verlangen.

D. Inhalt des Bereicherungsanspruchs

15. Problem (§ 818 I, II BGB)
Muß der Kondiktionsschuldner, der die rechtsgrundlos erlangte Sache mit Gewinn weiterveräußert, dem Kondizienten den gesamten Veräußerungserlös herausgeben oder nur den objektiven Wert der Sache erstatten?

Beispiel:

Beim Tode des E findet sich ein Testament, das seinen Sohn S zum Alleinerben bestimmt und dem N durch Vermächtnis ein Gemälde im Werte von 10 000,– € zuwendet. S übereignet das Gemälde daraufhin an N, der es bald schon für 15 000,– € an einen Sammler veräußert. Nunmehr findet sich ein jüngeres Testament des E, das wiederum den S zum Alleinerben einsetzt, aber das Vermächtnis für N nicht enthält. Welchen Inhalt hat hier die dem S gegen N zustehende Leistungskondiktion?

Ausgangspunkt:
Während die §§ 812–817, 822 BGB die einzelnen kondiktionsrechtlichen Anspruchsgrundlagen enthalten, treffen die §§ 818–820 BGB nähere Aussagen über Inhalt und Umfang dieser Ansprüche. Deren Rechtsfolgenanordnungen stehen also jeweils noch unter dem Vorbehalt, daß sich nicht noch etwas anderes aus den §§ 818–820 BGB ergibt. In den letzteren Normen ist auch die Antwort auf die Frage zu suchen, wie sich der Inhalt des Kondiktionsanspruchs verändert, wenn der Schuldner die herauszugebende Sache rechtsgrundlos weiterveräußert bzw. gegen eine andere eintauscht. Die Vorgaben des Gesetzes sind insoweit allerdings nicht ganz deutlich. Es ist deshalb streitig, ob diese Konstellation unter § 818 I oder unter § 818 II BGB fällt, ob der Bereicherungsschuldner also anstelle des bisherigen Kondiktionsobjektes das rechtsgeschäftlich erlangte Surrogat (d. h. den Veräußerungserlös bzw. das Tauschobjekt) herauszugeben hat, oder ob er nun nach § 818 II BGB Wertersatz schuldet. Der Sache nach geht es hier wieder – wie bereits bei dem unter Nr. 12 behandelten Streit um den Inhalt des § 816 I 1 BGB – um die Alternative Gewinnhaftung oder Wertersatz.

I. Gewinnhaftung aus § 818 I BGB

Wenn der Kondiktionsschuldner die rechtsgrundlos erlangte Sache weiterveräußert, haftet er dem Gläubiger nicht nach § 818 II BGB auf Wertersatz, sondern nach § 818 I 2. Fall BGB auf Herausgabe des Veräußerungserlöses.

Vertreten von:
Esser, Schuldrecht II, 4. Aufl., § 105 I 1 b, c; (einschränkend) Esser / Weyers, § 51 I 3 d; H. A. Fischer, FS Zitelmann, S. 1, 32 ff.; Jakobs, lucrum ex negotiatione, 1993, 101 ff., 118 f.; H. Lange, NJW 1951, 685, 687; MünchKomm / Lieb, § 818 Rn. 31; (aber Begrenzung durch eine im nichtigen gegenseitigen Vertrag vereinbarte Ge-

genleistung des Kondizienten unter dem Gesichtspunkt des venire contra factum proprium); E. Wolf, S. 486 ff.

1. Argument

§ 818 I BGB erstreckt die Herausgabepflicht des Bereicherungsschuldners auf gewisse Surrogate des ursprünglichen Kondiktionsgegenstandes: nämlich einmal auf einen etwaigen Ersatz für die Zerstörung, Beschädigung oder Entziehung des primären Kondiktionsobjekts, zum anderen auf dasjenige, was der Kondiktionsschuldner »aufgrund eines erlangten Rechtes« (d. h. in bestimmungsgemäßer Ausübung des Rechtes) erwirbt. Das in anderen Surrogationsnormen – wie §§ 1418 II Nr. 3, 1473 I, 1638 II BGB – mitgenannte rechtsgeschäftliche Surrogat wird hier nicht erwähnt. Die Formulierung des § 818 I BGB läßt sich aber auch als unvollkommene und deshalb im Wege der Auslegung zu korrigierende Fassung eines allgemeineren Rechtsgedankens – nämlich der Einbeziehung aller Surrogate in den Bereicherungsausgleich – verstehen. Das Bereicherungsausgleichsprinzip verlangt, daß die gesamte beim Empfänger infolge des Kondiktionstatbestandes eingetretene und noch vorhandene Vermögensmehrung abgeschöpft wird. Das ist aber nur möglich, wenn die Herausgabepflicht auch auf einen Gewinn erstreckt wird, den der Anspruchsgegner durch Weiterveräußerung des primären Kondiktionsobjektes erzielt hat. Andernfalls verbliebe dem Kondiktionsgegner mit der Differenz zwischen dem erzielten Kaufpreis und dem niedrigeren objektiven Wert der Sache ein Teil der Bereicherung.

2. Argument

Die Einbeziehung des commodum ex negotiatione in die nach § 818 I BGB herauszugebenden Surrogate ist vor allem auch deshalb dringend geboten, weil sich andernfalls eine grob unbillige Risikoverteilung ergäbe: Den Gläubiger träfe (wegen § 818 III BGB) das volle Verlustrisiko aus einer etwaigen Unter-Wert-Veräußerung, die Gewinnchance aber bliebe ihm vorenthalten. Der Gleichlauf von Risiko und Gewinnchance ist demgegenüber ein allgemeines und unmittelbar einleuchtendes Gebot der Gerechtigkeit (cuius est periculum eius et commodum esse debet).

3. Argument

Die Ausdehnung der Bereicherungshaftung auf den vom Kondiktionsschuldner bei der Veräußerung des Kondiktionsobjektes erzielten Gewinn ist insbesondere unabweisbar, wenn man § 816 I 1 BGB mit der h. M. i. S. einer Gewinnhaftung interpretiert (s. Problem 12). Es gibt keinen vernünftigen Grund, bei dem einen Kondiktionstatbestand eine Gewinnhaftung anzunehmen, bei allen anderen aber abzulehnen. Die Beschränkung des Gewinnentzuges auf den Fall des § 816 I 1 BGB läßt sich auch nicht damit rechtfertigen, daß die vom Anspruchsgegner veräußerte Sache bei § 816 I 1 BGB dem Anspruchsteller noch dinglich zugewiesen war, während in den anderen Fällen nur eine obligatorische Zuweisung vereitelt worden ist. Die fortdauernde Eigentümerstellung des Kondiktionsgläubigers trotz rechtsgrundloser Weggabe der Sache beruht ja auf dem Abstraktionsprinzip, dessen Sinn sich im Verhältnis des Erwerbers zu Dritten erschöpft; im Verhältnis zum Leistenden darf der rechtsgrundlos zum Eigentümer gewordene Leistungsempfänger nicht besser gestellt werden als ein Nichtberechtigter (Jakobs).

4. Argument

Daß die enge – das commodum ex negotiatione nicht mit einbeziehende – Interpretation des § 818 I BGB systemwidrig ist, zeigt sich insbesondere bei der Leistungskondiktion. Diese ist ja ein Störkorrektiv des Rechts der Güterbewegungen und damit dem gesetzlichen Rückgewährschuldverhältnis aus Rücktritt eng verwandt. Bei letzterem muß der Rückgewährpflichtige im Falle einer obligationswidrigen Weiterveräußerung der an sich zurückzugewährenden Sache aber auf Verlangen der anderen Seite den gesamten Veräußerungserlös herausgeben: Das ergibt sich aus § 285 BGB; Ersatzvorteil i. S. dieser Vorschrift ist anerkanntermaßen auch das für den geschuldeten Gegenstand erzielte Veräußerungsentgelt.

5. Argument (gegen Theorie III Arg. 1)

Der Wortlaut des § 818 I BGB darf nicht überbewertet werden. Schließlich findet sich ja auch in der Parallelnorm des § 285 BGB kein Hinweis auf den rechtsgeschäftlichen Gegenwert. Dennoch geht die ganz h. M. hier ja davon aus, daß diese Norm auch rechtsgeschäftliche Surrogate des bisher geschuldeten Leistungsgegenstandes erfassen will. Was die Argumentation mit §§ 1418 II Nr. 3, 1473 I, 1638 II BGB anbetrifft, so geht diese fehl: Die betreffenden Normen verlangen jeweils Rechtsgeschäfte, die sich auf eine bestimmte Vermögensmasse beziehen. Der für eine solche »Beziehungssurrogation« erforderliche subjektive Zusammenhang kann im Bereicherungsrecht ohnehin nicht in Betracht kommen.

6. Argument (gegen Theorie III Arg. 4)

Falls man auch das commodum ex negotiatione unter § 818 I BGB subsumiert, läuft der Kondiktionsgläubiger in der Tat Gefahr, statt des Wertes des primären Bereicherungsgegenstandes nur einen für ihn nutzlosen Tauschgegenstand zu erhalten. Darin liegt aber keine ins Gewicht fallende Schlechterstellung: Bei Gutgläubigkeit des Kondiktionsgegners trägt der Bereicherungsgläubiger ja nach § 818 III BGB das Verlustrisiko insgesamt; und bei Bösgläubigkeit des Anspruchsgegners stehen ihm ohnehin andere Anspruchsgrundlagen zur Verfügung (Esser / Weyers).

7. Argument (gegen Theorie III)

Die Tatsache, daß die Gesetzesverfasser den Bereicherungsausgleich nicht auf rechtsgeschäftliche Surrogate des ursprünglichen Kondiktionsobjektes ausdehnen wollten, ist irrelevant. Die Väter des BGB wollten auch in der Parallelnorm des § 281 BGB das commodum ex negotiatione nicht einbeziehen, und daran hatte sich die ganz h. M. in den ersten Jahrzehnten nach Inkrafttreten des BGB auch gehalten. Erst im Anschluß an die 1932 ergangene Entscheidung RGZ 138, 45 hat sich dann die Auffassung durchgesetzt, daß auch das rechtsgeschäftliche Surrogat des ursprünglichen Leistungsgegenstandes unter § 281 BGB fällt. Durch diese heute sicherlich nicht mehr korrigierbare Neuinterpretation hat sich aber eine Systemänderung ergeben, die die Verfasser des BGB nicht vorhersehen konnten. Der Systemzusammenhang muß unter diesen Umständen ein größeres Gewicht für die Auslegung des § 818 I BGB haben als die Normintentionen der Gesetzesverfasser.

II. Gewinnhaftung aus § 818 II BGB

Wenn der Kondiktionsschuldner die rechtsgrundlos erlangte Sache weiterveräußert, haftet er dem Kondiktionsgläubiger zwar nicht nach § 818 I BGB, wohl aber nach § 818 II BGB auf Herausgabe des Veräußerungserlöses.

Vertreten von:
Koppensteiner, NJW 1971, 1769, 1771; Koppensteiner / Kramer, S. 158, 164; ähnlich Erman / H. P. Westermann, § 818 Rn. 14, 18 und Reeb, S. 95 f.; i. E. auch Wieling, BR, § 5 I 3 a, S. 67 f.

1. Argument

Der vom Bereicherungsschuldner durch Veräußerung des Kondiktionsobjektes erzielte Gewinn muß in der Tat aus den bei Theorie I Arg. 2, 3 genannten Gründen dem Kondiktionsgläubiger zustehen. Der korrekte Weg dafür ist jedoch nicht die ausdehnende Auslegung des § 818 I BGB, sondern der Einbau des Veräußerungsgewinns in den Wertbegriff des § 818 II BGB. Die Lösung über § 818 I BGB würde nämlich in solchen Fällen zu Unzuträglichkeiten führen, in denen der Schuldner die rechtsgrundlos erlangte Sache gegen eine andere eingetauscht hat. Der Kondiktionsgläubiger würde bei Anwendung des Surrogationsprinzips häufig einen Gegenstand erhalten, an dem ihm gar nicht gelegen ist.

2. Argument

Mit »Wert« i. S. v. § 818 II BGB ist nicht eine objektive Größe, sondern die Mehrung des gesamten Empfängervermögens gemeint (konkret-individueller Wertbegriff). Der Wert des weiterveräußerten Kondiktionsobjektes für den Kondiktionsschuldner ist unter dieser Prämisse grundsätzlich identisch mit dem von ihm erzielten Kaufpreis. (Anders nur, wenn er unter Wert veräußert hat und durch die Erfüllung mit der rechtsgrundlos erworbenen Sache die Übereignung einer anderen eigenen Sache erspart hat: Dann liegt der Wert in dieser Ersparnis.)

3. Argument

Dieses Verständnis des Begriffes »Wert« in § 818 II BGB hat den Vorteil, daß damit gleichzeitig die rechtspolitisch angemessene Gewinnhaftung des Eingreifers auch in den Fällen des Ge- oder Verbrauchens fremder Rechtsobjekte ermöglicht wird und daß man auf diesem Wege auch zu einer angemessenen Behandlung der Fälle der aufgedrängten Bereicherung (s. Problem 18) gelangt.

III. Wertersatztheorie

Wenn ein gutgläubig-unverklagter Kondiktionsschuldner die rechtsgrundlos erlangte Sache weiterveräußert, erstreckt sich seine Haftung nicht nach § 818 I Fall 2 BGB auf Herausgabe des Veräußerungserlöses. Er haftet vielmehr nach § 818 II, III BGB auf Wertersatz im Rahmen seiner fortdauernden Bereicherung. Unterlag der Kondiktionsschuldner allerdings im Zeitpunkt der Weiterveräußerung des ursprünglichen Kondiktionsobjektes bereits der verschärften Haftung aus § 819 I oder § 818 IV BGB, so hat er auf Verlangen des Kondizienten statt der Wertersatzleistung den erzielten Veräußerungserlös abzuführen.

Vertreten von:
RGZ 86, 343, 347; 101, 389, 391; 108, 120, 121; 133, 283, 287; BGHZ 24, 106, 110; 75, 203, 206; 112, 288, 294 f.; 112, 376, 380; AK / Joerges, § 818 Rn. 39; Bamberger / Roth / Wendehorst, § 818 Rn. 9, 27; Canaris, FS W. Lorenz, 1991, S. 19, 55; ders., FS Medicus, 1999, S. 25, 35 ff.; Cosack / Mitteis I, § 234 I 1 a S. 808; Crome II, § 323 II 1 c Fn. 37 S. 1008; Ebbecke, Recht 1912, 749; Emmerich, § 19 Rn. 8, 10; Endemann, § 198, 4 Fn. 56 S. 1247; Enneccerus / Lehmann, § 227 I 3; Fikentscher, Rn. 1164; Frank, JuS 1981, 102, 104; Furtner, MDR 1961, 649 f.; Giesen, Jura 1995, 281, 282; Gold-

mann/Lilienthal, § 229 I 3 und Fn. 8; Gursky, S. 211; Heck, § 143, 4, S. 430; Hede-
mann, § 61 VI 3 b S. 339; HK-BGB/Schulze, § 818 Rn. 8; Jauernig/Schlechtriem,
§ 818 Rn. 11; jurisPK/Martinek, § 818 Rn. 7; Köhler, PdW SchR II, Fall 160 S. 233;
König, S. 69; Kress, SchR AT, § 17, 3 b S. 370; Larenz, § 70 I; Larenz/Canaris,
§ 72 III 3 a–d (wonach allerdings bei der Bestimmung des nach § 818 II BGB zu ersetzenden Wertes »aufgrund einer konkreten ex-post-Betrachtung die in dem
Kondiktionsgegenstand angelegten Gewinnchancen berücksichtigt werden«
müssen); Leonhard II, § 281 S. 531; Loewenheim, S. 136 f.; von Mayr, S. 612; Medicus, BR Rn. 719; Mestmäcker, JZ 1958, 521, 523; Müller, Rn. 2052; Palandt/Sprau,
§ 818 Rn. 14, 19; Planck/Landois, § 818 Anm. 3 a; Reuter/Martinek, S. 550 ff.;
Schwarz, § 12 Rn. 8, 11; Siber II, § 75, 1 c S. 443; Soergel/Mühl, § 818 Rn. 28, 33;
Stieve, S. 81 ff.; Staudinger/W. Lorenz, § 818 Rn. 27; StudK/Beuthien, § 818
Anm. 3.

1. Argument

Gegen die Ausdehnung des § 818 I BGB auf das commodum ex negotiatione
spricht schon der Wortlaut der Vorschrift: Diese ordnet die Surrogation nun einmal nur für zwei Anwendungsfälle des sog. commodum ex re an; der vom Bereicherungsschuldner durch die Veräußerung des herauszugebenden Gegenstandes
erzielte rechtsgeschäftliche Gegenwert wird nicht erwähnt. Daß dieses Schweigen
ein beredtes ist, zeigt ein Vergleich mit anderen Surrogationstatbeständen. In
§§ 1418 II Nr. 3, 1473 I und 1638 II BGB etwa beginnt das Gesetz mit ähnlichen For-
mulierungen wie in § 818 I BGB und fügt dann aber jeweils das rechtsgeschäftlich
erlangte Surrogat hinzu. Diese Ergänzung wäre unverständlich, wenn der Wortlaut des § 818 I BGB aus gesetzgeberischer Sicht das lucrum ex negotiatione einschließen würde (Reuter/Martinek).

2. Argument

Gegen die Einbeziehung des rechtsgeschäftlichen Gegenwerts in die Regelung des
§ 818 I BGB spricht vor allem auch der Wille des historischen Gesetzgebers. Die
zweite Kommission hat die Regelung der schuldrechtlichen Surrogation bei Bereicherungsansprüchen ganz bewußt auf die Fälle des commodum ex re beschränkt;
was der Kondiktionsgegner »durch willkürliche Verfügung über den erlangten
Gegenstand« erworben hat, sollte nicht erfaßt werden (Prot. II 709).

3. Argument (gegen Theorie I Arg. 4)

Die Parallele zum Rückgewährschuldverhältnis aus Rücktritt paßt schon deshalb
nicht, weil die Entscheidung über die Ausklammerung des lucrum ex negotiatione
aus dem Bereicherungsausgleich ohnehin nur für den gutgläubig-unverklagten
Kondiktionsschuldner gilt. Verschärft haftende Bereicherungsschuldner sind im
Falle einer Veräußerung des Kondiktionsobjektes aus §§ 818 IV, 285 BGB zur Herausgabe des rechtsgeschäftlichen Entgelts verpflichtet. Der gutgläubige Kondiktionsschuldner steht aber ohnehin schon wegen § 818 III BGB wesentlich günstiger
als ein aus anderen Gründen zur Rückgewähr Verpflichteter. Zu dieser privilegier-
ten Stellung paßt es durchaus, wenn bei ihm im Gegensatz zu sonstigen Schuld-
nern der Gewinn aus einer Weiterveräußerung des Leistungsgegenstandes nicht
abgeschöpft wird.

4. Argument

Es liegt auch im Interesse des Kondiktionsgläubigers selbst, die Regelung des
§ 818 I BGB nicht auf durch Rechtsgeschäft erlangte Surrogate auszudehnen. In

den allermeisten Fällen würde das commodum ex negotiatione ohnehin nicht oder jedenfalls nicht nennenswert mehr wert sein als der ursprüngliche Bereicherungsgegenstand. Die Einbeziehung der durch Rechtsgeschäft erlangten Surrogate würde aber dazu führen, daß der Kondiktionsgläubiger bei tauschweiser Weitergabe des ursprünglich Erlangten nicht dessen Wert, sondern ein Tauschobjekt erhielte, mit dem er vielleicht gar nichts anfangen kann.

5. Argument (gegen Theorie II)

Daß der (gutgläubig-unverklagte) Kondiktionsschuldner einen bei der Weitergabe des Kondiktionsobjektes erzielten Gewinn herausgeben muß, läßt sich auch nicht aus § 818 II BGB ableiten. Diese Vorschrift verpflichtet den Kondiktionsschuldner (u. a.) bei Verlust des primären Kondiktionsgegenstandes zum Wertersatz. Mit »Wert« ist hier nach ganz herrschender und zutreffender Auffassung der Verkehrswert gemeint, nicht – wie Theorie II annimmt – die auf den kondiktionsbegründenden Erwerb zurückgehende Vermehrung des Empfängervermögens. Bewertungsobjekt ist nach der zutreffenden Fassung der Norm isoliert das »Erlangte«, während die Auswirkungen dieses Erwerbs im Vermögen des Empfängers überhaupt erst durch § 818 III BGB angesprochen werden, der die Haftung auf die noch (im Zeitpunkt der Haftungsverschärfung) vorhandene »Bereicherung« begrenzt. Diese isolierende Betrachtungsweise, die zugleich einen objektiven Bewertungsmaßstab impliziert, wird erzwungen durch die doppelte Aufgabe, die diese Norm im Rahmen der Gesamtregelung des Umfangs der Kondiktionshaftung zu erfüllen hat: Für die milde Haftung des gutgläubig-unverklagten Kondiktionsschuldners legt § 818 II BGB nur die Obergrenze der Wertersatzhaftung fest, deren Umfang sich im übrigen nach § 818 III BGB allein an der jeweils noch vorhandenen Bereicherung orientiert. Für den von vornherein bösgläubigen Empfänger eines nichtgegenständlichen oder aus sonstigen Gründen nicht in Natur restituierbaren Vorteils legt § 818 II Fall 1 BGB dagegen abschließend den Umfang der verschärften Haftung fest. Beide Funktionen kann § 818 II BGB überhaupt nur erfüllen, wenn der »Wert« seinerseits objektiv isoliert, ohne Berücksichtigung der besonderen Verhältnisse beim Empfänger festgestellt wird. Die Anhänger des konkret-individuellen Wertbegriffs können beispielsweise die Haftung des bösgläubigen Empfängers nichtgegenständlicher Vorteile auf den objektiven Wert überhaupt nur durch Rückgriff auf § 242 BGB begründen (vgl. Koppensteiner / Kramer, S. 164).

6. Argument

Falls der Bereicherungsschuldner die herauszugebende Sache noch nach Eintritt der Haftungsverschärfung veräußert hat, haftet er in diesem Zeitpunkt bereits gemäß § 818 IV bzw. §§ 819 I, 818 IV BGB »nach den allgemeinen Vorschriften«. Dem Schuldner werden damit die besonderen Privilegien genommen, die ihm nach Bereicherungsrecht zukamen, und er wird damit so gestellt wie Schuldner, deren Verpflichtung sich aus anderen Rechtsgründen ergibt. Damit muß jetzt auch die für schuldrechtliche Ansprüche aller Art geltende Regelung des § 285 BGB zur Anwendung kommen.

7. Argument

Die Ausdehnung des § 818 I BGB auf das rechtsgeschäftliche Surrogat läßt sich auch nicht mit der Parallele zu § 816 I 1 BGB begründen, der ja nach h. M. dem von der Verfügung eines Nichtberechtigten Betroffenen einen Anspruch auf den vollen rechtsgeschäftlichen Gegenwert gibt. In den Fällen der Weiterveräußerung einer rechtsgrundlos übereigneten Sache durch den Kondiktionsschuldner verliert der Kondiktionsgläubiger nur seinen bisherigen (auf Rückübereignung gerichteten) schuldrechtlichen Anspruch; in den Fällen des § 816 I 1 BGB verliert dagegen der bisher Berechtigte das Eigentum an der Sache, über die der Nichtberechtigte verfügt. Dingliche Rechtspositionen werden aber durchweg stärker geschützt als schuldrechtliche. Deshalb paßt es, daß der frühere Eigentümer im Fall des § 816 I 1 BGB den vollen Veräußerungserlös erhält, auch soweit dieser über den objektiven Wert hinausgeht, der Gläubiger des durch Weiterveräußerung vereitelten bereicherungsrechtlichen Herausgabeanspruchs dagegen nur Ersatz des objektiven Wertes des bisherigen Kondiktionsobjektes verlangen kann (Canaris).

Beispiele:

1. Nach Theorie I hat sich der ursprünglich auf Rückübereignung des Bildes gerichtete Kondiktionsanspruch des S mit dessen Weiterveräußerung durch N nach § 818 I BGB in einen Anspruch auf Herausgabe des Veräußerungserlöses in Höhe von 15 000,– € umgewandelt: Dieser Anspruch wäre zunächst auf die Herausgabe der konkret erlangten Geldzeichen gerichtet gewesen, dann aber infolge deren Vermischung mit anderen Geldzeichen oder infolge ihrer Einzahlung auf ein Konto nach § 951 bzw. § 818 II BGB in eine Geldsummenschuld gleicher Höhe übergegangen. Nach Theorie II schuldet N ebenfalls einen Betrag von 15 000,– €; es handelt sich hierbei von Anfang an um eine Geldsummenschuld. Nach Theorie III hat N dagegen nur 10 000,– € als Wertersatz an S zu leisten.

2. Abwandlung: N wußte zufällig bereits bei der Entgegennahme des Gemäldes, daß E in einem jüngeren Testament das zu seinen Gunsten ausgesetzte Vermächtnis nicht wiederholt hatte. Da N in diesem Falle bei Leistungsempfang bösgläubig war, würde auch Theorie III hier (über §§ 819 I, 818 IV, 281 BGB) dem S einen Anspruch in Höhe von 15 000,– € zusprechen.

16. Problem (§ 818 II BGB)
Auf welchen Zeitpunkt kommt es für die Wertermittlung nach § 818 II BGB an?

Beispiel:

Der A übereignet an B zur Erfüllung einer vermeintlichen Vermächtnisforderung ein Bild im Werte von 10 000,– €. Da der Maler plötzlich »in« ist, steigt der Wert des Gemäldes in der Folgezeit kontinuierlich an. Nach zwei Jahren, als der Wert bereits 15 000,– € beträgt, veräußert B das Gemälde an einen Dritten; die Höhe des dabei erzielten Kaufpreises ist nicht bekannt. Wiederum zwei Jahre später, als der Wert des Gemäldes bereits 20 000,– € beträgt, erhebt A gegen B Klage auf Wertersatz in dieser Höhe. In der letzten mündlichen Verhandlung erweitert er die Klage auf den nunmehrigen Wert von 22 500,– €. Ist die Klage ganz oder teilweise begründet?

Ausgangspunkt:
Nach § 818 II BGB muß der ungerechtfertigt Bereicherte das Erlangte ersetzen, sofern dieses nicht herausgegeben werden kann. Das Ausgangsbeispiel zeigt, daß der Umfang der Wertersatzschuld davon abhängt, welcher Zeitpunkt für die Errechnung des zu ersetzenden Wertes maßgeblich ist.

Bei der Frage nach dem maßgebenden Bewertungszeitpunkt werden zumeist mehrere Fallgruppen unterschieden. Unproblematisch ist der Zeitpunkt der Wertermittlung in allen Fällen, in denen es um die rechtsgrundlose Erlangung nichtgegenständlicher Vorteile (Dienstleistungen, Gebrauchsvorteile) geht, deren Herausgabe in Natur »wegen der Beschaffenheit des Erlangten nicht möglich« ist (§ 818 II Fall 1 BGB). Hier kommt nach der Natur der Sache nur eine Bewertung im Zeitpunkt des rechtsgrundlosen Erwerbs in Betracht. Davon zu unterscheiden sind die Fälle des § 818 II Fall 2 BGB, in denen das Kondiktionsobjekt zunächst in Natur herausgegeben werden konnte, später dann aber aus dem Vermögen des Kondiktionsschuldners ausgeschieden ist und deshalb von ihm nicht mehr herausgegeben werden kann (rechtsgrundlose Übereignung von Sachen bzw. rechtsgrundlose Übertragung von Rechten, die später vom Kondiktionsschuldner weiterübereignet bzw. weiterübertragen werden). Diese Konstellation, bei der mehrere Bewertungszeitpunkte denkbar sind, wird unter A) behandelt. Davon zu unterscheiden sind die Einbaufälle, also Sachverhalte, in denen es um den bereicherungsrechtlichen Ausgleich für einen nach § 946 BGB eingetretenen Rechtsverlust (§ 951 I 1 BGB) geht. Diese werden unter B) behandelt.

A) Sachkondiktionen

I. (hier sog.) Theorie des Zeitpunkts der Kondiktionsentstehung

Für die Wertermittlung ist der Zeitpunkt der Entstehung des Kondiktionsanspruches maßgeblich. Die Wertermittlung hat also grundsätzlich für den Augenblick des rechtsgrundlosen Erwerbs der Sache zu erfolgen, bei der condictio ob causam finitam dagegen im Zeitpunkt des Wegfalls des Rechtsgrundes und bei der condictio ob rem in dem Zeitpunkt, in dem sich die Verfehlung des Leistungszwecks herausstellt.

Vertreten von:
RGZ 101, 389, 391; 119, 332, 336; RG JW 1925, 465 m. Anm. Locher; BGHZ 5, 197, 200; 10, 171, 180; 35, 356, 358; BGH NJW 1962, 580, 581; 1963, 1299, 1301; WM 1966, 369, 370; Achilles / Greiff / Brüggemann, § 818 Anm. 2; Crome, § 323 II 1 d; HK-BGB / Schulze, § 818 Rn. 8; Jauernig / Schlechtriem, § 818 Rn. 17; jurisPK / Martinek, § 818 Abs. 2 Rn. 10; von Mayr, S. 607 f.; Ordemann, S. 110; Palandt / Thomas, § 818 Rn. 26; Pankow, S. 89 ff.; Planck / Landois, § 818 Anm. 4 a; RGRK / Heimann-Trosien, § 818 Rn. 19; Soergel / Mühl, § 818 Rn. 35; Staudinger / Seufert, 11. Aufl., § 818 Rn. 25; StudK / Beuthien, § 818 Anm. 4 b; Warneyer, 1. Aufl., § 818 Anm. II.

1. Argument
Wertsteigerungen, die ein aus einem fremden Vermögen einmal erlangter Gegenstand im Vermögen des Bereicherten erfährt, sind nicht »aus« dem Vermögen, son-

dern »mit« dem Vermögen des Entreicherten erzielt. Sie fallen deshalb nicht unter das Ausgleichsgebot einer rechtsgrundlosen Vermögensverschiebung und können die Höhe des Wertersatzes nach § 818 II BGB nicht beeinflussen.

2. Argument

Im Wege eines argumentum e contrario aus § 818 I Fall 2 BGB läßt sich schließen, daß § 818 II BGB nicht die Wertsteigerung abschöpfen will, die der rechtsgrundlos erlangte Gegenstand erst im Vermögen des Kondiktionsschuldners erfahren hat. Die Regel des § 818 II BGB, wonach bei Unmöglichkeit der Herausgabe Wertersatz zu leisten ist, wird durchbrochen durch die Ausnahmebestimmung des § 818 I BGB, nach der nur dann etwas anderes gilt, wenn der Bereicherungsschuldner einen Ersatz für die Zerstörung, Beschädigung oder Entziehung des erlangten Gegenstandes erwirbt. In diesem Falle ist nicht Wertersatz zu leisten, sondern das commodum ex re herauszugeben. Der Ersatz für die Zerstörung oder Entziehung der herauszugebenden Sache, den der Kondiktionsschuldner erhält, wird sich aber regelmäßig auf den vollen Wert des Kondiktionsobjektes belaufen. Damit profitiert der Kondiktionsgläubiger also im Anwendungsbereich der Ausnahmeregelung des § 818 I BGB von der Wertsteigerung des Kondiktionsobjektes, die nach der rechtsgrundlosen Übereignung an den Kondiktionsschuldner eingetreten ist. Dann kann aber außerhalb dieser Ausnahmeregelung, im Bereich des Wertersatzes nach § 818 II BGB, nicht das gleiche gelten. Die Sonderregelung des § 818 I Fall 2 BGB wäre weitgehend überflüssig, wenn der Kondiktionsschuldner auch bei Streichung dieser Norm schon nach § 818 II BGB statt des Sachwertes im Augenblick der rechtsgrundlosen Übereignung den höheren Wert der Sache im Augenblick ihres (durch eine Schadensersatzforderung oder Versicherungsleistung ausgeglichenen) Verlustes ersetzen müßte, also die erst nach dem rechtsgrundlosen Erwerb eingetretene Wertsteigerung nicht ausgeklammert bliebe.

3. Argument (gegen Theorie III und IV)

Zeitpunkte, die nach der Umwandlung des auf Herausgabe gerichteten bereicherungsrechtlichen Primäranspruchs in einen sekundären Wertersatzanspruch liegen, kommen erst recht nicht in Betracht. Die Höhe der Wertersatzpflicht muß bereits im Augenblick der Entstehung des Wertersatzanspruches ermittelbar sein. Es geht deshalb nicht an, die Wertersatzpflicht auf einen zukünftigen Bemessungszeitpunkt auszurichten.

4. Argument

Nach § 818 III BGB trägt der Entreicherte das Risiko der Wertminderung zwischen Vermögensverschiebung und Rechtshängigkeit. Dann muß aber für die Anwendung von § 818 II BGB auf den Wert des Erlangten im Zeitpunkt des rechtsgrundlosen Erwerbs abgestellt werden. Andernfalls würde die nachträgliche Wertminderung sowohl über § 818 III BGB als auch über § 818 II BGB erfaßt.

II. (hier sog.) Theorie des Zeitpunkts der Entstehung des Wertersatzanspruchs

Für die Wertermittlung ist der Zeitpunkt maßgeblich, in dem sich der Anspruch auf Herausgabe des Erlangten in den Anspruch auf Wertersatz umwandelt.

Vertreten von:
AK/Joerges, § 818 Rn. 51; Bamberger/Roth/Wendehorst § 818 Rn. 33; Ebbecke, Recht 1912, 750; Erman/H. P. Westermann, § 818 Rn. 21; Esser, 2. Aufl., § 198, 5;

Furtner, MDR 1961, 649, 650; Gursky, S. 211; König, Gutachten, S. 1544; Koppensteiner, NJW 1971, 588, 591 f.; Larenz/Canaris, §72 III 5 a – f; MünchKomm/Lieb, § 818 Rn. 58; Oertmann, § 818 Anm. 2 e (maßgeblich der Augenblick vor dem Unmöglichwerden der Naturalherausgabe); Pinger, MDR 1972, 187 ff.; Reuter/Martinek, S. 570; RGRK/Scheffler, 11. Aufl., Vorbem. 46 vor § 812; Römer, AcP 119, 293, 348; Schwarz, § 12 Rn. 13; Staudinger/W. Lorenz, 12. Aufl., § 818 Rn. 31; Wendehorst, S. 232 f; E. Wolf, S. 491.

1. Argument

Der Wertersatzanspruch ist die sekundäre Erscheinungsform des Kondiktionsanspruchs. Der rechtsgrundlos erlangte Gegenstand bleibt, solange er unterscheidbar im Vermögen des Kondiktionsschuldners vorhanden ist und in Natur herausgegeben werden kann, dem Vermögen des Bereicherungsgläubigers schuldrechtlich zugewiesen. Hat sich der Wert zwischenzeitlich erhöht und tritt nunmehr an die Stelle des Gegenstandes der Wertersatz, so muß das wirtschaftliche Ergebnis des Wertausgleichs nach § 818 II BGB dem entsprechen, was dem Entreicherten bei der Herausgabe des Gegenstandes gem. § 812 I BGB zugute gekommen wäre.

2. Argument

Dem Bereicherungsgläubiger kommt bei einer gegenständlichen Restitution des Erlangten auch die inzwischen eingetretene Wertsteigerung zugute. Dasselbe muß gelten, wenn der erlangte Gegenstand aus dem Vermögen des Kondiktionsschuldners ausscheidet und die bisherige Sachkondiktion deshalb in eine Wertkondiktion übergeht. Die seit dem rechtsgrundlosen Erwerb eingetretene (nicht auf Verbesserungsmaßnahmen des Schuldners zurückführbare, sondern sich aus der allgemeinen Preisentwicklung derartiger Sachen ergebende) Wertsteigerung der Sache hatte der Gläubiger bereits »verdient«. Sie darf ihm nicht rückwirkend entzogen werden (Reuter/Martinek). Andernfalls würde der Empfänger dadurch begünstigt, daß er – aus welchem Grunde auch immer – den primären Kondiktionsgegenstand nicht mehr herausgeben kann (Pinger).

3. Argument

Wenn man schlechthin auf den Wert beim rechtsgrundlosen Erwerb abheben wollte, so würden dem gutgläubigen Kondiktionsschuldner wertsteigernde Maßnahmen doppelt gutgebracht: Wenn dieser etwa die rechtsgrundlos erlangte Sache, die bei ihrem Erwerb 1 000,– € wert war, für weitere 1 000,– € reparieren läßt und sie anschließend für 2 000,– € veräußert, darf er jedenfalls die von ihm gemachten Verwendungen nach § 818 III BGB vom herauszugebenden Wert abziehen. Das aber setzt voraus, daß der Wert in einem Zeitpunkt ermittelt wird, der nach der Verwendungsvornahme liegt. Würde man auf den Wert beim rechtsgrundlosen Erwerb abstellen, so würde in dem gerade genannten Beispiel die Wertersatzpflicht vollständig an § 818 III BGB scheitern und dies, obwohl der Kondiktionsschuldner immer noch in Höhe von 1 000,– € bereichert ist (Furtner).

4. Argument

Für die Wertermittlung nach dem Zeitpunkt der Entstehung des Wertersatzanspruches spricht die Funktion des § 818 II BGB. Diese Norm begründet praktisch eine Vermutung dafür, daß das Erlangte nur dem Gegenstand nach, nicht aber dem Wert nach aus dem Vermögen des Empfängers ausgeschieden ist. Oder anders ausgedrückt: Es wird vermutet, daß der Empfänger bei der Weitergabe des Erlangten einen adäquaten Gegenwert erhalten hat. Es ist dann Sache des Anspruchsgegners, den Nachweis zu führen, daß dies nicht der Fall gewesen ist, daß also seine fortdauernde Bereicherung geringer ist als der Wert des Erlangten im Zeitpunkt der Weitergabe. Diese Vermutung für eine fortdauernde Bereicherung in Höhe des Sachwertes macht aber nur Sinn, wenn für § 818 II BGB der Wert des Erlangten im Zeitpunkt seines Ausscheidens aus dem Vermögen des Kondiktionsschuldners zugrunde gelegt wird. Der Umstand, daß Sachen dieser Art im Zeitpunkt des rechtsgrundlosen Erwerbs doch sehr viel mehr wert waren oder daß ihr Preis später, bis zum Zeitpunkt der Rechtshängigkeit der Klage oder bis zur letzten mündlichen Verhandlung, stark angestiegen ist, hat ja mit dem vom Kondiktionsschuldner wahrscheinlich erzielten Preis gar nichts zu tun.

5. Argument (gegen Theorie III und IV)
Wertveränderungen des ursprünglichen Kondiktionsgegenstandes, die nach dessen Ausscheiden aus dem Vermögen des Schuldners eingetreten sind, können sich auf das Vermögen des letzteren gar nicht positiv auswirken und müssen schon deshalb für den Umfang des Bereicherungsanspruchs unerheblich sein (Koppensteiner).

6. Argument (gegen Theorie I Arg. 2)
Der Umstand, daß § 818 I BGB das commodum ex negotiatione ausklammert, spricht nicht dafür, daß nur der Wert zur Zeit des rechtsgrundlosen Erwerbs maßgeblich sein kann. Die Beschränkung des Surrogationsprinzips in § 818 I BGB auf die commoda ex re erfolgte nicht im Interesse des Kondiktionsschuldners, also um diesem die zwischen rechtsgrundlosem Erwerb und späterer Weiterveräußerung eingetretene Wertsteigerung des Kondiktionsobjektes zu belassen, sondern allein im Interesse des Bereicherungsgläubigers, nämlich damit dieser in Tauschfällen nicht auf ein für ihn unbrauchbares Tauschobjekt verwiesen wird (Reuter / Martinek).

7. Argument (gegen Theorie IV)
Der Zeitpunkt der letzten mündlichen Verhandlung kommt schon deshalb für die Bemessung des Wertersatzes nicht in Betracht, weil sich schon ab Rechtshängigkeit die Haftung nach den allgemeinen Vorschriften richtet und der Umfang des Wertersatzanspruches damit fixiert ist.

8. Argument (gegen Theorie IV)
Die allgemeine Billigkeitsüberlegung, daß dem Kondiktionsgläubiger neben den Wertminderungsrisiken auch die Wertzuwachschancen zugeteilt werden müßten, ist abzulehnen. Daß der Kondiktionsgläubiger die Wertminderungsrisiken im Verhältnis zum gutgläubigen Kondiktionsschuldner in einem so großen Umfang zu tragen hat, liegt daran, daß die Kondiktionshaftung lediglich eine Zustandshaftung ist (Pinger).

9. Argument (gegen Theorie I Arg. 4)
Daß der Kondiktionsgläubiger das Risiko einer Wertminderung des Kondiktionsobjektes trägt, solange sich dieses noch beim Kondiktionsschuldner befindet, hat mit § 818 III BGB nichts zu tun. Es ergibt sich vielmehr einfach daraus, daß der Kondiktionsschuldner nicht einen bestimmten Wert schuldet, sondern die Herausgabe des rechtsgrundlos erlangten Gegenstandes. Der Herausgabeanspruch ist nun einmal ein gleitender Anspruch; er erfaßt den herauszugebenden Gegenstand in seinem jeweiligen Zustand und Wert.

III. (hier sog.) **Theorie des Zeitpunkts des Eintritts der Haftungsverschärfung**

Maßgebend ist der Zeitpunkt, in dem der Kondiktionsanspruch rechtshängig wird (§ 818 IV BGB) oder in dem der Kondiktionsschuldner die Kenntnis von der Rechtsgrundlosigkeit seines Erwerbs erlangt (§ 819 I BGB).

Vertreten von:
Esser, 3. Aufl., § 105 III 2 b (offengelassen in der 4. Aufl., § 105 I 2). (Auch Jakobs, S. 142 wird vielfach für diese Auffassung angeführt, aber zu Unrecht).

Bei Esser findet sich keine Begründung. Denkbare Argumente wären die folgenden:

1. Argument
Die Höhe des Bereicherungsanspruchs wird durch den Eintritt der Rechtshängigkeit oder das Bösgläubigwerden des Kondiktionsschuldners fixiert. Wertminderungen oder Wertsteigerungen können sich jetzt nicht mehr auswirken (von Reuter / Martinek, S. 570 und Koppensteiner, NJW 1971, 588, 590 unterstellte Argumentation).

2. Argument
Der Zeitpunkt, in dem die Umwandlung des primären Herausgabeanspruchs in den Wertersatzanspruch eintrat, wird häufig dem Kondiktionsgläubiger nicht bekannt sein. Die Orientierung am Zeitpunkt der Rechtshängigkeit erspart dem Gläubiger den schwierigen Nachweis, daß etwa die Veräußerung des Kondiktionsobjektes durch den Anspruchsgegner zu einem ganz bestimmten Zeitpunkt erfolgt ist.

3. Argument
Wenn der Kondiktionsschuldner die rechtsgrundlos erlangte Sache mit viel Glück über Wert veräußert hat, bis zur Rechtshängigkeit des Kondiktionsanspruches dann aber der Marktwert derartiger Sachen auf den vom Kondiktionsschuldner erzielten Betrag angestiegen ist, so besteht kein Anlaß, den Bereicherungsanspruch auf den seinerzeitigen Wert des primären Kondiktionsobjektes und damit auf einen bloßen Teil der effektiven Bereicherung des Kondiktionsschuldners zu beschränken.

IV. (hier sog.) **Theorie des Zeitpunkts der letzten mündlichen Verhandlung**

In § 818 II BGB ist der Wert im Zeitpunkt der letzten mündlichen Verhandlung bzw. bei der Erfüllung des Anspruchs gemeint.

Vertreten von:
Esser / Weyers, 5. Aufl., § 51 I 3 b a. E.; grundsätzlich auch 7. Aufl., § 51 I 4 c S. 494; Koppensteiner, NJW 1971, 588, 591; Koppensteiner / Kramer, S. 178; H. Lange, NJW 1951, 685, 688; Molitor, § 32 I 4; Pinger, MDR 1972, 187, 189.

1. Argument
Da der Kondiktionsgläubiger nach § 818 III BGB das Risiko der Entreicherung des Schuldners trägt, muß ihm auf der anderen Seite auch ein eventueller Vermögenszuwachs infolge einer Wertsteigerung des Kondiktionsgegenstandes zugute

kommen. Das aber läßt sich nur erreichen, wenn im Rahmen von § 818 II BGB die Wertermittlung auf den spätestmöglichen Zeitpunkt bezogen wird. Diese Interpretation führt dazu, daß der Bereicherte wirklich die gesamte bei ihm noch vorhandene Bereicherung herauszugeben hat. Dies ist die positive Ergänzung des Grundsatzes, daß der Bereicherungsausgleich keinesfalls zu einer Schädigung des Schuldners führen darf.

2. Argument
Die Ermittlung der Wertersatzschuld kann sich nicht am Entstehungszeitpunkt orientieren. Sie ist nämlich auch nach ihrer Entstehung veränderlich, da sie gem. § 818 III BGB wegfallen kann.

3. Argument (gegen Theorie III)
Auch mit dem Eintritt der Haftungsverschärfung wird die Wertersatzpflicht nicht endgültig festgelegt. Es besteht beispielsweise kein Grund, warum nach diesem Zeitpunkt eintretende Wertsteigerungen nicht zugunsten des Gläubigers berücksichtigt werden sollten. Der Zeitpunkt der Rechtshängigkeit ist nur entscheidend für die Frage der Wertminderung. Werteinbußen nach Eintritt der Rechtshängigkeit können den Kondiktionsschuldner nur entlasten, wenn sie auf Umständen beruhen, die er nicht verschuldet hat (§§ 818 IV, 292 I, 990, 989 BGB).

4. Argument (gegen Theorie III und Theorie II Arg. 7)
Die in § 818 IV BGB in Bezug genommenen allgemeinen Vorschriften enthalten gar keine Regeln, welche die Berücksichtigung einer Wertsteigerung nach Rechtshängigkeit ausschließen würden.

B) Wertermittlung in den Einbaufällen

I. (hier sog.) Theorie des Zeitpunkts der Kondiktionsentstehung

Für die Wertermittlung ist der Zeitpunkt der Anspruchsentstehung maßgeblich.

Vertreten von:
RGZ 130, 310, 313; RG Gruchot 67, 316, 317; Baur / Stürner, § 53 c III 2 a Rn. 32; BGB / RGRK / Pikart, § 951 Rn. 31; Erman / Hefermehl, § 951 Rn. 13; (für den Bereich der Eingriffskondiktion) Larenz / Canaris, § 72 III 5 c; von Maydell, Geldschuld und Geldwert, 1974, S. 351; Müller, Sachenrecht, Rn. 2639; Palandt / Bassenge, § 951 Rn. 16; Staudinger / Gursky, § 951 Rn. 31; Staudinger / K. Schmidt (1997), Vorbem. D 53 zu § 244; StudK / M. Wolf, § 951 Anm. 4 c; H. Westermann, Sachenrecht, 5. Aufl., § 54, 5 b; Wieling, Sachenrecht I, § 11 II 5 a aa; M. Wolf, Sachenrecht, 19. Aufl., Rn. 618.

Beim Bereicherungsausgleich für ein auf fremdem Boden errichtetes Gebäude stellen die Anhänger dieser Auffassung grundsätzlich auf den Zeitpunkt der Fertigstellung ab (RGZ 130, 310, 313; BGH LM § 946 BGB Nr. 6 = NJW 1954, 265, 266; BGHZ 17, 236, 239 f.; LM § 951 BGB Nr. 16 Bl. 3 = NJW 1962, 2293; LM § 951 BGB Nr. 17 = WM 1963, 135; WM 1966, 277, 279; 1973, 71, 73; RGRK / Pikart, § 951 Rn. 24; RGRK / Heimann-Trosien, § 818 Rn. 19; Staudinger / W. Lorenz, § 818 Rn. 31 (mit Einschränkungen); Soergel / Mühl, § 951 Rn. 17; Erman / Hefermehl, § 951 Rn. 13; Erman / H. P. Westermann, § 818 Rn. 21; Palandt / Bassenge, § 951 Rn. 16;

Feiler, S. 107 f. m. umfangr. Nachw.; Diederichsen, Jura 1970, 378, 396 f.). Für den Zeitpunkt der Wiedererlangung des bebauten Grundstücks durch den Eigentümer dagegen Klauser, NJW 1958, 47, 48; 1965, 513, 517 f.; Larenz / Canaris, § 72 III 5 d; RGRK / Pikart, § 951 Rn. 24; H. Westermann, Sachenrecht, 5. Aufl., § 54, 5 c; Wieling, a. a. O.; M. Wolf, JZ 1966, 467, 469 Fn. 27.

1. Argument

In den Einbaufällen entsteht der Wertersatzanspruch (aus §§ 951 I 1, 812 I 1 Fall 2 BGB) mit Eintritt der Rechtsänderung. Nach diesem Zeitpunkt muß sich hier – genauso wie etwa in den Fällen der rechtsgrundlosen Erlangung nichtgegenständlicher Vorteile und in den sonstigen Fällen, in denen der Bereicherungsanspruch von vornherein nach § 818 I Fall 1 BGB auf Wertersatz gerichtet ist – die Wertermittlung richten. Der Umstand, daß der Kondizient auch noch ein Wegnahmerecht ausüben könnte, so daß das Erlangte dem Vermögen des Empfängers noch nicht notwendigerweise endgültig inkorporiert ist, ändert daran nichts. Sobald Wertersatz verlangt wird, muß eben davon ausgegangen werden, daß das Wegnahmerecht nicht ausgeübt werden wird.

2. Argument

Da der Bereicherungsvorgang mit dem Eintritt der Rechtsänderung abgeschlossen ist und das erlangte Eigentum natürlich die Zuweisung aller Verwertungschancen impliziert, besteht keine Möglichkeit, eine nachträgliche Wertsteigerung der eingebauten Sachen noch dem früheren Eigentümer zugute kommen zu lassen (Staudinger / K. Schmidt).

3. Argument

Auch in den Einbaufällen ist nicht einzusehen, warum man dem Kläger die Möglichkeit geben sollte, durch eine verzögerte Geltendmachung seines Wertersatzanspruchs noch inzwischen eintretende Steigerungen des Verkehrswertes mitzunehmen (Staudinger / W. Lorenz).

II. (hier sog.) **Theorie des Zeitpunktes des Eintritts der Haftungsverschärfung**

Wie A) Theorie III

III. (hier sog.) **Theorie des Zeitpunktes der letzten mündlichen Verhandlung**

Für die Wertermittlung ist der Zeitpunkt der letzten mündlichen Verhandlung bzw. der Anspruchserfüllung maßgeblich.

Vertreten von:
Götz, Der Vergütungsanspruch gem. § 951 Abs. 1 S. 1 BGB, 1975, S. 188 ff.; Koppensteiner, NJW 1971, 588, 592 f.; Koppensteiner / Kramer, S. 178; J. Kohler, Die gestörte Rückabwicklung gescheiterter Austauschverträge, 1989, S. 88 f. m. Fn. 68; H. Lange, NJW 1951, 685, 688; Larenz / Canaris, § 72 III 5 d S. 284 f. (nur für Aufwendungskondiktion); MünchKomm / Lieb, 2. Aufl., § 818 Rn. 45; MünchKomm / Quack, § 951 Rn. 18; Reuter / Martinek, S. 574 ff; Soergel / Henssler, § 951 Rn. 20.

1. Argument

Von allen anderen Bereicherungstatbeständen unterscheiden sich die Einbaufälle dadurch, daß die Wertersatzpflicht entsteht, ohne daß das gegenständliche Substrat der Bereicherung aus dem Vermögen des Kondiktionsschuldners ausschiede: Der erlangte Gegenstand, den § 946 BGB dinglich dem Kondiktionsschuldner zuweist, verbleibt in dessen Vermögen. Damit kommen dem Kondiktionsschuldner notwendigerweise alle weiteren Wertsteigerungen dieses Gegenstandes zugute. Inter partes ist die Zuweisung der Gewinnchance an den Kondiktionsschuldner aber erst dann gerechtfertigt, wenn der Schuldner den ihm zugeflossenen Vermögensvorteil ausgeglichen, d. h. die geschuldete Wertersatzleistung an den Kondiktionsgläubiger erbracht hat. Erst von diesem Augenblick an steht dem Schuldner das Erlangte nicht nur dinglich, sondern auch schuldrechtlich zu. Aus diesem Grunde muß die Wertermittlung auf den spätestmöglichen Zeitpunkt – eben den der letzten mündlichen Verhandlung bzw. den der Anspruchserfüllung – verschoben werden.

2. Argument (gegen Theorie I Arg. 3)

Auch wenn man als Bewertungszeitpunkt den der letzten mündlichen Verhandlung nimmt, ist die Gefahr, daß der Kondiktionsgläubiger aus Spekulationsgründen die Geltendmachung des Verwendungsersatzanspruchs hinauszögern könnte, denkbar gering. Unzuträglichkeiten für den Kondiktionsschuldner erwachsen aus einer solchen verzögerten Geltendmachung ohnehin nicht, zumal er ja jederzeit durch freiwillige Erfüllung des Anspruchs für klare Verhältnisse sorgen kann (MünchKomm / Lieb).

Nachtrag: Für die Fälle der Gebäudeerrichtung auf fremdem Boden so wie der Vornahme wertsteigernder Umbauten durch einen Mieter oder Pächter wird ein weiterer Zeitpunkt für die Wertbemessung diskutiert. Nach einer verbreiteten Auffassung soll der Vergütungsanspruch aus § 951 BGB in diesen Fällen überhaupt erst im Zeitpunkt der Wiedererlangung des Grundstücks durch den Grundstückseigentümer entstehen, weil dieser überhaupt erst durch die Rückgabe in den Genuß des Gebäudes bzw. der Umbauten gelange; dementsprechend soll dann dieser Zeitpunkt auch für die Wertermittlung maßgeblich sein (so beispielsweise Bamberger / Roth / Wendehorst, § 818 Rn. 147; Klauser, NJW 1958, 47, 48; 1965, 513, 517; Palandt / Bassenge, 54. Aufl., § 951 Rn. 16; RGRK / Pikart, Rn. 24; M. Wolf, JZ 1966, 467, 469 Fn. 27; dagegen Feiler, S. 108 f.). Andere wollen – unter Berufung auf die Wertung des § 996 BGB – jedenfalls dann auf den Zeitpunkt der Rückerlangung des Grundstücks abstellen, wenn dieser vor der letzten mündlichen Verhandlung bzw. der Zahlung des Kondiktionsschuldners liegt (Larenz / Canaris, § 72 III 5 ed, S. 285; MünchKomm / Lieb, § 818 Rn. 59).

Beispiele:

1. Im Ausgangsfall könnte man zunächst prüfen, ob sich der Kondiktionsanspruch bei der Weiterveräußerung nicht nach § 818 I BGB in einen Anspruch auf Herausgabe des Veräußerungserlöses umgewandelt hat (vgl. Problem 15). Das würde den A hier allerdings vor Schwierigkeiten stellen, da er die Höhe des von B erzielten Kaufpreises nicht nachweisen kann. Wenn man mit der h. M. annimmt, daß § 818 I BGB nicht für rechtsgeschäftliche Surrogate gilt, kommt statt dessen § 818 II BGB zur Anwendung. Damit stellt sich die Frage nach dem maßgeblichen Bewertungszeitraum. Nach Theorie A I wäre von einem Wert von

10 000,– € auszugehen; Theorie A II würde als Wert 15 000,– € ansetzen, Theorie A III 20 000,– € und Theorie A IV 22 500,– €. Zu berücksichtigen ist allerdings, daß A die Verurteilung zu einer Geldzahlung in Höhe des jeweiligen Wertansatzes verhindern kann, indem er den Nachweis dafür erbringt, daß seine fortdauernde Bereicherung niedriger ist. Zu diesem Zwecke würde der Nachweis genügen, daß der von ihm erzielte Kaufpreis niedriger war als der für § 818 II BGB maßgebliche Wert.

2. Der Bauherr B hat bei der Errichtung seines Eigenheimes eine 200 Jahre alte Eingangstür eingebaut, die er zum angemessenen Preis von 3 000,– € erworben hatte. Nach zwei Jahren erfährt er, daß die Tür dem E gestohlen war; zu diesem Zeitpunkt war diese bereits 4 000,– € wert. Nach einem halben Jahr Bedenkzeit entschließt sich B, den geschuldeten Wertersatz an E zu leisten. Mittlerweile ist der Wert der Tür auf 4 500,– € gestiegen. Was muß B zahlen?

Lösung: Die Tür ist nach § 94 II, I, 946 BGB mit dem Einbau zum wesentlichen Bestandteil des Grundstücks des B geworden. E hat deshalb nach §§ 951 I, 812 I 1 Fall 2 BGB einen Anspruch auf Wertersatz. B schuldet nach Theorie B I 3 000,– €; nach Theorie B II 4 000,– €; nach Theorie B III 4 500,– €.

17. Problem (§§ 812 I 1, 818 II, III, IV, 819 BGB)
Was ist das »Erlangte« beim Ge- und Verbrauch fremder Sachen und welchen Inhalt hat der daran anknüpfende Bereicherungsanspruch?

Beispiel:

Der N beerbt überraschend einen entfernten Onkel, der in einer ihm gehörenden Villa an einem See gelebt hat. In einem auf dem Grundstück stehenden Schuppen findet N ein großes Motorboot vor. In der Überzeugung, daß dies zum Nachlaß gehört, nimmt er es sofort in Gebrauch und begibt sich auf eine vierwöchige Urlaubsreise durch deutsche Binnengewässer. Anschließend wird er davon informiert, daß das Motorboot in Wirklichkeit dem B gehört, einem zur Zeit im Ausland tätigen Bekannten seines Onkels, der es wegen seiner längeren Abwesenheit dem O in Verwahrung gegeben hatte. B verlangt nun von N ein angemessenes Entgelt für die vierwöchige Benutzung des Bootes, das er nach den von den Bootsverleihfirmen üblicherweise verlangten Mietzinsen berechnet. N wendet ein, er habe durch den Gebrauch des Bootes nichts erspart. Wenn er das Boot nicht vorgefunden hätte, würde er eine Radtour unternommen haben.

Ausgangspunkt:
Die erste Voraussetzung eines jeden Kondiktionsanspruchs besteht darin, daß der Kondiktionsschuldner »etwas erlangt« haben muß. Erstaunlicherweise ist aber gerade die Frage, was das Gesetz mit diesen Worten zum Ausdruck bringen will, bis heute nicht abschließend geklärt. Einig ist man sich nur darüber, daß als »erlangtes Etwas« und damit als Kondiktionsobjekt sowohl der Erwerb von Rechten, Anwartschaften und sonstigen vorteilhaften »Rechts«-Positionen als auch die Befreiung von Schulden und dinglichen Lasten in Betracht kommen. Immer noch sehr umstritten ist dagegen, worin das Kondiktionsobjekt in solchen Fällen zu sehen ist, in denen jemand rechtsgrundlos fremde Dienstleistungen in Anspruch nimmt oder unberechtigterweise fremde Sachen ge- oder verbraucht.

I. (hier sog.) **Ersparnistheorie**

Wenn jemand rechtsgrundlos fremde Dienstleistungen in Anspruch nimmt oder unbefugt fremde Sachen ge- oder verbraucht, ist Anknüpfungspunkt des Bereicherungsausgleichs die dadurch erzielte Ersparnis anderweitiger Ausgaben. Hat der Empfänger durch die Ausnutzung der fremden Arbeitskraft bzw. durch den Ge- oder Verbrauch der fremden Sache keine anderweitigen Ausgaben erspart, ist eine bereicherungsrechtliche Vergütungspflicht jedenfalls bei Gutgläubigkeit des Empfängers nicht zu begründen.

Vertreten von:
BGHZ 20, 345, 354 f.; (im Grundsatz auch) BGHZ 55, 128, 131 (aber mit Anklängen an Theorie III auf S. 133 ff.); Enneccerus / Lehmann, § 221 I 4; Esser, Schuldrecht II, 4. Aufl. 1971, § 101 III 3; Esser / Weyers, Schuldrecht BT, 5. Aufl. 1980, § 51 I 3 d; Jakobs, S. 54, 147 ff.; RGRK / Heimann-Trosien, § 812 Rn. 9, 13; G. H. Roth, FS Küchenhoff, 1972, S. 371, 380.

Bei RG LZ 1917, 921, 922; RG HRR 1936 Nr. 461; BGHZ 14, 7, 9; 20, 270, 275; Heck, § 141, 3; Kurz, S. 59; Planck / Landois, § 812 Anm. 1 e ist nicht ersichtlich, ob sie Theorie I oder II folgen.

1. Argument

Die Verfasser des BGB haben sich bei der Schaffung des geltenden Bereicherungsrechts stark an die herrschende gemeinrechtliche Doktrin angelehnt. Danach machte es aber gerade das Wesen der Kondiktionstatbestände aus, daß sie die beim Schuldner eingetretene Bereicherung, also die auf den haftungsbegründenden Erwerb zurückführbare Vermehrung seines Vermögens, abschöpfen wollten. Diese mit Hilfe einer Differenzhypothese zu ermittelnde Vermögensmehrung bildete danach den eigentlichen Kondiktionsgegenstand. Genauso muß aber auch das geltende Recht verstanden werden; auch die heutigen Bereicherungsansprüche sind vermögensorientiert, zielen auf den Entzug der beim Empfänger eingetretenen und noch vorhandenen Bereicherung ab. Mit den Worten »etwas erlangt« in § 812 I 1 BGB bezeichnet das Gesetz nichts anderes als die anfängliche Bereicherung. Der Empfänger ist überhaupt nur dann bereichert, wenn bei ihm eine echte Vermögensmehrung eingetreten ist, die allerdings auch in einer Ersparnis bestehen kann. (Aus § 818 III BGB läßt sich dabei schließen, daß als erlangt nur der Überschuß anzusehen ist, der sich ergibt, wenn von dem Empfangenen das dafür Hingegebene und die darauf ruhenden Lasten abgezogen werden).

2. Argument

Auch wenn jemand rechtsgrundlos Dienstleistungen eines anderen erhält oder unbefugt fremde Sachen ge- oder verbraucht, bleibt danach Anknüpfungspunkt die eingetretene Bereicherung. Nur wenn die Vermögenslage des potentiellen Kondiktionsschuldners durch diese Vorgänge verbessert worden ist, hat er i. S. v. § 812 I 1 BGB eine Bereicherung erlangt; nur dann kann er auch nach Bereicherungsrecht haften. Die Bereicherung wird in derartigen Fällen regelmäßig darin liegen, daß der Kondiktionsschuldner durch den Erhalt der Dienste bzw. den Ge- oder Verbrauch der fremden Sache anderweitige Ausgaben erspart hat.

3. Argument

Es muß sich aber um eine echte Ersparnis handeln. Eine solche ist nur gegeben, wenn davon ausgegangen werden kann, daß der Empfänger ohne den betreffenden (haftungsbegründenden) Vorgang derartige Dienste oder Gebrauchsvorteile von dritter Seite gegen Entgelt erworben haben würde. Wenn der potentielle Kondiktionsschuldner bei Kenntnis des Umstandes, daß er keinen Anspruch auf die fraglichen Dienste des Kondizienten hatte bzw. daß er zum Ge- oder Verbrauch der betreffenden Sache nicht befugt war, solche Ausgaben nicht gemacht hätte, sondern sich anderweitig beholfen haben würde, darf eine Ersparnis nicht einfach fingiert werden.

4. Argument (gegen Theorie III)

Der Gebrauch einer fremden Sache ist nur ein Vorgang, nicht aber selbst ein vermögenswertes Gut. Bereicherungsrechtliche Relevanz kann dieser Vorgang überhaupt erst durch seine Auswirkungen auf das Vermögen des Empfängers erlangen (Jakobs).

Die Anhänger der Ersparnistheorie sind sich nicht einig in der Frage, wie die Haftung des Bösgläubigen aussieht.

Meinung A

Wer rechtsgrundlos fremde Dienste entgegennimmt bzw. fremde Sachen ge- oder verbraucht, haftet auch im Falle der Bösgläubigkeit nur in Höhe seiner etwaigen Ersparnis.

Vertreten von:
Roth, a. a. O.

Begründung
Die Bestimmung des Haftungsumfanges des bösgläubigen Kondiktionsschuldners kann nach der Regelungsstruktur der §§ 812 ff. BGB erst erfolgen, wenn die Tatbestandsvoraussetzungen eines Anspruchs nach den §§ 812–817, 822 BGB erfüllt sind. Wenn es an der Ersparnis fehlt, hat der Betreffende aber gar keine Bereicherung erlangt, an die ein Kondiktionsanspruch anknüpfen könnte.

Meinung B

Der Bösgläubige haftet ohne Rücksicht auf eine etwaige Ersparnis auf das übliche Entgelt.

Vertreten von:
Jakobs, a. a. O.; Esser / Weyers, 5. Aufl., § 51 I 3 d.

Begründung
Wer in Kenntnis der Rechtsgrundlosigkeit fremde Dienste entgegennimmt oder fremde Sachen ge- oder verbraucht, darf sich nach Treu und Glauben nicht darauf berufen, daß er sich die betreffenden Vorteile gegen Geld nicht beschafft haben würde. Eine solche Verteidigung wäre ein unzulässiger Selbstwiderspruch.

II. (hier sog.) **Normative Ersparnistheorie**

Eine kondizierbare Ersparnis liegt immer dann vor, wenn der Bereicherungsschuldner bei ordnungsgemäßem Vorgehen für den Gebrauch oder Verbrauch der fremden Sache ein Entgelt hätte zahlen müssen.

Vertreten von:
RGZ 97, 310, 311 f.; RG JW 1932, 1044; BGHZ 20, 345, 355; 22, 395, 400; 26, 349, 352; 38, 356, 369; BGH NJW 1979, 2205, 2206 (betreffend einen Eingriff in das Recht am eigenen Bilde); BayObLG NJW 1965, 973, 974; OLG Köln, Urteil v. 9. 12. 1959, mitgeteilt bei Staudacher, NJW 1961, 1907; A. Blomeyer, MDR 1957, 153, 154; Erman/ Seiler, 5. Aufl., § 812 Rn. 7; Kellmann, NJW 1971, 862, 865; Knütel, JR 1971, 293, 294; (im Ergebnis) von Mayr, S. 604; (nicht deutlich) Palandt/Sprau, § 812 Rn. 16, 28; RGRK/Scheffler, 11. Aufl., § 812 Anm. 14; Staudinger/Seufert, 11. Aufl., § 812 Rn. 13–13 d.

1. Argument: wie Theorie I, Arg. 1.

2. Argument
Wer sich in Kenntnis des fehlenden Rechtsgrundes einen nichtgegenständlichen Vorteil verschafft, ohne hierdurch andere Ausgaben zu ersparen, hat trotzdem etwas erlangt. »Konstruieren« läßt sich dieses Ergebnis mit Hilfe einer Normativierung des Ersparnisgedankens. Eine kondizierbare Ersparnis liegt danach immer vor, wenn der Bereicherungsschuldner bei ordnungsgemäßem Vorgehen für den Gebrauch oder Verbrauch der fremden Sache an den Eigentümer ein angemessenes Entgelt hätte zahlen müssen. Der Einwand, daß er ein derartiges Entgelt an den Eigentümer keinesfalls bezahlt, sondern sich anderweitig beholfen haben würde, soll dem Eingreifer abgeschnitten sein, da er sich an der von ihm selbst geschaffenen Sachlage festhalten lassen müsse.

III. (hier sog.) **Vorteilstheorie**

Das Erlangte besteht in dem vom Kondiktionsschuldner genossenen nichtgegenständlichen Vorteil selbst, also im Verbrauch oder Gebrauch der fremden Sache oder der Entgegennahme der fremden Dienste, nicht erst in der Auswirkung dieses Vorteils auf das Vermögen des Kondiktionsschuldners. Die Ausgabenersparnis spielt nur als Berechnungsfaktor der Bereicherung des Kondiktionsschuldners eine (wichtige) Rolle.

Vertreten von:
Bamberger/Roth/Wendehorst, § 812 Rn. 68 f.; Batsch, S. 113 f.; ders., NJW 1969, 1743, 1744; Berg, JuS 1962, 73, 75; Beuthien, RdA 1969, 161, 165; Beuthien/Weber, S. 58 ff. (nicht ganz deutlich); Brox/Walker, § 37 Rn. 5; Büsching, S. 139; von Caemmerer, FS Rabel, 1954, S. 381 (= GS S. 257 f.); Canaris, JZ 1971, 560, 561; ders., FS W. Lorenz, 1991, S. 19, 48 ff.; Diederichsen, Fälle und Lösungen nach höchstrichterlichen Entscheidungen, BGB-Allgemeiner Teil, 3. Aufl. 1973, S. 44 Fn. 14; Dörner, S. 26; Erbert, S. 31 ff.; Ellger, S. 885 ff.; Emmerich, § 19 Rn. 4 f.; Erman/H. P. Westermann, § 812 Rn. 9, § 818 Rn. 25 ff.; Esser/Weyers, § 51 I 3 b S. 100; Fenn, Die Mitarbeit in den Diensten Familienangehöriger, 1970, S. 233; Fezer, S. 271 f.; Fikentscher, Rn. 1088; Futter, JuS 1974, 379, 382; Giesen, Jura 1995, 169, 172; Goetzke, AcP 173, 289, 311; Gursky, NJW 1969, 2183 ff.; ders., JR 1972, 279, 281 ff.; Harder, NJW 1990,

857, 862 f.; HK-BGB/Schulze, § 812 Rn. 4; Horst, Querverbindungen zwischen Aufopferungsanspruch und Gefährdungshaftung, 1966, S. 96 ff.; Jagemann, S. 132 ff.; Jauernig/Schlechtriem, § 812 Rn. 8, § 818 Rn. 2, 5; juris PK/Martinek, S. 818 Rn. 20; Kleinheyer, JZ 1961, 473, 474 (mit der Annahme, im Falle des Verbrauchs einer fremden Sache sei die Sachsubstanz erlangt); Köhler, PdW SchR II, Fall 158 S. 230; Koller, FS Canaris, 1998, S. 151, 167 Fn. 62; Koppensteiner, NJW 1971, 1769, 1774; Koppensteiner/Kramer, S. 117 ff.; Larenz, § 68 II, § 70 II; Larenz/Canaris, §§ 71 I 2 a, 73 I 5, II 5 a–c (mit Zugeständnissen an Theorie II über den Einwand des Rechtsmißbrauchs); Loewenheim, S. 22 f., 131 ff.; von Lübtow, S. 34, 59; Medicus, BR Rn. 719; ders., Schuldrecht II, § 128 I 3 Rn. 674; ders., NJW 1970, 665, 666; ders., FamRZ 1971, 250, 251; Mestmäcker, JZ 1958, 521, 524; MünchenKomm/Gitter, 3. Aufl., Vorbem. 45 f. vor § 104; MünchKomm/Lieb, § 812 Rn. 359; Neumann-Duesberg, BB 1965, 729, 730; Ostendorf, S. 30 ff., 96 ff.; ders., BB 1973, 822, 824 f.; ders., JuS 1974, 447 f. nur für die Eingriffskondiktion; Palandt/Sprau, § 812 Rn. 28; Pankow, S. 49 ff.; Pawlowski, JuS 1967, 302, 305 Fn. 25; Pinger, MDR 1972, 101, 102 f.; Rengier, AcP 177, 418, 444 f.; Rümker, S. 98 ff.; Sack, FS Hubmann, 1985, S. 373, 380; Sack, FS Hubmann (1985) S. 377, 380; Schlechtriem, Symposium König, S. 67, 81; Soergel/Mühl, § 818 Rn. 30 – 32; Staudinger/Lorenz, § 812 Rn. 71; StudK/Beuthien, § 818 Anm. 4 a; Teichmann, JuS 1972, 247, 249; Thiele, S. 197; Wilburg, S. 133 f.; E. Wolf, 424; J. Wolf, S. 54; im Ansatz auch Reuter/Martinek, S. 535 ff. für die Eingriffsfälle (anstelle des erlangten nichtgegenständlichen Vorteils soll aber auch die Ersparnis des Kondiktionsschuldners als Kondiktionsobjekt in Betracht kommen, wenn diese größer ist als der objektive Wert des Erlangten). Für den Bereich der Leistungskondiktion sieht eine verbreitete Auffassung das Erlangte bereits in der Zurverfügungstellung von Diensten bzw. der verschafften Nutzungs- bzw. Gebrauchsmöglichkeit (s. unten Theorie IV).

1. Argument

Das »erlangte Etwas« i. S. v. § 812 I 1 BGB muß von der »Bereicherung« i. S. v. § 818 III BGB unterschieden werden. Kondiktionsobjekt – also Anknüpfungspunkt der Herausgabe- oder Wertersatzpflicht – ist das Erlangte; die Bereicherung, also die auf den rechtsgrundlosen Erwerb zurückführbare Vermehrung des Empfängervermögens, wird lediglich in § 818 III BGB zur Begrenzung der Herausgabe oder Wertersatzpflicht eingesetzt. Die abstrakte Vermögensdifferenz der »Bereicherung« kann als solche ja auch weder geleistet noch unmittelbar »auf Kosten« eines anderen erworben werden. Geleistet bzw. durch Eingriff erworben wird immer ein konkreter Vorteil, der gegenständlicher oder nichtgegenständlicher Art sein kann. Schon aus diesem Grunde kann auch bei rechtsgrundlosen Dienstleistungen oder bei unbefugtem Ge- oder Verbrauch fremder Sachen das Erlangte nur in den entgegengenommenen Diensten bzw. in dem Gebrauchsvorteil selbst gesehen werden.

2. Argument

Mit dem Wortlaut des Gesetzes läßt sich diese Sichtweise durchaus vereinbaren. Die einzige Voraussetzung des »erlangten Etwas«, die sich dem Gesetz unmittelbar entnehmen läßt, besteht darin, daß es entweder in Natur restituierbar (§§ 812–817, 822 BGB) oder aber in Geld bewertbar (§ 818 II BGB) sein muß. Der Vorteil des Gebrauchs oder Verbrauchs fremder Sachen kann zwar genausowenig wie empfangene Arbeitsleistungen in Natur herausgegeben werden, diese Vorteile lassen sich aber, jedenfalls im Normalfall, durchaus in Geld bewerten. Der Geldwert von (tatsächlich, wenn auch unberechtigt) gezogenen Gebrauchsvorteilen wird bereits vom Gesetz in den §§ 818 I, 987 ff. i. V. m. § 100 BGB vorausgesetzt.

3. Argument

Eine Ausgabenersparnis des Kondiktionsschuldners setzt bereits rein begrifflich voraus, daß dieser etwas anderes erlangt hat, wofür er andernfalls hätte Ausgaben machen müssen. Die Ausgabenersparnis ist immer nur »die mittelbare Folge, der Reflex eines unmittelbar und primär erlangten >Etwas< auf die gesamte Vermögenslage« des Kondiktionsschuldners (Batsch). Es macht deshalb keinen Sinn, daß erst dieser Reflex das »erlangte Etwas« i. S. v. § 812 BGB sein soll.

4. Argument

Bei der Ersparnis handelt es sich um eine Erscheinungsform (bzw. einen Berechnungsfaktor) der Bereicherung, also der auf den rechtsgrundlosen Erwerb zurückführbaren Vermögensmehrung beim Vorteilsempfänger. Damit kann sie nur im Rahmen des § 818 III BGB von Bedeutung sein.

5. Argument (gegen Theorie IV)

Die Beweisführung, wonach das Erlangte in der bloßen Gebrauchsmöglichkeit besteht, beruht auf einer Begriffsvertauschung (quaternio terminorum). Denn das Recht (!) zum Gebrauch einer Sache wird mit der rein faktischen Möglichkeit gleichgesetzt, rechtswidrig (!) eine fremde Sache zu gebrauchen.

6. Argument (gegen Theorie IV)

Wenn man bei nichtigen Gebrauchsüberlassungsverträgen das vom Mieter oder Pächter Erlangte in bloßen Gebrauchsmöglichkeiten sieht, so müßte etwa ein bösgläubiger Mieter oder Pächter schlechthin auf den Wert dieses nicht in Natur herausgebbaren Kondiktionsobjektes haften, auch wenn er die Mietsache gar nicht in Gebrauch nimmt. Bei nichtigen Kaufverträgen dagegen würde ein bösgläubiger Käufer nach §§ 819 I, 818 IV, 292, 987 BGB nur für die tatsächlich gezogenen Gebrauchsvorteile haften. Diese Ungleichbehandlung ist nicht zu rechtfertigen (Canaris).

Ergänzung:
Die Vertreter dieser Theorie sind sich nicht darüber einig, welche konkreten Rechtsfolgen sich für gutgläubige und bösgläubige Bereicherungsschuldner aus diesem Ansatz ergeben. Es lassen sich hierzu als Untergruppen der Theorie III fünf Meinungen feststellen.

Meinung A

Wer gutgäubig ohne Rechtsgrund nichtgegenständliche Vorteile in Anspruch genommen hat, haftet nur im Rahmen seiner auf diesen Vorteilempfang zurückgehenden Vermögensmehrung. Fehlt es an einer fortdauernden Bereicherung, weil der Empfänger weder einen positiven Arbeitserfolg erlangt noch anderweitige Ausgaben erspart hat, ist der Empfänger nach Bereicherungsrecht nicht zu einer Vergütung verpflichtet. Hat der Empfänger die nichtgegenständlichen Vorteile dagegen bösgläubig in Anspruch genommen, haftet er auf den objektiven Wert.

Vertreten von:

OLG Hamm, NJW 1966, 2357, 2358; Beuthien/Weber, Fall 4 S. 57 ff.; Büsching, S. 144 f.; Canaris, a. a. O.; Diederichsen, a. a. O.; Dörner, S. 26 f., 29; Fikentscher, a. a. O.; Goetzke, a. a. O. 316; Gursky, a. a. O.; Horst, a. a. O.; Jagemann, 134; Koller, DB 1974, 2389 bei Fn. 57; Larenz, § 68 II; ders., FS von Caemmerer, S. 224; Pawlowski, a. a. O.; Pinger, a. a. O.; Soergel/Mühl, § 818 Rn. 32; Teichmann, a. a.O; im Ansatz auch Rengier, a. a. O.

1. Argument

Die sich aus §§ 812 I 1, 818 II Fall 1 BGB ergebende Verpflichtung zur wertmäßigen Herausgabe des erlangten nichtgegenständlichen Vorteils steht nach § 818 III BGB noch unter dem Vorbehalt einer fortdauernden Bereicherung. An einer solchen Bereicherung des Empfängers fehlt es aber, wenn der Genuß des nichtgegenständlichen Vorteils keinerlei positive Auswirkungen auf sein Vermögen gehabt hat, ihm insbesondere keine anderweitigen Ausgaben erspart hat.

2. Argument (gegen Theorie II)

Wenn man auch den gutgläubigen unbefugten Benutzer einer fremden Sache schlechthin auf den objektiven Wert der erlangten Gebrauchsvorteile haften ließe, weil er bei ordnungsgemäßem Vorgehen ein angemessenes Entgelt für die Gebrauchserlaubnis hätte entrichten müssen und eine entsprechende Ausgabe also erspart habe, käme man in vielen Fällen zu einer Wertersatzpflicht bei rein fiktiver Ersparnis. Der gutgläubige Eingreifer würde eben bei Kenntnis der Tatsache, daß ihm kein Recht zur Benutzung der betreffenden Sache zustand bzw. daß er keinen Anspruch auf die betreffenden Dienste hatte, keinen Dienst- oder Mietvertrag abgeschlossen, sondern sich ohne nachteilige Folgen für sein Vermögen anderweitig beholfen haben. Die Normativierung des Ersparnisgedankens führt also zu einer bereicherungsrechtlichen Vergütungspflicht des gutgläubigen Kondiktionsschuldners, der gar nicht bereichert ist. Damit ist aber natürlich der Rahmen des geltenden Kondiktionsrechts verlassen. Es liegt ein eklatanter Verstoß gegen den vom BGH mit Recht so oft beschworenen »obersten Grundsatz des Bereicherungsrechts« vor, daß die Restitutionspflicht des gutgläubigen Kondiktionsschuldners niemals zu einer Verminderung seines Vermögens über den Betrag der wirklichen Bereicherung hinaus führen darf, den Kondiktionsschuldner also nicht schlechter stellen darf als er ohne Eintritt des Kondiktionstatbestandes stünde.

3. Argument (gegen Meinung C)

Es kommt nicht darauf an, ob ein erlangter Vorteil nachträglich wieder wegfallen kann oder nicht, denn § 818 III BGB spricht nicht vom Wegfall des Erlangten, sondern von dem davon zu unterscheidenden Wegfall der Bereicherung. § 818 III BGB schließt die Haftung aus, wenn der Kondiktionsschuldner bei Eintritt der Haftungsverschärfung nicht mehr bereichert ist. Der Gesetzgeber hatte bei dieser Formulierung offenbar nur die Möglichkeit im Auge, daß eine ursprünglich vorhandene Bereicherung nachträglich entfällt. Es liegt aber auf der Hand, daß § 818 III BGB die Wertersatzhaftung des gutgläubigen Empfängers auch dort ausschließen muß, wo der rechtsgrundlose Erwerb – wie hier – von vornherein nicht zu einer meßbaren Bereicherung des Empfängers geführt hat. Ob man darin eine unmittelbare Heranziehung oder eine entsprechende Anwendung (im Sinne eines argumentum a fortiori) sehen will, ist weitgehend Geschmackssache.

(Ein Teil der hier unter Meinung A) zusammengefaßten Autoren argumentiert an dieser Stelle abweichend: Canaris, Lieb und Larenz heben darauf ab, daß die erlangten nichtgegenständlichen Vorteile ihrer Natur nach vorübergehend sind und sich notwendigerweise mit ihrer Inanspruchnahme verbrauchen).

4. Argument

Im Falle der Bösgläubigkeit des Empfängers rechtsgrundloser nichtgegenständlicher Vorteile führen §§ 819 I, 818 IV BGB zwingend zur Ersatzpflicht in Höhe des objektiven Wertes. Wenn dort auf die allgemeinen Vorschriften verwiesen wird, so bedeutet das primär, daß der Empfänger nicht mehr das Haftungsprivileg des § 818 III BGB genießen soll: Es bleibt damit bei der sich aus § 818 II Fall 1 BGB ergebenden Rechtsfolge. Und der hiernach zu ersetzende Wert ist nach zutreffender und ganz h. M. der objektive Wert oder Verkehrswert, also der Preis, der durchschnittlich für die Verschaffung dieses Vorteils zu entrichten gewesen wäre.

5. Argument

Da die Haftung des bösgläubigen Empfängers bereicherungsunabhängig ausgestaltet ist, kann es keine Rolle spielen, ob der rechtsgrundlose Erwerb zunächst eine Bereicherung ausgelöst hat, die dann aber später wieder entfallen ist, oder ob er von vornherein keine positiven Auswirkungen auf das Vermögen des Empfängers gehabt hat. Daß der bösgläubige Empfänger ohne Rücksicht auf eine etwaige Bereicherung auf ein angemessenes Entgelt für die wissentlich rechtsgrundlos in Anspruch genommenen nichtgegenständlichen Vorteile haftet, ist rechtspolitisch durchaus angemessen. Andernfalls würde sich nämlich eine empfindliche Haftungslücke auftun. Wer etwa eine fremde Sache in Gebrauch nehmen wollte, die er sich wegen seiner Vermögenslage nie hätte mieten können, könnte dies dann, sofern er nur übersieht, daß dem Eigentümer durch den furtum usus kein Schaden entstehen kann, in dem ruhigen Bewußtsein tun, nach Rückgabe der Sache keinerlei rechtlichen Sanktionen ausgesetzt zu sein.

6. Argument

Für die bereicherungsunabhängige Wertersatzpflicht des bösgläubigen Empfängers von Diensten oder Gebrauchsvorteilen spricht auch die Parallelregelung in § 346 S. 2 BGB a. F. bzw. § 346 II S. 1 Fall 1 BGB n. F. Nach § 346 S. 2 BGB a. F. mußten im Falle der Ausübung eines vertraglich vorbehaltenen Rücktritts die Vertragsparteien einander für geleistete Dienste sowie für die Überlassung der Benutzung einer Sache grundsätzlich den Wert vergüten, weil sie von vornherein mit der Rückgewährpflicht rechnen mußten. § 346 II S. 1 Fall 1 BGB hat diese Regelung auf alle Konstellationen ausgedehnt, in denen die Leistung der anderen Vertragspartei im Rücktrittsfalle schon nach der Natur des Erlangten nicht als solche zurückgewährt werden kann. Damit bleibt es jedenfalls auch nach neuem Recht dabei, daß die Vertragsparteien im Falle der Ausübung eines vertraglich vorbehaltenen Rücktrittsrechts einander für geleistete Dienste sowie für die Überlassung der Benutzung einer Sache Wertersatz leisten müssen, auch wenn sie nur in geringerem Umfang oder überhaupt nicht mehr dadurch bereichert sind. Dann darf eine Vertragspartei, die genau weiß, daß der Vertrag von vornherein unwirksam ist, aber nicht besser stehen.

7. Argument (gegen Meinung B Arg. 2)

Der Einwand, wertlose Sachen könnten nicht kondiziert werden, wenn man § 818 III BGB auch bei von Anfang an fehlender Bereicherung anwenden wolle, verkennt den unterschiedlichen Wirkungsmechanismus des § 818 III BGB in den Fällen der bereicherungsrechtlichen Naturalrestitution einerseits und des bereicherungsrechtlichen Wertersatzes andererseits. Nur die auf Wertersatz gerichteten Kondiktionsansprüche werden durch § 818 III BGB automatisch auf die Höhe der jeweils noch vorhandenen Bereicherung begrenzt und entfallen damit, wenn keine Bereicherung vorhanden ist. Auf Herausgabe in Natur gerichtete Bereicherungsansprüche werden dagegen durch § 818 III BGB ohnehin nie blockiert; sie werden nur dahingehend eingeschränkt, daß der Kondiktionsschuldner nur Zug um Zug gegen Erstattung eines Geldbetrages in Höhe seines Bereicherungswegfalls zur Herausgabe verpflichtet ist. Da § 818 III BGB die bereicherungsrechtliche Naturalrestitution als solche auch bei völligem Bereicherungswegfall nicht beseitigt, steht diese Vorschrift der Herausgabe des Erlangten in Natur selbstverständlich auch dann nicht entgegen, wenn das Erlangte infolge Wertlosigkeit das Vermögen des Empfängers von Anfang an nicht vermehrt hat.

Meinung B

Gleiche Differenzierung wie Meinung A, aber anders begründet: Die Begrenzung der Haftung des Gutgläubigen auf die etwaige Ersparnis soll sich aus § 818 II BGB, die ersparnisunabhängige Haftung des Bösgläubigen auf den objektiven Wert der in Anspruch genommenen nichtgegenständlichen Vorteile aus dem Verbot widersprüchlichen Verhaltens und aus der Parallelwertung in § 346 S. 2 BGB a. F. = § 346 II S. 1 Fall 1 BGB n. F. (s. oben Meinung A Arg. 6) ergeben.

Vertreten von:
Koppensteiner, NJW 1971, 1769, 1774 f.; Koppensteiner / Kramer, 117 ff., 169 f.; zum Teil auch StudK / Beuthien, § 818 Anm. 4 a (der aber die ersparnisunabhängige Haftung des Bösgläubigen aus §§ 819, 818 IV BGB ableitet).

1. Argument

§ 818 II BGB liegt entgegen der Annahme der h. M. kein objektiver, sondern ein subjektiver (oder genauer: konkret-individueller) Wertbegriff zugrunde. Mit dem »Wert« der rechtsgrundlos erlangten Sachnutzungen oder Dienste ist in § 818 II Fall 1 BGB einfach dasjenige gemeint, was das nichtrestitutionsfähige Erlangte für das Vermögen gerade des Schuldners konkret bedeutet. Wenn der rechtsgrundlose Erwerb derartiger Vorteile beim Empfänger nicht zu einer Ersparnis oder einem sonstigen bleibenden Vermögensvorteil führt, ist ihr Wert mit Null anzusetzen.

2. Argument (gegen Meinung A Arg. 3)

Das vorgeschlagene argumentum a fortiori aus § 818 III BGB würde implizieren, daß jeder Bereicherungsanspruch gegen einen gutgläubigen Empfänger eine anfängliche »Bereicherung«, also eine effektive Vermehrung von dessen Vermögen voraussetzt. Dann könnten aber völlig wertlose Sachen (wie z. B. private Briefe oder eine schriftliche Ehrenerklärung) nicht kondiziert werden, da ihr Erwerb das Vermögen des Empfängers ja nie vermehrt hat. Das wäre aber rechtspolitisch eindeutig verfehlt. Es empfiehlt sich deshalb, die Lösung nicht aus § 818 III BGB, sondern aus § 818 II BGB zu entwickeln.

3. Argument

Wer fremde Dienste in Anspruch nimmt oder Sachen gebraucht, ohne dafür zahlen zu wollen, spekuliert auf die Ersparnis eigener Vermögenswerte. Diesen Erfolg darf ihm das Recht nicht bestätigen. § 818 IV BGB führt mit seiner Verweisung auf die allgemeinen Vorschriften allerdings nur zu einer eventuellen Schadensersatzpflicht des Schuldners; die Vorschrift gestattet es nicht, eine Vermögensmehrung einfach zu fingieren. Die ersparnisunabhängige Haftung des Bösgläubigen folgt jedoch aus dem Verbot des venire contra factum proprium. Nachdem der Kondiktionsschuldner wissentlich unberechtigt nichtgegenständliche Vorteile genossen hat, darf er sich nicht darauf berufen, daß er sich derartige Vorteile auf ordnungsgemäßem Wege (also gegen ein vertraglich vereinbartes Entgelt) nicht beschafft haben würde.

Meinung C

Beim Bereicherungsausgleich für rechtsgrundlos erlangte Dienste oder Gebrauchsvorteile ist ein späterer Wegfall der Bereicherung begrifflich ausgeschlossen. Auch der gutgläubige Empfänger haftet damit immer auf Ersatz des objektiven Wertes nach § 818 II BGB.

Vertreten von:
OLG Nürnberg als Vorinstanz zu BGHZ 55, 128 ff.; Batsch, a. a. O.; Berg, a. a. O.; Beuthien, RdA 1969, 161, 167 (m. Einschränkungen auf S. 173); (mit Einschränkungen) Emmerich, § 19 Rn. 10; Feiler S. 21 f.; Fenn, a. a. O.; Harder, NJW 1990, 857, 863; Kleinheyer, JZ 1961, 475, 478; Medicus, a. a. O.; Mestmäcker, a. a. O.; MünchKomm / Gitter, a. a. O.; (ähnlich) Staudinger / Lorenz, § 818 Rn. 28; E. Wolf, S. 495 m. Fn. 238; früher auch Lieb, Ehegattenmitarbeit, S. 97; s. ferner Jauernig / Schlechtriem, § 818 Rn. 18.

1. Argument

Durch die Ausübung des Gebrauchs einer fremden Sache werden die Gebrauchsvorteile nicht in einer die Anwendung des § 818 III BGB ermöglichenden Weise ersatzlos vernichtet, sondern gerade dadurch erst erlangt, nämlich ihrem Inhalt nach bestimmungsgemäß dem Vermögen des Kondiktionsschuldners endgültig einverleibt.

2. Argument

Wenn § 818 III BGB davon spricht, Bereicherungsansprüche seien ausgeschlossen, soweit der Empfänger »nicht mehr bereichert« ist, so folgt daraus eindeutig, daß nur nachträgliche Ereignisse gemeint sind.

3. Argument

Aber selbst wenn man sich darüber hinwegsetzen wollte, könnte sich der Kondiktionsschuldner wegen des durch die Ausübung bedingten Untergangs des Gebrauchs bzw. Nutzungsvorteils nicht auf § 818 III BGB berufen. Da er bewußt den Vermögenswert der Nutzung seinem Vermögen einverleibt hat, muß er auch das Entreicherungsrisiko tragen (Restriktion des § 818 III BGB aus dem Gesichtspunkt der Belastung des Kondiktionsschuldners mit den Folgen eigener vermögensmäßiger Entscheidungen).

Meinung D

Auch der gutgläubige Kondiktionsschuldner haftet trotz fehlender Ersparnis auf den objektiven Wert der erlangten Dienste oder Gebrauchsvorteile, da die Bereicherung i. S. v. § 818 III BGB normativ bestimmt werden muß.

Vertreten von:
Jauernig/Schlechtriem, § 818 Rn. 22 f. (für den Bereich der Eingriffskondiktion).

Begründung
Da der Schuldner nun einmal in eine fremde Rechtsposition eingegriffen hat, darf er sich nicht darauf berufen, er hätte sich auch anders behelfen können; an dem von ihm geschaffenen Zustand muß er sich festhalten lassen.

Meinung E

Auch der bösgläubige Empfänger nichtgegenständlicher Vorteile haftet nur im Umfang seiner noch vorhandenen Bereicherung, also praktisch nur bei einer entsprechenden Ersparnis.

Vertreten von:
Erman/H. P. Westermann, § 819 Rn. 5.

1. Argument
Der bösgläubige Empfänger nichtgegenständlicher Vorteile haftet nach §§ 819 I, 818 IV, II BGB auf den Wert der Vorteile. Der Wert ist aber entgegen der h. M. subjektiv, nach den individuellen Verhältnissen des Empfängers zu bestimmen. Wenn der Empfänger dadurch keine anderen Ausgaben erspart hat, war der erlangte Vorteil aber für ihn wertlos.

2. Argument
Auch die Bösgläubigkeit des Empfängers rechtfertigt es nicht, einen Wert des Erlangten einfach zu fingieren.

IV. (hier sog.) Möglichkeitstheorie

Bei unwirksamen Gebrauchsüberlassungsverträgen besteht das vom Mieter oder Pächter erlangte Kondiktionsobjekt in der Möglichkeit des Gebrauchs bzw. der sonstigen Nutzung der überlassenen Sache; entsprechend ist bei rechtsgrundlosen Dienstleistungen das erlangte Etwas in der Dispositionsmöglichkeit über die zur Verfügung gestellte fremde Arbeitskraft zu sehen. Die gleiche Betrachtungsweise ist im Bereich der Eingriffskondiktion angebracht.

Vertreten von:
Batsch, NJW 1972, 611; Beuthien, RdA 1969, 161, 165; Emmerich, § 16 Rn. 10 (für die Gebrauchsüberlassungsfälle, nicht für Dienstleistungen); Honsell/Wieling, S. 112 ff.; (nur für die Leistungskondiktion); Kohler, S. 313 ff.; König, S. 64; Lieb, Die Ehegattenmitarbeit im Spannungsfeld zwischen Rechtsgeschäft, Bereicherungsausgleich und gesetzlichem Güterstand, 1970, S. 86 ff.; ders., NJW 1971, 1289 ff.; Müller, Rn. 1976 (für die Leistungskondiktion); MünchKomm/Lieb, § 812 Rn. 359 f.; Reeb, S. 9 f., 11, 120 ff.; ders., JuS 1972, 390, 393 f.; 1973, 92, 769 ff.;

1974, 513, 516 ff.; Ostendorf, S. 25, 30 ff., 58; ders., BB 1973, 822, 824 ff.; ders., JuS 1974, 447, 448; (nur für Sachnutzungsleistungen, nicht für Dienstleistungen) Raisch, FS Weber, 1975, S. 337, 340; Reuter / Martinek, S. 531 (für die Gebrauchsüberlassungsfälle); Schwarz, § 12 Rn. 6; Törl, Die bereicherungsrechtliche Behandlung nichtgegenständlicher Vermögensvorteile, Diss. Köln 1977, S. 100 ff.; (für die Leistungskondiktion) Wieling, BR § 2 III c.

1. Argument

Bei vertraglichen Gebrauchsüberlassungen ist Leistungsgegenstand eindeutig die eingeräumte Nutzungsmöglichkeit, nicht erst der Gebrauch, den der Empfänger von dieser Möglichkeit macht. Da Leistungsgegenstand und erlangtes Etwas i. S. v. § 812 BGB aber identisch sein müssen, muß bei Unwirksamkeit des Vertrages die Nutzungsmöglichkeit den Anknüpfungspunkt der bereicherungsrechtlichen Wertersatzpflicht bilden (MünchKomm / Lieb).

2. Argument

Daß Gebrauch und Verwendungsmöglichkeit selbständige Vermögenswerte darstellen, beweist schon die Tatsache, daß diese bloßen Nutzungsmöglichkeiten Gegenstand selbständiger entgeltlicher Verträge sein können.

3. Argument

In den Eingriffsfällen okkupiert und realisiert der Schuldner durch den Eingriff die dem Gläubiger vorbehaltene Nutzungsmöglichkeit. Indem er diese für seine Zwecke dienlich macht, »erlangt« er sie i. S. v. § 812 BGB.

Ergänzung:
Diese Auffassung führt bei der Leistungskondiktion unter Umständen zu Abweichungen von Theorie III, da sie im Rahmen von § 818 II Fall 1 BGB die erlangte Nutzungsmöglichkeit, nicht die konkret gezogenen Nutzungen bewerten will. In den Eingriffsfällen ergeben sich derartige Unterschiede nicht, da ja auch Theorie IV trotz der abweichenden Terminologie nur die wirklich gezogenen Nutzungen berücksichtigen will. Was den weiteren Inhalt der Haftung angeht, können hier prinzipiell die gleichen Varianten wie bei Theorie III auftauchen. Es finden sich die folgenden:

Meinung A

Der Gutgläubige haftet (soweit nicht die besonderen Grundsätze über den Bereicherungsausgleich im gegenseitigen Vertrag entgegenstehen) wegen § 818 III BGB nur in Höhe seiner etwaigen Ersparnis. Der Bösgläubige haftet dagegen nach §§ 819 I, 818 IV, II BGB auf den objektiven Wert der erlangten Nutzungsmöglichkeit (entsprechend Theorie III Meinung A).

Vertreten von:
MünchKomm / Lieb, a. a. O.; Reeb, a. a. O.

Meinung B

Auch der gutgläubige Kondiktionsschuldner haftet in den Gebrauchs- oder Nutzungsfällen auf den objektiven Wert der erlangten nichtigen Vorteile (entsprechend Theorie III C).

Vertreten von:
Batsch, a. a. O.

Begründung wie Theorie III C.

Beispiele:

1. Im Ausgangsfall wären zunächst Ansprüche aus dem Eigentümer-Besitzer-Verhältnis zu prüfen, da dieses als abschließende Spezialregelung das allgemeine Bereicherungsrecht   verdrängt.   Nutzungsherausgabeansprüche   aus   den §§ 987 ff. i. V. m. § 100 BGB scheiden aber offensichtlich aus, da N berechtigter Besitzer ist; nach §§ 1922, 1967 BGB ist er ja in die Rechte und Pflichten seines Onkels aus dem mit B geschlossenen Verwahrungsvertrag eingetreten. Damit kommt also ein Wertersatzanspruch aus Eingriffskondiktion, §§ 812 I 1 Fall 2, 818 II BGB in Betracht. Nach Theorie I und Theorie III Meinungen A, B und E sowie nach Theorie IV Meinung A scheitert dieser im Ergebnis daran, daß N durch den Gebrauch des Motorbootes nichts erspart hat und deshalb nicht bereichert ist. Nach Theorie II und Theorie III Meinung D haftet er auf den objektiven Wert der gezogenen Gebrauchsvorteile, weil er sich so behandeln lassen muß, als ob er die Anmietung eines Motorbootes erspart hätte. Theorie III Meinung C und Theorie IV Meinung B kommen ebenfalls zu einer Haftung auf den objektiven Wert der gezogenen Gebrauchsvorteile, begründen diesen aber damit, daß ein Bereicherungswegfall bei nichtgegenständlichen Vorteilen begrifflich ausgeschlossen ist.

2. Der 19 jährige Student S arbeitet in den Semesterferien als Aushilfskraft auf dem Münchener Flughafen. Er beschließt, diese Gelegenheit zu einem Schwarzflug nach Hamburg zu benutzen. Nach dem Ende seiner letzten Schicht gelingt es ihm in der Tat, unbemerkt eine nach Hamburg fliegende Linienmaschine der Lufthansa zu besteigen und dort unkontrolliert vom Flughafen zu gelangen. Das Ganze kommt heraus, weil er leichtsinnig einem Angestellten der Lufthansa davon erzählt. Die Lufthansa verlangt nun von ihm den regulären Flugpreis. A wendet ein, der Flug sei für ihn reiner Luxus gewesen; zum regulären Flugpreis würde er ihn nie unternommen haben.

Hier hat S durch die erschlichene Beförderungsleistung keinen bleibenden Vermögensvorteil erlangt, insbesondere auch keine anderen Ausgaben erspart, die er andernfalls nach Lage der Dinge gemacht hätte. Eine Ersparnis des S läßt sich unter diesem Gesichtspunkt nur dann bejahen, wenn man darauf abstellt, daß der S bei ordnungsgemäßem Vorgehen ein Entgelt für die Beförderung hätte bezahlen müssen. Damit würden hier Theorie III Meinung E und Theorie IV Meinung B die Haftung an der fehlenden echten Ersparnis des S scheitern lassen. Alle anderen Auffassungen würden dagegen eine bereicherungsunabhängige Haftung auf den objektiven Wert der erlangten Beförderungsleistung annehmen.

18. Problem
Welchen Beschränkungen unterliegt der Bereicherungsausgleich für dem Empfänger aufgedrängte Verwendungen?

Beispiel:

E vermietet sein Hausgrundstück für 10 Jahre an M. M errichtet darauf nach kurzer Zeit ohne Absprache mit dem Eigentümer / Vermieter eine Garage. Er hat dabei von vornherein nicht vor, die Garage bei Ablauf des Mietvertrages wieder zu entfernen. Bei Vertragsende verlangt er vom Eigentümer einen Ausgleich in Höhe der durch den Garagenbau bewirkten Wertsteigerung des Grundstücks.

Ausgangspunkt:
Die Fälle der Verwendungskondiktion sind dadurch gekennzeichnet, daß der Anspruchsteller im eigenen Interesse Material und / oder Arbeitskraft zur »Verbesserung« einer Sache einsetzt, die nicht ihm selbst, sondern einem Dritten gehört. Typische Anwendungsfälle bilden der Bau auf fremdem Boden (wenn der Bauherr nur obligatorisch berechtigter Fremdbesitzer des Grundstückes ist) oder wertsteigernde Investitionen eines Mieters oder Pächters. Hier steht dem Verwendenden regelmäßig kein Anspruch auf vollen Verwendungsersatz nach §§ 539 I, 683 S. 1 BGB (bei einem Pächter i. V. m. § 581 II BGB) zu. Wohl aber ist – jedenfalls nach ganz h. M. – dem Grunde nach eine Verwendungskondiktion aus §§ 539 I, 684 S. 1, 812 I 1 Fall 2, 818 II, III BGB gegeben. Es ist offensichtlich, daß der Grundstückseigentümer hier durch die Gebäudeerrichtung bzw. die wertsteigernden Ein- oder Umbauten objektiv einen Vermögensvorteil erlangt hat. Andererseits ist zu berücksichtigen, daß der Eigentümer diesen Vorteil wahrscheinlich gar nicht erwerben wollte, ihn jedenfalls aber nicht durch Rechtsgeschäft bei dem betreffenden Fremdbesitzer »bestellt« hat. Hinzu kommt der Umstand, daß die dem Eigentümer »aufgedrängte« Bereicherung von diesem ja gar nicht in Natur herausgegeben, sondern nur durch eine Geldzahlung ausgeglichen werden könnte. Eine Wertersatzpflicht des objektiv bereicherten Grundstückseigentümers müßte aber zwangsläufig dessen »Dispositionsfreiheit« beeinträchtigen, d. h. sein Recht, selbständig und eigenverantwortlich seine Vermögensangelegenheiten wahrzunehmen und insbesondere auch darüber zu entscheiden, ob und von wem er eine bestimmte Leistung gegen Entgelt erwerben will. Der Eigentümer müßte zur Erfüllung der Wertersatzpflicht entweder vorhandene liquide Mittel einsetzen, die er eigentlich für die Befriedigung anderer und für ihn wichtigerer Bedürfnisse verwenden wollte, oder er müßte Kredite aufnehmen und damit wieder seinen zukünftigen Handlungsspielraum einengen, oder er müßte schließlich zur Verschaffung der erforderlichen Barmittel Bestandteile seines Vermögens (unter Umständen gerade die verbesserte Sache selbst) veräußern. Ob unter diesen Umständen überhaupt ein Bereicherungsausgleich stattfinden darf und wie er bejahendenfalls ausgestaltet werden muß, ist außerordentlich umstritten. Dabei werden vielfach mehrere Lösungsansätze miteinander kombiniert, weil die Autoren keinen der bisher vorgeschlagenen Lösungswege für sich allein als befriedigend ansehen. Im folgenden wird nur auf die wichtigsten Konstruktionsversuche eingegangen.

I. (hier sog.) **Einrede der Beseitigungspflicht**

Dem bereicherten Sacheigentümer steht häufig aus § 546 I BGB und/oder positiver Forderungsverletzung oder aus § 823 I BGB jeweils i. V. m. § 249 S. 1 BGB und (jedenfalls nach h. M.) aus § 1004 I BGB gegen den bisherigen berechtigten Besitzer ein Anspruch auf gegenständliche Beseitigung des Verwendungserfolges zu, den dieser geschaffen hat. Wenn er diesen Beseitigungsanspruch geltend macht, blockiert er damit die Verwendungskondiktion des Besitzers.

Vertreten von:
RGZ 131, 335, 336 f.; BGH LM § 1004 Nr. 14; BGH NJW 1965, 816; BGH WM 1966, 765, 766; OLG Celle MDR 1954, 294, 295; Auffermann, Der Bereicherungsanspruch beim Bauen auf fremdem Boden, 1933, S. 36; Baur/Stürner, § 53 Rn. 33; F. Baur, AcP 160, 465, 492 f.; (stark einschränkend) Bamberger/Roth/Wendehorst, § 818 Rn. 137; Degenhart, JuS 1963, 314, 319 Fn. 24; Diederichsen, Jura 1970, 378, 399; Dießelhorst, S. 119; Erman/Hefermehl, § 951 Rn. 16; Feiler, S. 59 ff., 115; Huber, JuS 1970, 515, 517 f.; Jauernig/Schlechtriem, § 812 Rn. 80; (einschränkend) Klauser, NJW 1958, 47, 48; Köbl, S. 70 ff.; Koppensteiner/Kramer, S. 167; Medicus, BR, Rn. 899; Oertmann, JW 1931, 1552; Palandt/Bassenge, § 951 Rn. 19; (einschränkend) Pinger, S. 113 ff.; RGRK/Glanzmann, § 631 Rn. 83; RGRK/Johannsen, 11. Aufl., § 951 Bem. 24; RGRK/Pikart, § 951 Rn. 39; Schreiber, Sachenrecht, 3. Aufl., Rn. 190; Schwab/Prütting, 31. Aufl., § 39 IV 2 Rn. 472; Soergel/Henssler, 13. Aufl., § 951 Rn. 17, 23; Soergel/Mühl, 11. Aufl., § 812 Rn. 162; Soergel/Mühl, 12. Aufl., § 951 Rn. 12; Spyridakis, Zur Problematik der Sachbestandteile, 1966, S. 112, 121 f.; Staudinger/W. Lorenz, Vorbem. 43 zu §§ 812 ff.; StudK/M. Wolf, § 951 Anm. 4 a; Tückmantel, S. 6 f., 45 ff.; H. Westermann, Sachenrecht, 5. Aufl., § 33 VII 1; § 54, 1; M. Wolf, JZ 1966, 467, 472; ders., JZ 1966, 467, 472; M. Wolff, Der Bau auf fremdem Boden, 1900, S. 65 ff.; Wolff/Raiser, § 74 I 5.

(Unterschiedliche Auffassungen bestehen bei den Anhängern dieses Lösungsansatzes in der Frage, ob es zum Ausschluß des Bereicherungsanspruchs genügt, daß der Bereicherte ein Recht auf die Beseitigung des gegenständlichen Verwendungserfolgs gegenüber dem Verwendenden hat und darauf verweist oder ob er dieses Recht auch ernsthaft geltend machen und evtl. sogar im Klagewege durchsetzen muß).

1. Argument

Ein berechtigter Fremdbesitzer, der unbefugt auf dem Grundstück ein Gebäude errichtet oder sonstige wertsteigernde Ein- oder Umbauten vornimmt und anschließend eine Vergütung aus §§ 539 I, 684 S. 1, 812 I 1 Fall 2, 818 II, III BGB (oder aus §§ 951 I, 812 I 1 Fall 2 BGB) verlangt, hält die Voraussetzungen seines Vergütungsanspruchs nur dadurch aufrecht, daß er die ihm dem Eigentümer gegenüber obliegende Rechtspflicht zur Beseitigung verletzt. Unter solchen Umständen einen Vergütungsanspruch geltend zu machen, ist jedenfalls dann rechtsmißbräuchlich, wenn der Grundstückseigentümer die Beseitigung des Verwendungserfolges nicht nur zu verlangen berechtigt ist, sondern auch tatsächlich verlangt (M. Wolff).

2. Argument

Eine Eigentumsstörung i. S. v. § 1004 I BGB kann auch darin liegen, daß ein einmal geschehener Eingriff selbständig weiterwirkt. Das aber ist bei einem gegen den Willen des Grundstückseigentümers errichteten Gebäude bzw. bei sonstigen gegen seinen Willen vorgenommenen baulichen Veränderungen immer der Fall. Daran ändert auch der Umstand nichts, daß die vom berechtigten Besitzer geschaffene Einrichtung nach § 946 I BGB in das Eigentum des Bereicherungsschuldners übergegangen ist. Daß dieser Umstand der Anwendung des § 1004 BGB nicht entgegenstehen kann, wird evident, wenn man von der ex-post-Beurteilung der Störung einmal abgeht und statt dessen auf den Unterlassungsanspruch bei nur drohendem Eingriff abstellt. Es liegt auf der Hand, daß der Eigentümer sich gegen die drohende Gebäudeerrichtung oder den drohenden Einbau irgendwelcher Einrichtungen auch dann mit Hilfe der negatorischen Unterlassungsklage wehren können muß, wenn die betreffenden Maßnahmen den Wert seines Grundstücks erhöhen würden.

II. (hier sog.) **Theorie der Einrede der Wegnahmemöglichkeit**

Der durch Eigentumsübergang nach §§ 946, 947 II BGB bereicherte Eigentümer der Hauptsache kann den Wertersatzanspruch aus § 951 I BGB dadurch abwenden, daß er dem verlierenden Teil die Wegnahme des mit seinem Eigentum verbundenen Materials gestattet bzw. ihn auf sein ohnehin bestehendes Wegnahmerecht verweist (diese Theorie versagt, wenn die Verwendung in einer Veränderung der Sache durch Einsatz von Arbeitskraft liegt).

Vertreten von:
BGHZ 23, 61, 65; BGH WM 1972, 389, 391; BGH LM § 951 BGB Nr. 14; Eichler, II 1, 85; ders., JuS 1965, 479, 481; Erman / Hefermehl, § 951 Rn. 16; Esser, 4. Aufl., § 104 I 4; Jakobs, S. 174; ders., AcP 167, 350, 374 ff.; Jauernig / Schlechtriem, § 812 Rn. 80; Klauser, NJW 1958, 47, 48; Larenz / Canaris, § 72 IV 3 e (neben einem anderen Ansatz, vgl. Theorie V); Palandt / Bassenge, § 951 Rn. 20 (mit Einschränkungen); RGRK / Heimann-Trosien, § 812 Rn. 52; Schuler, NJW 1965, 1842, 1843 f.; Tobias, AcP 94, 371, 456 f. (Die Rechtsprechung, die angeführten Kommentare und Esser stützen sich dabei auf eine Analogie zu § 1001 S. 2 BGB, während die übrigen Autoren eine entsprechende Restriktion des § 951 I BGB bevorzugen).

1. Argument

Der Gesetzgeber hat bei der Schaffung des § 951 I BGB nur an die Möglichkeit gedacht, daß der bereicherte Eigentümer der Hauptsache selbst die Verbindung vollzieht (Mugdan III S. 201, 647 f.), nicht aber an den Fall, daß die Verbindung gegen den Willen des Eigentümers der Hauptsache vorgenommen wird.

2. Argument

§ 951 I 2 BGB will nur den bereicherten Hauptsacheneigentümer selbst vor dem Verlangen nach Rückgabe in Natur schützen, ihm aber nicht gegen seinen Willen etwas aufdrängen. Es muß deshalb dem bereicherten Eigentümer freistehen, seine Bereicherung durch Wiederabtrennung und Rückgabe der mit seiner Sache verbundenen Gegenstände selbst zu beseitigen und diese anschließend in Natur herauszugeben. Bei einem solchen Vorgehen würde der bereicherte Eigentümer der Hauptsache allerdings selbst die Abtrennungskosten tragen müssen. Das wiederum würde aber § 818 III BGB widersprechen, wonach der Kondiktionsschuldner durch die Herausgabe der Bereicherung keinen Schaden erleiden darf. Schon deshalb muß er den entreicherten früheren Sacheigentümer auf die Wegnahme verweisen können, wenn die Abtrennung für ihn mit Kosten verbunden wäre (Jakobs).

3. Argument

Zumindest in den Fällen, in denen dem bereicherten Grundstückseigentümer ein Bauwerk aufgedrängt werden sollte, das er nur unter erheblichen weiteren Kosten zu einem Ertragswert umgestalten könnte, muß der Eigentümer die Möglichkeit haben, sich der bereicherungsrechtlichen Vergütungspflicht durch Verweisung auf die Möglichkeit der Wiederherstellung des alten Zustandes zu erwehren. In entsprechender Anwendung von § 1001 S. 2 BGB muß der bereicherte Grundstückseigentümer in diesem Falle dazu befugt sein, die Zahlung durch die Gestattung der Wegnahme zu ersetzen und dies einredeweise gegenüber einem Klagebegehren geltend zu machen (BGH).

III. (hier sog.) Theorie der subjektiven Einstellung des Verwendenden

Einige Autoren differenzieren nach der subjektiven Einstellung des Verwendenden. Sie nehmen jeweils einen Kondiktionsausschlußgrund an, der an eine bestimmte mißbilligte subjektive Einstellung des potentiellen Kondizienten anknüpft. Dabei werden jedoch unterschiedliche Kriterien zugrunde gelegt. Es lassen sich hierzu vier verschiedene Untermeinungen feststellen.

Meinung A

Ein Ersatzanspruch ist nur gegeben, wenn der Verwendende bei Vornahme der Verwendung in einem Irrtum (z. B. über die mutmaßliche Dauer der vertraglichen Überlassung, über die Eigentumsverhältnisse, über die Möglichkeit eines späteren Eigentumserwerbs) befangen gewesen war. Bei irrtumsfreier Vornahme der Verwendung ist ein Anspruch ausgeschlossen.

Vertreten von:
(andeutungsweise) von Caemmerer, FS Rabel, 1954, S. 367 (= GS S. 384); (wohl auch) Degenhart, JuS 1963, 314, 320 Fn. 24; Klauser, S. 43 ff.; ders., NJW 1965, 513, 514 f.; Wilburg, S. 119.

1. Argument

Der auch in fremden Rechtsordnungen geltende Grundsatz, daß derjenige keinen Rechtsschutz verdient, der sich freiwillig und ohne Irrtum im eigenen Interesse eines Rechtsgutes begibt, findet in §§ 814, 815 BGB und in § 996 BGB seinen Ausdruck. Dieser Grundsatz ist verallgemeinerungsfähig; er muß insbesondere auf die Verwendungskondiktion übertragen werden.

2. Argument

Wer weiß, daß die Sache ihm nicht gehört, macht die den Eigentümer bereichernden Verwendungen auf eigenes Risiko. Es besteht kein Anlaß, ihn mit einem bereicherungsrechtlichen Vergütungsanspruch zu belohnen.

3. Argument

Bei freiwillig und irrtumsfrei vorgenommenen Verwendungen kann nicht davon die Rede sein, daß der Erwerb des Eigentümers der durch die Verwendungen verbesserten Sache im Widerspruch zum Zuwendungsgehalt des vom Verwendenden aufgeopferten Eigentums steht.

Meinung B

Ein Bereicherungsanspruch steht nur demjenigen zu, der die Verwendungen mit Fremdgeschäftsführungswillen für den Eigentümer vorgenommen hat. Wurden die Verwendungen allein im eigenen Interesse des Verwendenden gemacht, so entfällt ein Bereicherungsanspruch.

Vertreten von:
Dießelhorst, S. 119 Fn. 69; Scheyhing, AcP 157, 371, 389 f.; Schindler, AcP 165, 499, 514.

Begründung
Der Ausschluß des Bereicherungsausgleichs für solche Verwendungen, die der Verwendende allein in seinem eigenen Interesse macht, ist mit einer analogen Anwendung des § 814 BGB zu begründen. Diese Norm schließt die Leistungskondiktion aus, wenn der Anspruchsteller zur Erfüllung einer angeblichen Verbindlichkeit geleistet hat, aber genau wußte, daß diese Verbindlichkeit gar nicht existiert. Ein solches Verhalten wird von § 814 BGB als ein schlüssiger Verzicht auf die Möglichkeit der Rückforderung mit Hilfe des Bereicherungsrechts gewertet. In ganz ähnlicher Weise muß aber die eigennützige, die Interessen des Eigentümers nicht berücksichtigende Verwendungsvornahme durch einen berechtigten Fremdbesitzer als konkludenter Verzicht auf eine bereicherungsrechtliche Vergütung gewertet werden.

Meinung C

Ein Bereicherungsausgleich für die dem bereicherten Eigentümer unwillkommenen Verwendungen entfällt, wenn die Verwendungsvornahme eine unbefugte Einmischung in den Rechtskreis des Eigentümers enthält und der Anspruchsteller dies auch erkannt hat oder bei gehöriger Sorgfalt jedenfalls hätte erkennen können.

Vertreten von:
Baur/Stürner, § 53 c Rn. 33 (unter c); M. Wolf, JZ 1966, 467, 468 ff.; ähnlich Willoweit, FS Wahl 1973, S. 285 ff.; ähnlich auch E. Wolff, S. 492 ff. (der aber den Bereicherungsanspruch schon bei objektiv unrechtmäßiger Bereicherungsaufdrängung entfallen läßt).

1. Argument
Ein (echter) Geschäftsführer ohne Auftrag darf bei willens- oder interessewidriger Geschäftsführungsübernahme keinen höheren Aufwendungsersatz erhalten, als er bei berechtigter Geschäftsführungsübernahme bekommen würde. Auch für den Aufwendungsersatzanspruch aus §§ 684 S. 1, 818 II BGB muß deshalb die Einschränkung gelten, daß überhaupt nur für solche Aufwendungen Ersatz beansprucht werden kann, die der Geschäftsführer schuldlos für erforderlich gehalten

hat. Verschuldet ist die Annahme der Erforderlichkeit der Aufwendungen aber natürlich auch dann, wenn der Geschäftsführer schuldhaft übersehen hat, daß seine Einmischung in den Rechtskreis des Geschäftsherrn diesem unlieb bzw. nicht nützlich und deshalb insgesamt unbefugt ist. Diese aus § 670 BGB abzuleitende Einschränkung der Aufwendungskondiktion des unberechtigten Geschäftsführers ohne Auftrag paßt zu der Regelung, die § 996 BGB für die Verwendungen eines bösgläubigen Besitzers trifft. Aus beiden Normen zusammen läßt sich als gemeinsamer Grundgedanke ableiten, daß Ersatzansprüche für Verwendungen bzw. Aufwendungen entfallen, wenn der Anspruchsteller bei ihrer Vornahme unbefugt in den Rechtskreis des Anspruchsgegners eingegriffen hat und wenn er dies bei ordnungsgemäßer Sorgfalt auch hätte erkennen können (der insoweit strengere subjektive Maßstab des § 996 BGB – grobe Fahrlässigkeit – beruht auf der besonderen Schutzwürdigkeit des gutgläubig-unverklagten unberechtigten Besitzers und ist deshalb nicht verallgemeinerungsfähig).

2. Argument
Gegen diese Lösung spricht auch nicht der Umstand, daß § 814 BGB den Kondiktionsanspruch erst bei positiver Kenntnis ausschließt. Die Regelung des § 814 BGB hat mit der Problematik der aufgedrängten Bereicherung nämlich gar nichts zu tun: Diese stellt sich ja nur, wenn der Empfänger für einen rechtsgrundlos erlangten Vorteil, den er nicht haben wollte, Wertersatz leisten soll; § 814 BGB schließt aber auch auf Hingabe in Natur gerichtete Bereicherungsansprüche aus. In Wirklichkeit ist diese Regelung nur eine spezielle Ausprägung des Verbots widersprüchlichen Verhaltens.

Meinung D

Wer wissentlich rechtsgrundlos eine fremde Sache werterhöhend verbessert und deren Eigentümer damit einen von diesem nicht rechtsgeschäftlich erbetenen und nicht in Natur herausgebbaren Vermögensvorteil aufdrängt, erlangt dadurch keinen Kondiktionsanspruch gegen den bereicherten Sacheigentümer. Er hat lediglich ein Wegnahmerecht, das der Bereicherte durch eine Entschädigungsleistung in Höhe des wirtschaftlichen Wertes des Wegnahmerechts abwenden kann.

Vertreten von:
Staudinger/Gursky, § 951 Rn. 46 ff.; H. Westermann/Gursky, Sachenrecht, 7. Aufl., § 54, 5.

1. Argument
Der Konflikt zwischen Bereicherungsausgleich und Freiheitsschutz wird in den §§ 812 ff. BGB überhaupt nicht angesprochen. Die Lösung kann deshalb nur von den außerhalb des technischen Bereicherungsrechts angesiedelten Verwendungsersatznormen ausgehen.

2. Argument
Die Verwendungsersatzregeln für berechtigte Fremdbesitzer verweisen (zumindest) für nicht-notwendige Verwendungen auf die GoA-Grundsätze (§§ 539 I, 601 I 1, 1049 I, 1216 S. 1 BGB). Damit können entgegen der h. M. nur die Aufwendungsersatzansprüche aus berechtigter GoA gemeint sein. Wäre auch die Aufwendungskondiktion § 684 S. 1 gemeint, so brächte die Verweisung kaum eine Einschränkung und wäre somit weitgehend funktionslos.

3. Argument

Bei dieser Deutung bieten sich die §§ 539 I, 601 II 1, 1049 I, 1216 S. 1 BGB zusammen mit § 687 II 2 BGB und § 996 BGB als Grundlage für eine Gesamtanalogie an. Wer wissentlich rechtsgrundlos eine fremde Sache werterhöhend verbessert und deren Eigentümer damit einen von ihm nicht rechtsgeschäftlich erbetenen und nicht in Natur herausgebbaren Vermögensvorteil aufdrängt, erlangt dadurch keinen Kondiktionsanspruch gegen den bereicherten Sacheigentümer, sondern lediglich ein Wegnahmerecht (letzteres aus § 951 II 2 oder in Analogie zu §§ 539 II, 601 II 2, 1049 II BGB, 1216 S. 2 BGB).

4. Argument

Theorie I befriedigt demgegenüber schon deshalb nicht, weil Gegenansprüche des bereicherten Eigentümers auf Rückgängigmachung der werterhöhenden Maßnahme nur sehr selten bestehen werden. Aus § 1004 I 1 BGB läßt sich ein solcher Anspruch richtiger Ansicht nach nicht herleiten, weil das fertiggestellte Gebäude nur die gegenwärtige Auswirkung eines bereits in der Vergangenheit abgeschlossenen Eingriffs, nicht aber selbst eine fortdauernde Eigentumsbeeinträchtigung darstellt. Schadensersatzansprüche werden meist daran scheitern, daß die werterhöhende Baumaßnahme als solche – also wenn man von der damit eventuell verbundenen Vergütungspflicht einmal absieht – gar keinen Nachteil für den Kondiktionsschuldner bedeutet. Und selbst wenn der Eigentümer ein Interesse an der Wiederherstellung des alten Zustandes seines Grundstücks haben sollte, so würde seinem Verlangen nach Naturalrestitution doch wohl meist § 251 II BGB entgegenstehen.

5. Argument

Für die Lösung von Theorie II ist keinerlei gesetzliche Grundlage ersichtlich: Auch die behauptete Analogie zu § 1001 S. 2 BGB kann eine Befugnis des Eigentümers, die Verwendungskondiktion durch die Gestattung der Wegnahme auszuschalten, nicht rechtfertigen. Nach § 1001 S. 2 BGB muß der Eigentümer, um der persönlichen Haftung für Verwendungen des unrechtmäßigen Besitzers zu entgehen, nämlich die gesamte durch die Verwendung erhaltene oder verbesserte Sache dem Verwendungsersatzberechtigten zur Verwertung (§ 1003 BGB) herausgeben. E kann den Anspruchsteller also gerade nicht auf die bloße Wegnahme des Verwendungserfolges verweisen.

6. Argument

Gegen Theorie III Meinung A ist zu betonen, daß die §§ 814, 815 BGB einerseits und § 996 BGB andererseits keinen gemeinsamen Grundgedanken haben. Nur bei § 996 BGB geht es überhaupt um die Problematik einer Vergütungspflicht für eine aufgedrängte Bereicherung; die §§ 814, 815 BGB schließen die Rückforderung der Leistung nicht wegen einer Bereicherungsaufdrängung aus – der Empfänger hat die Leistung ja angenommen –, sondern weil die Rückforderung in der gegebenen Situation einen unerträglichen Selbstwiderspruch bedeuten würde. Theorie III B kann schon deshalb nicht befriedigen, weil die Annahme eines Verzichts auf einen bereicherungsrechtlichen Vergütungsanspruch höchst gekünstelt wäre. Theorie III Meinung C basiert auf einer verfehlten Interpretation der GoA-Normen; aus § 670 BGB läßt sich für die Aufwendungskondiktion des nichtberechtigten Geschäftsführers ohne Auftrag (§ 684 S. 1 BGB) nichts entnehmen.

7. Argument

Eine Beschränkung des Bereicherungsanspruchs auf den effektiven Nutzen, den der bereicherte Sacheigentümer (durch Veräußerung, Vermietung usw.) aus der Verbesserung seiner Sache zieht oder doch zumutbarerweise ziehen könnte (Theorie IV), führt zu unlösbaren technischen Schwierigkeiten. Der finanzielle Nutzen, den der bereicherte Sacheigentümer in Zukunft aus der werterhöhenden Verbesserung seiner Sache ziehen wird, läßt sich einfach nicht mit genügender Sicherheit prognostizieren. Die Lösung eines zunächst nur latenten Bereicherungsanspruchs, der erst durch die späteren Verwertungsakte ausgefüllt wird, vermeidet zwar diese Schwierigkeit, ist aber äußerst impraktikabel und vor allem mit der in §§ 819, 818 IV BGB vorgesehenen Haftungsfixierung schwer zu vereinbaren.

8. Argument

Die für die Fälle aufgedrängter Bereicherung postulierte Anspruchsbemessung nach dem subjektiven Nutzen des Empfängers läßt sich aus dem Gesetz nicht ableiten. Der Gesetzgeber hat nun einmal den Inhalt des Bereicherungsausgleichs für alle Kondiktionstatbestände einheitlich ausgestaltet. Den Begriffen »Wert« in § 818 II BGB und »bereichert« in § 818 III BGB darf deshalb nicht für bestimmte Bereicherungsvorgänge ein besonderer, vom Normalfall abweichender Bedeutungsgehalt unterlegt werden.

9. Argument

Theorie IV würde einen schwer zu rechtfertigenden Wertungswiderspruch zu § 996 BGB entstehen lassen. Ein Grundstücksmieter oder -pächter, der ohne Absprache mit dem Eigentümer auf dem Miet- oder Pachtgrundstück Investitionen vornimmt, weiß natürlich, daß er dem Eigentümer damit eine »Leistung« aufdrängt. Er ist damit genauso qualifiziert schutzunwürdig wie der wissentlich unrechtmäßige Besitzer, an dem sich § 996 BGB vorwiegend orientiert. Bei wissentlicher Bereicherungsaufdrängung ist die Ausgleichsversagung auch in rechtspolitischer Hinsicht die einzig angemessene Lösung: Eine Rechtsordnung, deren Ziel die möglichst weitgehende Garantie der persönlichen Freiheit ist und die deshalb die Parteiautonomie zur Grundlage des Privatrechts erhebt, muß natürlich auch durch entsprechende Mechanismen dafür Sorge tragen, daß dem Individuum dieser Freiheitsraum nicht von Dritten sanktionslos entzogen werden kann. Sie darf es also nicht ermöglichen, daß jemand einem anderen eine nicht in Natur restituierbare »Leistung« wissentlich gegen dessen Willen aufdrängen und sich dabei von vornherein ausrechnen kann, daß ihm der Empfänger den aufgedrängten Vorteil kraft Gesetzes vergüten muß. Da im Falle einer solchen wissentlichen Bereicherungsaufdrängung keinerlei schutzwürdige Restitutionsinteressen des Anspruchstellers ersichtlich sind, kann die Antwort der Rechtsordnung auf diesen Versuch einseitiger Fremdbestimmung nur in der Versagung jeden Ausgleichs bestehen.

IV. (hier sog.) Theorie der konkret-individuellen Bereicherungsfeststellung

Der zu leistende Wertersatz richtet sich nicht nach dem objektiven Wertzuwachs der Sache, auf die die Verwendungen gemacht worden sind, sondern nach dem konkreten Nutzen, den gerade der Sacheigentümer nach seinen individuellen Verhältnissen und Vermögensdispositionen aus der Verbesserung seiner Sache zieht oder doch zumutbarerweise ziehen könnte.

Vertreten von:
OLG Stuttgart WürttJb 28, 28; Baurecht 1972, 388; OVG Münster OVGE 25, 286, 294; Bamberger / Roth / Wendehorst, § 818 Rn. 143 ff.; Beuthien / Weber, 83; Emmerich, Diss. Saarbrücken 1966, S. 150 ff.; ders., Schuldrecht BT, § 17 Rn. 32, § 19 Rn. 11; Erman / H. P. Westermann, § 814 Rn. 6; Esser, 4. Aufl., § 104 I 4; Esser / Weyers, § 51 I 4 e; Feiler, S. 98 ff.; Fezer, S. 251; Fikentscher, Rn. 1171; Gerhardt, Mobiliarsachenrecht, S. 133 f.; Giesen, Jura 1995, 234, 242; Götz, Der Vergütungsanspruch gemäß § 951 Abs. 1 S. 1 BGB, 1975, S. 186 f.; Goetzke, AcP 173, 289 ff.; Haas, AcP 176, 1, 23 ff.; Hagen, FS Larenz, 1973, S. 867, 881 ff.; Honsell / Wieling, S. 74; Huber, JuS 1970, 515, 518; Jauernig / Schlechtriem, § 812 Rn. 80; Klauser, NJW 1958, 47, 48; ders., NJW 1965, 513, 516; ders., Diss., S. 48, 58; Kohler, S. 486; Koller, DB 1974, 2389; Koppensteiner, NJW 1971, 1769, 1771; Koppensteiner / Kramer, S. 168; Larenz, Schuldrecht II, § 70 II; ders., FS von Caemmerer, 1978, S. 209 f., 222 ff.; (nur gegenüber bösgläubigen Kondizienten Larenz / Canaris, § 72 III 3 a, b; Loewenheim, S. 121; Medicus, BR Rn. 899; Möhrenschlager, S. 51 bei Fn. 220 i. V. m. S. 106; MünchKomm / Lieb, § 812 Rn. 314 ff.; Ostendorff, S. 80 ff.; Palandt / Bassenge, § 951 Rn. 21; Pankow, S. 61 ff., 73 ff.; Pinger, S. 123 ff.; ders., MDR 1972, 187, 189; Reuter / Martinek, S. 546 f.; Reimer, S. 68 f.; von Rittberg, S. 115 ff., 132, 138 f.; Schapp / Schur, Sachenrecht, 3. Aufl., Rn. 258 f.; Schlechtriem, Restitution I, S. 42; Schwab / Prütting, Sachenrecht, 31. Aufl., § 39 IV 3 Rn. 472; StudK / M. Wolf, § 951 Anm. 4 d; Wendehorst, Anspruch und Ausgleich, 306 ff.; H. Westermann, Sachenrecht, 5. Aufl., § 54, 5 c; Wieling, Sachenrecht I, § 11 II 5 a aa m. Fn. 19; Wieling / Finkenauer, S. 109; Wilhelm, Rechtsverletzung, 85 Fn. 86; ders., Sachenrecht, 2. Aufl., Rn. 1006 (mit erheblichen Einschränkungen).

(Im einzelnen ist dabei sehr streitig, ob die Beschränkung des Anspruchsumfangs aus § 818 II oder III BGB herzuleiten ist. Ebenso, ob der Bereicherungsausgleich durch eine einmalige Zahlung in Höhe des abgezinsten Betrages des zu erwartenden zukünftigen Nutzens erfolgen soll oder ob der Bereicherungsausgleich erst in dem Moment und in dem Umfang geschuldet wird, in dem der konkrete Nutzen wirklich anfällt [z. B. also in Höhe der monatlich anfallenden Mietmehreinnahmen]).

1. Argument

Daß die bereicherungsrechtliche Vergütungspflicht für den aufgedrängten Vermögenszuwachs auf den vom Empfänger tatsächlich realisierten oder doch jedenfalls zumutbarerweise zu realisierenden wirtschaftlichen Nutzen beschränkt werden muß, beruht letztlich auf dem Grundgedanken des § 818 III BGB. Nach diesem »obersten Grundsatz des Bereicherungsrechts« darf die Herausgabe- oder Wertersatzpflicht des gutgläubig unverklagten Empfängers nicht über den Rahmen der bei Eintritt der Haftungsverschärfung noch vorhandenen Bereicherung hinausgehen, diesen also nicht zu einem »Griff in die eigene Tasche« zwingen. Der Kondiktionsschuldner wäre aber auch dann nach Durchführung des Bereicherungsausgleichs ärmer als er ohne den Bereicherungsvorgang wäre, wenn er die ihm aufgezwungene »Verbesserung« seiner Sache in Höhe der dadurch bewirkten Wertsteigerung der Sache vergüten müßte, obwohl er diese Wertsteigerung weder durch Verkauf der Sache zu realisieren gedenkt noch in sonstiger Weise (z. B. durch erhöhte Mieteinnahmen) aus der Wertsteigerung einen pekuniären Nutzen ziehen wird.

2. Argument

Wenn man bei der Ermittlung der fortdauernden Bereicherung alle Vermögensposten objektiv bewertet, muß man natürlich zu dem Ergebnis kommen, daß der Kondiktionsschuldner in Höhe der vom Kondiktionsgläubiger bewirkten Steigerung des Verkehrswertes seiner Sache auch »bereichert« ist. Eine solche gleichsam »mechanische« Bereicherungsermittlung wird aber der Schutzfunktion des § 818 III BGB nicht gerecht. Eine theoretische Wertsteigerung seiner Sache, die der Eigentümer nicht durch Veräußerung oder Vermietung oder in sonstiger Weise zu Geld zu machen gedenkt und deren Realisierung ihm auch gar nicht zumutbar ist, bildet eben keine echte Bereicherung, die ohne Schmälerung des ureigenen Vermögens des Empfängers abgeschöpft werden könnte.

3. Argument

Wenn man bei der Verwendungskondiktion den Umfang der Vergütungspflicht auf den vom Schuldner realisierten oder doch zumindest realisierbaren konkreten Nutzen beschränkt, bedeutet das natürlich eine Bevorzugung der Schuldnerinteressen vor den Interessen des Kondiktionsgläubigers. Das aber ist durchaus systemgerecht: Die §§ 812 ff. BGB enthalten nun einmal *Be-* und nicht *Ent*reicherungsrecht (Lieb).

4. Argument

Eine Differenzierung nach der Gut- oder Bösgläubigkeit des Anspruchstellers im Zeitpunkt der Verwendungsvornahme ist nicht angebracht, da die Maßgeblichkeit des Irrtums nach § 814 BGB nun einmal auf den Fall der Leistungskondiktion wegen Erfüllung einer Nichtschuld beschränkt ist (Erman / H. P. Westermann).

5. Argument (gegen Theorie III Meinung D)

Die vorgeschlagene Gesamtanalogie beruht auf einem unzutreffenden Verständnis der Verwendungsersatzregelungen für berechtigte Fremdbesitzer. Die dort ausgesprochenen Verweisungen auf die GoA-Grundsätze umfassen jeweils durchaus auch § 684 S. 1 BGB. Den Verfassern des BGB war selbstverständlich bewußt, daß eine Verweisung auf das Recht der GoA für den Fall der unberechtigten GoA eine Weiterverweisung ins Bereicherungsrecht impliziert.

V. (hier sog.) Kombinationstheorie

Die Ansätze der Theorien III und IV müssen miteinander kombiniert werden. Bei Gutgläubigkeit des Kondiktionsgläubigers findet der Bereicherungsausgleich auch im Falle einer Bereicherungsaufdrängung unmodifiziert statt; der Kondiktionsschuldner muß auch den noch nicht realisierten Vermögenszuwachs in voller Höhe vergüten. Bei Bösgläubigkeit des Kondiktionsgläubigers greift jedoch eine (ungeschriebene) Kondiktionssperre ein: Der durch Vornahme von Verwendungen Bereicherte braucht hier den ihm aufgedrängten Vermögenszuwachs nur zu ersetzen, wenn und soweit er ihn realisiert hat. Diese Sperre entfällt allerdings, wenn und soweit dem Bereicherungsschuldner die Realisierung des Vermögenszuwachses zuzumuten ist. (Bösgläubigkeit bedeutet in diesem Zusammenhang grundsätzlich die Kenntnis der Unbefugtheit des eigenen Handelns. Bei Verwendungen eines berechtigten Fremdbesitzers greift die Kondiktionssperre allerdings schon ein, wenn dieser schuldhaft übersieht, daß seine Aufwendungen zur Verbesserung der Sache durch das Besitzrechtsverhältnis nicht gedeckt sind).

Vertreten von:
Larenz / Canaris, II 2, 72 IV; Canaris, JZ 1996, 344, 345 f.

1. Argument

Das geltende Recht enthält keine zureichenden Ansätze dafür, die Dispositionsfreiheit und die Vermögensstruktur des Bereicherten auch dann zu schützen,
wenn der andere Teil, der ihm durch die Verwendungsvornahme einen nicht in
Natur herausgabefähigen Vermögenszuwachs aufgedrängt hat, gutgläubig war.

2. Argument

Gegenüber dem bösgläubigen Kondiktionsgläubiger muß dagegen grundsätzlich
eine Kondiktionssperre gegeben sein. Dafür spricht insbesondere der Umkehrschluß aus § 996 BGB, der dem bösgläubigen Besitzer bei nicht notwendigen,
aber objektiv-wertsteigernden Verwendungen jeden Ersatz versagt. Diese Entscheidung darf nicht durch den Rückgriff auf einen häufig konkurrierenden
und (nahezu oder völlig) inhaltsgleichen Anspruch aus §§ 812, 818 II konterkariert
werden.

3. Argument

Die Kondiktionssperre bei Bösgläubigkeit desjenigen, der die wertsteigernde Verwendung vorgenommen hat, wird vor allem auch durch die Wertung des § 818 III
nahegelegt. Diese Vorschrift will den Bereicherungsschuldner vor Einbußen an
seinem »Stammvermögen« bewahren. Dann darf er aber auch nicht durch die Belastung mit einer Vergütungspflicht dazu gezwungen werden, andere Bestandteile seines Stammvermögens zu versilbern, um sich die nötigen Geldmittel zu
verschaffen.

4. Argument

Anders ist die Situation, wenn der Bereicherte die aufgedrängte Vermögensmehrung durch Veräußerung oder Vermietung o. ä. realisiert hat. Der Kondiktionssperre bedarf es insoweit nicht, weil der Kondiktionsschuldner durch die bloße
Verpflichtung, die bereits realisierte Vermögensmehrung abzuführen, weder
zum Rückgriff auf Liquiditätsreserven noch zur Kreditaufnahme gezwungen
wird und auch nicht in seiner Dispositionsfreiheit hinsichtlich der Sache selbst be-
einträchtigt wird.

5. Argument

Für diese Lösung spricht auch die Regelung des § 687 II 2 BGB. Danach erhält ja
selbst der wissentlich unbefugte Geschäftsanmaßer für seine Aufwendungen einen bereicherungsrechtlichen Ausgleich, wenn der Geschäftsherr ihn nach
§ 687 II 1 BGB wie einen echten Geschäftsführer ohne Auftrag in Anspruch nimmt,
also insbesondere von ihm die Herausgabe der durch die Geschäftsbesorgung erzielten Einnahmen verlangt. Das ist sinnvoll, denn der Geschäftsherr realisiert
durch die Geltendmachung des Anspruchs aus § 687 II 1 BGB ja notwendigerweise den Erfolg der vom Geschäftsanmaßer gemachten Aufwendungen. Es
wäre aber ein klarer Wertungswiderspruch, wenn außerhalb der Sonderregelung
des § 687 II 2 der Bereicherungsausgleich für einen wissentlich unbefugt aufgedrängten, aber vom Bereicherten schon realisierten Vermögenszuwachs versagt
bliebe.

6. Argument

Den Bereicherungsschuldner kann nach Treu und Glauben eine Pflicht oder Obliegenheit zur Realisierung des Vermögenszuwachses treffen. Zur Konkretisierung der sich insoweit aus § 242 BGB ergebenden Anforderungen kann auf § 254 II 1 Alt. 2 BGB zurückgegriffen werden. Wenn sogar der Geschädigte seine Planungen zum Zwecke der Schadensabwendung oder -minderung ändern muß, dann ist Entsprechendes auch und erst recht dem Bereicherten zumutbar.

7. Argument (gegen Theorie IV)

Wenn man bei nichtigen Gebrauchsüberlassungsverträgen das vom Mieter oder Pächter Erlangte in bloßen Gebrauchsmöglichkeiten sieht, so müßte etwa ein bösgläubiger Mieter oder Pächter schlechthin auf den Wert dieses nicht in Natur herausgebbaren Kondiktionsobjektes haften, auch wenn er die Mietsache gar nicht in Gebrauch nimmt. Bei nichtigen Kaufverträgen dagegen würde ein bösgläubiger Käufer nach §§ 819 I, 818 IV, 292, 987 BGB nur für die tatsächlich gezogenen Gebrauchsvorteile haften. Diese Ungleichbehandlung ist nicht zu rechtfertigen (Canaris).

Beispiele:

1. Im Ausgangsfall würden Theorien IV und V einen Bereicherungsanspruch aus §§ 539 I, 684 S. 1, 812 I 1 Fall 2, 818 II, III BGB dem Grunde nach bejahen, weil es dem bereicherten Eigentümer zumutbar sein dürfte, die ihm aufgedrängte Garage zu vermieten und auf diese Weise die von M herbeigeführte Wertsteigerung seines Grundstücks zumindest teilweise zu realisieren. Dabei ist es innerhalb dieses Lagers im einzelnen streitig, ob die Steigerung des »subjektiven Ertragswertes« des Grundstücks durch eine einmalige Zahlung auszugleichen ist oder ob die laufenden Mieteinnahmen abzuführen sind. Nach Theorie I könnte E den Vergütungsanspruch dadurch abwehren, daß er nach § 546 I BGB Beseitigung der Garage verlangt (die h. M. versteht unter Rückgabe i. S. v. § 546 I BGB die »Rückgabe im ordnungsgemäßen Zustand«; § 546 I BGB enthält also bei diesem Normverständnis auch einen Anspruch des Vermieters auf Beseitigung der vom Mieter an der Mietsache unbefugt vorgenommenen Veränderungen). Nach Theorie II könnte E den Bereicherungsanspruch dadurch blockieren, daß er den M auf die Möglichkeit der »Wegnahme« der Garage verweist. Nach den verschiedenen Varianten von Theorie III würde die Verwendungskondiktion des M an dessen subjektiver Einstellung scheitern.

2. Abwandlung: M hat die Garage aus Material errichtet, das er dem Baustoffhändler B gestohlen hat. Der letztere verlangt nun von E Wertersatz für das verbaute Material nach §§ 951 I, 812 I 1 Fall 2 BGB. Hier kämen Theorien I, II und IV zum gleichen Ergebnis wie im Ausgangsfall. (Für Theorie I wäre das allerdings nicht zwingend, da sich der Beseitigungsanspruch ja gegen eine andere Person als gegen den Kondiktionsgläubiger richtet. Bassenge betont, daß bei dieser Konstellation erst die vollzogene Beseitigung den Bereicherungsanspruch nach § 818 III BGB untergehen läßt.) Nach den verschiedenen Varianten von Theorie III käme hier ein Kondiktionsausschluß wegen der subjektiven Einstellung des Kondiktionsgläubigers nicht in Betracht, da dieser ja am Bereicherungsvorgang genausowenig wie der Kondiktionsschuldner beteiligt gewesen ist. Ausgeschlossen wäre nach Theorie III nur eine Verwendungskondiktion des M selbst wegen der bei der Errichtung der Garage aufgewandten Arbeit. Nach Theorie V wäre der letztere

Anspruch allenfalls vorläufig, nämlich bis zur Realisierung der Wertsteigerung ausgeschlossen.

19. Problem (§ 818 III BGB)
Wie gestaltet sich der Bereicherungsausgleich bei einem unwirksamen gegenseitigen Vertrag?

Beispiel:

V verkauft K einen gebrauchten Pkw für 7 000,– € und versichert dabei wahrheitswidrig, der Wagen habe keinen Unfall gehabt. Am Tage nach der Auslieferung verunglückt K ohne Verschulden. Die Wertminderung des Pkw infolge des Unfalls beträgt 1 000,– €. Nunmehr ficht K den Kaufvertrag an. Der Pkw hatte im Zeitpunkt der Übergabe einen objektiven Wert von 7 000,– €.

Ausgangspunkt:
Die Rückabwicklung eines unwirksamen gegenseitigen Vertrages ist immer dann problematisch, wenn die Leistung der einen Seite (oder zumindest ihr Gegenwert) beim Empfänger noch vorhanden ist, die Gegenleistung beim Vertragspartner aber beschädigt wurde oder untergegangen ist. Die in der Frühzeit des BGB herrschende ältere (oder strenge) Zweikondiktionentheorie (Oertmann, § 818 Anm. 3 a und JW 1918, 132; von Tuhr, AT II 1, 358 und DJZ 1916, 582, 583 f.) nahm an, daß jeder Partner eines nichtigen gegenseitigen Vertrages das Risiko eines Bereicherungswegfalls bei seinem Partner, oder anders ausgedrückt: das Rückholrisiko für die von ihm erbrachte Leistung trägt. Nach dieser Konzeption sollte nämlich jeder Partei des beiderseits ganz oder wenigstens teilweise erfüllten nichtigen gegenseitigen Vertrages ein selbständiger und von dem gegenläufigen Bereicherungsanspruch des Partners unabhängiger Kondiktionsanspruch zustehen; bei der Frage der Bereicherung des Empfängers sollte dabei der Umstand, daß dieser seinerseits auch eine Leistung erbracht hat, keine Berücksichtigung finden. Der Empfänger sollte deshalb das Erlangte auch dann in voller Höhe herausgeben müssen, wenn seine Gegenleistung beim Vertragspartner durch Zufall, grobe Nachlässigkeit oder Willkür untergegangen oder entwertet worden war.

Es setzte sich aber schon bald die Überzeugung durch, daß die sich aus diesem Ansatz ergebende Risikoverteilung sachlich unangemessen ist. Rechtsprechung und Schrifttumsmehrheit schlossen sich deshalb der mit der Zweikondiktionentheorie konkurrierenden Saldotheorie an. Diese nahm ihren Ausgangspunkt von einem differenztheoretischen Bereicherungsbegriff, nach dem die »Bereicherung« in dem Überschuß aller mit dem Erwerb verbundenen Vorteile über die dadurch adäquat verursachten Vermögensnachteile besteht. Dieser Ansatz legte es nahe, bei der Differenzbildung die für den Erwerb erbrachte Gegenleistung unter die Passiva einzureihen. Zieht man aber auf beiden Seiten den Wert der Gegenleistung von dem des Empfangenen ab, so kann sich natürlich nur für eine Seite ein Überschuß, eine Bereicherung errechnen. Nach der ursprünglichen Fassung der Saldotheorie konnte sich bei beiderseits erfüllten nichtigen gegenseitigen Verträgen daher überhaupt nur für eine Partei – nämlich die, deren Leistung mehr wert war als die der anderen – ein Kondiktionsanspruch ergeben. Gleichsam als willkommener Nebeneffekt dieser Deutung des Bereicherungsbegriffes ergab sich eine der Lösung der Zweikondiktionentheorie exakt entgegengesetzte Risikoverteilung: Jede Vertragspartei des beiderseits erfüllten nichtigen gegenseitigen Vertrages trägt nach der Saldotheorie – bis zur Höhe des Wertes der eigenen Leistung – die Gefahr des Untergangs der empfangenen Leistung. Wenn etwa beim Käufer der Kaufgegenstand untergegangen ist, so kann er nur noch den Teil des Kaufpreises kondizieren, der den Wert der Kaufsache übersteigt; in Höhe des Sachwertes ist der Verkäufer von vornherein nicht bereichert.

In der Folgezeit haben beide Theorien Veränderungen durchgemacht. Bei der Saldotheorie wurde zunächst die begriffsjuristische Ableitung aus dem differenztheoretischen Bereicherungsverständnis zugunsten einer materiellen Begründung aus dem Schädigungsverbot des § 818 III BGB aufgegeben (was wiederum dazu führte, daß nach dem neueren Verständnis der Saldotheorie beide Vertragsparteien kondizieren können, solange die ausgetauschten Leistungen jeweils noch beim Empfänger vorhanden sind). Man erkannte zudem, daß die Saldotheorie nicht zu Lasten von geschäftsunfähigen bzw. beschränkt geschäftsfähigen Empfängern angewandt werden darf. Außerdem versuchte man aus dem Gedanken des »faktischen« Synallagmas eine neue Begründung der Saldotheorie zu entwickeln. Schließlich wurde vorgeschlagen, den Ansatz der Saldotheorie mit dem Gefahrtragungsmodell des Rücktrittsrechts zu verbinden, um so eine differenzierende, zwischen den Positionen der traditionellen Saldotheorie einerseits und der Zweikondiktionentheorie andererseits liegende Risikoverteilung zu erreichen.

Die strenge Zweikondiktionentheorie wird seit langem kaum noch vertreten (zuletzt wohl nur noch von E. Wolf, S. 497 ff.). Dagegen gewinnen neuere Spielarten der Zweikondiktionentheorie, die den Grundsatz zweier voneinander unabhängiger Kondiktionsansprüche mit einer restriktiven Handhabung des § 818 III BGB verbinden oder einen Verlust des eigenen Kondiktionsanspruchs bei verschuldeter Unfähigkeit zur Herausgabe des Erlangten annehmen, im Schrifttum zunehmend Anhänger.

Da der gegenwärtige Diskussionsstand extrem unübersichtlich ist und die konkurrierenden Konzeptionen sich oft nur in Nuancen unterscheiden, muß sich die folgende Darstellung auf die wichtigsten Positionen beschränken. Der interessante Lösungsversuch von J. Kohler (Die gestörte Rückabwicklung gescheiterter Austauschverträge, 1989) konnte wegen seiner Komplexität nicht berücksichtigt werden.

Die Darstellung des Meinungsstandes zur vorliegenden Problematik wird dadurch erschwert, daß verschiedene Theorien auf Wertungen des Rücktrittsrechts aufbauen, das aber nun durch das am 1. 1. 2002 in Kraft getretene Schuldrechtsmodernisierungsgesetz erheblich verändert worden ist. Insoweit besteht bei diesen Theorien erheblicher Anpassungsbedarf. Soweit die Art der erforderlichen Korrektur geradezu auf der Hand liegt, habe ich sie selbst vorgenommen, wenn neuere Äußerungen der Anhänger der betreffenden Konzeption nicht erfolgt sind. Das bedeutet aber natürlich, daß die unter »Vertreten von« zitierten Literaturstimmen nicht exakt die Version vertreten, die ich zuvor als nunmehr wohl angebrachte Fassung dargestellt habe.

I. Die verschiedenen Spielarten der neueren Zweikondiktionentheorie

Bei einem beiderseits (zumindest teilweise) erfüllten nichtigen gegenseitigen Vertrag bestehen zwei gegenläufige Bereicherungsansprüche, die voneinander völlig unabhängig sind. Dieser Ansatz bedeutet jedoch nicht, daß jede Vertragspartei uneingeschränkt das Risiko einer Entreicherung der anderen tragen müßte. Eine angemessene Risikoverteilung zwischen den Parteien läßt sich vielmehr durch eine Restriktion des § 818 III BGB bzw. die Annahme einer Kondiktionssperre bei verschuldetem Verlust des Empfangenen erreichen.

Vertreten von:
s. bei den einzelnen Untergruppierungen dieser Theorie (Meinungen A–E); ferner Esser / Weyers, § 51 II 3 b.

Hier folgen zunächst diejenigen Begründungen, die von allen bzw. fast allen Varianten der neueren Zweikondiktionentheorie vorgebracht werden könnten.

1. Argument
Die Saldotheorie wird zu Unrecht aus § 818 III BGB bzw. dem Begriff der Bereicherung abgeleitet: Die vom Empfänger erbrachte Gegenleistung ist als solche gar keine Nebenfolge seines rechtsgrundlosen Erwerbs, sondern wie die Leistung des Kondizienten Folge des zuvor geschlossenen nichtigen gegenseitigen Vertrages; sie kann deshalb auch nicht dem Indebite-Erwerb zugerechnet und als Bereicherungsminderungsposten angesetzt werden. Das zeigt sich insbesondere in den Vorleistungsfällen. Für den Vorleistenden kann der noch gar nicht erfolgte Erwerb natürlich nicht das auslösende Motiv für die eigene Leistungserbringung sein.

2. Argument
Wenn eine solche Betrachtungsweise aber doch angebracht wäre, dann müßte sie sich auch zu Lasten etwa eines geschäftsunfähigen Kondizienten auswirken. Das besondere Schutzbedürfnis eines solchen Empfängers hat nun einmal mit dem Umfang der Bereicherung seines Vertragspartners gar nichts zu tun.

3. Argument
Die Anhänger der Saldotheorie stellen den behaupteten Kausalnexus von Leistung und uneinbringlicher Gegenleistung selbst in Frage, denn sie nehmen gleichzeitig an, daß der an einen anderen als den Kondizienten gezahlte Erwerbspreis nicht bereicherungsmindernd wirkt.

4. Argument
Mit der Saldierung der beiderseitigen Leistungen wird zwischen ihnen ein rechtlicher Zusammenhang konstruiert, der bei Unwirksamkeit des Vertrages gerade nicht existiert (E. Wolf). Da der nichtige Vertrag rechtlich unbeachtlich ist, fehlt es an einem einheitlichen Entstehungsgrund für die beiderseitigen Erwerbsvorgänge. Damit stehen diese beiden Erwerbsvorgänge unverbunden nebeneinander.

5. Argument
Die Saldotheorie setzt an der falschen Stelle an. Sie fragt nämlich nach der Bereicherung, anstatt offen die entscheidende Sachfrage zu stellen, wer im nichtigen Austauschvertrag die Gefahr der Zufallsentreicherung trägt und wie (als Folge dieser Grundentscheidung) die Risikoverteilung erfolgt, wenn die Bereicherung

einseitig aus Gründen wegfällt, die einem oder beiden Beteiligten als Verschulden oder sonstige Verantwortung zuzurechnen sind (Beuthien).

6. Argument

Das Bild vom Saldo kann nicht erklären, warum nicht stets saldiert wird, sondern die Saldierung erst einsetzen soll, wenn einer der Beteiligten zur Rückleistung außerstande ist (Beuthien).

7. Argument

Das Gleichgewichtsprinzip des § 326 I 1 BGB paßt nicht für die Rückabwicklung eines unwirksamen gegenseitigen Vertrages. § 326 BGB regelt die Gefahrtragung in einem wirksamen, aber zumindest von einer Seite noch nicht erfüllten gegenseitigen Vertrag. Der betreffende Vertragspartner kennt hier ja seine Leistungspflicht, die er freiwillig übernommen hat, und weiß, daß er die versprochene Leistung noch erbringen muß, um die Gegenleistung zu erhalten oder behalten zu können. Der gutgläubige Partner eines unwirksamen gegenseitigen Vertrages rechnet dagegen nicht mit seiner Rückleistungspflicht, die ihn deshalb unfreiwillig trifft. Die Saldotheorie belastet ihn deshalb mit einem Risiko, auf das er sich nicht einstellen konnte. Die Interessenlage des Bereicherungsschuldners entspricht also gerade nicht der bei einem wirksamen gegenseitigen Vertrag, sondern eher derjenigen des Rücktrittsschuldners (Beuthien / Weber).

8. Argument

Die Saldotheorie versagt, wenn auch das dingliche Erfüllungsgeschäft der einen Vertragspartei unwirksam ist. Der Verkäufer etwa könnte den geleisteten Besitz der Kaufsache auch dann mit Hilfe der Vindikation zurückfordern, wenn er selbst zur Rückgabe der empfangenen Kaufpreisleistung des Käufers nicht imstande ist, weil dieser ihm gestohlen worden ist oder weil er ihn verschwendet hat. Sobald der Vindikationsgegner aber die empfangene Sache weiterveräußert oder verarbeitet oder durch Einbau zum wesentlichen Bestandteil einer anderen macht, der Vindikationsanspruch also in einen Bereicherungsanspruch (aus § 816 I 1 BGB oder §§ 951 I, 812 I 1 Fall 2 BGB) übergeht, müßte die Saldotheorie zur Anwendung kommen. Der beim Verkäufer eingetretene Verlust des Kaufpreises würde also jetzt automatisch zu einer entsprechenden Minderung seines Bereicherungsanspruchs führen. Oder anders ausgedrückt: Der Käufer könnte durch Weiterveräußerung, Verarbeitung oder Einbau der empfangenen Sache die Gefahr einer Entreicherung des Verkäufers auf diesen zurückverlagern. Dieses befremdliche Ergebnis wird vermieden, wenn man mit der neueren Zweikondiktionentheorie annimmt, daß der Verkäufer infolge einer Restriktion des § 818 III BGB trotz eingetretener Entreicherung zum Wertersatz in Höhe der erhaltenen Kaufpreiszahlung verpflichtet bleibt.

Meinung A (Theorie der vermögensmäßigen Entscheidung)

Beim nichtigen gegenseitigen Vertrag kann ein Verlust des rechtsgrundlos Geleisteten beim Empfänger nicht dazu führen, daß dessen Bereicherung unter die von ihm willentlich – wenn auch nichtig – versprochene Gegenleistung absinkt. Der Empfänger haftet bei einem solchen Verlust (also z. B. bei Diebstahl, Zerstörung, schenkweiser Weitergabe oder Weiterveräußerung der unwirksam gekauften Sache unter Wert) bis zur Obergrenze der vertraglich zugesagten Gegenleistung schlechthin auf Wertersatz; Bemessungszeitpunkt ist dabei der Zeitpunkt des Empfangs. All dies gilt unabhängig davon, ob er die versprochene Gegenleistung bereits erbracht hat. Ist das der Fall gewesen, so steht ihm ein selbständiger Bereicherungsanspruch gegen seinen Vertragspartner zu.

Die versprochene Gegenleistung ist jedoch irrelevant für den Bereicherungsanspruch – mit der Folge, daß die Bereicherung mit dem ersatzlosen Verlust des Indebite-Erwerbs entfällt – wenn der Empfänger arglistig getäuscht worden ist oder den Vertrag berechtigterweise wegen Irrtums angefochten hat oder nicht voll geschäftsfähig ist. Ausnahmsweise ist aber auch bei einem Täuschungsopfer der Verlust des empfangenen Leistungsobjektes nicht als Bereicherungswegfall zu werten, wenn dieser darauf beruht, daß der Anfechtungsberechtigte das Erlangte in besonderer (riskanter) Weise verwendet hat; der Kondiktionsschuldner hat dann wiederum nach § 818 II BGB Wertersatz zu leisten. Ebenso, wenn die Verschlechterung oder der Wegfall der Sache auch beim Verkäufer und ohne Ausgleich für diesen Verlust eingetreten wäre.

Vertreten von:
Enneccerus / Lehmann, § 227 III 7; Flume, FS Niedermeyer, 1953, S. 103 ff., 151 ff.; ders., NJW 1970, 1161, 1163 f.; ders., AcP 194, 427 ff.; ders., JZ 2002, 321 ff.; Lehmann, FS Nipperdey, 1955, S. 31 ff., 38; Lieb, NJW 1971, 1289, 1293; Wilhelm, S. 62 ff.; teilweise auch Reeb, S. 116 ff., 123 ff. (der allerdings in Übereinstimmung mit der Saldotheorie bei gleichartigen Bereicherungsansprüchen eine automatische Verrechnung annimmt) sowie Huber, JuS 1972, 439, 444.

1. Argument
Der Bereicherungsanspruch ist nicht konkret an dem vom Bereicherungsschuldner Erlangten, sondern abstrakt am Vermögen des Empfängers orientiert. Eigentliches Kondiktionsobjekt ist die bei diesem eingetretene Bereicherung. Die Herausgabe- oder Wertersatzpflicht mindert sich – jedenfalls vor Eintritt der Haftungsverschärfung – durch jeden relevanten Bereicherungswegfall. Ob ein relevanter Bereicherungswegfall gegeben ist, läßt sich aber nur klären, wenn man danach unterscheidet, ob der beim Empfänger eingetretene Verlust dem rechtsgrundlosen Erwerb oder aber dem sonstigen (ureigenen) Vermögen des Erwerbers zuzurechnen ist. Die letztere Gestaltung ist immer dann anzunehmen, wenn der beim Kondiktionsschuldner eingetretene Verlust die Folge des Vermögensgebahrens des Kondiktionsschuldners ist, also die Konsequenz einer willentlichen und zurechenbaren »vermögenswirksamen Entscheidung« des letzteren. Der Bereicherungsgläubiger trägt die Gefahr der Entreicherung des Bereicherungsschuldners damit nicht allgemein für die Person des Bereicherungsschuldners und deren Entscheidungen, sondern nur für die der Bereicherung selbst zurechenbare Entreicherung (Flume).

2. Argument
Eine solche die Verlustzurechnung für den Gläubiger begrenzende vermögenswirksame Entscheidung hat der Kondiktionsschuldner bereits mit dem Abschluß des gegenseitigen Vertrages getroffen. Wenn jemand mit seinem Willen einen gegenseitigen Vertrag schließt, so fällt er damit – auch wenn der Vertrag nichtig ist – die vermögensmäßige Entscheidung, daß er statt des Vermögenswerts seiner Gegenleistung die ihm zu erbringende Leistung haben will. Die Konsequenzen dieser Entscheidung muß er tragen, denn er ist es, der die Entscheidung gefällt hat (Flume).

3. Argument

Da der Erwerber beim entgeltlichen Erwerb sine causa bewußt sein Vermögen in Höhe der versprochenen oder erbrachten Gegenleistung für das Haben der Leistung seines Vertragspartners einsetzt, muß ein Verlust, der durch einen »zufälligen« Untergang des erlangten Leistungsobjektes eintritt, jedenfalls bis zur Höhe der Gegenleistung der Person des Empfängers und nicht der erlangten Bereicherung zugerechnet werden. Die Entscheidung für den entgeltlichen Erwerb der Leistung des Vertragspartners impliziert nun einmal auch die Bereitschaft, das Schicksal des erworbenen Leistungsobjektes als sein Vermögensrisiko auf sich zu nehmen.

4. Argument

Für den Ausschluß des Entreicherungseinwandes ist es unerheblich, ob der Kondiktionsschuldner seine Gegenleistung bereits erbracht hat. Denn die vermögensmäßige Entscheidung, auf die es ankommt, trifft der Erwerber bereits mit der Vereinbarung der Gegenleistung. Schon mit dieser Vereinbarung setzt er sein Vermögen in Höhe der Gegenleistung für die zu erlangende Leistung ein, nicht erst dadurch, daß er die Gegenleistung wirklich erbringt (Flume).

Die vom Empfänger getroffene vermögensmäßige Entscheidung für den entgeltlichen Erwerb der Leistung seines Vertragspartners kann den Inhalt des Bereicherungsausgleichs allerdings nicht beeinflussen, wenn sie dem Empfänger nicht zugerechnet werden kann. Letzteres ist vor allem bei fehlender oder beschränkter Geschäftsfähigkeit des Empfängers der Fall, aber auch wenn er vom Leistenden arglistig getäuscht wurde oder wenn er den Vertrag berechtigtermaßen wegen Irrtums angefochten hat.

5. Argument

Wenn aber der betrogene Käufer die Kaufsache für einen besonderen (riskanten) Zweck einsetzt – etwa mit dem gekauften Auto am allgemeinen Straßenverkehr teilnimmt – und sich die mit diesem Einsatz verbundene Gefahr realisiert, so ist die Zerstörung oder Beschädigung des Erlangten der Person des Anfechtungsberechtigten und nicht dem Indebite-Erwerb zuzurechnen. Der Verlust beruht hier auf einer (vom Abschluß des gegenseitigen Vertrages ganz unabhängigen weiteren) vermögensmäßigen Entscheidung des Anfechtungsberechtigten, das erhaltene Leistungsobjekt als Bestandteil seines Vermögens einer besonderen Gefahr auszusetzen, ohne sich durch den Abschluß einer Vollkaskoversicherung abzusichern (Flume).

Meinung B

Bei entgeltlichem Erwerb sine causa haftet der Empfänger auch bei einem zwischenzeitlichen Wegfall der Bereicherung grundsätzlich bis zur Höhe der erbrachten oder jedenfalls im unwirksamen Vertrag versprochenen Gegenleistung auf Wertersatz (Restriktion des § 818 III BGB). Dies gilt jedoch nicht bei einem vom Empfänger nicht verschuldeten Untergang des Erlangten; hier wird der Kondiktionsschuldner ersatzlos frei.

Vertreten von:
MünchKomm / Lieb, § 818 Rn. 114 ff., 123 ff., 130 ff., 134 f.; ähnlich auch Rengier, AcP 177, 418, 438 ff.; Meyer, 38 ff., 46 f.

1. Argument

Im Grundsatz ist den Erwägungen von Flume (Theorie I Meinung A) zuzustimmen. Der Abschluß des (unwirksamen) gegenseitigen Vertrages ist als bewußte Risikoübernahme zu werten, die eine Verteidigung mit Hilfe des Entreicherungseinwandes grundsätzlich ausschließt; insoweit ist eine Restriktion des § 818 III BGB geboten. Bei entgeltlichem Erwerb sine causa führt deshalb ein Verlust oder eine Verschlechterung des Erlangten in der Regel zu einer bereicherungsunabhängigen (aber durch den Wert der vom Empfänger erbrachten oder versprochenen Gegenleistung begrenzten) Wertersatzpflicht aus § 818 II BGB.

2. Argument

Da die Leistungskondiktion eine ganz ähnliche Aufgabe wie die anderen Störkorrektive des Rechts der Güterbewegung und insbesondere die Rückgewähransprüche aus Rücktritt hat, ergibt sich ein Harmonisierungsbedarf. Der gutgläubige Kondiktionsschuldner darf – auch wenn er für die rechtsgrundlose Leistung seines Vertragspartners ein Entgelt versprochen oder erbracht hat – nicht schlechter stehen als ein Rücktrittsberechtigter. Der hätte schon nach altem Recht bei zufälligem Untergang des erhaltenen Leistungsgegenstandes den bei ihm eingetretenen Verlust auf den Vertragspartner abwälzen können: Er wäre nämlich bei zufälligem Untergang des erhaltenen Leistungsgegenstandes nach § 350 BGB a. F. nicht an der Ausübung des Rücktrittsrechts und der anschließenden Rückforderung seiner eigenen Leistung gehindert gewesen, würde aber selbst (analog §§ 327 S. 2, 818 III BGB a. F.) oder e contrario §§ 989, 347 S. 1 BGB a. F. nicht gehaftet haben. Das (am 1. 1. 2002 in Kraft getretene) neue Rücktrittsrecht stellt den kraft Gesetzes Rücktrittsberechtigten eher noch günstiger: Dieser könnte die eigene Leistung im Falle der Ausübung des Rücktrittsrechts selbst dann ohne den Preis einer Wertersatzpflicht nach §§ 346 I, II, III S. 1 Nr. 1 BGB zurückverlangen, wenn er den Untergang der empfangenen Leistung leicht fahrlässig, aber ohne Unterschreitung der eigenüblichen Sorgfalt herbeigeführt hat (§§ 346 III S. 1 Nr. 3, 277 BGB). Dementsprechend muß auch die eigene bereicherungsrechtliche Wertersatzpflicht weiterhin jedenfalls dann ausgeschlossen sein, wenn er den Untergang oder Verlust der Leistung des anderen Vertragsteils nicht verschuldet hat. Genauer: Die durch die Restriktion des § 818 III BGB gewonnene Wertersatzpflicht muß schon dann entfallen, wenn die Unfähigkeit des Kondizienten zur unversehrten Rückgabe nicht auf einer Unterschreitung der eigenüblichen Sorgfalt beruht.

Ergänzung

Die Anhänger dieser Auffassung hatten das aus § 350 BGB a. F. abgeleitete Privileg in einem wesentlichen Punkt einschränken und damit die von ihnen postulierte Wertersatzpflicht des selbst kondizierenden Vertragspartners beim Untergang der empfangenen Leistung ausweiten wollen: Als Verschulden i. S. v. § 351 BGB a. F. analog sollte nicht nur ein sorgfaltswidriges Verhalten des Kondizienten, sondern jedes zurechenbare Verhalten qualifiziert werden, das die Gefahr des Untergangs oder der Verschlechterung mit sich bringt. Begründet wurde dies damit, daß § 350 BGB a. F. bei Zugrundelegung der üblichen Abgrenzung von Zufall und Verschulden rechtspolitisch bedenklich wäre. Dieser Ansatz dürfte sich bei einer Orientierung an den neuen Rücktrittsregeln nicht halten lassen, da ja nach § 346 I, II, III S. 1 Nr. 3 BGB n. F. die Belastung des Rücktrittsberechtigten mit der Wertersatzpflicht wegen Untergangs der empfangenen Leistung nicht mehr bei »Verschulden« schlechthin, sondern erst bei einem qualifizierten Verschulden (Verstoß gegen die eigenübliche Sorgfalt) einsetzt. – Lieb hat in der Dezember 2003 erschienenen Neubearbeitung seiner Kommentierung (§ 818 Rn. 137) offen gelassen, ob die Risikoverteilung des § 346 III 1 Nr. 3 BGB – wonach die Wertersatzpflicht des selbst nicht zur Rückgabe der empfangenen Leistung fähigen Rücktrittsberechtigten erst bei Unterschreitung der eigenüblichen Sorgfalt einsetzt – wirklich generell für den Bereicherungsausgleich im gegenseitigen Vertrag gilt oder ob sie nur auf solche Konstellationen übertragen werden kann, in denen der Vertragspartner des selbst nicht mehr (voll) rückleistungsfähigen Kondizienten allein für den Nichtigkeits- oder Anfechtungsgrund verantwortlich ist.

Meinung C

Bei entgeltlichem rechtsgrundlosen Erwerb haftet der Empfänger für Untergang, Verlust oder Beschädigung des Erlangten entgegen § 818 III BGB auf Wertersatz, wenn die betreffende Bereicherungsminderung auf einem Verstoß des Kondiktionsschuldners gegen die in eigenen Angelegenheiten erforderliche Sorgfalt zurückzuführen ist. Dies gilt unabhängig davon, ob er seine eigene Leistung bereits erbracht hat. Bei Zufallsentreicherung kann der Empfänger seinerseits nur kondizieren, wenn sein Vertragspartner die Nichtigkeit des Geschäfts zu vertreten hat oder wenn er selbst für die empfangene, aber jetzt nicht mehr restituierbare Leistung seines Vertragspartners Wertersatz leistet.

Vertreten von:
Dießelhorst, S. 50 ff., 202 ff.; ders., JZ 1970, 418 f.

1. Argument

Die Verfasser des BGB sind bei der Formulierung des § 818 III einer Fehlanschauung unterlegen. Sie haben übersehen, daß die dort ausgesprochene entlastende Wirkung des Bereicherungswegfalls für den nichtigen gegenseitigen Vertrag nicht paßt. Das in § 818 III BGB geschützte Vertrauen des Empfängers auf die Endgültigkeit seines Erwerbs muß in diesem Falle nämlich mit der Überzeugung verbunden sein, für den Erwerb die versprochene Gegenleistung erbringen zu müssen bzw. die bereits erbrachte nicht zurückfordern zu können. Der Empfänger wird unter diesen Umständen überprivilegiert, wenn er für einen von ihm durch Nachlässigkeit oder gar vorsätzlich herbeigeführten Verlust des Erlangten nicht haften sollte, obwohl er seinerseits entgegen seiner Erwartung die bereits erbrachte Gegenleistung zurückerhält bzw. die versprochene nicht zu erbringen braucht. Allgemeiner gefaßt: Der Gesichtspunkt des Vertrauensschutzes rechtfertigt es nicht, die Haftung eines Bereicherungsschuldners, der eine Leistung auf einen nichtigen Austauschvertrag empfangen hat, unter den Betrag der von ihm eingesetzten Gegenleistung herabsinken zu lassen. Vielmehr erscheint es unter recht verstandener Berücksichtigung des Gesetzes gerecht, ihn haften zu lassen, sofern und soweit er durch ein Verhalten, das ein »Verschulden gegen sich selbst« darstellt, seine Bereicherung unter den Betrag der von ihm eingesetzten Gegenleistung herabminderte.

2. Argument

Im Falle der Zufallsentreicherung einer Vertragspartei wäre es jedenfalls dann, wenn der Grund für die Unwirksamkeit des Vertrages in ihrer Sphäre liegt, unangemessen, wenn sie die eigene Leistung kondizieren könnte, ohne ihrerseits für die empfangene und nicht mehr vorhandene Leistung der anderen Partei Wertersatz zu leisten.

3. Argument

Der Gutglaubensschutzgedanke, der § 818 III BGB zugrunde liegt, rechtfertigt es nicht, daß selbst ein arglistig getäuschter Geschäftspartner trotz verschuldeter Entreicherung enthaftet wäre: Sein guter Glaube würde ja die Endgültigkeit des von ihm erbrachten Vermögensopfers einschließen. Da er die eigene Leistung wider Erwarten zurückbekommt, ist es nur angebracht, daß er bis zur Höhe der von ihm erbrachten Gegenleistung auf Wertersatz haftet, wenn seine Entreicherung auf einem Verstoß gegen die Sorgfalt in eigenen Angelegenheiten beruht.

Meinung D (Lehre vom bereicherungsrechtlichen Rückleistungssynallagma)

Mit der Zweikondiktionentheorie ist von zwei sich gegenüberstehenden Bereicherungsansprüchen auszugehen, die allerdings in ähnlicher Weise wie im gegenseitigen Vertrag selbst miteinander synallagmatisch verknüpft sind. Die Rückgewähr erfolgt in Analogie zu §§ 348, 320 BGB grundsätzlich Zug um Zug. Die Rückforderung wird nicht dadurch ausgeschlossen, daß der Gegenstand, den der jeweilige Kondizient seinerseits empfangen hat, bei diesem durch Zufall untergegangen ist (§ 350 BGB a. F. analog). Wohl aber ist die Rückforderung der eigenen Leistung ausgeschlossen, wenn der Anspruchsteller eine wesentliche Verschlechterung, den Untergang oder den Verlust des empfangenen Leistungsgegenstandes verschuldet hat (§ 351 BGB a. F. analog). Verschuldet bedeutet dabei zurechenbare Unachtsamkeit in eigenen Angelegenheiten; eine vertragsgemäße (wenn auch riskante) Benutzung ist nicht verschuldet. Der verschuldete Untergang der empfangenen Leistung schließt die Kondiktion der eigenen Leistung auch dann aus, wenn die letztere wertvoller war als die erhaltene; ferner auch dann, wenn der potentielle Kondizient den Vertrag wegen arglistiger Täuschung angefochten hat.

Vertreten von:
Beuthien, Jura 1979, 532, 534 f.; Beuthien / Weber, 6 ff. (insbesondere S. 8); StudK / Beuthien, § 818 Anm. 5 d.

Diese Meinung beruht entscheidend auf den Wertungen der §§ 350, 351 BGB a. F. Sie läßt sich m. E. nach der weitgehenden Veränderung des Rücktrittsrechts im Zuge der Schuldrechtsreform nicht mehr aufrechterhalten. Die Streichung des Rücktrittsausschlußgrundes des verschuldeten Untergangs der empfangenen Leistung und der Übergang zu einer grundsätzlichen Wertersatzpflicht der jeweiligen Partei des Rückgewährschuldverhältnisses, die die erhaltene Leistung der anderen Partei nicht unversehrt zurückgeben kann, bei gleichzeitiger Privilegierung des kraft Gesetzes Rücktrittsberechtigten schließt die einfache Zweiteilung nach verschuldetem und unverschuldetem Untergang des vom potentiellen Kondizienten empfangenen Leistungsobjekts aus; das gleiche gilt für den völligen Ausschluß der Kondiktionsmöglichkeit auch bei Höherwertigkeit der eigenen Leistung.

Eine Neufassung, die den Grundansatz dieser Position, nämlich den Versuch einer Harmonisierung des Bereicherungsausgleichs im nichtigen gegenseitigen Vertrag mit der Rückabwicklung nach Rücktrittsrecht aufrechtzuerhalten versucht, unternimmt Meinung E (s. dort).

Meinung E (modernisierte Lehre vom bereicherungsrechtlichen
Rückleistungssynallagma)

Mit der Zweikondiktionentheorie ist von zwei sich gegenüberstehenden Bereicherungsansprüchen auszugehen, die allerdings in ähnlicher Weise wie im gegenseitigen Vertrag selbst miteinander synallagmatisch verknüpft sind. Die Rückgewähr erfolgt in Analogie zu §§ 348, 320 BGB grundsätzlich Zug um Zug. Ist nur einer der beiden Vertragspartner für den Unwirksamkeitsgrund allein verantwortlich, so kann der andere die von ihm erbrachte Leistung auch dann ohne Belastung mit einer Wertersatzpflicht kondizieren, wenn das Leistungsobjekt, das er selber erhalten hat, bei ihm durch Zufall oder jedenfalls nicht infolge einer Unterschreitung der eigenüblichen Sorgfalt untergegangen ist (§ 346 I, II, III S. 1 Nr. 3 BGB analog). In allen anderen Fällen ist die Kondiktion nach Untergang der empfangenen Leistung beim Kondiktionswilligen nur eröffnet, wenn er seinem Vertragspartner Zug um Zug den Wert der jetzt nicht mehr herausgebbaren Leistung erstattet (§§ 348, 320, 346 I, II BGB analog).

Vertreten von:
Lorenz/Riehm, Lehrbuch zum neuen Schuldrecht (2002) Rn. 432; Däubler, BGB kompakt, 2. Aufl. 2003, Kap. 17 Rn. 73 a;

1. Argument
Nach der Wertung des § 818 III BGB muß jeder Bereicherungsgläubiger die Gefahr einer Entreicherung seines Schuldners tragen; er trägt mit anderen Worten das Rückholrisiko. Diese Risikoverteilung kehrt die Saldotheorie für die Rückabwicklung nichtiger gegenseitiger Verträge um, da sie die Befugnis zur Geltendmachung eines Kondiktionsanspruchs von der Fähigkeit zur Rückgabe der empfangenen Leistung abhängig macht. Die für den einseitigen Bereicherungsanspruch getroffene Risikoverteilung darf aber natürlich im fehlgeschlagenen gegenseitigen Vertragsverhältnis nur dann umgekehrt werden, wenn es dafür wirklich einen zwingenden Grund gibt. Der bloße Umstand der synallagmatischen Verknüpfung der beiderseitigen Leistungen liefert diesen zwingenden Grund noch nicht, wie sich aus der differenzierenden legislatorischen Lösung beim nahe verwandten Rückgewährschuldverhältnis aus gesetzlichem Rücktritt ergibt. Hier gibt es sowohl Fälle, bei denen der Rücktrittsberechtigte durch die Ausübung des Rücktrittsrechts den bei ihm eingetretenen Verlust auf den Rücktrittsgegner abwälzen kann (insbesondere nach § 346 III 1 Nr. 3 BGB als partiellem Ersatz für § 350 BGB a. F.), wie auch solche, bei denen er den Rücktritt mit einer Wertersatzpflicht für die bei ihm untergegangene Leistung des Rücktrittsgegners erkauft (§ 346 I, II).

2. Argument
Beim gesetzlichen Rücktritt ist der Rücktrittsgegner immer für den Rücktritt verantwortlich, denn dieser setzt ja nach § 323 I eine objektive Pflichtwidrigkeit voraus. Der Rücktrittsberechtigte, der nicht mehr bereichert ist, kann aber den bei ihm eingetretenen Verlust durch die Ausübung des Rücktrittsrechts nur dann auf den Rücktrittsgegner verlagern, wenn er den Untergang der empfangenen Leistung nicht im Sinne einer Unterschreitung der eigenüblichen Sorgfalt verschuldet hat (§ 346 III 1 Nr. 3 BGB). Diese gesetzgeberische Wertentscheidung muß auch im Bereicherungsrecht respektiert werden, weil andernfalls ein schwerer Wertungswiderspruch entstünde, der die Kohärenz des Systems gefährden würde. Die Kondiktionsmöglichkeit des Vertragspartners, der die empfangene Leistung nicht

mehr hat, ist deshalb nur dann ohne gleichzeitige Erstattung des Wertes dieser Leistung gegeben, wenn zwei Momente zusammenkommen: Der Nichtigkeitsgrund muß erstens dem Erbringer der untergegangenen Leistung – wie etwa bei einer von ihm begangenen arglistigen Täuschung des anderen Teils oder bei einem zu seinem Vorteil abgeschlossenen wucherähnlichen Vertrag – zurechenbar sein. Und zweitens darf der Untergang der Leistung nicht auf schwerem Verschulden des Empfängers oder auf einer Unterschreitung der eigenüblichen Sorgfalt beruhen (§ 346 III 1 Nr. 3 BGB analog i. V. m. § 277 BGB).

3. Argument

Hat der Kondiktionswillige den Untergang der Vertragsleistung des anderen Teils aber grob fahrlässig oder infolge Nichteinhaltung der eigenüblichen Sorgfalt herbeigeführt, muß er das Zufallsrisiko auch bei Unwirksamkeit des Vertrages und deshalb bereicherungsrechtlicher Abwicklung tragen. Er kann dann seinen Kondiktionsanspruch nur um den Preis gleichzeitiger Wertersatzleistung an den Kondiktionsgegner durchsetzen (§§ 348, 320, 346 I, II BGB analog). Das gleiche muß gelten, wenn der Unwirksamkeitsgrund dem Kondiktionsgegner nicht zurechenbar ist, etwa weil er (wie beim Dissens) »neutraler« Art ist oder aber (wie im Falle der Irrtumsanfechtung) in der Sphäre des Kondizienten liegt.

4. Argument

Nur durch die Übernahme der differenzierenden Lösung des neuen Rücktrittsfolgenrechts ins Bereicherungsrecht wird einerseits sichergestellt, daß der arglistig getäuschte und deshalb anfechtende Käufer nicht schlechter steht als im Falle des Rücktritts wegen Sachmangels, zum anderen aber den berechtigten Interessen des Kondiktionsgegners Rechnung getragen.

Meinung F (Strenge Analogie zum Rücktrittsrecht)

Mit der Zweikondiktionentheorie ist von zwei sich gegenüberstehenden Bereicherungsansprüchen auszugehen, die allerdings in ähnlicher Weise wie im gegenseitigen Vertrag selbst miteinander synallagmatisch verknüpft sind. Die Rückgewähr erfolgt in Analogie zu §§ 348, 320 BGB grundsätzlich Zug um Zug. Jede Partei kann die eigene Leistung auch dann zurückfordern, wenn sie ihrerseits zur unversehrten Herausgabe der empfangenen Leistung nicht in der Lage ist. Sie unterliegt dann aber einem selbstständigen Wertersatzanspruch des anderen Teils analog § 346 II 1 Nr. 3 BGB, sofern sie das Leistungshindernis durch Unterschreitung der eigenüblichen Sorgfalt herbeigeführt hat (§ 346 III 1 Nr. 3 BGB analog). Das Privileg des § 346 III 1 Nr. 3 BGB – wonach die Wertersatzpflicht erst bei einem solchen qualifizierten Verschulden einsetzt – kommt grundsätzlich beiden Vertragsparteien zugute. Es ist dafür auch nicht entscheidend, wer für die Unwirksamkeit verantwortlich ist. Nur in solchen Fällen, in denen bei unterstellter Wirksamkeit des Vertrages (nur) einer der Vertragsparteien ein gesetzliches Rücktrittsrecht zustünde, gilt das Erfordernis des qualifizierten Verschuldens ausschließlich für sie, nicht auch für den Vertragspartner.

Vertreten von:
M. Schwab, in Schwab / Witt, Einführung in das neue Schuldrecht, 2002, S. 214 ff.

1. Argument

Eine generelle systematische Harmonisierung der bereicherungsrechtlichen Rückabwicklung im gescheiterten Austauschvertrag mit den Rücktrittsregeln wird durch die enge Verwandtschaft der beiden Rückabwicklungsinstrumente und speziell durch § 346 III 2 n. F. BGB nahegelegt. Dabei muß die bereicherungsrechtliche Behandlung an die neueren und inhaltlich überzeugenderen Rücktrittsregeln angepaßt werden.

2. Argument

Der kondiktionswillige Vertragspartner, der die empfangene Leistung nicht mehr unversehrt herausgeben kann, verdient das Privileg des § 345 III 1 Nr. 3 BGB grundsätzlich auch dann, wenn er für den Unwirksamkeitsgrund verantwortlich ist. Die Nichtigkeit kraft Gesetzes trifft ihn auch dann ebenso überraschend wie den Rücktrittsberechtigten die Kenntnis von einem gesetzlichen Rücktrittsgrund.

3. Argument

Wenn bei nichtigem oder angefochtenen Kaufvertrag außerdem auch noch ein Sachmangel gegeben ist, darf der Verkäufer nicht besser stehen als er bei Wirksamkeit des Vertrages stünde. Dann würde der Käufer zurücktreten und der Verkäufer müßte den erhaltenen Kaufpreis selbst dann nach §§ 346 I, II S. 1 Nr. 2, e contrario III 1. Nr. 3 BGB zurückerstatten, wenn ihm der Kaufpreis ohne jedes Verschulden seinerseits gestohlen worden ist.

II. Traditionelle Saldotheorie

Bei einem beiderseits (zumindest teilweise) erfüllten gegenseitigen Vertrag trägt jede Partei bis zur Höhe des Wertes der von ihr selbst erbrachten Leistung im Sinne einer Risikozurechnung nach »Sphären« die Gefahr des Untergangs oder Verlustes des von ihr erlangten Leistungsgegenstandes oder des sonstigen Fortfalls ihrer Gesamtvermögensbereicherung. Das bedeutet: Ist bei einer der Parteien die erhaltene Leistung ganz oder teilweise ersatzlos weggefallen, so schmälert dieser Verlust automatisch auch den eigenen, gegenläufigen Kondiktionsanspruch dieser Partei. Ist dieser auf eine Geldzahlung gerichtet, so reduziert er sich entsprechend. War der Kondiktionsanspruch des Empfängers der untergegangenen Leistung dagegen auf Herausgabe in Natur gerichtet, schwächt er sich zu einem Anspruch auf Herausgabe Zug um Zug gegen Wertersatz für die untergegangene Leistung ab. In beiden Fällen wird der beim Kondiktionsschuldner eingetretene vollständige oder teilweise Verlust seiner eigenen Leistungskondiktion als Minderung seiner eigenen Bereicherung behandelt. Das faktische Synallagma der ausgetauschten Leistungen wirkt sich aber auch dann aus, wenn beide Leistungen beim jeweiligen Empfänger noch unversehrt vorhanden sind. Jede Seite kann dann nicht schlechthin Herausgabe der von ihr erbrachten Leistung, sondern nur Herausgabe Zug um Zug gegen Rückgabe der Leistung, die sie selbst erhalten hat, verlangen.

Vertreten von:
RGZ 54, 137, 141; 60, 284, 291; 86, 343, 344 f.; 94, 253, 254; 105, 29, 31; 129, 307, 310; 135, 374, 377; 137, 324, 336; 139, 208, 211; 140, 156, 161; BGHZ 1, 75, 81; 9, 333, 335; 53, 144, 146; 57, 137, 146 ff.; 72, 252, 254; 116, 251; 145, 52, 55; 146, 299, 306 ff.; 147, 152, 157 f.; BGH NJW 1963, 1870; 1999, 1181; 1999, 2890, 2891; 2000, 3652; WM 2002, 971, 973 m. w. N.; KGR 2003, 133, 136; OLGR Frankfurt 2002, 171, 172; OLGR München

2002, 346, 347; A. Blomeyer, AcP 154, 527, 534 ff.; Berg, NJW 1981, 2337, 2338 f.; ders., JuS 1981, 179, 181; Brox / Walker, § 39 Rn. 12 ff. (mit Einschränkungen); Ebert, S. 145 ff.; Erman / Seiler, 5. Aufl., § 818 Anm. 6 B a cc; Esser, 4. Aufl., § 105 II 2; Gursky, S. 213 f.; HK-BGB / Schulze, § 818 Rn. 19; Jauernig / Schlechtriem, § 818 Rn. 40 a ff.; Müller, Rn. 2063 ff.; Palandt / Sprau, § 818 Rn. 48 ff.; Planck / Landois, § 818 Anm. 5 e; RGRK / Heimann-Trosien, § 812 Rn. 61; Soergel / Mühl, § 818 Rn. 81 ff., insbesondere 94; Staudinger / Seufert, 11. Aufl., § 818 Rn. 45; Weintraud, Die Saldotheorie, 1931, passim; i. E. ebenso für »neutrale« Nichtigkeitsgründe wie Dissens oder Formmangel auch Staudinger / Lorenz, § 818 Rn. 41.

1. Argument

Die Saldotheorie ist nichts anderes als die konsequente Anwendung der Wertung des § 818 III BGB bei der Rückabwicklung eines beiderseits erfüllten gegenseitigen Vertrages. Wenn etwa bei einem nichtigen Kaufvertrag der Käufer auf Rückzahlung des Kaufpreises klagt, dann muß bei der Ermittlung der Bereicherung des Verkäufers zwangsläufig auch der Umstand berücksichtigt werden, daß dieser ebenfalls eine Leistung erbracht hat und diese nun infolge ihres ersatzlosen Untergangs beim Kläger nicht mehr zurückbekommt. Jedenfalls in den Fällen, in denen die Leistungen Zug um Zug ausgetauscht worden sind oder der Käufer gar vorgeleistet hat, ist es offensichtlich, daß die Übereignung der Kaufsache ohne die Zahlung des Kaufpreises nicht erfolgt wäre, also die Kaufpreiszahlung conditio sine qua non für die Leistung des Verkäufers war. Und diese Leistungserbringung führt wiederum beim Verkäufer jedenfalls in dem Moment zu einer entsprechenden Vermögenseinbuße, wo die Möglichkeit des Verkäufers, die erbrachte Leistung mittels seines Kondiktionsanspruchs in Natur oder wertmäßig zurückzuholen, an § 818 III BGB scheitert. Hier ist also der Verlust der eigenen Leistung eine Nebenfolge des Erwerbs der Kaufpreiszahlung und muß schon deshalb als eine bereicherungsmindernde Vermögenseinbuße angesehen werden. Aber auch in den Fällen, in denen der Verkäufer den Vertrag schon vor der Kaufpreiszahlung erfüllt hat, hängt die Weggabe der eigenen Leistung so eng mit der erwarteten und dann auch tatsächlich erfolgten Kaufpreiszahlung zusammen, daß sie rechtlich wie deren Folge behandelt werden muß: Für eine wirtschaftliche Betrachtungsweise hat der Verkäufer ja nicht isoliert den Kaufpreis erhalten, sondern einen Leistungsaustausch durchgeführt. Wirklich bereichert ist bei einem beiderseitig erfüllten gegenseitigen Vertrag jede Seite deshalb nicht schlechthin um die erhaltene Leistung, sondern nur um den bei diesem Leistungsaustausch etwa erzielten Gewinn, also nur, wenn die weggegebene und jetzt nicht mehr zurückholbare eigene Leistung wertmäßig hinter der vom Vertragspartner erbrachten Leistung zurückblieb.

2. Argument

Selbst wenn man aber die Ursächlichkeit der Verknüpfung von Leistung und uneinbringlicher Gegenleistung und damit die Ableitung der Saldotheorie aus § 818 III BGB bestreiten wollte, müßte die Saldotheorie doch als eine geglückte richterliche Rechtsfortbildung akzeptiert werden. Die entscheidende Legitimationsbasis für diese Rechtsfortbildung bietet die Anschauungslücke des Gesetzgebers, der die Unterschiedlichkeit der Interessenkonstellationen bei einseitigen Kondiktionen und bei der Rückabwicklung gegenseitiger Verträge überhaupt nicht erkannt hat. Die Saldotheorie entwickelt die Lösung für die vom Gesetzgeber als solche nicht erkannte Sonderproblematik des Bereicherungsausgleichs im beiderseits erfüllten gegenseitigen Vertrag aus der »Natur der Sache«.

3. Argument

Die Saldotheorie trägt dem auch bei Nichtigkeit des beiderseits erfüllten Vertrages gegebenen »faktischen Synallagma« sachgerecht Rechnung. Sie verlängert nämlich das Gleichgewichtsprinzip des § 326 I BGB – ohne Leistung keine Gegenleistung – konsequent in das Stadium der Rückabwicklung, indem sie hier das ganz analoge Gleichgewichtsprinzip »ohne Rückgabe des Erhaltenen keine Kondiktion des Weggegebenen« statuiert.

4. Argument

Daß eine Saldierung erst stattfindet, wenn einer der Beteiligten zur Rückleistung außerstande ist, erklärt sich einfach daraus, daß nach heutigem Verständnis der Saldotheorie nicht schon die Gegenleistung des Beklagten, sondern erst der Verlust von dessen eigenem Kondiktionsanspruch zur Entreicherung des Beklagten führt.

5. Argument

Daß die Saldotheorie der einseitig vorleistenden Partei eines unwirksamen gegenseitigen Vertrages das Entreicherungsrisiko nicht abnehmen kann, spricht nicht gegen die Saldotheorie. Diese Konsequenz ergibt sich nämlich aus der in der Vorleistung liegenden Lockerung des Synallagmas, die hier auf die Rückabwicklung nach Bereicherungsrecht durchschlägt. Sie kann deshalb hingenommen werden (Larenz).

Ergänzung:
Die Anhänger der Saldotheorie sind sich heute darüber einig, daß vorrangige Wertungen für bestimmte Konstellationen eine Rückkehr zur strengen Zweikondiktionentheorie erzwingen können. So darf nach einhelliger Meinung die Saldotheorie nicht zu Lasten von geschäftsunfähigen oder beschränkt geschäftsfähigen Personen angewandt werden (vgl. BGHZ 126, 105). Uneinigkeit besteht jedoch darüber, ob eine entsprechende Ausnahme auch für die Opfer einer arglistigen Täuschung gemacht werden muß.

Meinung A

Die Saldotheorie darf nicht zu Lasten der Opfer einer arglistigen Täuschung angewandt werden. Der Käufer etwa, der den Kaufvertrag zu Recht wegen arglistiger Täuschung angefochten hat, hat einen Bereicherungsanspruch auf Rückgewähr des Kaufpreises auch dann, wenn die Kaufsache bei ihm untergegangen oder beschädigt worden ist und er sie daher nicht oder nur noch in entwertetem Zustand herausgeben kann. Wenn allerdings der Käufer den Untergang der Kaufsache verschuldet hat, kann ihm nach Treu und Glauben die Kondiktion des Kaufpreises jedenfalls teilweise verwehrt sein: Insbesondere wenn die Täuschung nur einen wenig bedeutsamen Punkt betraf und das Verschulden des Käufers beim Unfall schwerwiegend ist, übt der Käufer den ihm durch die Anfechtung des Kaufvertrages zugefallenen Kondiktionsanspruch möglicherweise im Übermaß, also unzulässig aus, wenn er den vollen Kaufpreis zurückverlangt. Die Täuschungshandlung und das Verschulden des Käufers hinsichtlich der Wertminderung müssen gegeneinander abgewogen werden.

Vertreten von:
BGHZ 53, 144; 57, 137, 149; OLG Karlsruhe NJW-RR 1992, 1144; Brox / Walker, § 39
Rn. 15; Gursky, S. 214; Palandt / Bassenge, § 818 Rn. 49; Staudinger / Dilcher, § 123
Rn. 42.

1. Argument

Die Saldotheorie ist eine aus Billigkeitsgründen vorgenommene Gesetzeskorrektur. Sie kann daher nicht angewandt werden, wenn die Bevorzugung des Bereicherungsschuldners, welche die Saldotheorie mit sich bringt, mit der Billigkeit nicht mehr zu vereinbaren ist, wie im Falle der arglistigen Täuschung durch den Bereicherungsschuldner. Falls der betrogene Käufer nicht angefochten, sondern beispielsweise den Weg des Rücktritts gewählt hätte, würde er nach § 346 III 1 Nr. 3 i. V. m. §§ 433 I 2, 434, 437 Nr. 2 Fall 1, 440, 346 I, II BGB genausowenig wie bei Wahl des Schadensersatzes statt der Leistung (§§ 433 I 2, 434, 437 Nr. 3 Fall 1, 440, 281 I, III, V, 346 I, II, II 1 Nr. 3 BGB) das Risiko einer unverschuldeten Zerstörung oder schweren Beschädigung des Pkw getragen haben. Es wäre ein schwerer Wertungswiderspruch, wenn man anders entscheiden wollte, nur weil der Käufer den Weg der Anfechtung mit anschließender Kondiktion des Kaufpreises wählt.

2. Argument

Bei Anwendung der Saldotheorie kann der jeweilige Beklagte den Verlust des eigenen Kondiktionsanspruchs durch die beim Kläger eingetretene Entreicherung gegenüber der Leistungskondiktion des Klägers als Bereicherungsminderung geltend machen. Das bedeutet aber, daß nur derjenige Vertragspartner sich auf die für ihn günstige Rechtsfolge der Saldotheorie berufen kann, der im Zeitpunkt des Untergangs seiner Leistung beim Gegner noch der milden bereicherungsrechtlichen Normalhaftung des § 818 III BGB unterlag. Der arglistig täuschende Vertragspartner haftet aber nach §§ 819 I, 142 II, 818 IV BGB von Anfang an verschärft.

3. Argument

Der Umstand, daß die Saldotheorie nicht zur Anwendung kommt, bedeutet aber noch nicht, daß der getäuschte Käufer auch in solchen Fällen, in denen er den Untergang der Kaufsache schuldhaft herbeigeführt hat, den vollen Kaufpreis kondizieren kann. Denn dann kann in dem Verlangen nach vollständiger Kaufpreisrückzahlung unter Umständen ein Verstoß gegen Treu und Glauben liegen.

Meinung B

Auch wer seinen Vertragspartner arglistig getäuscht hat, kann sich auf die Saldotheorie berufen.

Vertreten von:
Soergel / Mühl, § 818 Rn. 90; Jauernig / Schlechtriem, § 818 Rn. 45.

Keine nähere Begründung. Denkbare Argumentation wie Theorie III Arg. 4, 5.

Meinung C

Im Falle der arglistigen Täuschung des Kondiktionswilligen durch den Vertragspartner bleibt es bei anschließendem Untergang der Leistung des Täuschenden beim Empfänger nur dann bei der Saldotheorie, wenn der Getäuschte den Untergang schuldhaft herbeigeführt hat. Andernfalls kommt die Zweikondiktionentheorie zur Anwendung, kann der Getäuschte also die eigene Leistung zurückfordern, und zwar ohne die empfangene vergüten zu müssen.

Vertreten von:
Brox / Walker, § 39 Rn. 15; Emmerich, § 19 Rn. 29.

1. Argument
Die generelle Nichtanwendung der Saldotheorie in den Täuschungsfällen läuft auf eine systemwidrige zivilrechtliche Strafe hinaus.

2. Argument
Auch für die gebotene Einschränkung der Saldotheorie empfiehlt sich die differenzierte Lösung des Rücktrittsfolgenrechts. Der getäuschte Vertragspartner kann die eigene Leistung nicht (oder nur gegen Wertersatz für die empfangene) kondizieren, wenn er den Untergang der letzteren (qualifiziert) verschuldet, nämlich durch Unterschreitung der eigenüblichen Sorgfalt herbeigeführt hat. Wo diese Voraussetzung nicht gegeben ist, der Verlust also durch Zufall eingetreten (oder vom Kondizienten jedenfalls nur leicht fahrlässig und ohne Unterschreitung der eigenüblichen Sorgfalt) herbeigeführt wurde, darf der Getäuschte im Falle der Anfechtung nicht schlechter gestellt werden, als er im Falle der Wahl des Rücktritts stünde. Hier – und nur hier – ist deshalb die ausnahmsweise Anwendung der Zweikondiktionentheorie geboten, die dem getäuschten Vertragspartner die Kondiktion seiner eigenen Leistung trotz Unfähigkeit zur Rückgabe der empfangenen ermöglicht.

III. Modifizierte Saldotheorie

Bei einem beiderseits erfüllten gegenseitigen Vertrag kann jede Partei die von ihr erbrachte Leistung auch dann noch (ohne Abzug) kondizieren, wenn die Leistung der anderen Partei bei ihr durch Zufall untergegangen ist und der gegenläufige Kondiktionsanspruch der anderen Partei deshalb an § 818 III scheitert. Die Rückforderung ist nur dann ausgeschlossen bzw. auf den Mehrwert der eigenen Leistung beschränkt, wenn der Anspruchsteller den Untergang der Leistung, die er erhalten hat, qualifiziert schuldhaft, nämlich unter Verstoß gegen die eigenübliche Sorgfalt (§ 277 BGB) herbeigeführt hat. Diese Risikoverteilung gilt auch, wenn der Empfänger der untergegangenen Leistung das Opfer einer arglistigen Täuschung der anderen Vertragspartei ist.

Vertreten von:
LG Lüneburg NJW 1989, 1097 f.; Büdenbender, AcP 200, 627, 678 ff.; von Caemmerer, 1. FS Larenz, 1973, 634 ff., 638; Dörner II, S. 51 ff., 54, 58 f.; Fezer, S. 261 f.; Fikentscher, Rn. 1172 ff., 1174; Larenz, § 70 III; Medicus, BR, 18. Aufl., Rn. 228 ff.; Reinking / Eggert, Der Autokauf, 8. Aufl. 2003, Rn. 1731, 1748 ff.; Rengier, AcP 177, 418, 438; (wohl auch) Schlechtriem, Rn. 797; Schwarz, § 12 Rn. 39 f.; Staudinger / Lorenz, § 818 Rn. 43 ff. (nur für die Fälle der arglistigen Täuschung); Thiele, S. 190; ferner Reuter / Martinek, § 17 III 3 b, c.

1. Argument
Die Saldotheorie muß sich vorwiegend in kaufrechtlichen Sachverhalten bewähren. Hier hat der Käufer häufig die Wahl zwischen Anfechtung einerseits und

Rücktritt andererseits. Das macht es notwendig, die Rückabwicklung nach Bereicherungsrecht (infolge Anfechtung) und die im Falle des Rücktritts stattfindende Rückabwicklung aufeinander abzustimmen, damit Wertungswidersprüche vermieden werden. Die Nichtigkeit des schuldrechtlichen Vertrages rechtfertigt für sich allein genommen noch keine grundlegende andere Risikoverteilung als sie bei Abwicklung nach Rücktrittsregeln besteht (W. Lorenz). Die Harmonisierung der beiden Abwicklungsmechanismen kann dabei nur in einer Angleichung der bereicherungsrechtlichen Rückabwicklungsregeln an die Konzeption des Rücktrittsrechts bestehen: Für die Einzelheiten der bereicherungsrechtlichen Rückabwicklung von gegenseitigen Verträgen fehlt es ja an einer klaren Wertungsvorgabe, weil der Gesetzgeber sich infolge einer Anschauungslücke nur an einseitigen Kondiktionsansprüchen orientiert hat.

2. Argument

Die bereicherungsrechtliche Rückabwicklung muß schon deshalb an die Risikoverteilung des Rücktrittsrechts angeglichen werden, weil andernfalls beispielsweise der arglistig getäuschte Käufer durch die für Laien naheliegende Wahl der Anfechtung den Vorteil des § 346 III 1 Nr. 3 BGB verlieren würde; das Anfechtungsrecht würde zu einer Falle für den Anfechtungsberechtigten führen (Medicus).

3. Argument

Die Harmonisierung der bereicherungsrechtlichen Rückabwicklung mit dem Rücktrittsrecht bedeutet, daß die Saldotheorie durch eine analoge Anwendung von § 346 III 1 Nr. 3 BGB korrigiert werden muß. Wenn der Rücktrittsberechtigte trotz unverschuldeten Verlustes der empfangenen Leistung die eigene Leistung zurückfordern darf, ohne den Wert der empfangenen Leistung vergüten zu müssen, darf auch beim beiderseitig erfüllten nichtigen Vertrag die Vertragspartei, bei der die empfangene Leistung des Vertragspartners durch Zufall untergegangen ist, nicht durch eine damit verbundene Wertersatzpflicht gegenüber dem Vertragspartner von einer Kondiktion der von ihr erbrachten Leistung abgeschreckt werden. Die Wertung des § 346 III 1 Nr. 3 BGB erzwingt also die Nichtanwendung der Saldotheorie im Falle des unverschuldeten Untergangs der empfangenen Leistung beim Kondizienten. Für den Fall des vom Kläger qualifiziert verschuldeten Verlustes der empfangenen Leistung bestätigt dagegen der Umkehrschluß aus § 346 III 1 Nr. 3 BGB nur die Entscheidung der Saldotheorie: Der Empfänger der untergegangenen Leistung kann – infolge des Abzugs des Wertes der untergegangenen Leistung bzw. infolge der Verpflichtung, gleichzeitig mit der Rückforderung den Wert der untergegangenen Leistung anzubieten – im Ergebnis nur den etwaigen Mehrwert der eigenen Leistung kondizieren (Larenz).

4. Argument

Die sich aus den Wertungen des Rücktrittsfolgenrechts ergebende Risikoverteilung muß auch dann maßgebend sein, wenn der Empfänger der untergegangenen Leistung das Opfer einer arglistigen Täuschung seines Vertragspartners war. Hat er den Untergang der empfangenen Leistung verschuldet, so muß es bei der Anwendung der Saldotheorie bleiben; er kann also im Ergebnis nur den etwaigen Mehrwert der eigenen Leistung zurückverlangen. Die Auswirkungen der arglistigen Täuschung müssen auf den auf ihr aufbauenden Schadensersatzanspruch beschränkt bleiben (W. Lorenz).

5. Argument
Auch der Umstand, daß der arglistig täuschende Verkäufer seinerseits nach § 819 I
BGB der verschärften Bereicherungshaftung unterliegt, ändert nichts daran, daß
zu Lasten des getäuschten Käufers die Saldotheorie eingreift: Die Bösgläubigkeit
des Verkäufers führt nur dazu, daß dieser sich in der Rolle des Kondiktionsschuldners nicht auf den Fortfall seiner Bereicherung berufen könnte; für die Anrech-
nung seiner (untergegangenen) Gegenleistung auf den Kondiktionsanspruch seines Vertragspartners besagt sie nichts (Larenz). Oder anders formuliert: Der bösgläubige oder verklagte Bereicherungsschuldner muß nur das Risiko des Untergangs der empfangenen Leistung tragen. Es fehlt jedoch an einer inneren
Rechtfertigung, ihn vom Eintritt der Bösgläubigkeit oder Rechtshängigkeit an
das Risiko für die von ihm erbrachte eigene Leistung tragen zu lassen, die sich weiterhin im Gefahrenbereich seines Vertragspartners befindet und auf deren Schicksal er deshalb gar keinen Einfluß nehmen kann (Tiedtke).

Nachtrag:
Für die Reichweite der Saldotheorie war nach der ursprünglichen Fassung dieser
Konzeption letztlich entscheidend, wie der Begriff des Verschuldens in § 351 BGB
interpretiert wurde. Das war aber innerhalb dieses Lagers durchaus umstritten:
Für eine sehr weite Interpretation, die praktisch jedes risikoerhöhende Verhalten
bzw. jede für den Untergang kausale eigene Disposition des Bereicherten als Verschulden wertet, hatten sich beispielsweise von Caemmerer, Larenz, W. Lorenz
und Rengier ausgesprochen. Die Saldotheorie wäre bei diesem Verständnis des
§ 351 BGB a. F. praktisch nur in den Fällen eines Untergangs infolge höherer Ge-
walt unanwendbar gewesen. Fezer dagegen wollte als »Verschulden« im Sinne
dieser Vorschrift nur ein Verschulden gegen sich selbst, also eine im Hinblick
auf das eigene Interesse unangemessene Behandlung der erlangten Sache werten;
bei letzterer Deutung wäre die Saldotheorie in einem sehr viel weiteren Umfang
zurückgedrängt worden.

IV. Theorie der Gegenleistungskondiktion

Bei der Rückabwicklung eines nichtigen gegenseitigen Vertrages sind die beiderseitigen Kondiktionsansprüche voneinander unabhängig, aber analog § 348 BGB
Zug um Zug zu erfüllen. Jede Partei kann auch dann die von ihr erbrachte Leistung kondizieren, wenn sie selbst nicht mehr bereichert ist. Sie haftet jedoch,
wenn sie den Untergang der empfangenen Leistung verschuldet hat, bis zur Obergrenze des Wertes der von ihr selbst im Vertrag versprochenen Leistung auf Wertersatz; dies gilt auch im Falle einseitiger Vorleistung. Diese Wertersatzhaftung
greift nur dann nicht ein, wenn der betreffende Vertragspartner nicht voll geschäftsfähig war oder von einem falsus procurator vertreten worden ist; in diesen
Fällen bleibt es bei der Anwendung des § 818 III BGB.

Vertreten von:
Canaris, FS W. Lorenz, 1992, S. 19 ff.; Larenz/Canaris, § 73 III.

1. Argument
§ 818 III BGB schützt das Vertrauen des Kondiktionsschuldners auf die Endgültigkeit seines Erwerbs. Dieser Glaube umfaßt aber bei gegenseitigen Verträgen notwendigerweise auch die Überzeugung, die eigene Leistung endgültig verloren
zu haben bzw. noch erbringen zu müssen. Die schlichte Anwendung des

§ 818 III BGB würde den selbst zur Kondiktion der eigenen Leistung berechtigten Vertragspartner, der den ersatzlosen Untergang oder Verlust der empfangenen Leistung verschuldet hat, besser stellen als er erwarten konnte. Dafür besteht kein Anlaß. § 818 III BGB bedarf deshalb für den Bereicherungsausgleich im gegenseitigen Vertrag einer Restriktion, die eine Überprivilegierung verhindert: Der Betreffende muß – bis zur Opfergrenze des Wertes der eigenen Leistung – bereicherungsunabhängig haften.

2. Argument
Der rücktrittsberechtigte Käufer verliert wegen der mit dem Rücktritt für ihn entstehenden Wertersatzpflicht aus § 346 I, II BGB die Möglichkeit, den bei ihm eingetretenen Verlust auf den Verkäufer zu verlagern, wenn er den Untergang der Kaufsache verschuldet hat (§ 346 III 1 Nr. 3 BGB e contrario). Damit wäre es nicht zu vereinbaren, wenn der Verkäufer bei Nichtigkeit des Kaufvertrages sogar das Risiko eines vom Käufer verschuldeten Untergangs der Kaufsache trüge. Ein solches sinnwidriges Ergebnis wird vermieden, wenn man dem Käufer nicht das Privileg des § 818 III BGB gewährt, sondern ihn einer bereicherungsunabhängigen Wertersatzpflicht unterwirft.

3. Argument
Die bereicherungsunabhängige Wertersatzpflicht muß durch den Wert der vom Empfänger im nichtigen Vertrag versprochenen bzw. erbrachten Gegenleistung begrenzt sein. Da der Käufer nur vom Verlust des Kaufpreises ausging, ist auch nur bis zur Höhe dieses ohnehin erwarteten Verlustes das Privileg des § 818 III BGB unverdient. War die beim Empfänger untergegangene Leistung mehr wert als dessen eigene Leistung, muß dieser sich wegen der Wertdifferenz auf § 818 III BGB berufen dürfen.

4. Argument
Da der Verlust der eigenen Leistung die Opfergrenze für den gutgläubigen Kondiktionsschuldner bildet, muß diesem ausnahmsweise der Einwand des § 818 III BGB erhalten bleiben, sofern dieser auch zugunsten des anderen Teils eingreift.

5. Argument
Der Bereicherungsschuldner darf aber auch im gegenseitigen Vertrag nicht mit dem Risiko einer durch Zufall eintretenden Entreicherung belastet werden. Das zeigt zum einen die Parallele zum bisherigen § 350 BGB bzw. zum jetzigen Privileg des § 346 III 1 Nr. 3 BGB n. F., zum anderen aber auch die Regelung der verschärften Haftung des Bereicherungsschuldners. Der gutgläubige Bereicherungsschuldner kann und muß zwar bei rechtsgrundlosem entgeltlichen Erwerb gleichsam als »partiell bösgläubig« behandelt und damit einer bereicherungsunabhängigen Wertersatzpflicht unterworfen werden. Er darf damit aber keinesfalls schlechter gestellt werden als der wirklich bösgläubige Empfänger einer einseitigen Leistung. Der letztere würde aber nach §§ 819 I, 818 IV, 292, 989 BGB nur für Verschulden haften und nicht das Zufallsrisiko tragen. Von einem Verschulden des Empfängers muß deshalb auch die bereicherungsunabhängige Wertersatzpflicht bei rechtsgrundlosem entgeltlichen Erwerb abhängig gemacht werden.

6. Argument
§ 346 III 1 Nr. 3 BGB läßt die Wertersatzpflicht des Rücktrittsberechtigten nicht nur bei zufälligem Untergang der empfangenen Leistung entfallen, sondern auch

dann, wenn dieser Verlust auf einem leicht fahrlässigen, aber nicht als Unterschreitung der eigenüblichen Sorgfalt qualifizierbaren Verhalten des Rücktrittsberechtigten beruht. Dieser Aspekt des Rücktrittsfolgenrechts sollte nicht ins Bereicherungsrecht übertragen werden. Diese weitere Begünstigung des Rücktrittsberechtigten ist rechtspolitisch problematisch. Sie beruht jedenfalls auf der hier notwendigerweise gegebenen objektiven Pflichtverletzung des anderenTeils, die bei unwirksamen gegenseitigen Verträgen regelmäßig kein Gegenstück hat. Hier dürfte deshalb die Orientierung an der verschärften Bereicherungshaftung, die schon leichteste Fahrlässigkeit genügen läßt, sachgerechter sein.

7. Argument
Bei einem unwirksamen Kraftfahrzeugverkauf kann das Verschulden des Käufers schon darin liegen, daß er das Auto ohne Abschluß einer Vollkaskoversicherung den Gefahren des Straßenverkehrs aussetzt; der Käufer ist dann »Selbstversicherer« und muß das darin liegende erhöhte Risiko somit selbst tragen.

8. Argument
Die Wertersatzhaftung bei verschuldetem Untergang des empfangenen Gegenstandes ist auch dann angebracht, wenn der Empfänger das Opfer einer arglistigen Täuschung des Leistenden geworden ist, sich in seiner Entreicherung aber nicht gerade das Risiko verwirklicht, vor dem ihn § 123 BGB schützen will.

9. Argument
Die bereicherungsunabhängige, aber durch den Wert der eigenen Leistung begrenzte Wertersatzhaftung für verschuldeten Untergang der empfangenen Sache ist auch in den Fällen einer einseitigen Vorleistung angebracht. Auch hier trifft die Erwägung zu, daß der Erwerber keines Vertrauensschutzes bedarf, soweit er selbst von einer Vergütungspflicht ausging.

Beispiele:

1. Im Ausgangsfall kann K nach allen Spielarten der Theorie I von V Rückzahlung des Kaufpreises in Höhe von 7 000,– € verlangen. V seinerseits kann nach Theorie I Meinung A von K zusätzlich zur Rückgabe des Autos auch 1 000,– € Wertersatz für die Beschädigung verlangen (§ 818 II BGB). Theorie I Meinung B hätte ursprünglich unter Berufung auf § 351 BGB a. F. und einen weiten Verschuldensbegriff genauso entschieden, müßte heute aber – konsequent fortentwickelt – wegen § 346 III 1 Nr. 3 BGB wohl gegenteilig entscheiden. Theorie I Meinung C würde eine Wertersatzhaftung des K verneinen, da der Unfall nicht auf einer vorwerfbaren Unvorsichtigkeit in eigener Angelegenheit beruht. Theorie I Meinung D ist überholt. Theorie I Meinungen E und F würden eine Wertersatzleistung des K für die Verschlechterung des Autos ebenfalls wegen § 346 III 1 Nr. 3 BGB nicht zur Voraussetzung der eigenen Kondiktionsbefugnis des K erheben; der Rückgriff auf die Wertung des § 346 III 1 Nr. 3 BGB ist nach Theorie I Meinung E möglich, weil V für den Unwirksamkeitsgrund allein verantwortlich ist. Theorie II Meinung B wendet die Saldotheorie an mit der Folge, daß die Wertminderung des Autos in Höhe von 1 000,– € bei der Ermittlung der Bereicherung des V als Abzugsposten berücksichtigt werden muß: K kann also von V nur 6 000,– € zurückverlangen, Zug um Zug gegen Rückgabe des Kraftfahrzeugs. Theorie II Meinung A würde dagegen hier eine Ausnahme von der Saldotheorie machen und deshalb die Grundsätze der strengen Zweikondiktionentheorie anwenden: K könnte danach den vol-

len Kaufpreis, V nur den beschädigten Wagen kondizieren. Theorie II Meinung C würde genauso entscheiden, weil K den Untergang der Leistung des V nicht verschuldet hat. Für die ursprüngliche Fassung von Theorie III wäre es darauf angekommen, ob man den Untergang des Kraftfahrzeugs schon deshalb als verschuldet ansehen kann, weil K das Auto den Risiken des Straßenverkehrs ausgesetzt hat. Wenn man das verneint hätte, wäre eine bereicherungsrechtliche Wertersatzhaftung des K zu verneinen gewesen; K seinerseits hätte den Kaufpreis Zug um Zug gegen Rückgabe des beschädigten Kraftfahrzeugs zurückverlangen können. Wenn man dagegen das Verschulden des K bejaht hätte, so wäre K zusätzlich aus § 818 II BGB zum Ersatz für die Wertminderung verpflichtet gewesen. Die Differenzierung muß jetzt anders aussehen. Nach der Wertung des § 346 III 1 Nr. 3 BGB schadet dem K nur eine Unterschreitung der eigenüblichen Sorgfalt. Diese kann aber in der bloßen Benutzung des Kraftfahrzeugs nicht liegen. K kann also nach der konsequent fortentwickelten Theorie III den Kaufpreis Zug um Zug gegen Rückgabe des Fahrzeugs kondizieren, ohne zusätzlich Wertersatz für die Beschädigung des Fahrzeugs leisten zu müssen. Nach der ursprünglichen Fassung von Theorie IV hätte K wiederum zusätzlich zur Rückgabe des beschädigten Kraftfahrzeugs einen Ausgleich für die Wertminderung in Höhe von 1 000,– € geschuldet, weil er den Wegfall der eigenen Bereicherung verschuldet hat; das Verschulden wird hier darin gesehen, daß er das Auto ohne Abschluß einer Vollkaskoversicherung den Gefahren des Straßenverkehrs aussetzt (s. Larenz / Canaris, § 73 III 4 c). Die zusätzliche Wertersatzpflicht ist aber wegen § 346 III 1 Nr. 3 BGB n. F. heute schwer zu begründen.

2. Abwandlung: Der Pkw, dessen Wert im Augenblick der Übergabe 5 000,– € betrug, wird zerstört, weil K betrunken gegen einen Baum fährt.

Hier hat K nach Theorie I Meinungen A, B und C einen Anspruch auf Rückzahlung des gesamten Kaufpreises in Höhe von 7 000,– €, V gegen K dagegen einen Bereicherungsanspruch auf Wertersatz in Höhe von 5 000,– €. Nach der überholten Theorie I Meinung D sollte K zwar wegen § 818 III BGB nur auf Herausgabe des Schrottwagens haften, wäre aber wegen der von ihm verschuldeten Zerstörung des empfangenen Leistungsobjekts nicht zur Kondiktion des Kaufpreises befugt gewesen; er hätte also nach dieser Ansicht nicht einmal den Mehrwert seiner Leistung (2 000,– €) zurückerhalten. Nach Theorie I Meinungen E und F kann K Rückzahlung des Kaufpreises verlangen, ist aber einem gegenläufigen Wertersatzanspruch des V in Höhe von 5 000,– € ausgesetzt. Nach Theorie II Meinung B kommt die unmodifizierte Saldotheorie zur Anwendung, wird also die untergegangene Leistung des V bei diesem als Bereicherungsminderung berücksichtigt, so daß K nur noch 2 000,– € verlangen kann. Nach Theorie II Meinung A würden hier grundsätzlich dagegen die Regeln der strengen Zweikondiktionentheorie zugrunde zu legen sein: K könnte danach den vollen Kaufpreis zurückfordern, V dagegen nur das Schrottfahrzeug kondizieren. Nach Theorie III bleibt es bei der Anwendung der Saldotheorie, weil K den Untergang der Leistung seines Vertragspartners grob fahrlässig herbeigeführ hat; K kann deshalb – wie nach Theorie II Meinung B – nur den Mehrwert seiner eigenen Leistung kondizieren. Zu prüfen wäre aber noch, ob die gebotene Abwägung der beiden Verschuldensformen (vorsätzliche Täuschung gegen grobe Fahrlässigkeit des K) zu einer Reduzierung des Anspruchs des K unter dem Blickwinkel von Treu und Glauben zwingt. Es wäre wohl allenfalls eine geringfügige Kürzung vertretbar. Nach Theorie IV behält K die Möglichkeit der Kondiktion des gezahlten Kaufpreises in Höhe von 7 000,– €, muß aber andererseits für den von ihm grob fahrlässig herbeigeführten Untergang der Leistung des V Wertersatz in Höhe von 5 000,– € leisten (die Begrenzung des Wertersatzes durch den Wert der eigenen Leistung des Schuldners kommt dabei nicht zum Tragen, weil die Leistung des K ja höher war als die des V).

20. Problem (§ 819 I BGB)
Genügt die Kenntnis des Minderjährigen selbst für die Haftungsverschärfung nach § 819 I BGB?

Beispiel:

Der 17 jährige A leiht sich von seinem gleichaltrigen Freund F ein Moped, um damit eine 14 tägige Ferienreise zu unternehmen, die er ursprünglich als Fahrradtour geplant hatte. Er weiß genau, daß die Eltern des F damit nicht einverstanden sein werden und deshalb nichts merken dürfen. Seinen eigenen Eltern erzählt er, daß die Eltern des F einverstanden seien. Während der Abwesenheit des A bemerken die Eltern des F aber doch das Fehlen des Mopeds und bekommen heraus, wo dieses geblieben ist. Nach der Rückkehr des A verlangen sie nun im Namen des F von A eine angemessene Vergütung für die Benutzung des Mopeds.

Ausgangspunkt:

Die Haftung des Kondiktionsschuldners verschärft sich nach § 819 I i. V. m. § 818 IV BGB erheblich, wenn er bei Erwerb des Kondiktionsobjektes bereits positive Kenntnis vom Fehlen des Rechtsgrundes hatte oder diese Kenntnis nachträglich erlangt. Vom Augenblick der Kenntniserlangung an haftet er nämlich »nach den allgemeinen Vorschriften«. Hinter dieser etwas dunklen Verweisung verbergen sich zwei ganz unterschiedliche Haftungsfälle: War der Kondiktionsanspruch im Zeitpunkt der Kenntniserlangung noch auf Herausgabe des Erlangten in Natur gerichtet, so gilt § 292 BGB mit der Weiterverweisung auf die §§ 987 und 989 BGB. Danach haftet der Schuldner für den Schaden, der durch eine von ihm verschuldete Verschlechterung oder eine von ihm verschuldete Unmöglichkeit der Herausgabe entsteht, und ihn trifft darüber hinaus im Rahmen von § 987 II BGB unter Umständen auch eine Verpflichtung zur Herausgabe schuldhaft nicht gezogener Nutzungen. War der Inhalt des Bereicherungsanspruches im Zeitpunkt der Kenntniserlangung aber bereits Wertersatz, so bedeutet die Verweisung auf die allgemeinen Vorschriften neben der Verzinsungspflicht nach § 291 BGB vor allem die Nichtanwendung des bisherigen Haftungsprivilegs aus § 818 III BGB. Der Umfang der Wertersatzpflicht wird also im Zeitpunkt der Haftungsverschärfung fixiert. Was die Voraussetzungen des § 819 I BGB betrifft, so bestehen zunächst gewisse Unklarheiten darüber, welche Anforderungen an den Nachweis der Kenntnis zu stellen sind (vgl. Reuter / Martinek, § 18 II 2 a). Darüber hinaus halten einige Autoren die von §§ 990 I, 932 II BGB abweichende Fassung der Unredlichkeit bei der Eingriffskondiktion nicht für sachgerecht und lassen den Schuldner bei dieser bereits dann haften, wenn er in grob fahrlässiger Unkenntnis seines Mangels im Recht in die Gläubigerposition eingegriffen hat (Wilhelm, S. 188 Fn. 421; Koppensteiner / Kramer, S. 143 f.; zu Recht hiergegen aber die h. M., vgl. Reuter / Martinek, § 18 II d S. 647 f.). Die wichtigste Streitfrage im Rahmen des § 819 I BGB betrifft aber die Voraussetzungen der verschärften Haftung eines beschränkt Geschäftsfähigen.

I. (hier sog.) **Irrelevanztheorie**

Die eigene Kenntnis des Minderjährigen von der Rechtsgrundlosigkeit seines Erwerbs ist für die Frage der Haftungsverschärfung generell irrelevant. Die gesteigerte Kondiktionshaftung nach § 819 I BGB tritt erst ein, wenn der gesetzliche Vertreter des beschränkt Geschäftsfähigen den Mangel des rechtlichen Grundes kennt.

Vertreten von:
RG JW 1917, 465; KG FamRZ 1964, 518, 519; OLG Nürnberg WM 1990, 307; Bamberger / Roth / Wendehorst, § 819 Rn. 8; Beitzke, AcP 172, 240, 253 f.; Brox / Walker, § 39 Rn. 19; Canaris, JZ 1971, 560, 562 f.; (im Grundsatz) Ebel, JA 1982, 373 ff., 526 ff. (der aber im Bereich der Eingriffskondiktion die eigene Kenntnis des deliktsfähigen Minderjährigen genügen lassen will, wenn der gesetzliche Vertreter dem Eingriff zugestimmt hat); Emmerich, § 19 Rn. 33; Enneccerus / Lehmann, § 227 V 1 b; Erman / Brox, 9. Aufl., Vorbem. 7 zu § 104; Esser / Weyers, § 51 III 1 a; Fischer / Henle / Pätzold, § 819 Anm. 3; Giesen, Jura 1995, 281, 287; Harder, NJW 1990, 857, 864; Honsell / Wieling, S. 110; Larenz / Canaris, § 73 II 2 a; Lehmann / Hübner, Allg. Teil des BGB, 16. Aufl. 1966, § 28 III 2 a; Loewenheim, S. 161; von Lübtow, Schenkungen der Eltern an ihre minderjährigen Kinder und der Vorbehalt dinglicher Rechte, 1949, S. 97; Medicus, FamRZ 1971, 250, 251; Metzler, NJW 1971, 690; Müller, Rn. 2102 a; MünchKomm / Lieb, § 819 Rn. 7; Pinger, MDR 1972, 101, 103 Fn. 40; Planck / Landois, § 819 Anm. I 2; Reeb, S. 127; ders., JuS 1974, 513, 519; Reuter / Martinek, § 18 III 2 S. 654 ff.; RGRK / Krüger-Nieland, § 105 Rn. 2; RGRK / Scheffler, 11. Aufl. § 819 Anm. 3; Staudinger / W. Lorenz, § 819 Rn. 10; Staudinger / Coing, 11. Aufl., § 105 Rn. 13; Staudinger / Seufert, II. Aufl., § 819 Rn. 7; Wacke, JuS 1978, 80, 84 Fn. 21; Wieling / Finkenauer, S. 147; E. Wolf, S. 504; wohl auch Erman / H. P. Westermann, § 819 Rn. 6; KG NJW 1998, 2911 betont die Irrelevanz der eigenen Kenntnis des Minderjährigen, entscheidet aber nicht zwischen Theorie I und III.

1. Argument

Wenn man die verschärfte Kondiktionshaftung des Minderjährigen schon bei dessen eigener Kenntnis von der Rechtsgrundlosigkeit eintreten lassen wollte, würde der Schutzzweck der §§ 106 ff. BGB weitgehend vereitelt. Der Minderjährige wäre zwar auch dann noch gegen Übervorteilung geschützt, da er nach § 818 II BGB nur den »objektiven Wert« der empfangenen Leistung und nicht einen vielleicht überhöhten Preis zahlen müßte; er könnte aber durch die Annahme der Leistung seines Vertragspartners den gesetzlichen Vertreter immer »vor vollendete Tatsachen« stellen (Pawlowski). Bei von Minderjährigen abgeschlossenen Miet- oder Beförderungsverträgen etwa würde die Unwirksamkeit des Vertrages praktisch ohne Konsequenzen bleiben, weil dem Minderjährigen die vom Gesetz gerade nicht anerkannte Vergütungspflicht aus dem unwirksamen Vertrag auf dem Umweg über die verschärfte Bereicherungshaftung dann doch wieder auferlegt würde.

2. Argument

Die verschärfte Bereicherungshaftung würde bedeuten, daß dem Minderjährigen hinsichtlich der rechtsgrundlos erlangten Gegenstände die Sorgfaltspflichten eines Fremdverwalters auferlegt würden. Da aber die Zuständigkeit für die Verwaltung des Vermögens des Minderjährigen ausschließlich beim gesetzlichen Vertreter liegt, kann auch nur dessen Kenntnis die sich aus einem wissentlich rechtsgrundlosen Erwerb ergebenden besonderen Obliegenheiten auslösen. Es wäre ein Selbstwiderspruch der Rechtsordnung, wenn sie den Minderjährigen wegen *seiner* Bösgläubigkeit mit Obliegenheiten und Pflichten im Hinblick auf bestehende Bestandteile seines Vermögens belasten würde, obwohl sie ihm doch durch die Normen des allgemeinen Teils und des Familienrechts einen eigenständigen Einfluß auf diese Verwaltung verwehrt (Reuter / Martinek).

3. Argument

§ 819 I BGB verweist auf die Rechtshängigkeit (§ 818 IV BGB), die durch Klageerhebung begründet wird (§ 263 I ZPO). Böser Glaube und Rechtshängigkeit führen also zu genau der gleichen Haftungsverschärfung. Die Rechtshängigkeit einer Klage gegen einen Minderjährigen kann aber nur dadurch begründet werden, daß die Klage dem gesetzlichen Vertreter des Minderjährigen zugestellt wird (§ 171 I ZPO). Die schärfere Haftung bei Rechtshängigkeit erklärt sich daraus, daß der Beklagte gewarnt ist und außerdem die Möglichkeit hat, die mit der Klage herausverlangte Sache sofort zurückzugeben und sich dadurch zu entlasten. Deshalb kommt es bei einem minderjährigen Beklagten allein darauf an, daß sein gesetzlicher Vertreter nach der an ihn erfolgten Zustellung die Rückgabe veranlassen kann. So wie es bei der Herbeiführung der Rechtshängigkeit auf die Zustellung an den gesetzlichen Vertreter ankommt, muß es aber auch bei der nach § 819 I BGB der Rechtshängigkeit gleichwertigen Kenntnis von der Rechtsgrundlosigkeit auf die Person des gesetzlichen Vertreters ankommen (Metzler).

4. Argument (gegen Theorie III)

Eine unterschiedliche Bewertung der Kenntnis des minderjährigen Empfängers im Falle von Leistungskondiktion einerseits und Eingriffskondiktion andererseits findet im Gesetz keine Stütze. Der Gesetzeswortlaut des § 819 I BGB bezieht sich in gleicher Weise auf alle Kondiktionen. Außerdem zeigt der Flugreisefall (BGHZ 55, 128), daß es Grenzfälle gibt, bei denen es sich überhaupt nicht entscheiden läßt, ob eine Eingriffskondiktion oder eine Leistungskondiktion gegeben ist.

5. Argument (gegen Theorie III)

Für die Fälle der Eingriffskondiktion liefert das Gesetz an anderer Stelle einen deutlichen Hinweis dafür, daß auch dort die eigene Kenntnis des Minderjährigen (von der Unbefugtheit seines Eingriffs und damit der Rechtsgrundlosigkeit seines Erwerbs) irrelevant sein muß. Die wissentlich unbefugte Vorteilsverschaffung durch Eingriff in eine fremde, absolut geschützte Rechtsposition wird in aller Regel zugleich eine Geschäftsanmaßung i. S. v. § 687 II BGB beinhalten. Der wissentlich unberechtigte Eigengeschäftsführer haftet nun nach § 687 II 1 BGB grundsätzlich noch schärfer als der bösgläubige Bereicherungsschuldner. Ein minderjähriger Geschäftsanmaßer wird jedoch durch die Verweisung auf § 682 BGB privilegiert; er soll nur nach Bereicherungsgrundsätzen haften. Und das heißt selbstverständlich: nach den Grundsätzen der milden, bereicherungsrechtlichen Normalhaftung, denn wenn man in dieser Verweisung auf das Bereicherungsrecht eine Bezugnahme auch auf § 819 BGB sehen wollte, so würde das Privileg, das § 682 BGB gewähren will, zumindest für den Fall des § 687 II BGB weitgehend wieder hinfällig (Canaris). Es wäre aber befremdlich, wenn der wissentlich unbefugte Eingriff den Minderjährigen einer intensiveren Haftung aussetzen sollte als die zumeist gleichfalls gegebene wissentlich unbefugte Führung eines objektiv fremden Geschäfts, wo doch die letztere von der Rechtsordnung prinzipiell als der schwerwiegendere und sanktionswürdigere Übergriff in einen fremden Zuständigkeitsbereich angesehen wird.

6. Argument

Würde man die eigene Kenntnis des deliktsfähigen Minderjährigen für die Auslösung der Haftungsverschärfung genügen lassen, so würde man der gesetzgeberischen Motivation der §§ 106 ff. BGB nicht genügend Rechnung tragen. Diese Vorschriften wollen den Minderjährigen wenigstens auch vor seinem eigenen Leichtsinn, also seiner Neigung zum Nachgeben gegenüber Wunschvorstellungen ohne Rücksicht auf die Folgen, schützen. Diesen Schutz kann aber die analoge Anwendung von § 828 III BGB nicht leisten. § 828 III BGB verlangt nun einmal nur die »zur Erkenntnis der Verantwortlichkeit erforderliche Einsicht«. Die Fähigkeit (Reife) des Jugendlichen, sich entsprechend seiner einsehbaren Verantwortlichkeit auch zu verhalten, wird nicht verlangt.

7. Argument (gegen Theorie IV)

Wenn man für den Eintritt der Haftungsverschärfung zusätzlich zur Deliktsfähigkeit noch verlangt, daß der Minderjährige im Zusammenhang mit dem rechtsgrundlosen Erwerb wirklich ein Delikt (so Gitter) bzw. ein vorsätzliches Delikt (so der BGH) begangen haben muß, so postuliert man neben der Deliktsfähigkeit und der Geschäftsfähigkeit einen weiteren, dem Gesetz unbekannten Verantwortlichkeitsmaßstab (Medicus). Eine derartige Neuerung würde aber über die Grenzen der zulässigen Rechtsfortbildung praeter legem hinausgehen und bedürfte einer Einführung durch den Gesetzgeber.

8. Argument (gegen Theorie IV)

Eine Differenzierung danach, ob zusätzlich ein Delikt gegeben ist, wäre wenig sachgemäß. Oft ist es reiner Zufall, ob der vorsätzliche Eingriff zugleich auch eine unerlaubte Handlung darstellt (Medicus).

9. Argument (gegen Theorie IV)

Die These, der Schutzgedanke der §§ 106 ff. BGB finde seine Grenze im Recht der unerlaubten Handlungen, rechtfertigt es nicht, Deliktsrecht und Bereicherungsrecht zu vermengen. Es geht nicht an, unter Berufung auf Wertungen des Deliktsrechts die Voraussetzungen einer *schadensunabhängigen* (nämlich kondiktionsrechtlichen) Vergütungspflicht für rechtsgrundlos erlangte Vorteile abzuschwächen.

10. Argument (gegen Theorie IV)

§ 828 III BGB rechnet dem Minderjährigen bei konkreter Einsichtsfähigkeit die von ihm begangenen Delikte zu, während die §§ 106 ff. BGB ihn generell vor einer Inanspruchnahme aus rechtlich nachteiligen Rechtsgeschäften bewahren. Diese Absenkung der Zurechenbarkeitsvoraussetzungen für die deliktischen Schadensersatzpflichten hängt damit zusammen, daß die §§ 823 ff. BGB das Vorliegen eines Schadens verlangen. Die Aussicht auf einen Schadenseintritt ist nämlich bis zu einem gewissen Grade geeignet, potentielle Deliktstäter von einer unerlaubten Handlung abzuschrecken. Schon deshalb geht es nicht an, die verschärfte Kondiktionshaftung des Minderjährigen auch dort zu bejahen, wo dem Kondiktionsgläubiger – für den minderjährigen Schuldner erkennbar – gar kein Schaden entstehen konnte (Canaris).

11. Argument (gegen Theorie II, Arg. 5)
Die Argumentation mit § 990 BGB führt nicht weiter, da die Frage der Relevanz des eigenen bösen Glaubens des Minderjährigen dort genauso umstritten ist und dabei im wesentlichen die gleichen Positionen vertreten werden wie zu § 819 BGB.

12. Argument
Die Maßgeblichkeit des Maßstabs der Deliktsfähigkeit kann nicht damit begründet werden, daß die volle Haftung über §§ 819 I, 818 IV BGB gegebenenfalls zu einer Schadensersatzpflicht führt. Hier geht es ja um eine Heranziehung des § 828 III BGB bei der vorgelagerten Frage, ob eine solche verschärfte Haftung überhaupt Platz greift (Schilken).

II. (hier sog.) Deliktsfähigkeitstheorie

Der die Rechtsgrundlosigkeit seines Erwerbs kennende beschränkt Geschäftsfähige haftet verschärft, wenn er deliktsfähig i. S. v. § 828 III BGB ist.

Vertreten von:
KG OLGE 20, 249, 250; OLG Düsseldorf NJW-RR 1991, 1027 f.; Batsch, NJW 1972, 611, 614; Beuthien / Weber, S. 62 ff.; Boehmer, MDR 1959, 705, 706; Dießelhorst, S. 196 f.; Enneccerus / Nipperdey, Allg. Teil, 15. Bearbeitung 1960, § 151 II 1 a Fn. 7; Erman / Seiler, 5. Aufl., § 819 Rn. 4; Kellmann, NJW 1971, 862, 865; Lassen, ArchBürgR 40, 286, 294; Oertmann, § 819 Anm. 3; von Tuhr II 1, S. 364 f.; Weimar, MDR 1968, 378, 379; Weintraud, Die Saldotheorie, 1931, S. 97; M. Wolf, in Athenäum-Zivilrecht I, 1972, S. 118; ähnlich Schilken, Wissenszurechnung im Zivilrecht, 1983, S. 295 ff. (will die eigene Kenntnis des minderjährigen Kondiktionsschuldners dann ausreichen lassen, wenn dieser »bösglaubensfähig« ist. Das wiederum soll der Fall sein, wenn der Minderjährige die Bedeutung seiner fehlenden Erwerbsberechtigung erkennen und daraus die für den Selbstschutz gebotenen Konsequenzen ziehen kann).

1. Argument
Es ist evident, daß nur derjenige bösgläubig sein kann, der die »zur Erkenntnis der Verantwortung erforderliche Einsicht hat«. Eine derartige Einschränkung des § 819 BGB wird aber bereits durch die entsprechende Anwendung von § 828 III BGB gesichert.

2. Argument
Eines weitergehenden Schutzes bedarf der minderjährige Kondiktionsschuldner nicht. Insbesondere besteht kein Grund, den beschränkt Geschäftsfähigen einem gutgläubigen Empfänger gleichzustellen und ihn nach der Ausnahmeregelung des § 818 III BGB zu behandeln. Eine Haftung nach § 819 I BGB widerspricht auch nicht der gesetzlichen Regelung der §§ 104 ff. BGB. Weder ist sie die Folge eines rechtsgeschäftlichen Verhaltens – sie knüpft ja an die rein tatsächliche Vermögensverschiebung an – noch führt sie Wirkungen herbei, die die §§ 106 ff. BGB mittelbar verhindern wollen.

3. Argument
Dem Erziehungsgesichtspunkt der §§ 106 ff. BGB wird durch die bereicherungsrechtlichen Folgen der Sorgfaltsverstöße des beschränkt Geschäftsfähigen ausreichend Rechnung getragen.

4. Argument (gegen Theorie I, Arg. 3)

Die Wertung des § 171 I ZPO ist nicht auf die Frage der Haftungsverschärfung bezogen und kann daher auch nicht ohne weiteres auf § 819 I BGB übertragen werden (Canaris). Die Norm trifft eine rein prozessuale Regelung über den Zustellungsempfänger, die an die Prozeßfähigkeit (§ 51 ZPO) und damit an die Geschäftsfähigkeit anknüpft; die Vorschrift enthält keineswegs eine Wertung für Fragen der Haftungsverschärfung nach materiellem Recht (Schilken).

5. Argument (gegen Theorie I, Arg. 5)

§ 682 BGB liefert kein Argument gegen die Irrelevanz der eigenen Kenntnis des Minderjährigen in den Eingriffsfällen. § 682 BGB will den minderjährigen Geschäftsführer lediglich vor den Schadensersatzansprüchen aus § 677, 280 ff. und § 678 sowie der Herausgabepflicht aus §§ 681 S. 2, 667 BGB bewahren. Eine Bereicherungshaftung des minderjährigen Geschäftsführers läßt § 682 BGB dagegen ebenso wie die Deliktshaftung ausdrücklich zu. Die Verweisung auf das Bereicherungsrecht umschließt aber natürlich auch den hier entscheidenden § 819 I BGB (Dörner, S. 31).

6. Argument

§ 819 I BGB verweist über §§ 819 IV, 292 BGB auf die §§ 987, 989 BGB, auf die ja auch § 990 I BGB Bezug nimmt. Der gute oder böse Glaube eines beschränkt Geschäftsfähigen beurteilt sich aber bei § 990 I BGB nach den §§ 827 ff. BGB, denn die §§ 989, 987 II BGB sind Sonderformen deliktischer Haftung. Dieser Umstand legt es nahe, auch in § 819 I BGB auf die Deliktsfähigkeit des Minderjährigen abzustellen.

7. Argument

Der rechtsgrundlose Erwerb kann mit einer unerlaubten Handlung des Minderjährigen zusammentreffen (etwa § 263 StGB i. V. m. § 823 II BGB im Falle der Leistungskondiktion, § 265 a StGB i. V. m. § 823 III BGB bei der Eingriffskondiktion). Es wäre befremdlich, wenn der Minderjährige dann wegen seiner Einsichtsfähigkeit dem weitergehenden Schadensersatzanspruch, nicht aber dem Minus des Bereicherungsanspruchs ausgesetzt wäre (Beuthien / Weber). Wenn aber die subjektiven Zurechnungsvoraussetzungen des § 828 III BGB in dieser Konkurrenzsituation die Maßgeblichkeit seiner eigenen Kenntnis im Rahmen von § 819 I BGB rechtfertigen, dann müssen sie es auch dann noch tun, wenn es zufällig an einem Schaden des Kondiktionsgläubigers und damit an einem Schadensersatzanspruch gegen ihn fehlt (Beuthien / Weber).

8. Argument

Der in den §§ 106 ff. BGB beabsichtigte Minderjährigenschutz will den Minderjährigen vor rechtsgeschäftlichen Folgen schützen, die er nicht übersieht; vor gesetzlichen Folgen, die er übersieht (weil er die zur Kenntnis der Verantwortlichkeit erforderliche Einsicht hat), soll und kann er ihn nicht schützen (Beuthien / Weber).

9. Argument (gegen Theorie V)

Es leuchtet nicht ein, warum der minderjährige Schwarzflieger (etwa in der Konstellation von BGHZ 55, 128) nur die während des Fluges gegenständlich in Empfang genommenen und verzehrten Speisen und Getränke, nicht aber die Beförderungsleistung als solche vergüten muß (Batsch, AcP 174, 562; Beuthien / Weber, S. 62).

III. (hier sog.) **Theorie der Differenzierung nach Bereicherungstatbeständen**

Die Frage der Relevanz der eigenen Kenntnis des Minderjährigen für die Haftungsverschärfung ist für Leistungskondiktion und Eingriffskondiktion unterschiedlich zu beantworten. Bei der Bereicherung durch Leistung tritt die verschärfte Haftung nach § 819 I BGB erst dann ein, wenn der gesetzliche Vertreter des beschränkt Geschäftsfähigen den Mangel des rechtlichen Grundes kennt (vgl. Theorie I). Bei der Bereicherung »in sonstiger Weise« tritt eine verschärfte Haftung schon dann ein, wenn der Bereicherungsempfänger selbst die Rechtsgrundlosigkeit seines Erwerbs kennt und deliktsfähig i. S. v. § 828 III BGB ist (vgl. Theorie II).

Vertreten von:
Canaris, Die Feststellung von Lücken im Gesetz, 1964, S. 104 f.; ders., NJW 1964, 1987, 1989 Fn. 18; ausführlich Diederichsen, Fälle und Lösungen nach höchstrichterlichen Entscheidungen, BGB-Allgemeiner Teil, 3. Aufl. 1973, S. 47 ff.; Gursky, NJW 1969, 2183, 2184; Knütel, JR 1971, 293 f.; Larenz, § 70 IV; Medicus, Rn. 176; S. G. Müller, JuS 1995, L 81, 83; (einschränkend) Ostendorf, S. 128 ff.; (wohl auch) Palandt/Sprau, § 819 Rn. 4; Pawlowski, JuS 1967, 302, 305 ff.; RGRK/Heimann-Trosien, § 819 Rn. 7; Schlechtriem, Rn. 790, 802; Schwarz, § 12 Rn. 59; Thiele, Fall 44 S. 199; im Ansatz auch Büdenbender, AcP 200, 627, 680; ähnlich Koether/Ruchatz, NJW 1973, 1444, 1446 f. zur Parallelproblematik bei § 990; StudK/Beuthien, § 819 Anm. 2; früher auch Fikentscher, 2. Aufl., § 100 VII 2.

1. Argument
Bei den Kondiktionsarten, der Leistungskondiktion einerseits und der Eingriffskondiktion andererseits, handelt es sich um verschiedene Anspruchstypen mit jeweils unterschiedlicher Funktion; die Leistungskondiktion ist ein Störkorrektiv des Rechts der Güterbewegungen, die Eingriffskondiktion ein Rechtsfortwirkungsanspruch. Diese unterschiedlichen Aufgaben der beiden Kondiktionsarten machen Differenzierungen bei der Anwendung des § 819 I BGB möglich.

2. Argument
Soweit es um die Rückabwicklung von Leistungen geht, die in Ausführung eines nach §§ 106 ff. BGB unwirksamen Vertrages erbracht worden sind, geht das in diesen Vorschriften enthaltene Prinzip, daß der nicht voll Geschäftsfähige vor den Folgen seines eigenen rechtsgeschäftlichen Handelns geschützt werden muß, als ein Fundamentalprinzip unserer Rechtsordnung dem § 819 I BGB vor. Denn wenn man hier den die Rechtsgrundlosigkeit kennenden Minderjährigen der verschärften Haftung des § 819 I BGB unterwirft, so daß er auch zum Ersatz des Wertes der nicht mehr in seinem Vermögen vorhandenen Leistung seines Vertragspartners verpflichtet wird, so verleiht man damit seiner rechtsgeschäftlich unwirksamen Handlung mit Hilfe des Bereicherungsrechts Wirksamkeit. Er ist dann zwar noch gegen eine »wirtschaftliche Übervorteilung« geschützt, da er nach § 818 II BGB nur den objektiven Wert der Leistung und keinen überhöhten Preis zu zahlen braucht. Er kann aber durch die Annahme der Leistung seinen gesetzlichen Vertreter immer vor »vollendete Tatsachen« stellen.

3. Argument (gegen Theorie II)
Eine Anwendung der §§ 827 ff. BGB auf die Abwicklung von nichtigen Rechtsgeschäften gibt dem beschränkt Geschäftsfähigen keinen genügenden Schutz, denn nach der gesetzlichen Regelung hat er die Erkenntnis seiner Verantwortlichkeit für eine schädigende Handlung eher als die Fähigkeit, die Folgen seines eigenen rechtsgeschäftlichen Handelns sinnvoll abzuschätzen.

4. Argument
Die Bereicherungshaftung aus § 812 I 1 Fall 2 BGB ist keine Folge rechtsgeschäftlichen Verhaltens und führt auch keine Wirkungen herbei, die mittelbar von den §§ 106 ff. BGB verhindert werden sollen. Hier geht es vielmehr um die Risiken der Teilnahme am allgemeinen sozialen Leben (Canaris). Deshalb genügt hier der Maßstab des § 828 III BGB.

IV. (hier sog.) Modifizierte Theorie der Differenzierung nach Bereicherungstatbeständen

Beim Erwerb durch Leistung führt grundsätzlich allein die Kenntnis des gesetzlichen Vertreters die verschärfte Haftung herbei. Nur wenn der Minderjährige sich die Leistung durch eine unerlaubte Handlung (Betrug usw.) verschafft hat, ist seine eigene Kenntnis für § 819 I BGB genügend, falls die Voraussetzungen des § 828 III BGB erfüllt sind. Bei der Eingriffskondiktion dagegen ist generell die Kenntnis des Minderjährigen selbst relevant, sofern er deliktsfähig ist.

Vertreten von:
Fezer, S. 275 f.; MünchKomm / Gitter, 3. Aufl., Vorbem. 47 ff. vor § 104 BGB; Teichmann, JuS 1972, 247, 250; Soergel / Mühl, § 819 Rn. 6; im Grundsatz auch Erman / Brox, 9. Aufl., Vorbem. 7 vor § 104, und BGHZ 55, 128, 137 (diese Entscheidung erklärt im Bereich der Abwicklung der vom Minderjährigen abgeschlossenen Geschäfte die Kenntnis des gesetzlichen Vertreters für allein maßgeblich, läßt aber die Kenntnis des Minderjährigen selbst genügen, wenn dieser sich das Erlangte durch vorsätzliche unerlaubte Handlung verschafft hat. Damit fehlen hier Aussagen zum Erwerb durch schlichten »nichtdeliktischen« Eingriff und zum Interferenzgebiet der beiden genannten Fallgruppen, also für die Konstellation, daß der Erwerb durch Leistung erfolgt, die aber wiederum auf einer unerlaubten Handlung des Minderjährigen beruht). Dem BGH folgt (ohne deutliche Abgrenzung zu Theorie III) Esser / Dörner, S. 30 f. Wieling (BR § 5 II 1 b bb, S. 76) will die Kenntnis des Minderjährigen nur berücksichtigen, wenn dieser die Bereicherung durch zivilrechtliches Delikt herbeigeführt hat und dem Kondiktionsgläubiger dadurch insbesondere auch ein Schaden entstanden ist.

1–3. Argument: wie Theorie III

4. Argument
Der Schutzgedanke der §§ 104 ff. BGB greift nicht ein, soweit gleichzeitig eine unerlaubte Handlung vorliegt, da in diesem Fall die Wertung der §§ 104 ff. BGB von der des § 828 III BGB überlagert wird (Gitter).

5. Argument
Auch ein Minderjähriger ist unter den Voraussetzungen des § 828 III BGB für von ihm begangene zivilrechtliche Delikte verantwortlich. Wird nun aber ein Minderjähriger ohnehin nicht uneingeschränkt vor Nachteilen aus seinem eigenen Verhalten bewahrt, sondern gegebenenfalls einer deliktischen Schadensersatzpflicht ausgesetzt, so besteht jedenfalls dann kein Anlaß, ihm die Folgen der verschärften Haftung des § 819 BGB zu ersparen, wenn und soweit er sich das Erlangte durch eine vorsätzlich unerlaubte Handlung verschafft hat. In diesem Falle ist kein einleuchtender Grund zu erkennen, sein Verhalten bereicherungsrechtlich nach anderen als den auch für unerlaubte Handlungen maßgebenden Gesichtspunkten zu beurteilen (BGH).

6. Argument (gegen Theorie 1)
Die Warnfunktion des möglichen Schadens, die in § 828 III BGB in generalisierter Form für die Zurechnungsfähigkeit des Jugendlichen durchaus eine Rolle spielt, hat ihre für den Analogieschluß ausreichende Entsprechung in der wohl regelmäßig anzunehmenden Vorstellung, man dürfe eine fremde Leistung nicht ohne Konsequenzen für sich ausnutzen (Teichmann).

V. Nach der Art des Erlangten differenzierende Auffassung

War der Bereicherungsanspruch bei Eintritt der Haftungsverschärfung auf Herausgabe in Natur gerichtet (Sachkondiktion), so tritt die verschärfte Haftung aus § 819 I BGB schon bei eigener Bösgläubigkeit des Minderjährigen ein. Eine Wertersatzhaftung aus §§ 819 I, 818 IV, II Fall I BGB setzt dagegen die Kenntnis des gesetzlichen Vertreters voraus.

Vertreten von:
Koppensteiner / Kramer, S. 144 ff.; Wilhelm, S. 189 f.; ähnlich Flume, Allg. Teil II, 3. Aufl., § 13, 7 b S. 193.

1. Argument
Die Haftung des Unredlichen aus §§ 819 I, 818 IV, 292, 989 BGB ist eine echte (deliktsähnliche) Schadensersatzhaftung, die die Schädigung des Gläubigers an dem aus seinem Vermögen stammenden und ihm weiterhin obligatorisch zugewiesenen Kondiktionsobjekt ausgleichen soll. Damit paßt hier § 828 III BGB.

2. Argument
Die Wertersatzhaftung aus §§ 819 I, 818 IV, II Fall 1 BGB ist dagegen mit der vertraglichen Entgelthaftung auf eine Ebene zu stellen; die positive Kenntnis von der Rechtsgrundlosigkeit ersetzt hier das Entgeltversprechen. Damit kommen hier die Zurechnungsmaßstäbe des rechtsgeschäftlichen Bereichs zur Anwendung.

Beispiele:

1. Im Ausgangsfall hat A durch die Benutzung des Mopeds des F nichts erspart: Ohne die Mopedleihe wäre er ja mit dem Fahrrad aufgebrochen; die theoretisch denkbare ersparte Abnutzung des Fahrrads dürfte wohl nicht meßbar sein. Eine bereicherungsrechtliche Vergütungspflicht kommt damit nur in Betracht, wenn die Voraussetzungen der verschärften Bereicherungshaftung nach §§ 819 I, 818

IV, II Fall 1 BGB bejaht werden können. Hier wußte A, daß die Eltern des F mit dem Leihvertrag nicht einverstanden sein würden. Damit hatte er – jedenfalls im Sinne einer Parallelwertung in der Laiensphäre – Kenntnis davon, daß der Leihvertrag unwirksam war. Es stellt sich damit die Frage, ob diese Kenntnis des Minderjährigen selbst für § 819 I BGB ausreicht. Theorie II würde das bejahen, die übrigen Theorien dagegen verneinen.

2. Der Schüler S aus München bekommt kurz vor seinem 18. Geburtstag von seinem Großvater eine Flugreise nach Hamburg bezahlt. Er soll dort einige Tage bei einem Onkel verbringen. S beschließt jedoch, diese Gelegenheit zu einem Schwarzflug nach New York zu benutzen. Es gelingt ihm, in Hamburg zusammen mit den Transitpassagieren ein Flugzeug der Lufthansa nach New York zu besteigen. Bei der Ankunft in New York wird er entdeckt und auf Kosten der Eltern zurückbefördert. Die Lufthansa verlangt nun von dem mittlerweile volljährigen S die Nachzahlung des Flugpreises für die Strecke Hamburg – New York (in Anlehnung an BGHZ 55, 128). Hier wären zunächst ein Entgeltanspruch aus dem Gesichtspunkt eines »faktischen Vertragsverhältnisses« sowie ein Schadensersatzanspruch aus § 823 II BGB i. V. m. § 265 a StGB zu prüfen gewesen. Was den Vergütungsanspruch aus Eingriffskondiktion anbelangt, so stellt sich zunächst die Frage, ob der M nicht möglicherweise auch ohne Anwendung von § 819 I BGB schlechthin auf den objektiven Wert der erlangten Beförderung haften muß (vgl. Problem 17 und dort insbesondere Beispiel 2). Wenn man dies verneint, kommt es auf die Frage an, ob der minderjährige S wegen seiner Bösgläubigkeit nach §§ 819 I, 818 IV, II Fall 1 BGB bereicherungsunabhängig auf den objektiven Wert der erlangten Beförderungsleistung haftet. Theorie I würde dies verneinen, weil die Kenntnis des Minderjährigen selbst danach generell irrelevant ist, Theorie II dagegen bejahen, weil sie generell die Kenntnis eines deliktsfähigen Minderjährigen als ausreichend ansieht; Theorie III würde ebenso entscheiden, weil hier ein Fall der Eingriffskondiktion gegeben ist und sie dort jedenfalls § 828 III BGB heranziehen will; Theorie IV käme mit der gleichen Begründung wie Theorie III zur Bejahung der bereicherungsunabhängigen Wertersatzhaftung, könnte die Entscheidung aber zusätzlich noch darauf stützen, daß der Minderjährige sich die Beförderung durch eine unerlaubte Handlung (§ 823 II BGB i. V. m. § 265 a StGB) verschafft hat. Theorie V würde die bereicherungsrechtliche Vergütungspflicht für die eigentliche Beförderungsleistung verneinen, müßte dagegen hinsichtlich der während der Reise servierten Speisen und Getränke wohl eine Vergütungspflicht bejahen.